宗門正義

——公案拈提第六輯

平實導師　著

ISBN 957-30019-6-9

自序

溯自公案拈提第一輯問世以來，已有五輯出版，其間多有轉易風格之處；謂由純說公案，轉而旁拈當代錯悟者之禪語禪法加以解析，令衆知之，然悉隱其名號姓氏而說，爲免彼等諸人之名聞利養受損故。

然多年之後，見彼等大法師、大喇嘛，悉皆不改邪見，繼續彼等誤導衆生之行，以其邪見繼續出書不斷，破壞佛教正法甚鉅；復又私下詆譭余法，不肯依戒依經修正誤導衆生之行爲，反而作諸狡辯——將余所作法義辨正，說爲批評法師、誹謗僧寶，意圖混淆視聽。

去年星雲大法師乃更私謂信衆，及與其往來之政治人物曰：「你們不可隨蕭平實學法，否則必入魔道，將來墮於地獄。」花蓮證嚴法師於同一週內亦作是說，彼等二人不肯辨正法義對錯，唯作如是**人身攻擊**；如是一味維護名聞與眷屬，誹謗弘傳正法之在家菩薩爲邪魔外道。爲有多年來如是種種大法師誤導學人故，不得不改易以往溫柔敦厚之風，代以明示姓氏而說之舉，遂有後來舉示出處以救學人之諸書面世。

菩薩之心，率性耿直，每多慈憫衆生而欲救之；是故若見大師誤導衆生，令諸衆生同入邪道、久修不証、虛耗資財光陰者，輒生惻隱之心，不忍獨善其身，乃行方便而為衆生委婉說之。然因此處衆生五濁之心性，大多崇拜表相大師、習以成風；諸方大師復因虛名利養及眷屬欲所繫縛，不肯修正邪見，反生瞋恚，故謗菩薩，令諸廣大衆生繼續深入邪見中，步步皆歧—**令諸佛教學人愈精進修行者愈發遠離佛法**；菩薩見已，心生慈憫，不能自外之，乃出以指名道姓破邪顯正之作為，如是以救衆生。

菩薩既知諸方大師所墮，既知諸方大師誤導衆生極為嚴重，竟能安忍其心，以護大師之名聞利養，不肯出而救護衆生，坐令衆生追隨彼諸大師入於凡夫邪見中者，則此菩薩非眞菩薩，乃是**和稀泥**者，乃是**鄉愿**之人。

然眞正之菩薩，絕非和稀泥者，絕非鄉愿之人：寧可得罪諸方大師，招致抵制而不利自己；乃至喪身捨命，要救衆生出於大師所墮之我見深坑。如是盡力行已，然後始能無愧於心，然後始能捨壽時坦然面對 世尊，豈以貪生畏死之心而可自居菩薩位？豈以鄉愿之行而可自言菩薩行？豈以和稀泥之不直心而可謂為菩薩心？豈以坐視無辜衆生被表相大師誤導而故作人情者可以將來坦然面聖？無是理也！是知彼諸和稀泥、**作人情者，以及要求余停止破邪顯正之法師與居士等人，皆非眞正之菩薩。**

今時諸方大法師悉皆不從法義而作辨正，皆由世俗之法立言：「**居士不應批評任何**

法師，平實居士卻專門批評法師。」悉皆故意誣余爲專門批評出家法師者，故意忽略余之同時評論諸方居士法義，故意忽略余之純由法義而作辨正。彼等如是誣謗余爲「專門批評法師」，將法義辨正誣說爲對法師之人身批評，誘導不明內情之法師及信衆，墮於**法師情結**之中，**卻將自己誤導衆生、貽害衆生之事置而不論**，如是轉移視聽、模糊視聽。

亦有大師言：「平實居士不應批評法師，唯可宣說自己之法。」誣謗余之辨正法義爲誹謗僧寶，對余作此人身攻擊；故意將余所作法義辨正誣爲人身攻擊之批評。然而衆生無智，不知諸方錯悟大師之心行，不能辨別彼諸大師言說背後所蘊藏之私心——**恐懼名望受損、眷屬減少、利養流失**。衆生大多不知此因，隨於大法師片面之詞而人云亦云，是故不能修正得自錯悟大師之舊有我見、常見、斷見，同彼大師共入外道常見斷見之中。

然今卻有聖嚴大法師大聲疾呼：「大家行善事、說好話。」言外之意乃謂余之法義辨正屬於說壞話，如是反對他人揭露自身誤導衆生之事實，欲令無智迷信之衆生，忽略自身誤導衆生之事實；而衆生不知余之所爲悉屬救護衆生而作之**法義辨正**，非屬人身攻擊——**從不批評諸大法師私下之身口意行**——悉屬救護彼等衆生免入邪見。故說衆生愚迷，不能領納余之善心欲救彼等，反隨諸大法師人云亦云而罵詈於余，眞可憐憫！

今時佛教有大患存焉，謂外道化、世俗化、法義淺化、密意失傳、悟後進修諸地之**道次第混淆**，此五乃佛教未來弘傳之大患也。

云何言**外道化**是佛教之大隱憂？謂佛教之**密教化**也。西藏密教雖然身著佛教法衣，住於佛教寺院中，本質卻是外道法，完全不具備佛法之法義基礎，乃是以種種取自外道之世間法，冠以佛法名相及修証果位之名相，取代佛法所說之種種修証境界，令佛法之本質消失於無形中，令佛法轉易成外道法。如是身現佛教僧寶之相，暗中和平轉易佛教法義成外道法；今時若不加以揭穿及阻止，未來將再度重演古天竺**密教與而佛教亡**之故事；如是身住如來寺院、穿如來衣、食如來食，卻是假說如來法、以滅如來法，消滅佛教於眾人不知不覺間，將令佛教唯餘佛寺、佛像、僧人、及佛法名相，本質則同於印度教享受淫樂之世間宗教，重蹈古天竺晚期密宗佛教僧人公然享受女欲淫樂之覆轍，師徒同墮地獄重罪中。如是而修、而傳者，皆是破壞佛法者，將來必令佛教李代桃僵，故說**密教化、外道化是佛教之大隱憂**。

云何言**世俗化**是佛教之大隱憂？謂諸方大師同以建大廟、辦大型誦經法會、說種種膚淺佛法、作種種世俗服務，作爲佛法修行之主要內涵，而不弘傳眞正之三乘菩提。

譬如佛光山之星雲法師，於本島建築大寺院，並於世界各國到處建立分支寺院與精舍，每逢年節即爲信衆辦理種種法會，以種種名義聚集錢財，所說皆是膚淺世俗之表相佛法，絕口不言解脫道與佛菩提道之修證，成爲世俗化之佛教；有時偶然宣說佛法，卻又同於印順所說「外於如來藏而說一切法緣起性空」，與印順同墮外道無因論中。時日久之，信衆輒以爲「外於如來藏而說一切法緣起性空」即是眞正之佛法，輒以爲誦經法會即是佛法修行，以爲誦經、拜懺、超度祖先、建廟……等，即是佛法，此即是佛教之**世俗化**也。

亦如惟覺法師興建超大型寺院，並於全台普設精舍，常年舉辦禪七共修，然竟完全不解佛法二主要道，錯解大乘佛菩提道及解脫道同於常見外道修定之法，堅決主張「清楚明白之意識心性」爲佛性，堅決主張「處處作主之意根」爲眞如心，如是常年累月誤導衆生同墮大妄語業中；又販售納骨塔，爲衆生作死亡超度經懺……等；時日既久，衆生輒以爲「靜坐修定、令心無念而能作主」之修行寺院，爲衆生作命終而作超度經懺之寺院，即是正統佛教，佛教便將同於世俗常見外道之法，便將同於道教寺廟之超度衆生等世俗法，此亦是佛教之**世俗化**也。

復有法鼓山之中華佛學研究所，以佛學研究、學術研究而自標榜，實修法門則以靜坐修定以求無念離念，作爲禪宗佛法般若正修，以爲靜坐數息至一念不生時之覺知心即是本來面目，以爲一念不生而不執著世間五欲之覺知心即是眞如，即是涅槃妙心，而不知二乘佛法之解脫道與修定不相干，更不知大乘佛菩提道與靜坐修習無念不相干。法鼓山集團之住持人聖嚴法師，多年研究佛學、及作學術研究之後，墮於意識思惟而得之常見外道見中，二十年來如是誤導全球衆生，足跡遍履全球五大洲，每年往來於世界各處誤導衆生，本質實是常見外道法之意識覺知心，與禪宗証悟如來藏之禪法無關，亦與佛教之般若無關，此亦是**世俗化**之一種。

此等寺院雖有佛教之表相僧寶住持，所說所行皆同常見外道，故是**世俗化之佛教**。佛教世俗化已，則了義法便將淹沒不彰，故說**世俗化是佛教之一大隱憂**。

亦如慈濟功德會，專以救濟貧困、建立醫院、推行環境保護、安慰衆生所受之苦難……等世俗事，作爲佛法之修行，唯從事世間佈施行善等法，以之作爲菩薩道之正修。其住持之證嚴法師常謂徒衆：行種種世間善事即是修行六度萬行、即是菩薩行，推行環境保護工作即是佛法修行；初不曾言**菩薩法行**根本所在之解脫道與佛菩提道應如何修證，不以佛法二主要道而利衆生。時日既久，輒令衆生誤以爲教善即是佛教，誤認爲「行諸世間善事即是佛法之正修、即是行菩薩道」，是故慈濟功德會已經成爲**世**

俗化以後「**行世間善之表相佛教**」，與佛教修行法道之解脫道及佛菩提道脫節。復又信受印順之密宗應成派中觀邪見，及奉行印順人間佛教之狹隘觀念，已令慈濟**功德會**之本質，淪爲**行世間善之附佛教團體**，**慈濟**已完全喪失佛教修證三乘菩提之本質故，已成爲印順法師破壞佛教根本法義之幫兇故。

佛教**世俗化**之後，則與外教之行善無異，則佛教之**勝妙了義性**隨之消失，不復具有佛教原有了義及究竟之特質矣！若佛教同於外教之行善，而無佛法二主要道之涅槃解脫與第一**義諦**勝妙正理，不能修證三乘菩提，則後世學人欲行善者，唯攀緣外教行善之世界性勢力即可，何需一定入我佛教中修諸善行？將來學人亦將誤以爲行善即是佛教，則將永置佛法三乘菩提之修證於不顧，故說**世俗化是現在未來佛教之一大隱憂**。

若諸大法師於廣建寺院精舍、廣作布施慈濟有情、廣建醫院救護衆生色身時，能同時宣演佛法中正確之解脫道與佛菩提道者，則所說布施行善修定等法方名佛法，如是宗教方可名爲眞實佛教；則其行善與建寺等一切善行，便非世俗化之佛教也。若不如是，即成世俗法，與外教之慈濟眾生而行善事無異，唯是所奉教主及儀式有別爾，如是何名佛教？

若**世俗化**之趨勢不能消除，則佛教學人將認爲修定、研究佛學、誦經拜懺、行世間善等，即是佛法正修行，則將永遠忽視三乘菩提之修證，則佛教學人之根器，將代代漸趨低落，則佛法之涅槃與般若修証便將永爲學人所忽視，則佛教之勝妙性及了義性將漸被忽略乃至消失，漸令佛教同於外道之世俗行善，而無了義正法存在，故說**世俗化是佛教之一大隱憂**。

佛法淺化亦是佛教之一大隱憂，此謂諸方大師悉以粗淺之表相佛法作爲眞實佛法，每多教示衆生：「修除貪瞋，伏除性障，即是佛法正修。」初不曾言解脫之道與佛菩提道，絕不教人斷除我見與我執之正法。或如聖嚴法師之教人放下一切，而不肯放下覺知心自我，唯求覺知心之無念離念境界，以此爲禪宗之開悟境界，以此爲禪宗佛法之正修行。或者教人放下自我、消融自我，而卻教人保持無念之意識覺知心，教人死時應能以此覺知心自己作主，如是返墮意識自我中，而自言消融自我，以之爲禪宗佛法正修，墮於常見外道之常不壞我之中。密宗諸多大師亦令徒衆認取離念靈知爲常住不壞之眞如法身，或令人認取直覺心爲眞如，悉墮於意識心境界，成爲常見外道見者；或者教人認取處處作主之心，作爲常住不壞法，墮於意根之遍計所執性自我中，成爲常見外道。

如是顯密大法師等，皆不肯信受余說，不肯詳審觀察意識與意根之虛妄，作是淺化與世俗化之佛法言說，令解脫道與佛菩提道之勝法妙義不彰，令人誤以為如是粗淺、如是同於外道常見法之法義，即是佛法；久之，佛教則與外道常見合流，佛菩提道等真實勝法便告隨之消失，故說**佛法之淺化是佛教之一大隱憂**。

云何言**學術研究**是佛教之大隱憂？此謂佛學之學術研究唯能增長意識思惟，唯能令行者意識執著性增長；唯能令諸破壞佛教之歐美研究佛教者，遂其破壞佛教勝法之行；唯能增長佛教界依文解義之風，唯能依佛教表相而作破法之行，猶自以為正在造作護持佛教正法之行。

譬如歐美日本一分研究佛教之學者，及信受彼等研究之印順法師等人，不肯信受般若系及唯識系等勝妙於阿含經之二三轉法輪諸經為佛口親說——否認第二三轉法輪諸經為佛所說者，令人消滅對於大乘法義之信心。又否定三乘法根本之第八識如來藏，令大乘法之勝妙性滅除；亦將二乘所証涅槃，定位於一切法空之外道斷滅見中；此乃印順等研究佛教學術者所必墮之困境，亦必因此使得佛教根本法義之弘傳，完全遭致毀滅，故說**佛教學術研究是佛教之最大隱憂**。

復如諸多佛學研究所專作佛學研究，以研究為務，不事親身修証；每以意識境界為其研究對象，卻對外宣稱為親証佛法般若，將其研究所得之意識境界，用以誤導行人。譬如中華佛學研究所聖嚴法師，研究佛學二十年已，竟墮密宗外道法中，結果竟是貪緣密宗達賴喇嘛等邪魔外道，付出鉅金邀請附佛法外道之達賴喇嘛作**世紀對談**，用以自高；渾然不知密宗法義及行門完全是外道法。而聖嚴法師研究顯密佛學之所得，悉墮意識境界中，尚不能知意根所在，而執離念意識為常住不壞我，尚不能了知二乘基本觀行之十八界法，亦不能現觀意識與意根之虛妄；以如是**意識研究所得**而弘「佛法」，以如是我見與邪見而著作種種意識境界之禪修書籍、及主持禪七，教導全球眾生同入意識境界中，以此為佛法般若之正宗禪修，令人遠離佛法二主要道之正修行。

法鼓山及中華佛學研究所，同以如是常見外道見之宣演與弘傳，而自居為正統佛法，反而私下否定余所弘傳正法，成就誹謗正法之大惡業；凡此惡業之成就，皆因不事修証，專作佛法之學術研究、學術教育所致。中華佛學研究所如是，其餘佛學研究所亦大多難免如是覆轍，觀乎福嚴、圓光……等佛學院之佛學般若研究結果，竟墮於西藏密宗應成派中觀邪見中，與印順所墮無二無別；其餘多數佛學研究所與佛學院之研究所得，思亦可知矣！由是故說**學術研究、學術教育是現今及未來佛教之一大隱憂**，以佛學研究及教育代替佛法之修証故，不事親修實証故，必如聖嚴法師之貪緣密宗外道法及墮常見外道見故；必墮印順法師否定三乘佛法根本如來藏之大惡業中故。

云何言佛法**密意失傳**是佛教之大隱憂？謂佛法中之第八根本識，即是佛法之密意；此如來藏法，乃是三乘佛法之根本。而此第八根本識之密意，往往因於難修、難証、難信，故常有失傳之時；要待 世尊或 觀世音菩薩之慈憫，派遣菩薩受生人間，方得延續法脈。若無人發願受生人間，或不肯應命而來，則人間了義正法便告失傳。了義正法若失傳者，則佛教之外道化、世俗化、**法義淺化**、**道次第失傳**等弊，悉將一一出現；則佛教必將提早步入實質滅亡之境，不待外道之以武力消滅佛教也。

是故大乘法密意之延續傳承不斷而不外洩，乃是佛教必須覆護之首要工作，亦是必須長遠不斷保護之工作；由此密意之存在人間，可以振興佛教故；由此密意之存在人間，可以摧伏外道見故；由此密意之存在人間，可以光大佛教勝法故；由此密意之存在人間，可以延續佛法之命脈故；由此密意之存在人間，可以廣益後世有緣之衆生故；由此密意之不外洩，能令外道欽服於佛教故，能令外道無力破壞佛教故。若此密意湮滅不存者，則此等利益悉將不存，故說**佛法密意失傳是佛教之最大隱憂**，故說吾人首要之務在於覆護密意，及善加保護，令不外洩於不應証知者；首要之務在於令密意**延續於真正佛子之間**永不斷絕。爲令佛法般若密意永續流傳於有緣得證之佛弟子間，則不應容忍諸大法師抵制正覺同修會之正法弘傳，以免本會被滅而致正法密意不能弘傳乃至失傳。

悟後起修之**道次第未明**，云何是佛教之大隱憂？謂世間縱有証悟之人，雖然已入菩薩數中，而悉不能知悟後如何進修、不知如何次第成辦諸地功德，未得通達位之無生法忍功德故；不知悟後如何修証種智，次第邁向佛地；則顯示此菩薩猶不能生起種智，則佛教勢將無人有力破斥邪說而顯正法之勝妙也。誠如玄奘菩薩摩訶薩所言：「**若不破邪，無以顯正**。」若無人能破斥邪說，則未來佛教內，必如今日佛教之充斥無量邪說，令眾生無所適從，終將隨諸未悟謂悟之大師等人同入常見外道邪見法中，無智眾生皆將唯聞錯悟大師一面之詞故，一般學人悉不能知正法何處異於外道法故，則印順等密宗應成派中觀師便將以錯誤之中觀，說爲究竟法；將以錯誤之中觀，否定最勝妙之般若—唯識一切種智，則正法便將淹沒不彰，不能顯了於世。

是故悟後起修之**道次第**，必須明了顯示於諸佛子前，令大眾普得知悉，則不復爲諸狂禪狂密所籠罩，不復錯認「一悟即至佛地」之方便說爲究竟說也。若不如是，則佛教之勝妙不能次第顯現，亦不能完全自外於諸外道輩，彼諸附佛法外道必定自稱其法即是佛教正法故，教內諸錯悟大師亦必說其所得意識境界爲般若之眞實証悟境界故，則佛教證悟之法，勢將如今台灣四大法師之漸與常見外道合流。悟後起修之**道次**

第未明，則不能杜塞諸多錯悟大師之衆口鑠金故；密宗應成派中觀師必定因此而妄說應成中觀方是究竟法，必定妄說第三轉法輪一切種智唯識諸經非是究竟法故，必信印順法師《成佛之道》之邪謬理論故；必以如是邪見繼續混淆佛教法義，則佛教未來可慮故。若悟後起修之道次第明了宣示與佛子大衆週知，則彼等邪說必漸消弭，則佛教之未來可以無憂；由是正理，故說悟後起修之道次第未明，是佛教之一大隱憂。

今時台灣諸大道場，於接引衆生入佛教中，皆有其大功；然彼等不事眞正解脫道之正修，亦不事眞正解脫道正理之弘演；不事眞正佛菩提道之正修，復不事眞正佛菩提道之弘演；或將解脫道與佛菩提道錯說成外道常見法，或如證嚴法師之師——印順法師——之將般若說爲一切法空之斷滅見，皆有大過失，終不能以其功德抵其大過失，佛法中諸行之功過不可相抵故：接引初機衆生之功必在，破壞正法之大過失亦必定不失故。若復私下誹謗正法及弘傳正法之菩薩，更增大過，是謗大乘勝義菩薩僧故，是謗世尊遺教之三乘勝法故；如是成就誹謗勝義三寶重罪，故成大過，是地獄罪故。若能修正世俗化與外道化之過失，若能兼弘佛法正確之二主要道，而不妄謗正法及正法人，則有大功，則能利自益他，兩全其美。

平實愛之深故責之切，伏乞諸方大師居士等，體諒下情，速改其言、速易門風，則佛教幸甚！諸多學人幸甚！至於印順師徒已經不可救藥，一味維護名聞及諸眷屬恭敬，極力為其承襲於密宗之應成派中觀等邪說而作辯護，執之不捨，愚迷不改；皆因不信阿含諸經所說之有地獄果報，不信阿含諸經所說之有如來藏攝持業種來往三世、連貫不絕，是故彼諸徒衆極力尋覓吾法之過，至今六年而不可得，卻仍不肯改易其所弘傳之密宗應成派中觀邪說，仍極力維護印順所弘密宗黃教斷滅見邪說，迄無改善之跡象，名為愚癡，不可救藥；余今已不冀望彼等諸人之改易邪見也。

佛教五大隱憂之消除，首要之務在於宗門密意之延續不絕而不外洩，及破斥佛門中一切大師居士之常見外道邪見，令諸未悟謂悟而不肯改變誤導衆生惡行之大法師與大居士，顯現其狐尾，令諸學人不復再受其惑，斯為正辦；故余每年作此公案拈提，藉摧邪說而顯正理，直至彼諸錯悟大師停止未悟謂悟愚行、停止誤導衆生惡行而後止。然因近年之私下誹謗余法者，以大法師為主要，大居士等已少聞之；而繼續出書故作誤導衆生之惡行者，居士已明顯減少，故今年之公案拈提負面舉証，偏以大法師為主，居士部份略而不舉，合並敘明。茲以《宗門正義》一書出版在即，故造此文，宣余胸臆，以之為序。

菩薩戒子 平實居士 敬序

公元二〇〇二年仲暑於喧囂居

正義錄

宗門目

＊…錯悟之公案

第四二一則　仰山疑殺

袁州仰山　慧寂禪師　師問雙峰師弟：「近日見處如何？」對曰：「據某甲見處，實無一法可當情。」師曰：「汝解猶在境。」雙峰曰：「某甲只如此，師兄如何？」師曰：「汝豈無能知無一法可當情者？」溈山聞云：「寂子一句，疑殺天下人。」（玄覺聞云：「金剛經道：實無一法然燈佛與我受記。他道：實無一法可當情。爲什麼道解猶在境？且道：利害在什麼處？」）

聖嚴法師云：《「鬼家活計」的意思是說，在沒有悟見大智慧的情況下，任憑各種思想觀念和信仰，看來聽來好像已經很有力量、很有道理，一旦遇到像禪宗這樣直接的、超越的、離開思考的見解，任何理論觀念都會像雪花遇到了火焰，無法自圓其說。禪宗的要旨告訴我們，對一切的現象和眞理，雖須要說明介紹，但不必認爲那是眞理的本身，凡是思考、推敲、說明，都會失實；與其作太多的推測、解說、思慮，不如當下認定，卽可豁然貫通，天下太平，本來（無）事。》（東初出版社《公案一百》頁34）

平實云：聖嚴師父說得好：「在沒有悟見大智慧的情況下，任憑各種思想觀念和信仰，……一旦遇到像禪宗這樣直接的、超越的、離開思考的見解，任何理論觀念都會像雪花遇到了火焰，無法自圓其說」，然而此語卻正是聖嚴師父自身之寫照也。所以者何？謂禪宗所說鬼家活計之意旨，絕非師父所說之「與其作太多的推測、解說、思慮，不如當下認定，即可豁然貫通，天下太平，本來(無)事」，正是破斥聖嚴師父以情解思惟而說公案等一類人也。

所謂「鬼家活計」之意者，乃謂自古至今，一直有人作諸情解思惟，不思探究如何是禪宗之禪？不知禪宗之禪即是証悟自心如來藏阿賴耶識，將諸祖師公案，作諸情解思惟，即以為如是思惟所得者便是禪宗公案之真旨；如是情解思惟所得，皆與般若不相應，皆違禪宗般若禪之真旨，故說如是情解思惟之人所作種種思惟及與言說，悉是鬼家活計，永遠活不了法身—不能証悟自心真如。猶如餓鬼之家所作種種事行，皆與活人無涉，故名鬼家活計；聖嚴師父所說公案禪法亦復如是，正屬鬼家活計，與禪宗公案之証悟，悉無相涉；作是言語，唯彰自身未悟之事實，無益自身見道之實質，何如潛心修証、閉關參禪好！

當知禪宗公案記錄流傳之目的，即是助人証悟自心；然諸方學人欲藉公案証悟自心者，當知公案之關節所在；如或未然，坐斷雙腿、參白黑髮，仍將不得入處，無常到來，依然是個孤魂野鬼，茫無所主，所參所修悉是鬼家活計，無常來時自救不了。

平實老婆，且舉仰山疑殺公案，共我教中禪和子商量則箇：

仰山慧寂禪師一日問雙峰師弟：「師弟近日見地如何？」雙峰師弟答言：「據我所見，其實沒有一法可面對六塵中種種境界。」仰山禪師道：「你的見解仍然墮在境界上啊！」雙峰答曰：「我所見只是如此，師兄所見又如何呢？」仰山禪師道：「你難道就沒有一個能了知『無一法可當情』的心嗎？」溈山聞弟子仰山如是公案，便云：「仰山慧寂這一句話，可要疑殺天下人了。」

後來玄覺禪師聞此公案，便拈向天下老宿云：「金剛經中 世尊道：實無一法然燈佛與我受記。他雙峰說道：實無一法可當情。其實正與佛說不違，為什麼仰山卻道雙峰的見解仍然墮在境界上？諸方老宿且道：這個公案的利與害，究竟在什麼處？」

只如經中常說：法離見聞覺知、不會是菩提、不知是菩提、無覺無觀是名心性。雙峰言道：實無一法可當情。此說與佛說諸經實無差異，云何仰山卻道雙峰解猶在境？今時還有禪門老宿解得仰山意旨者麼？若解不得，卻自道悟，悉屬野狐眷屬，自救不了，何況能救他人？焉得為禪師耶？

溈山聞仰山恁道，即知必定疑殺天下野狐之輩，故道「寂子一句，疑殺天下人。」便如義雲高及徒衆釋性圓，於廣告文中誹謗余法所說真如離見聞覺知，妄謂：「若無意識心在，云何能造破邪顯正之文？云何能修學佛法？」由是妄解故，堅執意識覺知心為不生滅法，公然違佛所說，公然抵觸佛意。諸方大師居士亦復如是，不解佛旨，亦不解余諸書中所說真義，便對余作諸誣謗，作種種人身攻擊——誣余為誹謗僧寶，而不能就法義作諸辨正。

學人當知：大乘佛菩提智之修証，乃是以能覺能知之意識心，修學佛法第一義諦之正理；學已始能如理作意思惟，能如理作意思惟已，方能依之參禪覓心——尋覓自身本具之第八識如來藏；而自心第八識如來藏從來離見聞覺知，從來不起妄念，不須吾人修之令不起妄念也，非是教吾人修除意識心之妄念也。如是知者，方名知禪法者；不如是知者，名為誤解禪宗之禪者。是故今時諸方大師居士之令人靜坐息念，以息念後之覺知心作為証得如來藏者，悉是野狐見解也，名為誤會佛法般若之凡夫也。

如是誤會佛法般若之人，非唯現今有之，古已有之，亦非少數，是故溈山聞仰山語已，便道仰山之語必定疑殺天下人也。今幸平實將此道理說已，大衆即得了知：一切人悉具八識、悉具真心妄心，悉具能了知六塵萬法之覺知心，悉具能與萬法當情之覺知心；然亦悉具「無有一法可當情」之第八識如來藏。如是雙具真妄二心，方是解佛法者。一切証解如來藏者，皆如是知、如是証、如是觀、如是說、如是傳與弟子。

如是証者，親觀「與一切法當情之覺知心」亦是如來藏所生，亦是如來藏之局部體性，故不須時時刻刻為不能遠離六塵萬法而生煩惱；而亦不復罣念如來藏，不須時時保持於離見聞覺知之狀態中。今者雙峰自言「實無一法可當情」者，即是常欲離六塵萬法也；欲離六塵萬法者，即是意識心之作意也，由是緣故，不免仰山訶責：「汝豈無能知無一法可當情者？」仰山之師溈山靈祐禪師，深知此理，亦知諸方錯以意識之離念靈知作為如來藏者，必將疑此仰山之語，故云：寂子一句疑殺天下人！　頌曰：

實無一法可當情，解猶在境，患在禪病。

知有萬法可當情，仰山叮嚀，大師莫悻！（調寄一剪梅、半首）

只如：當情不當情一句，作麼生道？

泥濘小徑君莫行，坦途上山同採杏！

第四二二則　仰山枕子

袁州仰山　慧寂禪師　僧問：「法身還解説法也無？」師曰：「我説不得，別有一人説得。」僧曰：「説得底人，在什麼處？」師推出枕子。溈山聞云：「寂子用劍刃上事。」

師閉目坐次，有僧潛來身邊立，師開目，於地上作一圓相，相中書水字，顧視其僧，僧無語。

聖嚴法師云：《将心守靜，猶未離病。牛頭法融的『心銘』中，有這樣的兩句話。從這兩句話可以理解到：靜坐不等於參禪，靜修不等於學佛，打坐未必能開悟。中國佛教對於「禪」有兩種定義：其一是由靜坐入禪定，……**另外一個定義是中國禪宗的「禪悟」，不一定要打坐，只要把身心放鬆、放下，心中沒有任何執着、追求，就能保持寧靜、安定。**我曾将之形容爲無底的垃圾桶，也是無形的反射鏡。於此境界中沒有煩惱的現象，但有智慧的功能。……中國的禪宗雖以打坐作爲修行方法之一，然而更重視在十字街頭參禪，在人羣之中、市區之內用功。身處人間而不爲人間的種種現象所困擾，那才是禪悟的功夫。》（東初出版社《公案一百》頁143~144）

平實云：聖嚴師父不解牛頭法融此二句之真旨也。牛頭法融禪師於見四祖之前，常以靜坐修除妄念，作為禪法正修；時日既久，便顯現種種神異境界，致有鳥獸啣花供養等事。後來四祖親往見之，為說將心守靜之病，牛頭方捨守靜之行。然卻誤會四祖之意，將覺知心處於無所住境界中，故不顯現種種神異境界，是故鳥獸啣花供養之事悉寢。然牛頭終其一生，未曾証悟般若禪，故其心銘所述，並非完全正確之說，只是信受四祖之言，而作是八字之言也。牛頭之未悟，於拙著公案拈提第一輯中已有舉証，茲不重舉。

聖嚴師父所說甚是：「**靜坐不等於參禪，靜修不等於學佛，打坐未必能開悟。**」是故從此以後，農禪寺中不應再以數息為禪七之正修行也，不應再以**靜坐修證無念**作為禪宗之正修也，正應改以**參公案覓實相心**，作為禪宗禪法之正修行也。

復次，中國禪宗之禪悟，絕非聖嚴師父所說之「**把身心放鬆、放下，心中沒有任何執著、追求，就能保持寧靜、安定。**」此說何異六祖所斥之**將心看靜**？根本未離禪病，正與自說相違，云何得通？如是寧靜安定之際，仍然不能生起智慧也，唯是清明不亂之境爾，仍墮意識境界故，正是澄澄湛湛之**黑山鬼窟**也。若此境真能生起智慧者，則聖嚴師父所造諸書，不應處處違 佛真旨也；何以故？謂 佛所說般若，即是禪宗所証之禪悟，悉是親証自心如來藏，親自現前領納如來藏之本來中道性、本來常住性、本來離念性、本來涅槃性、本來清淨性、本來能生萬法之自體性；如是証悟如來藏，現前觀見如來藏所在，現前領受如來藏此等本來已有之體性者，即通般若中觀諸經，亦能漸通第三轉法輪唯識系列諸經所說一切種智，如是親証，方名禪宗之証悟也。非如聖嚴師父之以「身心放鬆、放下，心中沒有任何執著、追求，保持寧靜、安定」，作為禪宗之修証標的也。由此可証：聖嚴師父並未發起般若智慧，所說不符 佛說正理故。是故放鬆身心、放下一切，其實仍是住於意識自我中故，未斷我見與我執故，絕非般若禪法與解脫道之正修，有智行人莫隨。

復次，禪悟之功夫，不在持心不動，不在追求「身處人間而不為人間的種種現象所困擾」之境界，聖嚴師父莫作是言。鍛鍊禪悟功夫之目的，實乃為求眼見佛性故，須作看話頭之功夫，須能看住話之前頭（詳拙著《禪—悟前與悟後》說明）；此功夫練成之目的，在於將來一念相應時可以眼見佛性，非為保持覺知心不為六塵所動也。禪悟之目的，除此眼見佛性之外，初參所破者為無始無明；亦於打破無始無明時，同時打破一念無明中之見一處住地無明（詳拙著《正法眼藏—護法集》開示），親証法界萬法之體性即是如來藏性，發起法界體性智，能自行通達般若經中佛所說之密意也。

如是正理，聖嚴師父主持中華佛學研究所二十年，研之究之已久，不該至今猶未知也。由此可証聖嚴師父至今未曾証得自心如來藏，未曾通達般若諸經密意，故未之知。可證聖嚴師父尚未滿足六住位之「雙觀能取所取悉空」正理也，尚墮我所中故，六塵境界是意識所對之我所故。聖嚴師父若欲遠離如是「將心看靜、猶未離病」之禪病者，且參仰山枕子公案好：

一日，仰山慧寂禪師靜坐於禪床上，有僧來問：「諸佛法身能不能說法？」仰山答云：「我沒有辦法答覆你這個問題，但是另外有一個人可以答覆你。」彼僧聞仰山恁道，便問：「那位能答覆這問題的人，在什麼處？」仰山聞那僧恁麼問，卻推出枕子。那僧不知仰山意在何處，沒了下文，只成個野狐知見。

後來仰山之師父溈山禪師，聞人傳說仰山這個公案，便批評道：「慧寂這一招，是以劍刃上之事而用之。」謂寂子此一招乃是險招，若遇著個極為聰明伶俐而因緣未具足之人，因此悟去，必定謗法及謗賢聖，即成斷善根人；亦將因此而拖累佛教正法之弘傳，故不肯仰山慧寂此事，謂為用劍刃上事。此乃余早年所曾違犯之過失，後已公開懺悔，永不復作；唯於禪三精進共修時，擇其有因緣者方乃為之。

一日，仰山慧寂禪師閉目靜坐時，有一僧躡手躡腳潛來仰山禪師身邊而立；仰山知已，張開眼睛，於地上畫一圓相，圓相中又寫一水字，顧其僧而視之，彼僧不知仰山意在何處，無語答伊仰山。

只如仰山推出枕子，意在何處？溈山不肯仰山用此險招，又復意在何處？若人真能知此，即是平實同參，可以供養一盅烏龍、雨前、銀針也；此後生生世世永為道侶，同行菩薩行，共護佛正法。彼僧當時懵懂，不曉仰山旨意，辜負他仰山一片老婆心切；平實即不然，彼僧若問說得底人，但教彼僧點茶來，平實為伊喝茶去也。

復如仰山開目，於地畫一圓相，復於圓相中書一水字，又是何意？未悟之人每於圓相與水字上作文章，有什麼會處？　正是：棄卻金山整座，唯取片銅寸鐵。爾若下問平實，平實亦無二語，唯於紙上畫一方相，方相中復書一地字，諸方大師作麼會平實意耶？且道：圓相異不異方相？水字異不異地字？還有道得者麼？　頌曰：

法身說法不說法？爾亦說得，吾亦說得；

仰山神頭並鬼臉，說實未說，不說而說。

開目畫圓書水字，數筆道出，人道未說；

平實閉目畫地閣，才舉筆已，同參謂說。（調寄一剪梅）

諸方老宿且道：仰山說未說？平實說未說？

方才開口，言尚未出，早放爾三十棒！

第四二三則　仰山卜卦

袁州仰山　慧寂禪師　師攜一杖子，僧問：「什麼處得？」師便拈向背後，僧無語。師問一僧：「汝會什麼？」僧曰：「會卜。」師提起拂子曰：「遮個，六十四卦中，阿哪卦收？」無對。師自代曰：「適來是雷天大壯，如今變爲地火明夷。」

聖嚴法師云：《仰山慧寂一日上堂說法：「我這裡是雜貨鋪，有人來找鼠糞，我給他；有人來求真金，我也給他。」……仰山接引後進，也有同樣的胸襟，不論資質優劣，凡是有心向學，他是來者不拒，好像有人要黃金，他就給黃金；有人只要老鼠屎，他也給他老鼠屎。不過，仰山所給的是同樣的東西，只因徒衆本身的條件所限，智者從他那兒得到的是貴重的黃金，愚者不識貨，竟把黃金看作鼠糞。》（東初出版社《公案一百》頁140~141）

平實云：聖嚴師父正如彼索取鼠糞之俗人，不知取金也。昔年余初破參與見性時，未曾檢查聖嚴師父之悟抑未悟，以先入為主觀念所祟故，誤以為聖嚴師父是真悟之人，乃繕見道報告以呈。聖嚴師父無力勘驗，唯恐勘驗時不小心顯露未悟之事實，便故示悟狀，以模稜兩可之狀，數語搪塞於余，以致錯失面聞余陳述所悟全部內涵之機會，是故吾師今時於禪悟之般若智慧境界猶自迷惘，更作如是籠罩世俗人之言語，於報紙連載，以邀令名。正是：**鼠屎勝黃金，面子重實質**。如是等大法師之心行，遍於今時台灣四大道場諸大法師心中存焉，此世殆無改易之可能也。

仰山只開雜貨鋪，平實卻立黃金百貨公司：有人欲求樸實無華之原形金塊，平實亦拈與之；有人欲求打磨澄亮之金飾，平實亦拈與之；有人欲求無比莊嚴高廣澄亮之金殿，平實亦贈與之。遍作如是種種施贈，唯是不贈鼠糞。

樸實無華之原形金塊者，謂初悟如來藏所得之總相智也。打磨澄亮之金飾者，謂眼見佛性及悟後修學般若別相智與禪門差別智也。無比莊嚴高廣澄亮之金殿者，謂悟後進修地上菩薩所應修學之一切種智也。是故隨於各人之需求多寡與心量高低，而施給不同之黃金，唯有勝劣差別，無一非是黃金也，從來不以鼠糞搪塞來求之一切人。

可憐聖嚴師父不識黃金，唯重面子鼠糞，當年只觀平實黃金尚處未打磨時之不顯其光，心頗輕之，是故不肯稍顧平實以勘驗之，為顧全顏面故，坐失聞悉禪宗般若密意之機會。今時設欲重覓此機會，已不可得也。平實智慧已因金體之正真故，悟後進修種智一日千里，聖嚴師父作夢亦不能知之也。凡我佛教禪門行者悉當以此為鑑，莫重犯此覆轍，以免遺恨終生。

復有學僧來求黃金，但得質樸之金塊——初悟明心，便心滿意足，即時離去，平實亦隨喜之；有人方得金飾——眼見佛性及學禪門差別智已，心滿意足而離去，平實亦隨喜之；有人仍在漸得高廣澄亮莊嚴金殿——今猶親隨平實進修一切種智，心不自滿，次第進修，平實亦隨喜之；唯於學人之安心於世俗化佛教中，安心於表相大師之常見外道法中，平實不隨喜之。如是隨喜一切人，然不能隨喜誤導衆生之諸方大師，是故有諸言語，問於今時諸方大師也：

仰山慧寂禪師手攜一杖，隨侍僧人問曰：「杖子什麼處得來？」仰山禪師卻拈向背後，彼僧不知仰山意在何處？無語對仰山。

又一日，仰山問一僧：「汝會作什麼？」彼僧答曰：「我會卜卦。」仰山聞僧恁道，便提起拂子問曰：「這個，六十四卦中，是屬於哪一卦？」彼僧不能應對。稍後仰山便自己代答曰：「剛才是雷天大壯之卦，如今已變為地火明夷之卦也。」

只如仰山禪師手攜一杖，隨侍之僧問杖之來處，亦乃平常事，云何仰山卻不答他？反藏手杖於背後，竟是何意？莫非仰山如聖嚴師父所言之以答非所問作為禪法麼？此若不是者，卻是何意？竟須勞煩他人記此公案，留傳千古以惑後世學人？諸方大師還有答得平實此問者否？試道看！

復次，仰山聞彼僧會卜，便將拂子提起，問彼僧曰：「在六十四卦中，這個是屬於哪一卦？」彼僧聞此一問，只得杵在當場，沒做手腳處。諸方大師若來下問，平實卻提起竹如意云：「這個是乾卦，會麼？」若猶未會，平實便丟卻竹如意云：「這個是坤卦，會麼？」若猶未會，且放三十棒與伊，教伊向後自看去！　頌曰：

杖子不是杖子，無所得處恁麼得；拈向背後，分明說似。

拂子只是拂子，雷天大壯地火夷；捉取拂子，丟卻如意。

只如杖子與拂子竟是什麼物事？恁麼難解？諸方大師欲會麼？平實說與爾知：

莫念拂杖有何義，丟卻如意歸面壁。

第四二四則　仰山指心

袁州仰山慧寂禪師　師問僧：「名什麼？」僧曰：「靈通。」師曰：「便請入燈籠。」曰：「早個入了也。」（法眼別云：「喚什麼作燈籠？」）

僧問：「古人道：見色便見心。禪床是色，請和尚離色指學人心。」師云：「哪個是禪床？指出來！」僧無語。（玄覺聞云：「忽然被伊指卻禪床，作麼生對伊好？」有僧云：「卻請和尚道。」玄覺代拊掌三下。）

聖嚴法師云：《「三界唯心」是說：一切人、事、物都是從心中出現，又回到心中去。**日有所思，夜有所夢的心是唯心；做事會成功是因為有心要做，這更是唯心**。萬法唯識的「法」是指一切現象，不論生理、心理或物理現象，都是**因人的認識心、執著心、分別心積聚而成為生命主體的業識**。如果某人沒有以自我爲中心的執著心、分別心，任何現象雖然存在，對此人來說等於不存在。》（東初出版社《公案一百》頁 145）

平實云：聖嚴師父身為中華佛學研究所主持者，而不解佛法竟至於此地步，令人深覺訝異。所以者何？謂佛法中所說三界唯心者，乃指一切有情輪迴三世之主體識──第八識阿賴耶心也，絕非聖嚴師父所說之意識心也。「**日有所思，夜有所夢的心**」是能覺知思惟的意識心，是能作主的意根心，不是經中所說三界唯心的第八識實相心；「**做**

事會成功是因為有心要做」，有心要做事的心是意識心及思量心的意根，絕非實相心。聖嚴師父竟將如是虛妄之六七識，說為三界唯心之實相心，身為佛學研究所之負責人，竟於唯識學之基本道理亦不解，膚淺至此地步，令人不能不覺得訝異！

「三界唯心，萬法唯識」者，謂三界所有一切法皆從自心如來藏而起，同以自心如來藏為根源而有，非如聖嚴師父之以意識覺知心為根源也，無念之意識心不能出生萬法故，只能於萬法中受苦樂故。

萬法必須八識之具足，方得現起，非離八識心王而有；然八識心王歸結於第八識如來藏，若無第八識如來藏之藉父母緣而創造五根，及流注意根與前六識種子，尚不能有前七識，何況能有萬法？下自地獄，上至無色界有頂天，一切法莫非如是依自心如來藏而直接或間接現有，故說「三界實唯如來藏心，萬法皆唯八識心王而有」。今者聖嚴師父竟言：「都是因人的認識心、執著心、分別心積聚而成爲生命主體的業識」，則是以意識覺知心作為主體業識，完全悖違三乘諸經 佛說。主持中華佛學研究所二十餘年，世界聞名之法鼓山事業集團領導者，竟然連此基本佛學知識亦付厥如，錯謬至此地步，云何可言佛學研究有其大用耶？云何可言如是佛學教育之於佛教有其貢獻、有其助益耶？故說佛教之學術研究與佛教教育是佛教之一大隱憂也。

若人欲真證悟佛法般若慧者，欲真證知法界萬法之真實相者，當入真善知識門下真參實證，莫以研究探討為務。且舉仰山指心公案，共我佛教學人一探仰山禪師心行：

一日，仰山禪師問一僧：「汝名什麼？」僧答曰：「我名為靈通。」仰山隨曰：「那就請你入燈籠吧。」彼僧答曰：「早就已經入燈籠了也。」後來法眼文益禪師聞此公案，便別作此問：「你們喚什麼作燈籠？」

諸方大師未悟示悟，競相著作禪籍，講解公案，所說盡是情解思惟得底，盡作籠罩諸方之語。諸方大法師與居士等人未曾達道，同作鬼家活計，比賽禪學著作多寡，以著作等身之表相，用以籠罩學人；學人唯知表相，不了內涵，競相攀附，捐輸錢財身力，共成籠罩衆生之事業。

只如仰山請僧入燈籠，如何是燈籠？平實於前諸輯中早說了也，今時唯恐諸方大師不曉，復舉此公案說之。只而今，一切衆生熙來攘往，個個揹著燈籠四處亂逛；一旦問著，卻又不曉燈籠是甚物事，儘向斜裡答伊。如今大衆欲會麼？且揹燈籠賞花去，陽明山三月杜鵑正燦爛哩！只是大衆欲揹阿哪個燈籠去賞花？莫頭上安頭好！

若真賞花人，必揹燈籠去；復須大白天揹著個燈籠去，若棄卻這個燈籠，一切人盡賞不得花去。可中若有個真正禪和子，聞道平實語，撿個三月大白天，只一心揹個燈籠上陽明山賞杜鵑去，便曉仰山燈籠意；若曉仰山燈籠意，竟日賞花已，當知誰人揹燈籠也；若曉誰人揹燈籠，便即棄卻假燈籠，但用燈籠裡火，直向佛道去。從此以去，五湖四海由汝去，名山道場儘汝逛，一切大師拘繫爾不得也。

爾等四大道場之大法師欲會麼？何妨下心依平實語？來日相邀四人同上陽明山，各各揹個竹燈籠，白日裡上山賞杜鵑去！下得山來何妨駕臨喧囂居，共品釅茶一盅？且共大師等人商量：這個燈籠竟是個什麼物事？平實且共四大法師議論揹燈籠者種種鄙俗瑣事。

有僧問：「古人曾說：看見色法時便看見了真實心。禪床是色法，請和尚離卻色法，指出學人之真實心。」仰山卻云：「哪個是禪床？指出來我看！」那僧口掛壁上，作不得聲。後來玄覺禪師聞道此個公案，便對座下大衆云：「如果忽然被那僧指著禪床時，仰山如何對答那僧才好？」這時有一僧云：「卻請和尚說了吧。」玄覺卻無言語，只是代替仰山撫掌三下。平實卻不然，只是指著自身道：「只這個便是禪床！」

今時每有未悟謂悟之法師居士，故作大家，籠罩教界；此諸法師居士互相吹捧，競作人情，令諸大衆盡被籠罩。如今平實且要問爾示悟之大法師與大居士等：

古人所言見色便見心，意旨如何？若道不得，盡是依草附木精靈，有什麼見地？

若爾所道有差，則是野狐之輩，出得頭來為人說禪，盡是誤導衆生慧命，欲求捨壽後無量世當野狐耶？古人只為錯說一句不墮因果，便墮野狐五百世去，若非得遇百丈，何有出期？今時大師見有前車之鑑，而仍一意孤行，為此世之名聞利養而繼續誤導衆生，豈只野狐之罪耶？竟然至今仍不肯聽平實之誠實語？非智者之行也！

只如古人道：「見色便見心」，意旨如何？學人若下問，平實不指禪床，但教爾為余指示禪床，且不教爾指心，亦不向爾指心。禪床指已，復牽爾手，一一循歷，教爾為平實指示座椅，指示佛像，指示佛龕，指示種種物色；盡皆指示了，平實且問爾：「見色便見心，爾心在什麼處？」若猶不會，還請平實為爾說；平實聞請，便轉個身，背後出三指，向爾晃三下，君莫俟夜半三更覓吾，吾不候爾也。 歌曰：

花非花來霧非霧，燈籠究竟是個什麼物事？

色非心來心非色，但見色，豈見心？卻教阿爾從色去覓心！

第四二五則　仰山會經

袁州仰山　慧寂禪師　師住觀音時，出牓云：「看經次，不得問事。」後有僧來問訊，見師看經，傍立而待。師卷卻經問：「會麼？」僧曰：「某甲不看經，爭得會？」師曰：「汝已後會去在。」（其僧次到巖頭，巖頭問：「什麼處來？」僧云：「江西觀音來，」巖頭云：「和尚有何言句？」其僧舉前語，巖頭云：「遮個老師！我將謂被故紙埋卻，元來猶在。」）

聖嚴法師云：《趙州從諗禪師問弟子：「一日看多少經？」弟子答：「七、八卷或十卷。」趙州說：「你不會看經。」弟子問：「師父一日看多少經？」趙州答：「老僧一日只看一字。」……做任何事若能持以專心一意的態度，無事不辦、無事不成。修行時心無二用、心無分別、心無執著，即是在同一個心境下用功，如此一定可以開悟。》（東初出版社《公案一百》頁107~108）

平實云：然而聖嚴師父說得此語已，應當審視自身：既敢言悟事，究竟悟得個什麼？覓著自身本有之如來藏否？般若慧已生否？若未曾覓著，大膽言悟事，有無誤導衆生否？有無變相示悟之方便大妄語罪否？如是諸事，皆屬切身問題，十數年後，捨報必須面對此諸因果故，一切有智之人必定先意顧慮故。今見聖嚴師父似未顧慮及之，平實好言善意提示，師父千萬莫作馬耳東風想。

何故平實作此語乎？謂念今生師徒情誼一場，復念九百年前於克勤大師門下同窗一世，不能無言也！實宜早日棄卻疑心，速取先師語錄精研，下心真參實究好！若不能棄卻昔年對克勤先師之疑，今復持疑，假饒真能如師說：「持以專心一意的態度，……修行時心無二用、心無分別、心無執著，即是在同一個心境下用功」，亦復百劫不悟也，絕非如師所說之「如此一定可以開悟」，所以者何？現見師父至今未曾證悟故，尚未悟得如來藏故，所說之心仍墮常見外道所墮意識心故，何得言為「一定可以開悟」耶？如是之言豈非變相示悟耶？豈非誤導眾生之言耶？

當知參禪用功時，非但不應心無分別，反應起心分別：於一切人事時地中，起心分別六根六識萬法虛妄，起心分別：「十八界法運行時、究有何法同時同處而可謂為如來藏者？」豈可坐卻分別心而不用之？豈可坐在黑山鬼窟中作鬼家活計？聖嚴師父如是一念不生之境，澄澄湛湛，正是祖師所斥之冷水泡石頭也，泡至劫盡，依舊是個頑石，終究不能覓得真心如來藏，終將無緣發起般若慧也。聖嚴師父之禪法知見如此，可知絕非已證如來藏之人，可知絕非真正證悟之人也。

聖嚴師父又云：《「老僧一日只看一字」可能有兩層意思。第一，專心一意；第二，沒有什麼好看，一無所有。佛經雖然是以文字語言表達理念或方法，可是眞正開了悟的人並不需要從字面去理解經文；經文背後所表達的那個最高的、最後的、最究竟的悟境才是重點。

所以，不會看經的看文字，會看經的看文字背後的悟境。》（東初出版社《公案一百》頁108）

平實云：聖嚴師父又錯了也！當知老趙州一日只看一字之語，且非意指看經文之一字，如同有人問佛法大意時，老趙州卻答「鎮州蘿蔔重三斤」，其意雷同，毫無差池也。只是師父解不得，只得向老趙州言句中會去也，與諸錯悟大師居士同墮趙州語脈去也，與禪悟有何交涉？

老趙州善有偷營劫寨之機，普天下阿師，個個盡被伊趙州算計去了也。老趙州此語，正如雲門之綠瓦、露柱、乾屎橛、花藥欄，一般無二；亦如「曹源一滴水」一般，正是啐啄同時之機，須是禪門老參，或是上上根器，方能一聞而得大總持，一般根器卒難證會，便似聖嚴師父之墮意識情解之中也，何能搆得趙州語意？

然聖嚴師父所說者，亦有可取之處：「經文背後所表達的那個最高的、最後的、最究竟的悟境才是重點」，既如是，聖嚴師父當細心探究經文背後所表達之悟境，莫仍如往常一般之墮於經文字面而依文解義，當悉心探究經文背後所指之義——實相心如來藏何在？為助師故，便舉仰山看經公案，且與聖嚴大師扯點兒葛藤：

仰山慧寂禪師往住觀音時，貼出牓示云：「我若正在看經之時，不得前來諮問寺院諸事。」後時有一僧前來問訊，看見仰山禪師正在看經，乃傍立而待。稍後，仰山禪師將經典掩起，問彼僧云：「會麼？」彼僧答曰：「弟子並未看到師父所看的經，如何能知經中說什麼？」仰山禪師答曰：「汝已後自然就會知道這是什麼意思。」

只如這僧來見仰山，欲問佛法，尚未開得口，仰山亦未有何開示，復未將經文示彼，云何便問彼僧會不會？究竟要這僧會個什麼？又如何會去？仰山作這語話，竟有什麼意？可中還有大師會得者麼？何妨與吾作家相見？莫與我絮絮叨叨！

若有大師來道不會，平實卻不問伊會不會？只教經櫥取般若經來，取來卻教翻開第一一一頁，問伊會不會？若是不會，再教取維摩經來，教伊翻開二二二頁，問伊會不會？若還不會，再教取雜阿含來，此回不教翻經尋頁，但只一棒打去，不問會不會。

其僧於仰山座下未能會得，便到巖頭全豁禪師處參訪，巖頭問伊：「從什麼處來？」這僧答云：「從江西觀音仰山禪師處來。」巖頭問云：「仰山和尚有何開示言句？」其僧便舉示前來與仰山所對語句，巖頭聞已，便云：「這個老師！我還以為他早被故舊經紙埋卻，原來還在。」

自古至今，每有狂禪宗徒，不知悟得真心如來藏、眼見佛性後，只是大乘無生忍，只是初入大乘別教之門，此後所須修學之三賢位大乘般若別相智，以及諸地所須修證之無生法忍——一切種智，皆須親依經中佛語而修而證；若不能自行通達經中佛語者，則須親從大善知識聞熏修證；豈如彼諸狂禪宗徒之將六祖方便說認作究竟說？便執一悟之後即已成佛。更來反對真善知識所說悟後起修之語為妄。

當知　釋迦世尊於無量劫前，當時名為大精進菩薩，早已證悟而入初地，猶未成佛；復經二大阿僧祇劫之進修已，方得於後來成佛。又如經中所載大慧菩薩等人悉已證悟，乃至有諸菩薩已得諸地之無生法忍者，豈是未悟之人？又如律部《菩薩瓔珞本業經》中佛說：大乘別教第七住菩薩，般若正觀現在前。即是明心證悟而得第七住賢位不退，然猶未入聖位者，何況成佛？又如諸經所說地藏王菩薩實是證悟之人，非是未悟者；亦如龍樹菩薩亦是證悟之人，而皆尚未成佛，如是經證與事實極明，豈以初悟明心之人所能成佛？

然印順之隨學者淨耀法師竟於電視台上狂言：明心開悟必定即是成佛，唯有成佛才是開悟明心之人。以此妄評余所說之明心境界，將之等同於佛，乃是對衆暗示：平實等人為大妄語者。今觀諸經所說及龍樹菩薩等祖師所證，無異余法；而違淨耀法師所言，今請淨耀法師就此質疑，答於佛子大衆：大迦葉尊者究竟已悟未悟？地藏王菩薩、大精進菩薩、大慧菩薩、龍樹菩薩、達摩乃至六祖……等人究竟已悟未悟？若已悟，云何未成佛？若未悟，云何卻已親證實相心，所說實相心完全同佛所說？而猶未成佛？

印順諸徒衆每謂印順是有般若證量者，印順既具般若證量，當是悟者，當已成佛，試問：印順已悟未悟？若已悟者，是已成佛？是未成佛？有請淨耀法師，以子之矛攻子之盾，如是公開答余所問。若印順未悟般若者，則應請其收回《妙雲集…》等著作，所說不符佛法故，是未悟之人所說故，是無般若證量者所說故；若是已悟般若，則應印順已成佛，究竟印順是已成佛？是未成佛？若未成佛，則是未開悟者，則爾等法師居士應收回往昔所說印順有般若證量之言，所說是大妄語故，爾淨耀等人倡言開悟即是成佛故。若猶堅持印順確實已悟般若者，則當公開答覆：印順究竟已成佛？未成佛？有勞淨耀法師等人公開答余！天下人要知！

又現觀今時：彼諸主張一悟即至佛地之大師與居士等人，未見一人已悟般若禪，猶未能知自心如來藏何在，而竟狂言不必悟後起修，狂言「一悟即至佛地」之理上方便說，認作正說，真乃狂禪宗徒也。

往昔禪宗祖師於初悟時，往往不知此理，常有誇大之辭；逮至悟之久矣，起心探究自身云何尚未具足佛地功德時，方知六祖之言乃是理上之方便說，非是悟後事修上之究竟說也。於是勤入諸經佛語中，深心細探進修諸地無生法忍之法，於是邁向增上慧學一切種智之修證，努力觀修唯識諸經所言無生法忍之學：是故破參已久之老禪師，必深入諸經，不復往昔初悟時狂禪之風也。

仰山亦復如是，初出道時極狂；後來知錯，住持觀音時，喜看諸經，規定看經時不許弟子前來問事擾亂。然彼僧來參訪，傍立已久；仰山乃於看經告一段落時，使諸機鋒，欲令彼僧悟入；只是彼僧機緣不具，平白錯過。彼僧後來行腳到巖頭全豁禪師處，被詢及此事，巖頭乃有如是一番言語，流傳至今。

只如巖頭說仰山之語，是嫌仰山？是讚仰山？聖嚴師父若見問，平實但回語云：「會看經的人，不看經文背後的悟境。」與師所言相反。　且道：平實此語有為人處？無為人處？是合佛法般若？是悖佛法般若？　師父若有因緣，向後自會去在。　頌曰：

悟境從來非干禪，會經端在嘴皮兒恁！

親遭一口方知賊，轉身迴觀，始知從來不離朕。

第四二六則　仰山靜慮

袁州仰山　慧寂禪師　僧問：「禪宗頓悟畢竟入門的意旨如何？」師曰：「此意極難。若是祖宗門下上根上智，一聞千悟，得大總持。此根人難得。其有根微智劣，所以古德道：若不安禪靜慮，到這裡總須茫然。」僧曰：「除此格外，還別有方便令學人得入也無？」師曰：「別有別無，令汝心不安。汝是什麼處人？」僧曰：「幽州人。」師曰：「汝還思彼處否？」曰：「常思。」師曰：「彼處樓台林苑人馬駢闐，汝返思底，還有許多般也無？」僧曰：「某甲到這裡，一切不見有。」師曰：「汝解猶在境，信位即是，人位即不是。據汝所解，只得一玄，得坐披衣。向後自看。」其僧禮謝而去。

師始自仰山，後遷觀音。接機利物，為禪宗標準。遷化前數年，有偈曰：年滿七十七，老去是今日；任性自浮沈，兩手攀屈膝。

後於韶州東平山示滅，年七十七，抱膝而逝。

聖嚴法師云：《對於真正的道理，不如不說；縱使說了，千萬不要把你所說的當成金科玉律，也不要把自己的所思所言強人接受，最好叫他自己去認識、體會、判斷。各人有各人的想像空間，同樣的一朵白花，在詩人手中會化為優美的詩句；在文盲手中，一朵白花就是一朵白花，其至是跟一片葉子、一莖草差不多。……總之，**若想表達最高的真理，最好不**

講話；一旦表達出來，那就不再是眞理。有了這項認知之後，對他人所說的意見會予以尊重，對他人所用的語言會加以欣賞，不會以批評、對立的態度看待。因爲對方應該有他自己的想法和說法，……》（東初出版社《公案一百》頁66~67）

平實云：聖嚴師父此說，乃是似是而非之說，乃是世俗之說，乃是鄉愿之說。般若正理唯有一法，絕於對待，絕無第二法可為般若正理也；是故般若之證悟者，必定同一所悟，聖嚴師父何可謂各人有各人之真理？若人所悟異於自己所悟，當知必有一人錯誤；若自己錯誤，當速修正之；若他人錯誤，當速救之，以免彼人誤導衆生、干地獄業；如是之行，方是菩薩行也，何可模稜兩可、坐視衆生之被誤導？何可如是作鄉愿之人耶？是故聖嚴師父所說：「不要把自己的所思所言強人接受，…各人有各人的想像空間」，乃是似是而非之說也，乃是混淆視聽之說也。

世俗之理，各人有各人之想法，吾人皆予尊重；然於佛法修證而言，不論是二乘菩提，抑或大乘佛菩提，皆不得有各人之想像空間，皆須與 佛所言完全一致。若有人所言三乘菩提之修證，異 佛真旨者，正應出之以大悲、出之以大勇、出之以大智，明確告知其邪謬所在，而非給予世間法上之尊重—令其繼續深入歧途。而今聖嚴師父竟勸證悟之人：不得將親證之佛法證量用來矯正已入歧途者之邪見。教人應尊重彼諸已入歧途者之邪見，教人應尊重彼諸誤導衆生同入歧途者之大師邪見，不准加以法義上之辨正。此乃鄉愿之見，非是菩薩直心之人所應為者也。

復次，聖嚴師父將禪宗諸多公案，作諸世俗法上之解會，皆不教人從中覓取自心如來藏，皆不教人覓取般若法義出生之根源如來藏；悉以世俗法而作解釋，完全悖離般若正義，與證悟祖師留下之公案意涵無關，如是將禪宗證悟之甚深般若世俗化，所說儘在世間法上用心，與般若何干？由近年來聖嚴師父所造書中之句句不離世俗，不能稍觸公案中之真實義以觀，可知聖嚴師父十餘年來未曾有何進境，仍墮意識我見之中，欲悟猶遙也。今為益於佛子大衆及與吾師，且舉仰山靜慮公案共相商量：

有僧問：「禪宗頓悟畢竟入門的意旨如何？」仰山禪師答曰：「此一意旨，欲悟極難。若是祖宗門下之上根上智者，只須一聞禪法，便得悟入百千妙義，獲得一大總持。但此一根性之人，極為難得。其中學人大多根器微小，智慧低劣，難以證悟，所以古德道：若不安禪靜慮，到這裡總須茫然。」彼僧又問曰：「除此，是否可以別出格外，另設方便法門令學人得以悟入？」仰山禪師曰：「若說另有此法或別無他法者，則令汝心不安。汝是什麼處人？」僧曰：「幽州人。」仰山禪師曰：「汝來到此處之後，還思彼幽州否？」僧人答曰：「常常思念幽州。」仰山禪師曰：「彼幽州之樓台林苑人馬駢闌，汝如今返思之時，還有那些樓台人馬⋯等事物嗎？」僧曰：「我來到這裡，一切都不見有。」仰山禪師答曰：「汝之見解，猶在境界上，尚墮於意識心上；若要論修證，信不退位即是汝之證境，若言證悟之真人聖位，汝則未有證量。據汝所知解底，只得一玄，未入義學之中，可得法座、披衣說法。若要證悟，以後自己再看因緣吧。」其僧禮謝而去。

自古以來，執著聲聞法之出家比丘，比比皆是，至今無異，皆是看重僧衣身分，而不看重正法者。如是口言修學菩薩道，卻執著聲聞僧相，於諸菩薩初無敬意。觀乎玄奘菩薩所譯《維摩詰經》諸大聲聞之從不禮拜維摩詰等覺大士，反需維摩詰大士禮拜諸大聲聞羅漢，則此世界佛教多數出家僧寶受聲聞戒後之心態，亦可知矣。然亦非一切阿羅漢皆有此執也，譬如天軍阿羅漢即無此執，故能從彌勒菩薩得大乘法。平實為除此執，故於前世開始捨出家相，今已二世為在家菩薩矣。

玄奘菩薩所著《大唐西域記》卷十一，有此記載：《秣底補羅國，周六千餘里，國都大城周二十餘里，宜穀麥，⋯伽藍十餘所，僧徒八百餘人，多學小乘教——說一切有部。天祠五十餘所，異道雜居。大城南四五里至小伽藍，僧徒五十餘人，昔德光論師於此作『辯眞』等論，凡百餘部。論師少年而英傑，長而弘敏，博物強識，碩學多聞。

本習大乘，未窮玄奧，因覽『毗婆沙論』，退業而學小乘，作數十部論，破大乘綱紀，成小乘執著。又製俗書數十部……。覃思佛經，十數年不決；研精雖久，疑情未除。時有天軍羅漢，往來睹史多天；德光願見慈氏決疑請益，天軍以神通力接上天宮；德光論師既見慈氏，長揖不禮，天軍謂曰：「慈氏菩薩次紹佛位，汝何乃自高、敢不致敬？方欲受業，如何不屈？」德光論師對曰：「尊者此言誠為指誨，然我乃具戒比丘出家弟子，慈氏菩薩受天福樂，非出家之侶；而欲作禮，恐非所宜。」**菩薩知其我慢心固，非聞法器**；故令**往來三返，不得決疑**。德光論師更請天軍，重欲覲禮彌勒菩薩，天軍羅漢惡其我慢，蔑而不對。德光既不遂心，便起恚恨，即趣山林修發通定，我慢未除，不證道果。

德光伽藍北三四里，有大伽藍，僧徒二百餘人，並學小乘法教，是眾賢論師壽終之處。眾賢論師乃迦濕彌羅國人也，聰敏博達，幼傳雅譽，特深研究小乘說一切有部毗婆沙論。時有世親菩薩一心玄道，求解言外，破毗婆沙師所執，作『阿毗達磨俱舍論』，辭義善巧，理致清高，眾賢論師循覽，遂有心焉，於是沈研鑽極，十有二歲，作『俱舍雹論』二萬五千頌，凡八十萬言矣。……告門人曰：「以我逸才，持我正論，逐斥世親，挫其鋒銳；無令老叟獨擅先名。」於是學徒四三俊彥，持所作論推訪世親。世親是時在磔迦國奢羯羅城，遠傳聲聞眾賢當至，世親聞已即治行裝；門人懷疑，前進諫曰：「大師德高先哲，名擅當時，遠近學徒莫不推謝，今聞眾賢，一何惶遽？必有所下，我曹厚顏。」世親曰：「吾今遠遊，非避此子。顧此國中無復監達，眾賢乃後進也，詭辯若流；我衰髦矣，莫能持論，欲以一言頹其異執，引至中印度，對諸髦彥，察其眞僞，詳乎得失。」尋即命侶負笈遠遊。眾賢論師當後一日至此伽藍，忽覺氣衰，於是裁書以謝世親曰：「如來寂滅，弟子部執；傳其宗學，各擅專門；黨同道，嫉異部；愚（眾賢論師自稱）以寡昧，猥承傳習，覽所製『阿毗達磨俱舍論破毗婆沙師』大義，輒不量力，沈究彌年，作爲此論扶正宗學，智小謀大，死其將至。菩薩宣暢微言，抑揚至理；不毀所執，得存遺文，斯爲幸矣！死何悔哉！」於是歷選門人有辭辯者，而告之曰：「吾誠後學，輕凌先達，命也如何，當從斯歿。汝持是書及所製論，謝彼菩薩，代我悔過。」授辭適畢，奄爾云亡。門人奉書至世親所，而致辭曰：「我師眾賢論師已捨壽命，遺言致書，責躬謝咎。不墜其名，非所敢望。」世親菩薩覽書閱論，沈吟久之，謂門人曰：「眾賢論師聰敏後進，理雖不足，辭乃有餘。我今欲破眾賢之論，若指諸掌。顧以垂終之託，重其知難之辭；苟緣大義，存其宿志，況乎此論發明我宗。」遂爲改題爲『順正理論』。門人諫曰：「眾賢未歿時，大師遠跡；今既得其論，又爲改題；凡厥學徒，何顏受愧？」世親菩薩欲除眾疑，而說頌曰：「如師子王，避豕遠逝（避豬而遠遊）；二力勝

負，智者應知。」眾賢死已，焚屍收骨，於伽藍西北二百餘步菴摩羅林中，起舍利塔，今猶現在。》

是故學人之難捨大師崇拜，難捨出家表相崇拜之情，自古已然，非獨現今；能如天軍羅漢之捨出家表相崇拜者，自古實極少之。而出家凡夫法師之賤視在家聖位菩薩者，亦復古今同出一轍，幾無二致。猶如德光法師處凡夫位，而自矜出家法師表相，於等覺菩薩彌勒尊佛之勝法尚且不信不受，何況初悟之未入地菩薩所說，乃至諸地之在家菩薩所說，何肯信之？如是現象古今同轍，諸多未悟之出家法師大多如是，難出表相執著泥淖；乃至衆賢論師對已現出家相而為當時世所公認大論師之世親菩薩尚且不信，欲挫敗之，何況能信非出家相之在家菩薩？是故彼等法師唯能耽誤自身道業，今世後世無益自他。若見在家聖位菩薩說法勝妙，便以凡夫出家身相自高，群起聯結，對抗在家聖位菩薩所弘法道，辜負在家菩薩之欲助其見道、之欲消除其邪見之悲心，愚癡乃爾。

今者聖嚴師父亦復如是，唯視此世出家表相，不了往世種種因緣，於勝法不肯信受，復出之以種種私下抵制之作為；余以種種方便而說法要，彼則故意出以詭辯，作種種世俗言說：「**大家作好事、說好話，不批評別人……對他人所用的語言會加以欣賞，不**

會以批評、對立的態度看待。因爲對方應該有他自己的想法和說法……」以是等世俗言語，而說禪宗之般若法義，淺化佛法同於常見外道，將 世尊所傳佛菩提見道之勝妙法要，淺化為世俗法；此非今時後世一切佛教學人之福也，願我佛教一切學人知之。

仰山禪師住世時，亦多如是大師，唯因顧慮彼等名聞利養，故多以僧字代之，不言其名。彼僧來訪仰山禪師，亦冀一見而悟般若；然仰山自其師溈山說其「用劍刃上事」已，即改其過，不復濫用機鋒，故對彼僧唯作開示。開示已，隨為彼僧指示：「汝解猶在境，信位即是，人位即不是。據汝所解，只得一玄，得坐披衣。向後自看。」令其以後再覓見道因緣，終不肯為其指示見道之法也。

是故，大乘別教般若之證悟極難，雖然宿世積累善根，此世復除高慢，欲於出家菩薩座下證悟，已非易事；若是往世善根欠缺，此世又復不肯修除高慢，欲於在家菩薩座下求悟，更難得也；聖位菩薩多現在家相故，在家相不易為彼慢習不除之出家凡夫僧所信服故。由是因緣以觀，今時諸多出家大師悉皆如彼僧家，雖有大名聲，終不能於般若正慧有所證悟；料定終其一生，唯是只得一玄，得坐披衣；解猶在境，信位即是，人位即不是。欲求證悟般若，難可得也！　頌曰：

玄之又玄成戲論，解若在境墮信位，得座披衣無正慧。

精進無諂佛子輩，捨諸身相得正慧，證聖豈在袪冠帔？（調寄浣溪紗）

第四二七則　香嚴清貧

袁州仰山　慧寂禪師　韶州懷化人氏，俗姓葉。年十五，欲出家，父母不許。後二載，師斷手二指，跪致父母前，誓求正法以答劬勞。遂依南華寺通禪師落髮。未登具，即遊方，初謁耽源，已悟玄旨；後參溈山，遂升堂奧。

一日，師問香嚴：「師弟近日見處如何？」香嚴曰：「某甲卒說不得。」乃有偈曰：「去年貧，未是貧；今年貧，始是貧。去年無卓錐之地，今年錐也無。」師曰：「汝只得如來禪，未得祖師禪。」（玄覺聞云：「且道：如來禪與祖師禪分不分？」長慶稜云：「一時坐卻。」）

溈山封一面鏡寄與師，師上堂提起云：「且道：是溈山鏡？仰山鏡？有人道得即不撲破。」眾無對，師乃撲破。

聖嚴法師云：《對於一個開了悟、有智慧的人而言，並無主見成見的自我立場，內心世界只是環境的如實反映，都是來去自然，隱現無痕。是各種因緣促成環境的變化，也是各種因緣促成內心的活動。不論心內心外，一切都是因緣聚散的過程，一切也都是聚散無常的現象，不僅是暫時的，也都是眞實的。變變不已的現象是暫時的，聚散無常的原理是眞實不變的。所謂無常，便是說沒有永遠的好，也沒有永遠的醜，可見世界上並沒有眞正的好與醜的

現象。》（東初出版社《公案一百》頁 42~43）

平實云：未悟之人說悟後事，非是智者所樂行也。所以者何？智者必定預見有朝一日終將被證悟者拆穿其戲論故，故說聖嚴師父作是《公案一百、動靜皆自在、禪鑰、聖嚴說禪》諸多世俗言說者，非是智人之行也。

當知聖嚴師父如是等言，未曾隻言片語觸及法界體性之實相也，悉屬世俗境界上事，墮於六塵衆法中，悉依六塵萬法而言故，不曾稍觸本即超脫於六塵之自心如來藏故。乃至未能言及世俗諦，此謂二乘羅漢所證世俗諦者，乃依蘊處界虛妄而言、而作現觀；然今聖嚴師父所言本應勝妙於世俗諦之般若禪，竟連世俗諦亦不能觸及，而於六塵法所生之境界法上作諸言說。如是所言既不能觸及大乘般若正義，亦不能觸及二乘小法之世俗諦，云何可於諸書中暗示自身是證悟者？而說唯證乃知之祖師證悟公案？乃至付梓廣發行之？

般若禪之意旨，乃在親證蘊等虛妄，故證萬法皆空本旨；親證萬法皆空已，卻又證實萬法皆是自心現量——皆從自心如來藏直接與間接出生；如是證實已，方名般若之證悟者。如是證實已，則於眼見萬法時，亦復不見有一法可得，是故有香嚴清貧公案之出現與流傳也：

一日，仰山禪師問香嚴師弟：「師弟近日見處如何？」香嚴禪師答曰：「我始終難以說得。」香嚴說是語已，乃有偈曰：「去年貧，未是貧；今年貧，始是貧。去年無卓錐之地，今年錐也無。」仰山禪師聞後便道：「汝只得如來禪，未得祖師禪。」

後來玄覺禪師聞道仰山與香嚴對答之公案，便拈向天下自道已悟之大師云：「且道：如來禪與祖師禪分不分？」後來長慶慧稜聞此公案，又聞玄覺禪師如是拈提，乃對衆云：「一時全部丟卻才好。」

只如香嚴云：「去年貧，未是貧；今年貧，始是貧。去年無卓錐之地，今年錐也無。」仰山云何言香嚴只得如來禪？不得祖師禪？

此謂如來禪乃次第漸修而至成佛，禪宗後來祖師所言之祖師禪，則謂一念相應而親破牢關，親證無餘涅槃。

然仰山早年隨於狂禪禪師之語，而認同之，實有大病；後來仰山亦知其病，故常閱經，深入種智而修。然年輕初悟、初出道時所說人云亦云之言語，已經流傳天下，載之於錄，猶如覆水之難收也，今日不免乎實依據佛菩提道而檢點之也。

祖師禪所破牢關，不能超過無餘涅槃之修證，至竟唯能出離分段生死輪迴爾，終不能入住初地乃至諸地，何況成就如來至果？如來禪者，乃是禪宗般若禪之證悟後，進修一切種智唯識增上慧學已，次第漸進乃至九地滿心，而後方有資格修學之法也；地上菩薩未至九地滿心者，悉無修學之分，如是如來禪正旨，具載於《楞伽經、菩薩瓔珞本業經》中，今猶可稽；云何仰山可以祖師禪之粗淺證境，而輕如來禪之正修耶？凡此皆屬狂禪之輩，未入修道位中證知佛菩提之道次第，不曉佛菩提道之正修者也。然而仰山後時知此大病已，並未修正其說以留傳之，繼續誤導後世學人，由是之故，平實今日必須據實檢點之，以令大眾週知。

由是正理，亦可顯見香嚴之說，實無錯謬。謂學人若得證悟已，必見六塵萬法中，實無一法可得；必定現觀六塵萬法，一切皆是自心如來藏之現量，十八界中之覺知心，時時思量處處作主之意根，皆不可得，是故香嚴禪師言其前後二年之修除我執過程：「去年貧，未是貧；今年貧，始是貧。去年無卓錐之地，今年錐也無。」去年雖斷我見，猶有我執在；今年我執亦無，始是真貧也。去年尚有見道之法在，今年連見道之法亦不存心；猶如去年言無卓錐之地，名為貧者；今年更貧，連錐亦無。凡此皆是悟後修除性障貪瞋而離習種性之所應行者也。

未悟愚人及諸大師，每謂證悟明心之人即是聖人，而不知證悟者只是外聖內凡賢人；於外道及凡夫而言，確是聖人，此依大乘通教及二乘菩提而言故；然於大乘別教法中，唯是賢位凡夫爾，尚是習種性人故，未離習種性十住位故。縱使已離習種性位，仍未是別教聖人，唯是十行位性種性、及十迴向位道種性之賢人爾，尚未入地也。是故一切明心證悟之別教菩薩，多是習種性人，尚須熏習種種般若別相智故，尚須熏習一切種智故，凡夫異生習性尚重故。由是正理，多數證悟後之別教菩薩，皆須修除凡夫習性，離異生性，故有香嚴智閑禪師之清貧公案，留與世人作軌範也。此諸正理，於拙著《正法眼藏—護法集，楞伽經詳解》中已有詳盡敘述，讀者逕行請閱可解，今不重贅。

後來溈山禪師包封一面鏡子，寄與傳人仰山禪師，仰山禪師上堂時，便提起鏡子，對大衆云：「且道：這是溈山之鏡？或是仰山之鏡？若有人道得，即不撲破。」大衆無人答對，仰山禪師乃撲破鏡子。

只如溈山禪師遣人送來一面鏡子與仰山，仰山云何卻對大衆恁道？竟是何意？那鏡明明是溈山遣人送來，既與仰山，當是仰山之鏡，云何又問是誰人之鏡？竟是何意？衆人既答不得，仰山因何便予撲破？又是何意？若人真會般若意旨，便知仰山落處，便識破仰山手腳也。諸方大師欲會麼？平實為爾通一線，乃頌曰：

香嚴清貧證涅槃，無地無錐無人我；

鏡分溈山與仰山，難辨境上真實我。

只如仰山道：是溈山鏡？是仰山鏡？大師欲如何答？莫問平實，平實亦不知。只勸大師於仰山問後，但取仰山手中溈山鏡，向伊僧服上抹淨。

第四二八則　香嚴古路

鄧州香嚴智閑禪師　師厭俗辭親，觀方慕道。依潙山禪會。祐和尚知其法器，欲激發智光，一日謂之曰：「吾不問汝平生學解及經卷冊子上記得者。汝未出胞胎、未辨東西時，本分事試道一句來，吾要記汝。」師懵然無對；沈吟久之，進數語，陳其所解，祐皆不許；師曰：「卻請和尚為我說。」祐曰：「吾說得，是吾之見解，於汝眼目有何益乎！」師遂歸堂，遍檢所集諸方語句，無一言可將酬對。乃自嘆曰：「畫餅不可充飢。」於是盡焚之曰：「此生不學佛法也。且作個長行粥飯僧，免役心神。」遂泣辭潙山而去。

抵南陽，睹忠國師遺跡，遂憩止焉。一日，因山中芟除草木，以瓦礫擊竹作聲；俄失笑間，廓然醒悟；遽歸，沐浴焚香，遙禮潙山，贊云：「和尚大悲，恩逾父母；當時若為我說卻，何有今日事也。」乃述一偈云：

一擊忘所知，更不假修治；動容揚古路，不墮悄然機。
處處無蹤跡，聲色外威儀；諸方達道者，咸言上上機。

聖嚴法師云：《晦庵彌光有一天參問大慧寓廣禪師：「我到這裡一直不能得徹悟經驗，病在何處？」大慧答：「汝病最癖，世醫拱手，何也？別人死了活不得，汝今活了未曾死。要到大樂田地，須是死一番始得。」……大慧要晦庵去死。死有兩種，一種是肉體的死亡，另一種是煩惱心的消滅。晦庵的肉體沒有死，他的執著心、他的自我中心也還活得好端端的，問題就出在這裡了。第一，他想要徹悟，老是掛念著為什麼還不徹悟。第二，就因為他想到尚未徹悟，煩惱也就更多了一些。病上加病，病入膏肓。所以大慧說，世上的醫生無法治他，乾脆去死吧！怎麼個死法？**叫他死掉求徹悟的心**，死掉怕煩惱的心，然後一心一意用方法，**一心一意過日子，該怎麼過就怎麼過；這就是死掉了攀緣心、追求心、厭惡心、憂慮心**。死了之後即能達到大安樂的地步，也就是大解脫、大自在、大悟徹底。…不要盼望得到什麼或擔心什麼，即連失去生命也不擔心；如果畏首畏尾、瞻前顧後，哪裡也去不了。我指導人修行，往往要求他們要有大死一番的決心，不保留任何一樣自我保障的資源和憑藉，認準情況，下定決心，全力以赴。大死以後才能有大活的境界出現。》（東初出版社《公案一百》頁 136~137）

平實云：聖嚴師父之所以不能悟得般若禪，病正在此。大慧禪師及一切真悟祖師所說之禪病，皆在指斥學人不能死卻覺知心常而不壞之我見也。然今聖嚴師父亦復墮此，不能自外於此也。

聖嚴師父於禪法之知見極度欠缺，此謂禪宗祖師所言大死一番者，乃謂徹底否定覺知心常住不壞之我見；如是我見斷已，方名真死也。若不斷我見，即使如聖嚴師父所言之「即連失去生命也不擔心」，喪失生命已，仍非禪宗所說之死也；必復受生入胎故，我見未斷故，必於中陰階段時再入胎而令來世覺知心再現起故，不肯令覺知心自我滅失故，此即是我見故。大慧禪師所言「汝病最癖」者，即是聖嚴師父等不肯死卻我見之人也，即是指聖嚴師父等執著覺知心常住不壞之人也。

若欲大悟者，必須死卻覺知心常住不壞之邪見；若不能死卻覺知心常住不壞之我見者，終究無能悟入般若禪也。然今觀乎聖嚴師父諸書所說者，悉皆不在斷除覺知心我見上著手，而教人在使覺知心不執取諸法上著手──教人滅除對六塵諸法之執著，而不教人滅卻覺知心我常住不壞之邪見；如是我見，乃是造成聖嚴師父長劫難悟之根本原因也。

若如聖嚴師父之教人於六塵境上不貪不厭諸法者，則是欲令「覺知心常住自在」而不攀緣諸法，悖違二乘菩提之斷我見，亦違大乘佛菩提之般若正修；此謂二乘菩提所證之解脫道，乃在於現觀覺知心與意根之虛妄，而不在於「令覺知心不執取六塵中萬法而獨存」故；若能現觀覺知心虛妄，則斷我見，即可漸除對於六塵萬法之執著也；若如聖嚴師父所說之不貪不厭六塵萬法者，終究只如巨石壓草，不能斷除六塵執著也，覺知心之現行必與六塵萬法相應故。若現觀覺知心虛妄，則我尚不存，不執自我，何須將我遠離六塵萬法之執著？

於禪宗所悟之佛菩提道而言，則是證悟自心第八識如來藏；若不斷我見，終究不能認定覺知心虛妄，則不肯下心覓取本離見聞覺知之如來藏，終究會作錯誤之認定：覺知心離六塵執著即是如來藏心。故說不能死卻覺知心我者，不能證悟自心如來藏。必須死卻「覺知心我常住不壞」之我見，如是徹底否定覺知心自我，方名大死一番，方能死心塌地尋覓迥異覺知心之如來藏也。若如聖嚴師父之不肯死卻「覺知心我常住不壞」之我見者，即使平實明告如來藏，明白為師父指出如來藏何在，師父必將不肯信之，勢將反脣相譏，成謗法人。禪宗祖師深知此理，故說一切人若不肯死卻「覺知心常而不壞」之我見者，必不能悟證般若也。

是故禪宗所言大死一番者，乃謂徹底否定覺知心自我，然後以覺知心自我為工具，覓取常住不壞之如來藏心；若如聖嚴師父之教人滅除對六塵諸法之執著，而不在滅除「覺知心常住不壞」之我見者，是名凡夫我見，亦是常見外道所執之我見也。我見不斷者，即是不肯大死一番者，焉有悟緣？學人若欲求悟般若，當先斷我見──不認覺知心為常住不壞法──現前觀察覺知心虛妄而不執著自己。不應在遠離六塵萬法之執著上用心，應當以覺知心尋覓常住不壞之如來藏心也。

復次，聖嚴師父教人滅卻求悟之心，若人信受其言，則將永劫不能證悟般若；此謂若無求悟之心，則必常處一念不生之境，不能建立禪法正見，則必與證悟無緣。若人欲悟般若，必須先有求悟之心；有此心已，方有動機修學參禪應有之定力，方有動機聞熏參禪應有之正知見。若人滅卻求悟之心，則將永住「冷水泡石頭」之境界中，常處一念不生之境界中，永無疑情之現前，亦無證悟之可能也。

未悟之人，懼人向其求悟，故作顛倒之說，令人不可求悟。如是，則其弟子四衆，將無人可以向伊要求證悟，則永絕學人求悟之機，則其四衆弟子將永無證悟之可能也；由是緣故，其四衆弟子至今未曾有人得悟，悉不求悟故。

如是不肯否定覺知心，認定「覺知心是常住法」之邪見，導致聖嚴師父不肯滅除「覺知心我常住不壞」之邪見，故時時刻刻教人「令覺知心離六塵萬法」，以此為禪宗之禪法正修，永墮覺知心意識我見中，故說「不斷我見」乃是造成聖嚴師父長劫難悟之根本原因也，覺知心即是聲聞初果人所斷之意識我故，常見外道與諸凡夫所執之我即是覺知心故。

聖嚴師父之病最癖，世醫拱手，他人是死掉覺知心我見，而未能覓得如來藏，故是死已仍活不了；聖嚴師父則是一向認定覺知心常住不壞，正是「從來活著不曾死」，云何而能絕後復甦耶？聖嚴師父此世若欲證悟般若者，必須大死一番始得──死卻「覺知心常住不壞」之我見。死卻我見之後，方能起心尋覓如來藏；覓得如來藏已，方名活轉；活轉之後，方能到得大安樂田地也。

然而聖嚴師父若能死卻我見，而欲活轉者，必須先行建立如來藏體性之知見，何以故？謂若仍如師父今日之不知如來藏體性，而欲常令覺知心處於不貪不厭六塵境者，仍是墮在意識常見我見中，非是大死之人也；既未死得覺知心我見，既未解知如來藏體性，何能覓得如來藏所在耶？未覓得自心如來藏，何能活轉慧命耶？是故於今之計，師父所當急者，乃是建立如來藏體性之知見，當急取《正法眼藏──護法集》細讀，建立正確知見，而後閉關參究──尋覓自心如來藏何在？破參已，方名活轉，方能真到大安樂地；若不信余言，不依余言如是參究者，竟此一生，終無可能到得大安樂地；空有大名聲、大道場、數萬徒衆，終究無見道緣，終將繼續誤會般若，仍將齎恨以終，繼續流轉；以不信正見正法故，來世仍將重複此世知見，繼續輪轉，難有盡期，仍將辜負平實此世之用心也。

於見道事上，從來不許明言，只為此事非唯難證難解故，更因難信之故。是故 世尊禁諸弟子明說，唯能隱覆說義、旁敲側擊，令有緣及具信者自參自悟，以免退轉及謗法。由是之故，今舉香嚴古路公案，共吾此世之師及諸學人合計合計：

香嚴智閑禪師早歲厭俗辭親，觀方慕道。後時依止於溈山禪會。溈山靈祐和尚深知香嚴乃是大乘法器，欲激發其智光，忽一日謂香嚴曰：「吾不問汝平生學習理解得來底，亦不問汝從經卷册子上記得來底，只問汝一句話：汝未出胞胎、未辨東西時，究竟是什麼？在此本分事上，試道一句來，吾要為汝授記。」香嚴禪師當時懵然，無能應對；沈吟久之，始進數語，陳其所解，而溈山靈祐禪師皆不印許；香嚴禪師至此百思不解，遂請求溈山禪師：「懇請和尚為我明說。」靈祐禪師曰：「我為汝說得底，乃是吾之見解，於汝參學眼目有何益乎！」香嚴禪師遂歸僧堂中，遍檢所集諸方語句，並無一言可將來酬對溈山禪師所問。乃自嘆曰：「畫餅不可充飢。」於是盡焚所集諸方開示語句文辭，又曰：「此生不學佛法了也。權且作個長行粥飯僧，作事誦經度日，也免勞役心神。」遂泣辭溈山而去。

行腳之後抵達南陽，逢遇慧忠國師遺跡，因此憩止。一日，因山中芟除草木，拾起瓦礫丟棄遠處擊竹作聲；便於此擊竹之時不覺失笑，廓然醒悟溈山意旨；乃迅速歸寮，沐浴焚香，遙禮溈山，贊云：「和尚之心、所行大悲，此恩遠超生身父母；當時和尚若為我明說，何有今日悟道之事也？」乃述一偈云：

在這拾瓦一擊之時，覓著了離見聞覺知之真心，便忘卻能知與所知；

這真實心，更不是假藉修行治理而能獲得的，是本來就已具足的；

吾人於動容之時，其實已經揚起古佛所說成佛之路；

然於顯示古佛路時，卻又是極為分明之顯示，不墮於悄然隱藏之機。

凡夫尋覓自心如來藏時，處處都難以尋得祂的蹤跡，

因為祂的威儀是在聲色之外顯示出來的；

諸方佛子若是通達此古佛之道者，

都會說唯有上上根機之人始能證得。

然而末法學人大多不信此法，墮於假名善知識所傳授之我見之中，而自認為能斷或已斷我見，悉皆不離意識境界，同墮常見外道見中，反於真善知識所說之法懷疑乃至誹謗，成就謗法及誹謗賢聖大罪，誠可憐憫。

如今香嚴智閑禪師以其親身體驗，記錄成文，流傳諸方，普告佛子：禪須真參，悟須實悟；不應求人明說，悟後方得發起功德受用。若是聽得解會底，終是禪門常識，於佛菩提，終無功德受用，終難發起深妙之般若慧，聞之何用？

只如香嚴智閑禪師擊竹作聲而得悟入，當其擊竹作聲時，是有疑情？是無疑情？若道有，則知必有求悟之心也；若道無，則擊竹作聲時，云何能得證悟自心如來藏？是知必有疑情在，是知必有求悟之心也。是知聖嚴師父教人放棄求悟之心，乃是虛妄說法，完全不解禪宗般若之證悟內涵也，是知聖嚴師父根本未曾悟入，故於悟事誤會如是，故作如是顛倒之說。

然而聖嚴師父於諸書及言語開示中，不斷暗示已經證悟；於今且問：究竟香嚴禪師證悟之時，是悟得阿哪個心？莫非如聖嚴師父所說「死掉了攀緣心、追求心、厭惡心、憂慮心」之後，令覺知心不貪不厭一切法，以此覺知心為如來藏？若非以此心為如來藏者，以何心為如來藏？有請聖嚴師父為平實說之，天下人要知！聖嚴師父自道是悟故，悟者不應不知故。

若道未曾證得如來藏者，則非悟者，則自己尚是摸索中之眼盲者，云何能指導他人修行？云何能助人證得自己所不能證之如來藏心？是故一切學人若欲求悟，當依止正知正見，當依止過來人所說禪法，莫依止未曾親證者之臆想所說；當依止已斷覺知心我見者所說，莫依止未斷我見者所說；當依止已證如來藏者所說，莫依止猜測如來藏者所說，方是有智之人也；未證之人縱有世俗法上之大名聲，絕無能力助人親證如來藏也，自身未曾證知故，自身不知證悟之方向與法門故。

今為大衆拈提香嚴禪師之悟處，令大衆普得知悉：必須有求悟之心，必須有尋覓自心如來藏之疑情在，必須於求悟之前先行了知如來藏之體性，此則須以真善知識為依止，然後於其指授之下，方能於緣熟之時自己悟入。香嚴禪師於此自悟之公案中，已經明白顯示如來藏之體性：

一擊忘所知，更不假修治；動容揚古路，不墮悄然機。

處處無蹤跡，聲色外威儀；……

有智之人何妨於此切？如或不然，平實再為爾道了：

再擊豈有差？知不知同時；雖不假修治，要因參禪悟。

動容揚古路，眠夢亦分明，時時皆明現，悄然如賊隱。

處處有蹤跡，聲色悉不離；諸方達道者，咸言上上機。

第四二九則　香嚴肯重

鄧州香嚴　智閑禪師　僧問：「如何是正命之食？」師以手撮而示之。又僧問：「不慕諸聖，不重己靈時，如何？」師曰：「萬機休罷，千聖不攜。」此時疏山在眾作嘔曰：「是何言歟！」師問：「阿誰？」眾曰：「師叔。」師曰：「不諾老僧耶？」疏山出曰：「是！」師曰：「汝莫道得麼？」曰：「道得。」師曰：「汝試道看。」曰：「若教某甲道，須還師資禮始得。」師乃下座禮拜，躡前語問之，疏山曰：「何不道：肯重不得全？」師曰：「饒汝恁麼，也須三十年倒屙。設住山，無柴燒；近水，無水喫。分明記取。」後住疏山，果如師記。至二十七年病癒，自云：「香嚴師兄記我三十年倒屙，今少三年在。」每至食畢，以手抉而吐之，以應前記。

疏山後問道怤長老：「肯重不得全，汝作麼生會？」怤云：「全歸肯重。」疏山云：「不得全又作麼生？」怤云：「個中無肯路。」疏山云：「始愜病僧意。」

聖嚴法師云：《我在指導修行時，**特別重視過程而不重視追求開悟**。過程可使自己的心平靜、明淨，不會被太多的追求心和企圖心障蔽。如果經常保持心的平靜、維持心的平穩，心就能明淨。開悟是一種內心的體驗而不是一樣東西。》（東初出版社《公案一百》頁127）

平實云：若不求開悟，則無須學禪、修禪、參禪，則聖嚴師父一生指導禪修即成無義。復次，禪宗所修者乃是般若慧，並非以保持覺知心之明淨平穩作為開悟之證境；然而聖嚴法師卻教人修習無念法，以求覺知心之「平靜、明淨」，與禪宗之禪悟完全無關，墮於世間禪定之修法中；由此可知聖嚴師父根本未曾開悟，不曉禪宗之悟究何意旨也。一切證悟之人皆教人求悟，有時乃至威逼利誘，要令弟子證悟，睽於古時真悟禪師所說所行，莫非如是；唯有心虛膽怯，不敢堂堂自認為悟之人，方才閃閃躲躲暗示已悟，而又畏懼他人向己求悟，故說「重視參禪過程而不重視求悟」等自相矛盾之語。

聖嚴師父又云：《追求開悟的人非常在乎他人對自己的評價，因此希望早一點開悟，這種追求開悟的心就是執著。還有一些自以為已經開悟的人，其實是被悟的觀念所迷，沈醉在悟境的執著中，**非常可憐**。》（東初出版社《公案一百》頁 127~128）

平實云：追求開悟者，其實完全不在乎他人對自己之評價，唯是欲求證知生命實相、欲證衆生法界之實相；及至悟已，觀諸錯悟大師之魚目混珠，處處誤導衆生，破壞正法之弘揚，是故起而破邪顯正、救護學人，仍非是看重他人對自己之評價，乃是悲智雙運之行也。

自古以來，未曾有人因求他人對自己有較好之評價而求悟者，是故悟後不作人情，要救衆生出於我見深坑，而作破邪顯正、得罪名師之舉，根本不理會他人對自己之評價好壞；古今真悟祖師語錄現在，猶可檢校，故聖嚴師父莫作如是歪曲事實之解說，莫以此言滅除弟子們向聖嚴師父求悟之心，否則必如二十年來之農禪寺所辦無數次禪七一般，永遠不能令一弟子證悟般若也。如是永遠不能助人證悟之禪七，每年勞動大量人力物力辦之，得無太累乎？有何意義耶？

復次，證悟之人絕不被悟境所迷，亦絕不被悟之觀念所迷，亦絕不墮悟境之執著，**一點兒都不可憐**。所以者何？一切證悟者皆已了知悟之境界唯是證悟如來藏之自住境界，今既親證如來藏已，現前了知與體驗如來藏境界，則於悟境已現前了知，何有所迷耶？唯有聖嚴師父未悟之人方被悟境所迷，不知不證「悟之境界」故；由聖嚴師父所說「悟者必被悟之觀念所迷」之語，可知聖嚴師父對悟之內涵及悟境全無所悉，絕非已悟之人也。未悟之人而每年動用恁多人力物力，以辦不能助人證悟之禪七，復要求學人不可向師父求悟，如是禪七有何意義耶？

復次，證悟者絕非如聖嚴師父所言之**沈醉於悟境的執著中**，亦復絕不可憐；所以者何？唯有未悟之人方如聖嚴法師之起妄想而沈醉於悟境幻想之執著中，由未證悟故，幻想悟境之玄妙故。由心中希求證悟故——雖然口中強言不求證悟——便作種種自己所不知之悟境之解說，欲令四眾弟子皆誤以為自己已經證悟；如是自己對證悟之境界產生幻想之執著，以臆想猜測而責真悟之人同於自己之對於悟境有所執著。

一切證悟者對於悟境與悟之內涵，已現前了知及體證，現觀悟之實質絕無任何玄妙之處，如是平實無華——唯是證知及領納如來藏之本來中道性、本來涅槃性爾；如是升起般若慧，從此轉依如來藏之從來離執體性、從來離見聞覺知之涅槃性，絕無絲毫玄妙之處，故於悟境絕不沈醉；唯有未悟之人方對悟境生玄妙感，而為悟境所迷，誤以為悟者會沈醉於悟境之執著中。

唯有未悟之人，方言悟者必執著悟境，由因自身尚未證悟故，方作如是臆想，復依臆想而說。今者聖嚴師父既對悟境無絲毫所知，作是誤導眾生之臆想言語，可見聖嚴師父從來不曉悟境，從來不知悟為何物，故作如是虛謬之言。復又自矜於如是臆想所得邪見，梓於報紙之不足，又印製成書、廣曝自身之短，豈是智人所當為者？真乃無智之人也！如是求榮反辱之人，正是禪門中最可憐者，而竟生起可憐之心，憐憫諸多已悟之不可憐賢聖，顛倒乃爾！

復次，證悟者既現前領納自心如來藏之從來離見聞覺知、之本來涅槃性、之從來離執性，則轉依其體性，則能歷緣對境漸除嫉妒心、得意心⋯等惡心所法，不須如聖嚴師父所說之再藉助於念佛、觀呼吸、觀念頭起伏等法也。如是事相上之修行，悉屬外門修菩薩道，從來不與菩薩道之正修相應也；此謂聖嚴法師所傳觀呼吸、唸佛號、一念不生、觀念頭起伏…等法絕不可能令人證得般若慧故，唯是如石壓草之降伏等作為故，非是可斷除煩惱之法故，始終住於意識心境界中故，未能斷除意識我見故。如是，聖嚴師父一向皆於外門修學佛法，從來不曉般若法義，而言能為他人教授般若禪，言能助人開悟般若者，無有是處！

何故平實作是語？謂如是臆想所說之假名善知識，必定墮於我見而誤導眾生故，必定以錯誤之境界、以臆想之悟境而自認為悟故，必於悟境起諸臆想及執著故，「非常可憐！」有何證據而汝平實可作是言？今舉證之，大眾詳觀，可證余言之不虛也，聖嚴師父如是說悟境云：

《平常生活中儘量不要起嫉妒心、怨恨心、貪求心、吝嗇心、憤怒心、得意心，一旦有這類情緒出現，趕快念佛、觀呼吸、觀念頭起伏。**如果心能立刻靜下來，並且隨時隨地不起煩惱，就是開悟。**》（東初出版社《公案一百》頁128）

審如是者，則一切世俗人之修養佳者亦應是開悟者，與學不學佛法般若正見無關也；則一切定性聲聞羅漢亦應皆是般若禪之開悟者，皆已隨時隨地不起煩惱故，則佛不應於大乘經中言其為「定性聲聞不解般若」也，此諸聲聞阿羅漢皆已不起煩惱故，依聖嚴法師之說，亦應是般若禪之證悟者。然如是說者，與經中　佛語完全相違；聖嚴法師既是佛門出家比丘，不當與　佛相違，當符　佛說。今者聖嚴師父作是違　佛所說之理，農禪寺出家在家四衆且思：佛法般若中有此理否？

若彼農禪寺出家二衆必謂此不生煩惱之境為悟，請試思之：如此無念離念之「悟境」，尚不能真斷我見煩惱，唯能如石壓草、令世間六塵之煩惱暫不生起，而根本不能稍斷我見，云何可謂為悟？如此「悟境」尚不能稍知自心如來藏何在？云何可謂為悟？如此「悟境」尚不能發起般若慧之少分，仍於般若諸經生諸誤解誤說，云何可謂為悟？般若慧之發起，唯以證知自心如來藏為體故，除此即無般若慧之可證悟故；般若諸經所說智慧，悉是說如來藏之涅槃性、中道性故；若離如來藏之證驗，則無實相般若智慧可言故。今於聖嚴法師此言中，已證實彼非以證悟如來藏為悟，與佛之傳與大迦葉尊者而一脈相傳之禪宗證悟內涵迥異，乃是未證如來藏者，云何可言為證悟者？而反斥責證悟者會迷於悟境、非常可憐，其實自己才是真可憐憫者！

聖嚴師父此見，即是《楞伽經》中佛所斥責之愚人：「大慧！云何世間依『無』？謂受貪恚痴性已，然後妄想計著貪恚痴性非性。大慧！若不取有性者，性相寂靜；故謂諸如來聲聞緣覺，不取貪恚痴性爲有爲無。」「大慧！此中何等爲壞者？」大慧白佛言：「世尊！若彼取貪恚痴性，後不復取。」佛言：「善哉！善哉！汝如是解。…」世間依無者，謂依無法而作修行也。此謂愚人依世間虛妄法而修佛法般若，非依真諦實體而修佛法般若，如是依虛妄法修證所得，則同虛妄法，永絕於般若實相法之外。

此謂貪恚痴性本來非真，愚痴修行人先攝取貪恚痴性，謂之為有；取之為有已，復觀其無常變異，而後說之為無，以為捨彼貪恚痴性已，即是解脫、即是般若。然此實與證悟般若無關，般若要因證悟自心如來藏後始能發起故，般若即是證悟如來藏而現前領受其體性已，所生起法界體性實相之智慧故。貪恚痴性之有無，與法界體性之實相無關故。

佛詢大慧：「何等人是破壞佛法者？」大慧菩薩言：「如果有人先取貪恚痴性為有，然後不復取貪恚痴性實有，而說貪恚痴性爲無，以此為修行佛法者，即是破壞正法之人。」聖嚴師父正墮此中，正是以此而說佛法般若者；以此說為禪宗所弘之般若禪者，即是壞法之人也，絕非證悟之人也，不解般若理趣故。

若聖嚴師父所說之「悟」真實，則其弟子只須請人每日辱罵自己；自己則每日於其中鍛鍊覺知心不起煩惱，令心平靜。如是每日精進不已，有朝一日真能令覺知心於情緒出現時，便得立刻平靜下來，並且練至隨時隨地不起煩惱，就是聖嚴法師所說之「開悟」。則應一切人不須參禪尋覓第八識如來藏，亦不須如聲聞禪之現觀覺知心虛妄，不須斷我見，只須令覺知心平靜、不起煩惱，即名為悟。

然而如是聖嚴師父之「悟」，不觀覺知心之虛妄，則是不斷我見；不觀思量心之虛妄，則是不斷我執；不證知及領納第八識如來藏，則不能了知法界根源之真實相，不能生起般若慧，則與二乘所修證之解脫道無關，亦與大乘別教所修證之佛菩提道般若無關。如是聖嚴法師所說，完全與三乘菩提無關之法，完全不斷我見我執之法，云何可言為悟？如是禪，唯是聖嚴師父自創，古來未有如是證悟之禪也，乃是聖嚴法師自設之禪，應名「聖嚴禪」，而非佛教之禪，更非禪宗之禪也。

由是可證：聖嚴師父自身對於悟境生諸臆想，作是臆想之說，絕非實證悟境之人；未悟而生臆想者，必定「被悟之觀念所迷」，尚無法沉醉在悟境之執著中，何況能離悟境之執著？乃竟敢自高其位，教導證悟者「應離悟境之執著」。師父既不知悟者與未悟者之真實差異所在，而作種種自曝其短之說，反誣真悟者為**非常可憐**者，已令真悟者完全洞悉其底細，正是自取其辱，正是**非常可憐**之人也！今為可憐人計，應當拈提真正之禪，除其邪見：

有僧來問：「如何是正命之食？」鄧州香嚴智閑禪師以手撮（三指合取一物，名之爲撮）而示之。又僧問：「既不欣慕諸聖，亦不看重自己靈性時，如何？」香嚴禪師曰：「一切機緣皆休皆罷，千聖亦不攜之。」此時疏山禪師（香嚴禪師之師弟）在大衆中故作嘔聲，復又說道：「這是什麼話！」香嚴禪師問：「是誰這麼說？」大衆曰：「是師叔。」香嚴禪師曰：「你不諾可老僧所說的意思嗎？」疏山出衆答曰：「我確實不能諾可你所說的法義！」香嚴禪師問曰：「汝莫非道得證悟之內涵麼？」疏山答曰：「我道得悟之內涵。」香嚴禪師便曰：「汝試著說說看！」疏山答曰：「若欲教我道出，你須先還我師資之禮，我才能為你說出。」香嚴禪師聞言，乃下座禮拜疏山，禮拜已，又重舉前語問之，疏山曰：「何不向彼僧答道：『雖然肯定是祂，也看重是祂，但這麼講總是說不完全』！」香嚴禪師曰：「就算你能說到這個地步，但這話說出以後，將來也須三十年嘔吐。將來就算能住於山頭開立基業，也會沒有柴火可燒；就算所開闢之道場近於水邊，也會無水可喫。你清楚地記住我今天所說的話吧。」

後來住於疏山開基建寺，果然如香嚴禪師所記一般，無柴無水又倒屙。住疏山開基後，至二十七年，嘔吐之病方始痊癒，疏山時已知過，乃自云：「香嚴師兄記我三十年倒屙（嘔吐），如今只有二十七年，還少三年。」因此緣故，每至食畢，以手抉扣喉嚨而吐少許，藉以應合以前香嚴禪師之預記。

疏山禪師後來以此公案舉問鏡清道忿長老：「當年我說肯重不得全，汝如何體會這一句的意思呢？」道忿禪師答云：「不就是全部會歸到肯與重上面嗎？」疏山卻又問云：「除了肯重二字以外，不得全三個字你又怎麼說呢？」道忿禪師答云：「其實在如來藏自體上而言，並無可以肯定之處可說啊！」疏山禪師聞已，方乃云：「你這麼說，方始與我這病僧之心意相符契啊！」

只如疏山不肯師兄香嚴禪師所說，當衆提出異議，為要顯其所悟之深妙，故意不肯香嚴，作嘔聲而言：「是何言歟！」香嚴要其答覆時，疏山若直截了當答已，便可雙方無事；無奈疏山卻要香嚴還他師資之禮，香嚴真個還他師資之禮，然後疏山方作如是言：「何不道：肯重不得全？」設若此答真個超伊香嚴所說，倒也罷了，偏偏未出香嚴之境，只是吹毛求疵，是故香嚴記他：將來住山後倒屙三十年，住山沒柴燒，近水無水吃。

後來疏山自知有過，雖至二十七年病癒，亦仍自願滿受三十年嘔吐之苦，以應前記，不敢記恨於香嚴。今時一切學人大師，應將此事銘記於心，莫復犯之；更莫假考證之名，行否定如來藏正法之實，平實不因此事而見怪記之，然於後時，難保有真悟之人不忍如是破法及謗賢聖之語，而作如是等記，平白受苦，有何義耶？來世復招無量衆苦，非是智者所當行也！

一切大師學人，於此公案當留意之，引為殷鑑，否則便辜負香嚴與疏山之留此公案，辜負疏山之自願倒屙三年也。頌曰：

不慕諸聖萬機休，不重己靈聖不攜，是何言？莫等閑！

全歸肯重是初心，更言不得全，早墮言筌！

不得全中無肯路，換得倒屙無柴水，只為伊：從來無肯嫌。

肯重不全意何歸？欲會且向簷前！

第四三〇則　香嚴祖意

鄧州香嚴　智閑禪師　僧問：「如何是聲前句？」師曰：「大德未問時即答。」僧曰：「即時如何？」師曰：「即時問也。」

問：「如何是直截根源佛所印？」師抛下拄杖，散手而去。

問：「如何是師法大意？」師曰：「今年霜降早，喬麥總不收。」

問：「如何是西來意？」師以手入懷，出拳展開與之；僧乃跪膝，以兩手作受勢，師曰：「是什麼？」僧無對。

聖嚴法師云：《洞山良价禪師問潭州龍山和尚：「和尚見個什麼道理，便住此山？」龍山說：「我見兩個泥牛鬥入海，直至如今無消息。」兩牛相鬥的意思，是指未開悟之前，自己與外界是對立的，自己的觀點和他人的想法是不一致的。以自己的內心來說，前念和後念不斷進行溝通、商量和較勁掙扎，就像兩頭蠻牛鬥個不停。……但此處講的是泥牛。泥牛入水很容易溶化，一旦遇到足以稀釋它的力量，馬上就不見了。泥牛入海，還能不被溶化嗎？……龍山和尚比喻說：「我見到兩頭泥牛相鬥，到海中就不見了，直到今天還沒有消息。」意思是未開悟前的自我很固執，遇到什麼都要鬥：自己跟外境鬥，外境也跟自己鬥；……之後，外鬥內鬥的行爲再也不發生了，彷彿泥牛入海，太平無事了。此時心中了知：鬥是虛幻的情執，一旦有了智慧，便超越對立與統一，根本無從鬥起。這句話透露出開悟以後是多麼的灑脫自在；至於未開悟的一般人，在跟別人鬥或跟自己過不去時，不妨想想這句話，學學泥牛入海吧！》（東初出版社《公案一百》頁39~40）

平實云：香嚴祖意之公案，與香嚴禪師答人所問一般，皆不在語句上，聖嚴師父卻老在禪師語脈裡鑽，何年得能悟去？譬如有僧問香嚴禪師：「如何是師父您的佛法大意？」香嚴禪師答曰：「今年霜降早，喬麥總不收。」若請聖嚴師父講禪，又將如同泥牛入海公案之墮語脈中去也。然香嚴禪師之答彼僧者，其實不在語言文字中，與「喬麥、霜降」總不相干也。

洞山與龍山和尚問答亦復如是，所說悟處真旨，皆不在問答語句上。此正如同法眼禪師之答「胡餅、綠瓦」一般，意在言外。聖嚴師父若見問，平實亦如龍山一般答伊，法無二味，同示自心真如，皆一佛法大意。聖嚴師父欲悟者，莫向平實及龍山語句上尋，總尋不著；且向黑山鬼窟裡作那看話頭功夫來，然後依平實諸書所說知見而行，莫向語句上覓，方有悟入之時。只如僧問香嚴之佛法大意，香嚴答伊：「今年霜降早，喬麥總不收」，竟是何意？師父若見問，平實亦如是答：「今年霜降早，喬麥總不收」，師父欲從何處會去？既道是悟，應早已了知此語句中絃外之音，聖嚴師父何妨說說？天下人要知！

若不能知，平實再為師父提示：有僧問：「如何是聲前句？」香嚴禪師答曰：「大德尚未發問時，即已答了。」彼僧不解，乃又問曰：「正當答時，究竟如何？」香嚴禪師曰：「正當答時，正是汝問之時也。」

只如僧問聲前之句——如來藏所在，香嚴禪師云何未答伊所問？卻道早個答伊了也？究竟彼僧來此未問之前，香嚴禪師何處答伊？還有會者麼？試道看！若未曾會得此意，卻敢出世說禪道悟者，盡是野狐眷屬；臘月三十到來，管教自救不了。師父欲會麼？平實扯著喉嚨，大聲說與您知：「問答同時，意在言中。」且道：平實意與香嚴意，同是不同？云何前說意在言外，今卻說意在言中？前後所說自相顛倒？竟是何意？若有個真正禪和子在場，當時眼尖，一眼瞥著，方知平實語意與香嚴同出一轍，語雖顛倒，意實無二。只如香嚴禪師答彼僧云：「問在答處，答在問處」，竟是何意？師父若真知者，從此可以出世說禪也；如是悟去，自有廣度人天之慧，平實從此不復以諸語問師也。

若猶不會，平實再為吾師說卻；吾師若於此方始悟得，唯能度人，作不得天人之師也；一日，有僧來問：「如何是直截根源佛所印？」香嚴禪師不答伊所問，只是抛下拄杖，散手而去。只如僧問萬法本體之如來藏，此是直截根源之問，亦是佛所印可之心，如是大事，香嚴禪師云何不答伊所問？卻拋下拄杖，空手而去？竟是何意？莫非佛法根源在那拄杖上麼？若非在拄杖上，香嚴禪師在那拄杖上作文章者，竟有何意？若在拄杖上，卻同無常有為之法，有何會處可言耶？且道佛法究竟在不在香嚴拄杖上？有請吾師一說，天下人要知！

若猶不會，平實再為吾師說卻；師若悟得，唯能自度，救人不了，其慧已遠不如周利槃特迦故；有僧來問：「如何是祖師西來之意？」香嚴禪師以手入懷，復又出拳展開與之；僧乃跪膝，以兩手作受勢，香嚴禪師問曰：「是什麼？」彼僧不曉，故無所對。只如僧問香嚴禪師佛法大意，此是達摩祖師從西天來此震旦之意，香嚴禪師不答伊所問，卻縮手入懷，復又出拳展開與之，究竟與彼僧什麼物事？值得記入禪宗史傳中？師父還知麼？

那僧見香嚴禪師與之，便跪膝而受，兩手伸出受之，其實不解香嚴禪師「授與」之物，只是裝模作樣、依樣畫葫蘆罷了；待等香嚴問伊：是什麼？便無作手腳處。聖嚴師父欲知麼？且來平實前伸手接取，待接得時，莫向人說，只管自個兒受用便是！

只如諸方老宿，個個盡道是悟，說禪寫禪，兀自講得天花亂墜，可中還有人會得平實與香嚴禪師意旨麼？何妨自驗看！若驗不得，盡是野狐禪師，臘月三十來時，閻王不怕爾多話！頌曰：

泥牛相鬥，非泥非牛豈入海？

答在問處，未問已是聲前句。

喬麥不收霜降早，枝頭春意已十分；

欲問祖師西來意，縮手入懷見世尊。

第四三一則　香嚴上樹

鄧州香嚴　智閑禪師　師一日謂眾曰：「如人在千尺懸崖，口銜樹枝，腳無所踏，手無所攀；忽有人問：『如何是西來意？』若開口答，即喪身失命；若不答，又違他所問；當恁麼時，作麼生？」時有虎頭招上座出曰：「上樹時即不問，未上樹時如何？」師笑而已。

聖嚴法師云：《在我二十八歲那年，……到了台灣南部一座寺院，夜晚與一位老和尚同宿一張大通鋪的木板床，……老和尚不睡覺，坐在床上打坐，我也不睡了。……此時正好是個難得的機會，所以猶如泉湧的問題，說出來請老和尚開示。他聽我一個接一個的提出問題，看來很關注，沒有不耐煩，當我問完一個問題時，他便問：「還有嗎？」我就繼續問下一個問題。我抱有很高的期望，認為他會在我問完若干問題之時，一次全部答我，所以就一股勁地問下去。突然間，老和尚用力一拍床板，發出一聲巨響，同時喝道：「放下著！睡覺去！」頓時使我極度的震撼，在一瞬間，我便覺得雲消霧開，遍體清涼，透頂輕鬆，好像問什麼問題，都是多餘的了。》（法鼓雜誌 2001.8.1.法鼓副刊—我的修行與傳承（二））

平實云：聖嚴師父遭野狐籠罩了也！當知彼老和尚者，絕非證悟之人。所以者何？若人放下一切、都不思量，安份睡覺去，便可是證悟者，則嬰兒最是悟得深也；一旦吃飽喝足，屎布不溼，便滿足地眠熟，全無牽掛，應是悟境最深者，然實非是。

彼老和尚者名誰？師父亦應交待之，莫令他人生揑造之想。復次，縱有彼老和尚，而非師父所造虛擬人物，仍有大過；謂彼老和尚未斷我見故。所以者何？謂若不於「覺知心我」現前觀察其虛妄、觀察其依他而起，則不斷我見，尚不可謂已證聲聞菩提之見道，則不可謂已得聲聞初果也。

今者老和尚只教師父放下種種問題，不令現觀「覺知心我」之虛妄，不令師父盡夜觀行以斷除我見，顯見老和尚並非斷我見者，故不能知此聲聞菩提見道之法；老和尚既未斷我見，則師父欲斷我見者實難，何能親證聲聞初果耶？今幸平實於此說了，師父但只返美閑居，諸事不管，細觀「覺知心我」之虛妄，細觀「覺知心我」之依他起性已，即可斷我見，即成聲聞初果。觀已，大可慶幸之；慶幸已，莫感平實教授之恩，平實只是盡本份爾。

如是斷我見已，必定不再肯認老和尚所說「放下」之見，何以故？此謂放下萬法已，仍墮「覺知心我見」中故，未現觀「覺知心我」虛妄故，未親證聲聞初果證量故。縱饒親得聲聞初果證量，現觀「覺知心我」虛妄，仍猶未能稍解般若禪也，仍將對中國禪宗祖師所悟內涵生諸臆想而「迷於悟境」也，仍是「非常可憐」之人也。所以者何？謂如是聲聞初果聖者，仍然茫於般若禪所悟之般若智慧故。

師父返美，依平實語，如實現觀「覺知心虛妄」，親證聲聞初果後，若欲修證禪宗祖師所悟之般若者，若欲發起般若慧者，當依教外別傳之法，閉關立限三年參禪，然後方有證悟之望也。然欲入關之前，務必記得平實開示之語，務必檢齊平實著作，攜入關中；關期務必每晨研讀平實著作，而後過午參之；不可依原有邪謬知見而參，必須依平實所贈諸書正見而參，庶有破參之日。若不依余語，仍依原有邪見而參者，管保三十年後，依舊未會在！莫將平實之語，將為兒戲，辜負滿頭白髮！

然今未悟之前，當先收拾如是未悟示悟之方便語，當先放捨一切世務，聲明自身確未證悟，免除大妄語罪；再令一切弟子將先前錯誤知見棄捨，免除自己誤導衆生之大惡業；而後必須公開懺悔，消除往昔誹謗真善知識諸言語之重罪，方可入關參禪也。若不如是，終將為諸重罪所障，絕於證悟般若之緣。所以者何？謂誹謗真善知識所說般若者，其罪極重故，非世人所能想像故。

如人宣說般若經一四句偈，其福無量；當知為謗人故而謗其人所弘般若正法者，其罪亦無量故，罪福必等故。若復謗證悟之人，即成謗大乘勝義僧故，更增誹謗勝義僧寶之重罪故，非唯謗法是誹謗三寶也。

一切學人若欲求悟般若，必須先除往昔所造誹謗正法重罪，亦須先除往昔所造誹謗大乘勝義僧之重罪；二者俱除已，加修護持正法福德，方有證悟之望，否則必遭業障所遮，必遭護法衆神所遮，求悟無望也。為此緣故，法眼文益禪師之師父——羅漢桂琛禪師，曾對出家弟子大衆語重心長開示曰：「若論殺盜淫罪，雖重猶輕，尚有歇時；此個謗般若，及瞎卻眾生眼，入阿鼻地獄吞鐵丸，莫將爲等閑。所以古人道：過在化主，不干汝事。」

殺盜淫罪乃是在家五戒、菩薩十重戒之大罪，雖然必墮地獄受苦，然尚非無間地獄，時劫亦較無間地獄為短，所受之罪亦非無間而受，故曰尚有歇時；若是謗人所說正法般若為「不如法」，為「非眞正佛法」，則成謗般若重罪，捨壽必入無間地獄七十大劫，受無間無絶之尤重純苦長劫果報。彼地獄一日長達人間八萬大劫，彼七十大劫者，難以計數其相當於人間之時劫，故名長劫。

何故謗般若者其罪之重乃至於斯？謂必同時斷人慧命故——瞎卻眾生眼故，師父「莫將爲等閑」。

法鼓山諸四衆學人，於平實此語，莫生大煩惱，更莫轉謗於余，以免重罪。往昔聞師所說，故轉述而謗余者，其罪非重，但自佛前對衆懺悔——發露之後永不復作——其罪即滅，不須牽掛於心也；乃是因師誤導而轉傳者故，非因自意而故意為之。然若因余上來諸語而瞋，再行故謗者，則其罪重；非因「化主之誤導」所致故，乃是出於自意故，大衆慎之！

世諸化主，往往因於名聞利養受損故，遷怒於余，故作種種無根誹謗之語，以謗於我；都不思量自身所說之法有無誤導衆生？有無錯說正法？一味怪罪平實之破斥邪說而顯正法，將「法義辨正」誣說為人身批評、誹謗僧寶，都不思量自身之法邪謬、誤導衆生；更不思量因此而令衆生轉造誹謗正法之大罪。當知衆生因誤信自語而隨從誹謗正法及謗弘正法人者，彼廣大衆生所謗之業，多分仍須自己擔負，皆從自己所造之因而有故。平實語重心長，勸諸化主：莫再一味顧慮此世之名聞利養，當以未來無量世之長劫苦報，衡於此世名聞利養之短暫，輕重自明，莫效愚人之行也！

聖嚴師父若已懺所當懺、為所當為者，已造護持真正了義法之行，欲入關中參究者，平實且舉香嚴上樹公案，共師父打打葛藤，或者尚有悟緣，難可逆料之也。唯除：未為所應為、未懺所當懺，唯除未造護持真正了義法之行：

香嚴智閑禪師一日謂衆曰：「譬如有人在千尺懸崖上，嘴裡咬住樹枝，腳無所踏，手無所攀；忽然有人來問：『如何是祖師西來之大意？』此時若開口答伊言語，即便掉下懸崖、喪身失命；若不答伊言語，又違他所問；當恁麼時，該怎麼答他呢？」彼時有一法師──虎頭招上座──出座答曰：「上樹之後我就不問了，只如未上樹時，又怎麼說呢？」香嚴禪師唯有笑笑而已，沒有任何言說。

這個公案可殺奇怪！令人難解香嚴心行。香嚴無故弄出個怪招，要考座下弟子；更要藉此公案世諦流佈，殺殺諸方未悟示悟之野狐禪師邪見。普天下阿師聞已，悉說不得，盡被他難：個個口掛壁上，作不得聲。如今平實且在關節上拈出，師父千萬莫隨意眨眼，眨眼便錯過了也：

只如香嚴禪師所言，上樹已，唯是口啣樹枝，腳不踏地，手不攀枝，此時有人來問西來之旨，是答伊所問好？是不答伊所問好？若欲答伊者，甫張口明言一句，必下墮懸崖，喪身捨命；雖然令伊言下悟入，要且自身無命，難再利益衆生也。若不答伊者，伊伊唔唔，伊必聞之不解也，答之無用。若都不答，則非悲智雙運之人也。於如是情境下，真悟之人仍可輕易答之，既不喪身捨命，亦能令問者悟入。真具如是手腳者，方可謂為真悟之人也；若不能如是，悉是野狐眷屬，自救不了，何能助人證悟之？

月溪法師忒殺聰明，善能情解思惟，作是言說：《此段下疑情參「未上樹時」一語。上樹是一半，未上樹又是一半。》盡在鼠糞上取，置整座金山不顧。根本是未悟人，卻來籠罩諸方學人，更言一半一半；又教人在未上樹時下疑情，焉知香嚴禪師之旨？只如香嚴作是問時，虎頭招上座不答他所問，卻只問未上樹時如何？香嚴聞此一問，因什麼道理卻不放伊三十棒？卻不趕伊將出去？這虎頭招上座所答，明明與香嚴所問無關，因何香嚴卻只是笑笑便罷？只如香嚴這笑，卻是肯伊不肯伊？若是肯伊，肯在何處？若不肯伊，因何不肯？還有大師答得者否？試道看！

次如香嚴所說者既是上樹後事，招上座所答者卻是未上樹前事，且道：上樹後事與上樹前事，是一般？是兩般？若人解得平實此語，方可謂是真善知識也！若解不得，盡是狐子狐孫，怎敢出頭說禪寫禪籠罩學人？豈真不懼「謗般若」及「瞎卻衆生眼」之地獄罪麼？莫將為等閑好！

聖嚴師父若下問，平實語拙，卒難答得，且待平實上樹口啣樹枝，手不攀枝、腳不踏地已，只管七手八腳，不知所措也。且道：平實是答伊？是不答伊？諸方大師既道是悟，還有會得者麼？頌曰：

香嚴上樹口啣枝，手不攀枝腳無抓，教伊如何說？

月溪聰明各一半，虎頭開口早占先，卻將祖意戳。

平實語拙卒難說，明道祖意無等倫，七手八腳捉！

未審吾師睜眼瞧來許久，不曾眨眼，可曾會去否？

若猶未會，何妨眨個眼看看？

第四三二則 香嚴拂子

鄧州香嚴智閑禪師 師問僧：「什麼處來？」僧曰：「溈山來。」師曰：「和尚近日有何言句？」僧曰：「人問：如何是西來意？和尚豎起拂子。」師聞舉，乃曰：「彼中兄弟作麼會和尚意旨？」僧曰：「彼中商量道：即色明心，附物顯理。」師曰：「會即便會。不會，著什麼死急？」僧卻問：「師意如何？」師還舉拂子。（玄沙聞云：「只遮香嚴腳跟猶未點地。」雲居錫云：「什麼是香嚴腳跟未點地處？」）

聖嚴法師云：《南嶽懷讓參六祖經八載，忽然有悟，乃白祖曰：「某甲有個會處。」祖曰：「作麼生？」曰：「說似一物即不中。」祖問：「還假修證否？」曰：「修證則不無，污染則（即）不得。」祖曰：「只此不污染，諸佛之所護念。」在禪門中，類似的公案很多，有的須經過長期的苦修，仍是不得力，卻往往在不經意的剎那，因爲聽到一句毫不相干的話，或是見到一個完全沒有意義的動作，突然開悟了。所以，擊竹、渡水、看花，都可以開悟，聞雷鳴、受喝斥，乃至聞青蛙入水聲，都可以悟道。》（東初出版社《動靜皆自在》頁20）

平實云：若未建立正確知見，對真實心之知見不具足者，假饒真能如師父所說須經過長期的苦修，仍將與禪悟完全絕緣，開不得悟也！今為師父及諸佛子建立正知見故，應說南嶽懷讓禪師與六祖對答之真意所在：

懷讓禪師所悟者，乃是本有之第八識如來藏；既是本有之心，悟後能親領受驗證時，不可說為修證所得；然若不經參禪覓心，辛苦參研者，終不能證得，是故懷讓禪師言：「修證則不無」，謂須經由參禪過程中之辛苦尋覓，然後方證得也。

證得此第八識心已，現前領受其本來自性清淨涅槃之體性，亦現前領受其從來不曾染污之體性：悟前如是，悟時如是，悟後仍然如是，非因修行而轉變成清淨性，亦不因凡夫之不修行、之貪染世法，而轉變成貪染性，祂永遠如是保持其清淨性，永遠不受染污，故云：「污染則（即）不得。」此不污染之心，方是諸佛之所護念於衆生者；如是正理，師父應知，莫再終日求以意識覺知心修成清淨心，莫求欲將染污之意識轉變成清淨之第八識如來藏心，莫再以如是邪見誤導衆生之參禪知見。

所以者何？若人欲以第六意識心之修行清淨，而轉變成第八識如來藏者，斯名邪見，斯名常見外道見，非是禪宗所悟之佛法般若也。師父莫再執迷不悟，莫再以此邪見誤導廣大學人。當速閉關參禪，急求證悟，然後方可為人說禪也；一世英名殊不足惜，誤導衆生之無量後世苦報，方是師父應當著眼之處也！今舉香嚴拂子公案，共師父打葛藤去也：

一日，香嚴禪師問一僧：「你從什麼處來？」香嚴禪師不懷好意，有此一問，彼僧不知，從事裡答曰：「弟子從溈山來此。」渾然不知來此之意早個盡洩也。香嚴禪師見僧不知，便又問曰：「溈山和尚近日有何言句開示？」香嚴恁麼老婆，圖個什麼？那僧未領香嚴意，率直答曰：「若有人來問：如何是祖師西來之意？溈山和尚便豎起拂子。」這僧說已，猶未警覺，不知香嚴為伊已經作得許多手腳也。香嚴禪師聞舉，只好再說：「彼溈山衆中兄弟，作麼會溈山和尚之意旨？」那僧答曰：「彼中衆兄弟私下商量之後，說是：『溈山豎拂之意，是開示大衆：應該在色法上面去明心，要依附於種種事物上而顯現正理。』」香嚴禪師聞舉，便道：「若是真個會，當下即便會了。如果還是不會，在那邊商量那麼多，能抵得了什麼用呢？」那僧聞香嚴禪師如此說，卻向香嚴禪師問道：「那麼師父您的意下究竟如何呢？」香嚴禪師聽了，依舊是舉起拂子。

後來玄沙師備禪師聞道此個公案，便批評云：「只這香嚴禪師，其實腳跟猶未點地哪！」雲居錫禪師聞玄沙禪師恁麼道，便又拈向天下老宿，問云：「什麼處是香嚴禪師腳跟未點地處？」這個公案淆訛處，至今無人解得，乃至無人敢提點，平實便拈來共諸大師說禪，看有誰人會得？

只如溈山靈祐禪師但見有人問達摩西來之意，便舉起拂子，諸人盡道是「見色明心，附物顯理」，理實不錯，云何卻難得悟去？究竟關節在什麼處？還有人說得麼？復如彼色是阿哪個色？還有人說得麼？

香嚴聞彼僧恁麼道，雖不肯伊，及至彼僧問時，也只是舉起拂子，並無特殊之處為伊，且道：香嚴禪師意在何處？香嚴與溈山之意，為同？為別？若人於此著得一隻眼，平實道爾有來由！

玄沙聞道此個公案，卻道香嚴禪師腳跟猶未點地。這個指控，嚴厲至極，若非有所根據，焉得作此指控？只如香嚴禪師什麼處腳跟猶未點地？著伊玄沙不肯？若有大師來問此個大疑，平實且不舉拂，但教伊去，更無所說。且道如是作略，竟是個什麼道理？云何但教伊去？若人直下會得，從此般若正理七通八達，無人遮攔得了；若不會者，盡不許在此中作種種道理會，只管直下便去，明日再作道理：究竟平實恁道，有何絃外之音耶？

雲居錫禪師今日若在，來問平實作麼生？平實只放伊一掌，轉身便回知客處，自點茶來自己喝，管教伊雲居前來討茶潤喉也。頌曰：

香嚴拂子同溈山，此也舉拂！彼也舉拂！
腳跟未點金沙地，來也無蹤！去也無痕！
潤喉方會古佛道，即色明心點絳唇！

第四三三則　七師桃核＊

京兆米和尚　世稱米七師。初參學，歸受業寺。有老宿問：「月中斷井索，時人喚作蛇。未審七師見佛，喚作什麼？」師曰：「若有佛見，即同眾生。」（法眼別云：「此是什麼時節問？」法燈別云：「喚底不是。」老宿聞曰：「千年桃核。」）（米七師後來之悟處，詳見434則拈提）

聖嚴法師云：《…所以，佛經的講法並不是一成不變，我們要明白每一部佛經所講的對象及層次。曾經有位弟子問一位禪師：「世事是無常還是常？」禪師說：「常。」弟子說：「那佛性是常囉？」禪師說：「無常。」你說常，禪師就說無常；你說無常，禪師就說常，讓人捉摸不定。**無論你講什麼，他一定倒過來講，目的何在呢？這是要幫我們去掉心裡的執著，否定、否定、再否定，否定到最後，那才是真正的肯定。**》（東初出版社《動靜皆自在》頁126~127）

平實云：中國禪宗之禪，其實即是般若，是故證悟之後，得以完全證解般若諸經之真實義。然般若之義絕非否定一切法，絕非一切法空，絕非一切法不執著者可名為般若也。一切大師與諸學人，當知禪宗之要，在於親證般若經所說之無心相心──諸法本際之如來藏；若能親證此第八識如來藏，則能現前領受其中道性，則能於一切法中如實生起中道觀行之智慧，能作衆生之導師。若不能親證此識，則不能發起般若慧，則亦不能了知涅槃之本際，便於涅槃及般若橫生誤解，用來誤導衆生同入邪見。

余師亦復如是，以為禪宗之禪即是否定再否定，即是否定一切法；又言否定至最後，始是真正之肯定。然今請問吾師：「全部否定後，尚有何法可為吾師所肯定者？」可以逆料者，終將重歸意識覺知心也，仍舊不離常見外道之知見也，終將同以無念之意識心，作為最後所肯定之心故。如是之禪，卻同米七師未悟之前一般，以為一切見皆不置心，便是禪宗之悟，便是明心見性之法：

京城米和尚，世稱米七師。初始參學不久，便自以為悟，返歸受業寺弘揚禪宗。一日，有老宿來問：「月夜下，斷了的井索，當時見到的人矇矇矓矓地看不清楚，所以都喚那繩索作蛇。不知道米七師你見到佛時，喚佛作什麼？」米七師答曰：「如果見佛時，還有見到佛的見解，那就和衆生沒有兩樣了。」（米七師後來之悟處，詳見次則拈提）

法眼文益禪師聞道此事，乃別云：「這是什麼時節？問這種話？」法燈禪師別云：「喚底不是佛。」後來有一老宿聞道此個公案，便評論米七師道：「真個是千年桃核啊！」

看官且觀：米七師只為錯說了一句話，便惹來當時衆多善知識言語；今時吾師錯誤連篇，報紙連載之不足，又梓之於書，更求廣泛誤導衆生，兼求流傳後世遺誤後人，云何平實不該舉之以作辨正耶？

復次，平實若不重下針砭，令天下人廣知者，吾師終難捨棄名師情結，終難下心求悟也；又余師年壽日高，來日無多，當以求悟為正事，焉可再事世間名利諸事？焉可再事貪戀世間眷屬？是故求悟之事，必須早日正視之，此乃余所不得不為之故也，婦人之仁不能救彼故。

多世以來，與吾師互為師徒，因緣不可謂小；千年前，在克勤大師座下同參，余曾明告密意，然余師一向持疑，不信佛滅之後有人能悟，亦不信余與克勤大師明告之法即是如來藏；千年後之今時，仍舊持疑不信，猶以覺知心不作佛見、法見，不作貪瞋等想，以之為般若禪之正修，絕不改易，真是千年桃核也。

當知禪宗絕不否定一切法，也絕不肯定一切法；禪宗之所證悟者，乃是證知自身本有之第八識如來藏，由此證知故，現見一切法非即如來藏，亦非異如來藏，故一切法非空非有，故如來藏非空非有。由是親證之現前觀察故，絕不否定一切法，絕不肯定一切法，是故聖嚴師父不可倡言否定、否定、再否定也；亦不可倡言最後之加以肯定也，禪宗亦不肯定任何一法故。聖嚴師父若不修正如是謬見，假饒再過千年，依舊是不開眼桃核，只成個「兩千年桃核」也！

禪師所說，往往反於常人所說；其目的並非在於破除學人之執著，亦非在於使人捉摸不定，而是藉諸言語，明示學人之自心如來藏爾；只是禪師所言者，往往意在言外，而諸學人猶如吾師之墮於言語情解之境界中，是故難以證會。行人欲會禪者，當速修正邪見，莫向般若經中文句起情解，當向自身中，尋覓人人本已具足之般若經。頌曰：

若起佛見同衆生，貶向鐵圍海山外；

千年桃核無明殼，堅硬難摧水能壞。

只如聖嚴師父這千年桃核，若無智水者，欲壞之實難；於今之計，當如何壞之？平實且送良方一箋：明日將水蜜桃喫了，只管將桃核親自送往法鼓山大殿上供佛去，且不管上頭有無口水殘留。真能如平實語行之者，那千年桃核無明殼，還會是個物事耶？

第四三四則　襄州咬著

襄州　王敬初常侍　視事次，米和尚至，王公乃舉筆，米曰：「還判得虛空否？」公擲筆入廳，更不復出。米致疑，至明日，憑鼓山供養主入探其意；米亦隨至，潛在屏蔽間偵伺。供養主才坐，問云：「昨日米和尚有什麼言句，便不得見？」王公曰：「師子咬人，韓盧逐塊。」米師竊聞此語，即省前謬，遽出朗笑曰：「我會也！我會也！」

（註：此段公案詳見第55則拈提，此處不另拈之。又：韓盧，狻犬也。）

公嘗問一僧：「一切眾生還有佛性也無？」僧云：「盡有。」公指壁畫狗子云：「遮個還有也無？」僧無對，公自代云：「看咬著！」

聖嚴法師云：《參話頭，坐疑情，破疑團時即爲開悟：我有個學生是澳洲人，他經過長達八年的修行，功力已達某種程度，可以連續打坐數小時而不起座。他自以爲已入無我之境，因此十分自得且執著。直到有一天看我所寫的書，才驚覺原來他對自我的執著仍然牢不可破。因此，特地到台灣，跟我打了一次禪七，我教他用參公案的方法來淡化自我；七天下來，他覺得自我的意識果然比較淡了。》（東初出版社《動靜皆自在》頁17）

平實云：這澳洲人也是緣淺，與真正之禪無緣。所以者何？謂余此世之師聖嚴師父於公案從來不懂，云何能為人指說公案？更言能以公案消滅他人對於自我之執著？

自身我見尚不能斷，云何能除他人之我執？是故所說消滅他人我執之言，不過是誤會我見與我執之後，自我稱說之言爾。有朝一日，若真證悟者，異日出版諸種講禪之書，所說諸法必將異其今時書中所說故。

當知祖師真悟之公案中，處處教人明心—直證真心如來藏，從不教人在淡化自我上用心；而學人在悟後自然斷除二乘見道所斷我見，乃至性障輕者頓成斷除我執現行之阿羅漢。今觀聖嚴師父諸多著作中，從來不在斷除我見上用心—不在現前觀察覺知心虛妄，故皆不能斷除「覺知心眞實不壞」之我見；只是教人對覺知心自己不執著，而令覺知心繼續存在不斷；如是法教，必令「覺知心真實不壞」之我見繼續存在，必定使人無法斷除意識我見，無念覺知心即是意識我故。意識我見不斷者，永絕於聲聞法之見道，永遠不能進入聲聞法之初果位，永處凡夫我見中故。粗淺之聲聞法見道尚不能得，何況聲聞阿羅漢所不能證之如來藏，云何能證？一切真悟祖師之證悟公案皆是明心之典故，從來不屬淡化自我之典故，故說師父不解公案也。不解公案者，自謂能授人參公案之法者，即成無義。

當知欲斷我執者，必須先斷我見，聖嚴師父既對我見不肯斷除，牢牢地執取離念靈知心為常住不壞之我，然後以此離念靈知心來自觀、來自我淡化，云何能令人淡化我執？我見尚且不能斷除故，離念靈知心即是我見之「我」故，即是常見外道所執之「常不壞我」故，即是聲聞初果所斷我見之「我」故，即是第三法輪所言之「意識我」故。唯有現觀意識我之虛妄，證實離念覺知心虛妄者，方是斷我見之人；我見斷者，方能漸除我執，方是淡化自我之正道；絶非聖嚴師父如是不斷我見者，能教人淡化我執也。

聖嚴法師又云：《所謂參話頭、參公案，就是用緊迫盯人的工夫，把參禪人的心逼得進退無路，而又非走不可；無開口處，卻又不得不開口。所以，參公案就是叫人生起大疑情，把妄想雜念，通通逼進死巷，繼之一網成擒，兜底搗成粉身碎骨，便是悟境現前了。》（東初出版社《動靜皆自在》頁17）

平實云：禪師將學人逼進死巷，乃是將學人之「意識我見」逼死，聖嚴師父卻從來不教人斷我見，更不將自己之我見逼死，云何能逼死學人之我見？

禪師逼迫學人開口說出自心如來藏，聖嚴師父卻從來不教人覓取如來藏；聖嚴師父自身既不能了知如來藏何在，云何能逼迫學人說出如來藏所在？此謂欲逼學人說出如來藏所在者，必須先有一段開示：教導學人證取如來藏之知見與法門；教已，然後可逼學人如是事。今者聖嚴師父自身尚不能知自己如來藏之所在，云何有力能現前體驗之？既不能現前觀照如來藏之自體何在？云何能現前體驗自心如來藏之體性？一切不知，云何有智能教人了知其體性？云何有智能教人尋覓如來藏？

由一切不知故，對禪宗之禪生起嚴重誤會，便教人在妄想雜念之斷除上用心，教人「**把妄想雜念，通通逼進死巷，繼之一網成擒，兜底搗成粉身碎骨**」，如是消除妄想雜念，正是以定為禪，是故認為妄想雜念消除時，「**便是悟境現前了**」。若此可謂為悟，則一切外道之證得未到地定者，悉成證悟般若之菩薩了也；審如是，則應外道之證得四禪八定者，悉已成佛了也，「悟境」更勝於無念離念之欲界定或未到地定修證故，有是理乎？

聖嚴師父一向以定為禪，認為離念靈知心便是常住不壞之我，是故出道以來，一向教人數息、斷妄念；認為斷除妄念之後，便是悟境現前。今此一段文字中，如是明白宣示衆生：離妄念時便是禪宗之開悟。完全不知禪宗之開悟明心者，乃是證悟自心如來藏——第八識阿賴耶——阿羅漢及諸無學菩薩之第八異熟識。由此證據，可證聖嚴師父尚在凡夫位中，未曾斷除我見也；離念靈知心即是聲聞初果所斷我見之我故，即是四阿含諸經中所說常見外道之「常不壞我」故。我見未斷者，當知絕非證悟自心如來藏者，則非禪宗證悟之人也，明心證悟如來藏者，無有不斷我見者故，無有不否定離念覺知心者故。余今公開明示師父未悟之事實，師父從此可以不必在隱藏未悟事實上用心，從此可以專心一意參禪了也；是故於此應當指示悟入之機緣，便舉「襄州咬著」公案，與師父共話無生：

襄州常侍王敬初，曾經問一僧人曰：「一切衆生還有成佛之性麼？」僧人答云：「全部都有成佛之性。」王公聞彼僧道得恁麼爽快，便指壁畫中之狗子云：「這隻狗子還有成佛之性嗎？」那僧人無可答對，王公只好自己代答云：「小心牠咬著你！」（註：看字，作小心解。）

只如王常侍問彼僧：「一切衆生還有成佛之性也無？」意在何處？莫非無故找碴兒麼？當知此問非是無風起浪，欲要彼僧直下悟入故也。然彼僧遲鈍，不曉王常侍意，眨眼間已然錯過，猶自言有。於其言有之時，亦不妨具啐啄同時之機，只是彼僧不會，又自錯過了也。

王公有心為他，便指著壁上圖畫中所畫狗子，問云：「這隻狗子還有成佛之性嗎？」如是所指，猶如雷霆萬鈞，震天價響，只是彼僧依舊不聞，正是耳聞如聾；常侍等待許久，彼僧依舊無言答對，只得向伊道：「看咬著！」如是一句，卻也不妨老婆，只是那僧不會，兀自錯過！

只如王常侍向彼僧云：「看咬著！」是有為伊處？是無為伊處？諸方老宿還有知者

麼？何妨說似平實？天下人要知。若道不得，盡是野狐之輩，說得一擔野狐禪，有什麼會處？

王常侍所指者，明明是壁上所畫狗子，本非有情，云何卻問彼僧有無成佛之性？作何道理？

那僧不能答伊，常侍云何卻又道：「看咬著」？

那壁上圖畫中狗子明明只是無情之畫，常侍云何言道咬人？

既會咬人，究竟是圖畫中狗子會咬人？抑或彼僧狗子會咬人？抑或常侍狗子會咬人？

平實說得許多狗子，究竟狗子在什麼處？若人知得常侍狗子，便知彼僧狗子，便知平實狗子，便知常侍所指狗子非狗子，非非狗子。

且道：狗子與常侍相去幾何？狗子與彼僧相去幾何？狗子與平實相去幾何？若人知得其一，便知全部；若不知全部，便是未能真知其一者。如今諸方老宿還有真知者麼？頌曰：

這個狗子真奇怪，是常侍，非常侍；

僧與平實俱是狗，常侍諸佛豈有異？

異不異，是非是，無念起心離祖意！

師父欲知麼？老實相告：

平實雖未養狗，卻每日與狗子相戲！

第四三五則　霍山入懷

晉州　霍山和尚　仰山一僧到，自稱：「集雲峰下四藤條，天下大禪佛參。」（大禪佛即景德傳燈錄卷十二：景通和尚也）師乃喚維那：「搬柴著。」大禪佛驟步而去。

師聞祕魔巖和尚凡有僧到禮拜，以木叉叉著（詳見第52則），一日遂往訪之，才見，不禮拜，便入祕魔懷裏；祕魔拊師背三下，師起拍手云：「師兄！我一千里地來便回。」（一作：「師兄！三千里外賺我來。」）

聖嚴法師云：《一般人聽到禪修，腦中浮現的都是深山古洞或寺院道場，殊不知古代的山裡，沒有水電瓦斯，禪行者的生活作息少不了擔水搬柴，如果你問山僧：「山上所為何事？」他一定告訴你：「無非擔水搬柴！」而這些擔水搬柴等，無一不是修行。唐朝的百丈禪師就主張：「一日不作，一日不食。」他的工作就是耕種，耕種就是禪修；若以專司管理的職事僧來說，與信眾的接觸談話，就是禪修活動。因此，經常有人問我：「現代人的生活步調這麼緊湊，要如何修行？」我都會告訴他們：「日常的生活工作就是修行。」也就是說：**身體在做什麼，心就在做什麼。說話的時候要清清楚楚的知道自己在說些什麼**；勞動的時候，心也不離開手和腳，不但散步、旅行、駕車乃至上廁所，都是修行。**以平常心做平常事，就是禪修。**》（東初出版社《動靜皆自在》頁69）

平實云：未悟之前，擔水搬柴都不是禪，都不是修行。禪宗寺院中，擔水搬柴……等事，之所以成為「禪」之修行，乃因禪門學人日常作務中，恆常保持著參禪之疑情，隨時隨地在覓實相心；而禪師也在此等作務中，隨時因地制宜而令弟子證悟自心如來藏；而擔水搬柴等事，亦確是處處皆有證悟之因緣，故黃龍禪師云：「生緣處處。」，因此緣故證悟般若之一切祖師皆說挑水搬柴即是禪。禪宗弟子悟後，亦因是故，而言挑水搬柴皆是禪。如是等鄙俗俚事，皆得說為禪者，乃因證悟之師有諸方便善巧，能令弟子等人於如是事中證悟；亦能令弟子悟後，於挑水搬柴等事行中，時時照見自心如來藏之現行無隱，故說挑水搬柴皆是禪。

今者，聖嚴師父於如是理懵無所知，故向徒衆作諸錯誤開示，教令其徒衆專心說話、專心作事、專心勞動、專心散步、專心旅行、專心駕車、專心上廁所，謂如是於一切事務專心而不生妄念者，即是修行、即是禪，墮於意識心境界上，只成個常見外道。完全不知禪宗之修行即是參禪覓心，即是以諸作務為手段而求證悟自心如來藏。由是錯會故，聖嚴法師開示徒衆云：「**以平常心作平常事，就是禪修。**」

如是開示，誤導廣大徒衆，令彼等徒衆之知見大生偏差，永與禪悟絕緣，永與般若慧絕緣，故其所說乃是邪見；以此邪見而教人，耽誤衆生慧命者，非是善事，聖嚴師父不應為之再三，不應樂此不疲，此是誤人慧命故，其罪匪輕故。而法鼓山諸多徒衆亦竟甘受如是邪見，耽誤自身道業，崇拜聖嚴師父之世間法上大名聲，隨其同墮常見外道知見中，各各甘之如飴，不亦怪哉！

修學聲聞小乘法之首要，在求證解脫之正道；修學大乘佛法之首要，則在證悟般若，發起實相智慧，證知第一義諦，然後方有能力求證成佛所須證得之一切種智。

欲證小乘解脫之道，首在斷除我見；斷我見者，謂現觀覺知心虛妄，現觀處處作主之意根虛妄；今者聖嚴師父所說，不符小乘聲聞解脫道之正見，可見其於小乘佛法之解脫，仍未有初始之取證，尚不能證得聲聞初果之斷三縛結功德也；處處墮於「意識我」故，教人處處保持意識覺知心之無念、之清楚明白故，從不教人現觀意識覺知心之虛妄故。

欲證佛菩提者，首要之道則在親證自心如來藏；然欲親證如來藏而入佛菩提智者，必須先斷我見——否定意識之常恆不壞性。我見斷已，方能於證得如來藏時不生疑惑，方能肯定所證彼心真是如來藏，如是始能不退轉其見地，般若慧方能源源而生。今者聖嚴師父所說之禪，皆不教人斷我見，亦不教人求證自心如來藏，焉能令人證悟？如是所說焉可謂為中國禪宗之禪？莫道令其弟子證悟，乃至自已亦未能悟！如是事實，散見於其說禪之諸書中，處處可稽，非是余之妄謗於伊。

是故一切學人若欲證悟般若，當先求斷我見；斷我見已，當復熏習正確知見，然後可求證悟般若，此是一切學人欲證佛菩提者所必須面對之事實。今為諸人說覺知心意識虛妄已，當舉禪宗公案，為學人示其入處：

晉州霍山和尚，因仰山禪師處有一僧到，自稱：「集雲峰下四藤條，天下大禪佛參。」這大禪佛，即是《景德傳燈錄》卷十二所說之景通和尚也。大禪佛既如是言，當知是以作家相見，非是請益而來者；由是緣故，霍山和尚乃喚維那：「去搬柴吧！」大禪佛聞霍山和尚如是道，知非吳下阿蒙，非是籠罩學人之野狐禪師，乃驟步而去。

後來霍山和尚聞人道：祕魔巖和尚凡有僧到禮拜，便以木叉叉著僧頸（詳見第一輯第52則）。由此緣故，一日遂往訪之，才見秘魔巖和尚，不向伊禮拜，便直接趨入祕魔和尚懷裏；祕魔和尚見怪不怪，只是手撫霍山和尚之背三下，霍山便起身拍手云：「師兄！我一千里地來了便回。」

只如仰山座下一僧來到霍山禪師處，既然自稱大禪佛來參訪，霍山和尚本該接見伊，機鋒來往，稱量高下，當面驗明淄素為是；云何霍山不如是行，但只教維那「搬柴著」？如是無理，卻是何意？

那僧亦怪，見霍山不理會伊，只是吩囑維那搬柴；那僧見了，卻只自顧自大踏步而去。如今平實拈出，要問諸方示悟諸大師名師：霍山既不理會伊，云何伊卻自顧自而去？云何棄卻來參之意？　去便去，云何卻又大踏步而去？踏出飛揚塵粉，竟是何意？諸方名師還有道得者麼？何妨隱覆密意、公開舉似大衆？

又如霍山和尚往見秘魔巖和尚時，不禮拜之，卻效俗人之行，趨入秘魔巖和尚懷裡，竟是何意？

那秘魔巖和尚卻也奇特，不怒斥伊失儀，亦不將木叉叉住霍山之頸，但只舉掌輕撫霍山和尚之背三下，又是何意？霍山受撫三下已，卻自起身拍手，又是何意？拍手時云：「我一千里地來了便回。」又是何意？若人參得透此中玄機，諸佛般若總相智與別相智一時現前，悉皆能知；不須善知識解說，自能會通般若諸經，遠超聲聞羅漢智慧境界；饒伊麟喻部行等二種緣覺現在，亦莫能曉。只如今，星雲法師好談「迷悟之間」，台海兩岸說禪道悟者亦復聲勢浩浩，數如恆河之沙，可中還有一人能說得此中道理麼？試道看！天下人要知！　頌曰：

集雲峰下大禪佛，遠道來參只搬柴，西來祖意粉塵揚！

霍山入懷三撫背，一千里地來便回，拍手早是風颺！（浣溪紗變調）

第四三六則　大隨住庵

益州大隨　法真禪師　師問僧：「什麼處去？」僧云：「西山住庵去！」師云：「我向東山頭喚汝，汝還來得麼？」僧云：「即不然。」師云：「汝住庵未得。」

僧問：「和尚百年後，法付何人？」師曰：「露柱火爐。」僧云：「還受也無？」師云：「火爐露柱。」

有行者領眾到，師問：「參得底人，喚東作什麼？」對曰：「不可喚作東。」師咄曰：「臭驢漢！不喚作東，喚作什麼？」行者無語，眾遂散。

聖嚴法師云：《黃檗希運禪師說：「終日喫飯，未曾咬著一粒米；終日行，未曾踏著一片地。與麼時，無人我等相，終日不離一切事，不被諸境惑，方名自在人。」這就是說，在日常生活中的一切，沒有喜歡或不喜歡，只是那麼自然的生活著，這就是自在，就是得解脫。》

（東初出版社《動靜皆自在》頁 50~51）

平實云：聖嚴師父又說錯禪了也！黃檗所說者，乃言自心藏識與妄心和合運作而有衆生之日常生活種種運為：喫飯、行來去止…等；然終日裡真妄和合地喫飯，其實真心如來藏從來未曾咬著一粒米；終日裡行來去止，如來藏其實未曾踏著一片地。如是現觀而轉依如來藏之離六塵、之無所得體性，方名般若諸經所說之無人我等相，方能於一切事中不被諸境惑，方名自在人。絶非師父所說「在日常生活中的一切，沒有喜歡或不喜歡，只是那麼自然的生活著，這就是自在，就是得解脫。」其實師父這種心境，墮於意識心之一切境界中，根本不能斷我見，尚不能得聲聞初果解脫，何況證得大乘般若之解脫？如是境界，不名自在，不名解脫，正是輪迴生死而妄想解脫、自以為解脫者。

祖師輩，一向言離心意識：教人應離意根與意識，乃至教人悟後不可執著如來藏，故言離心，是名離心意識。今者聖嚴師父處處教人在意識上覺得自在，處處教人以意識不執諸法，名為解脫；而不能了知「意識我」正是聲聞初果所應斷之我見者，不能了知「覺知心我」正是禪宗祖師教人應離者。如是自己不斷我見，亦不教人斷我見，而教人應以意識存在於一切境界中，不起貪瞋等，正是我見不斷者，名為誤會禪宗之禪者，名為未悟凡夫。

一切大乘般若禪之學人，若欲求悟，當先斷我見—現觀離念覺知心之虛妄，現觀處處作主之意根虛妄。不斷此我見，而欲求悟，則如緣木求魚，殊不可得也！平實一再勸請聖嚴師父應斷我見，已經嘮叨至令人厭惡之地步，實乃無奈之舉；只為師父與廣大徒眾至今仍執「無念靈知」為真心故，至今仍不肯斷我見故，令平實不得不繼續嘮叨；雖然令人嫌恨，終不能已於言，師父千萬莫怪。為諸已斷我見之人，則應舉示證悟因緣：

益州大隨法真禪師，一日問僧云：「你要往什麼處去安住？」僧答云：「弟子要往西山住庵去！」大隨禪師問云：「你往西山住庵之後，我若向東山頭喚汝，汝還來得麼？」僧答云：「師父若向東山頭喚我，我即不聞；由不聞故不能來得。」大隨禪師乃云：「汝這個見解，尚無資格開山住庵。」

只如大隨禪師向東山頭叫喚彼僧，非是向彼僧所住西山頭叫喚，彼僧當然不能得聞，云何能應答而來？然彼僧卻因此而被大隨禪師說為未悟，故不許彼僧出世開山弘法。且道：大隨因何緣故，說彼僧未悟？其中關節，諸方大師既道是悟，還有說得者麼？豈唯平實要知，天下學人亦要知！試道看！　若道不得，即非真悟者，尚且住山不得，何況出世弘法？

若有大師見問，平實不答伊問，但向拙荊叫喚：送客！

復有僧問：「和尚百年後，法付何人？」大隨禪師答曰：「露柱火爐。」彼僧又問云：「還有受法之人也無？」大隨禪師答云：「火爐露柱。」

僧問大隨禪師：於過世後，究竟將法傳付何人繼續弘傳？大隨但答「露柱火爐」，分明將法傳與彼僧；只是彼僧不會，猶自絮絮叨叨再問大隨：「還有人受法也無？」大隨又答：「火爐露柱」，依舊將法付與彼僧，老婆無比。時人不知，將此公案作諸情解，以訛傳訛去也！

此個公案，今時諸方大師無人能解，悉皆口掛壁上，個個不敢碰觸之。只如大隨一向將法付與彼僧，彼僧不知，故不敢道悟。今時諸方大師，道悟說禪者浩浩，且不問彼等人，但問聖嚴法師：大隨云何不答僧所問？但向僧言露柱火爐？是何意旨？大師不可如諸書中所言而謂大隨言非所問也，不可如著作中所說之以答非所問為禪也，大隨已分明答僧所問故。

復次，大隨分明將法傳付與彼僧，且道：何處是大隨付法彼僧處？大師既於書中言諸悟境，即是對衆示悟；既是悟已，則應知此公案密意所在，且道：何處是大隨法付彼僧處？若道不得，即成野狐見解，有何悟處？此後不應再言悟說禪也，必成大妄語罪故，必定誤導衆生故，誤導衆生者乃不善之法故。

一日，有參學之行者領衆到來參訪，大隨禪師問彼行者：「參得禪門意旨底人，喚東邊叫作什麼？」行者應對曰：「不可以喚作東邊。」大隨禪師便咄他：「你這臭驢漢！東邊不喚作東邊，要喚作什麼？」行者無語，大衆因此知他根本不懂禪，遂一哄而散。

禪門古來每有行腳之事，一者悟前求覓善知識，二者悟後尋善知識印證悟境之真假。平實今世悟後欲覓個善知識，杳不可得，盡是野狐大師，有什麼悟處？後來 世尊遣余往世在密宗覺囊派時之師尊前來召見，世尊金口明告上一世及今世因緣，為作印證；然於此前，余已於經中印證無誤也。由法之正真故，所說諸法，人不能訶。多年來對於諸方大師之邪見誤導衆生，或隱其名而破之，或指出其名而破斥之，樹敵極多，然迄今仍無人敢依法義而對余法作諸辨正，皆因法無訛而生之威德力所致。

然自古以來，未悟示悟，以凡夫身冒膺證悟成聖，對學人加以籠罩之表相大師，不勝枚舉；乃至善於營謀，得致當時之大名聲，成為一代大師。當時雖無悟者在世，而無人加以檢點；然若彼有著作留存後世，於未來世若有人證悟已，得彼著作，必加以拈提，說其錯處，以救群迷。

猶如古時益州保唐寺無住禪師之未悟說悟，教人以無念靈知心為如來藏，執取無念時之見聞知覺性，作為不生不滅之法性，以六識之生滅法作為禪宗所證之真心。保唐禪師當時雖然善於營謀，極富盛名，成為一代大師；但死後隨告煙消雲散，不受後代證悟之人所重；故古來禪宗真悟祖師，皆不屑偶一提之，何況給予讚歎？近代之慧明禪師亦復如是，同墮無念靈知心中，以此生滅變易之心，作為實相心，同於保唐無住一般。

今時諸方顯教及密宗之出家在家大師亦復如是，雖善營謀，創造大名聲，終是虛假浮雲、電光水泡，有何可敬之處？終亦不免時光之淘汰也；唯除後來證悟，改易原有邪見與常見知見。由是之故，勸諸出家在家大師：莫因執著名聞利養，而於正法作諸留難。否則無常來時，終究難免未來無量世之尤重純苦。衡於此世之短暫與來世之多劫長劫，孰重孰輕，其意極明，未可忽之也！

彼行者亦復如是，以未悟之身冒膺證悟聖者，便敢率領衆人行腳，便敢來大隨法真禪師面前，以邀證悟聖者之身份。大隨乃是早過牢關之人，豈受他瞞？數句之間，便料理得他。衆人一聞，便知彼行者根本未曾證悟，聞已見已，遂一哄而散，不復隨伊行腳。

未悟之人每欲學諸悟者，然而知其然卻不知其所以然，故於真悟者眼前，便無作手腳處，便顯露敗闕。真悟之人一向不說假話、反話、顛倒話，皆是以其證量、運用機鋒，欲令學人得悟。此事於諸真悟者間，一聞便知，可以舉一反三；然於未悟錯悟者間，便以情解思惟底知見，臆度悟者所說之語，悉皆死於句下。死於句下故，便如聖嚴師父之以為說反話便是禪，更以如是野狐之語，載於書中對外流通，非是有智之人也。

殊不知大隨禪師此一句語，實非反話，乃言證悟已，東邊依舊是東邊，西邊依舊是西邊，而於一切行住坐臥、一切運為中，自有如來藏分明現前，是故所說不在言句上，著著指向真心所在；彼學人不能了知大隨之意，便同於聖嚴師父之以為「不執著一切觀念便是禪」，故遭大隨禪師之訶斥也。只如大隨畢竟法付何人？大衆欲知麼？且聽平實頌來：

東山喚人西山應，眼見如盲道未聞，豈解西山住庵境？

百年千年付法竟，火爐露柱離囂靜，祖意甚深影早映！（調寄浣溪紗）

若實未解，平實為爾通一線：

侵早同採杏！

第四三七則　大隨生死

益州大隨　法真禪師　僧問：「生死到來時如何？」師云：「遇茶喫茶，遇飯喫飯。」僧云：「可誰受供養？」師云：「合取缽盂！」

師庵側有一龜，僧問：「一切眾生皮裹骨，遮個眾生骨裹皮，如何？」師拈草履於龜邊著；僧無語。

聖嚴法師云：《講題：生死事大。……現在我要點出「生死事大」的五個層次。第一個層次：出生的目的是爲了來世界上生和死，……。第二個層次：爲什麼要出生？爲什麼要死亡？生死之間的意義是什麼？責任是什麼？……。第三個層次：生從何來？死往何去？……。第四個層次：生與死不能老是在因果之中打轉。……。第五個層次：生也不錯，死也很好。過去是什麼？不需問；未來會如何？別擔心，生死的問題全部放下。這是大自在、大解脫，唯有大修行者才做得到。「生死事大，無常迅速」，是要辦大事和急事，無心旁顧小事與瑣事。這是用一般修行者的心態和說法，來試探六祖怎麼回應他。他所得到的答案，是若你已能體驗到既無生死也無緩急，便得解脫了。》（東初出版社《公案一百》頁47~49）

平實云：欲知生死者，必須證知解脫道與佛菩提道，二者兼具，方是真知生死者；二乘無學所知生死，唯是局部了知，非真具足了知也，二乘無學無法完全了知無餘涅槃故，二乘無學不證無餘涅槃之本際故。

菩薩則異二乘無學，未入無餘涅槃之前，已先證知無餘涅槃之本際，故於受生亦知，於死之過程亦知，死後欲往何處亦知，非二乘無學所能知之也。云何二乘無學不能全部了知生與死之內涵耶？謂二乘無學不能了知法界之體性本來涅槃故。

經云：「若人欲了知，三世一切佛，當觀法界性，一切唯心造。」法界者，謂衆生身中十八法界也，一切凡聖悉皆不能外於十八法界而示現於人間天上，然唯欲界具足十八法界，故諸佛示現於人間成佛，易得具足說法故。法界之體性者，實即真實心之體性，一切法界莫非第八識真心之所造故。然此心者，乃是衆生各各皆有之第八識自心如來藏，非是聖嚴師父所說之「無念覺知心」也，覺知心乃是意識故，不論有念抑或無念。

一切法界之體性，即是如來藏性；此謂一切法界皆由如來藏直接或間接出生，出生已，雖有種種貪瞋癡等，其實不外於如來藏，其實皆是如來藏所含藏之局部功能性。既皆由如來藏所出生，當知三世一切佛亦悉由此第八識所出生，菩薩、緣覺、聲聞乃至凡夫衆生莫不如是，故證悟自心者，可從法界之體性中現前觀察，了知一切法界皆唯是自心如來藏所造。真密之《楞嚴經》所說如是，般若系列諸經所說如是，第三法輪諸唯識經所說者亦復如是，法無異味，唯是未悟錯悟之人方說三轉法輪諸經前後說法有異，真悟之人觀之，絕無絲毫異味。

種種衆生之種種法界，既皆由自心如來藏所生，則法界體性即是如來藏之體性，故如來藏恆於一切法界中現前與運行不斷。一切法之「界」既皆由如來藏所生，則知衆生之生死大事，當從現觀如來藏之運行，而後方能了知生時死時之如來藏如何運作，而後方了知七轉識於受生位及正死位之運作與斷滅時機及其過程，故說欲真了生死者，必須現前證知三界一切法所依之自心如來藏，如來藏之體性方是十方三世一切國土法界之真實性故。

定性二乘無學固能出離三界分段生死，然於正死位之如來藏運行細節，悉皆不知；亦於迴心大乘而發受生願時，對於受生之內涵唯有極少分之了知；唯有菩薩之親證如來藏者，方能配合其現觀如來藏之智慧，而多分了知；至佛地已，方能具足了知。故說真能了知生死者，其淺者謂聲聞阿羅漢與緣覺，其深淺不等者乃是菩薩，唯佛具足了知。如是三種了生死，聖嚴師父悉皆不知不證，而言能授人以了生死之法者，無有是處！

今觀其所說最深之第五層次了生死者，尚墮「意識心我見」中，唯求意識心對於生死都不耽心，教人放下牽掛，從來不令弟子大衆斷除「覺知心不壞」之我見，即是完全不能了知生與死者。最後固言：「**若你已能體驗到既無生死也無緩急，便得解脫了。**」然而如何方是**既無生死也無緩急**？如何方是**得解脫**之證境？則不能稍作言詮，有時言之，則錯誤百出。如是不知不證解脫，不知不證自心如來藏，不知不證禪宗之悟境，不知不證生死根本心者，不能稍知生死之過程境界者，云何而有能力教人了生脫死？而諸信衆不知不見如是事實，隨於表相大師虛妄言論而轉，欲求了生脫死，則如煮沙而欲成飯，驢年可得！

了生脫死之根源，既在如來藏自心，則學人當知欲了生死者，應先求證自心如來藏；證得如來藏已，則能現觀法界性，則能現前了知生之與死，親證般若智慧，其慧非定性聲聞羅漢所知也。欲證如來藏者，則以體究禪宗真悟祖師之公案最為穩當，便舉大隨生死公案，共諸學人同探大隨密意：

有僧請問：「生死到來時如何？」大隨法真禪師答云：「遇到茶來就喫茶，遇到飯來就喫飯。」那僧又問云：「可是喫茶喫飯時，究竟是誰受茶飯之供養？」大隨禪師答云：「應該去取缽盂！」

只如生死到來時，本應對付眼前之生死，云何大隨不教他對付生死之法，云何不像聖嚴師父之教人放下一切而不攀緣？卻教彼僧遇茶喫茶、遇飯喫飯？喫茶喫飯究竟與生死有什麼相干？值得大隨禪師恁麼答伊？聖嚴師父何不就此參詳一番？若能於此切，有朝一日忽然撞著，方知從前所言大謬，從此不再如前談生死，從此不再如前教人了生死也！

那僧欲了生死，從大隨禪師處，卻得不到解答，大隨只教伊隨緣喫茶喫飯；那僧眼看正取不得，只好旁裡問去：「可誰受供養？」期望大隨一言助之，不料大隨卻教伊：合取缽盂。若人能從這裡見得大隨禪師真旨，無妨言下成度人師。只是欲會也難！

大隨禪師所住庵側常有一龜，有僧便就那龜來問大隨：「一切衆生是以外皮包裹著骨頭，遮個衆生卻是骨頭裹著皮，究竟如何？」大隨禪師聞了，卻拈起草鞋置於烏龜旁邊，那僧見了，仍舊無語回伊大隨禪師。

這僧初學，不會問話，若是臨濟、德山、夾山，當時早是一棒與他，豈如大隨還與他答話？只如這僧來見大隨，無非欲證般若智慧，求入大乘見道位中，大隨云何不答伊話？只是將草鞋拈來放在烏龜旁？卻是何意？若人眼尖，當時一眼瞧見，便得真知生之與死，從此般若智慧泉湧，亦知無餘涅槃原是此境，從來不外於自心如來藏也。

正是：

欲了生死喫茶飯，合取鉢盂應供；
本無生死何需了？拈履權開一縫！

第四三八則　大隨百法

益州大隨　法真禪師　師問一僧：「講什麼教法？」僧云：「百法論。」師拈拄子云：「從何而起？」對云：「從緣而起。」師云：「苦哉！苦哉！」

師問僧：「什麼處去？」云：「禮普賢去。」師舉拂子云：「文殊普賢總在遮裏。」僧作圓相，拋向後，乃禮拜。師云：「侍者！取一帖茶與遮僧！」

印順法師云：《諸法生滅不住，即是無自性，無自性即無生無滅，所以**生滅的本性即是不生不滅的，這即是不生不滅的緣起**。這是通過了生滅的現象，深刻把握它的本性與緣起生滅，並非彼此不同。依此去了解佛說的三法印，無常等即是空義，三印即是一印。》（正聞出版社《中觀今論》頁32）

又云：《無常等即是空義，原是『阿含經』的根本思想，大乘學者並沒有增加了什麼。如『雜阿含232經』說：「眼（等）空，常恒不變易法空，我、我所空。所以者何？此性自爾。」二七三經也有此說，但作「諸行空」。常恒不變易法空，即是無常，所以無常是常性不可得。我我所空即是無我，所以無我是我性不可得。無常、無我即是空的異名，佛說何等明白？眼等諸行——有為的無常無我空，是本性自爾，實為自性空的根據所在。這樣，一切法性空，所以縱觀（動的）緣起事相，是生滅無常的；橫觀（靜的）即見為因緣和合的；從一一相而

直觀他的本性，即是無常、無我、無生無滅、不集不散的無爲空寂。》（正聞出版社《中觀今論》頁32~33）

平實云：印順所説之中觀法義乃是凡夫之虛妄想，墮於生滅見中，牢不可拔，而自謂是真正之中觀，至今仍不能自我檢查法義虛妄之原由。彼諸徒衆更不能助其自我檢查，此謂彼等徒衆尚不能真解印順中觀法義之本質與內涵，何況能助其自我檢查錯謬之處？故余每年以專書二三冊（譬如：《眞實如來藏、我與無我、邪見與佛法、楞伽經詳解諸輯、宗通與說通》等），處處評破其法義之虛妄，至今前後連續六年，而印順及其廣大徒衆雖然多方研讀余書、互相探討，四年來仍不能正式提出辯解，仍不能證明其立論之正確性，一切無所能為；唯能利用學術界諸佛教研究學者之口放話，謂為「不屑與平實對話」，以此辯解而回應信衆之敦促與質疑，作是飾辭與遁辭，迴避法義正邪之辨正，遮掩不能置辯之窘境。

彼等今日之墮此窘境者，乃因印順年輕時依密宗應成派中觀邪見而建立其錯誤之佛學理論時，已肇其因，非因今日平實之破斥而啟其因也；今遭平實破斥，乃是現世之果，實非其因也。是故印順咎在自身，是故彼等隨學之徒衆咎在自身無眼，不能檢擇法義正邪，跟錯名師而導致此時之困境。由是正理，彼等徒衆及印順自身，皆不應怪罪平實，咎在自身法義之邪謬故，平實之所為者唯是救護今時及後世廣大學人免入邪見故，亦是救護印順本人及其徒衆知謬了邪，得於捨壽前早作補救而免地獄罪故，是故印順及彼徒衆不應生瞋於我；應生歡喜心、感恩心，速謀補救之道，方是智者之所當為也。以此世之名聞，衡於未來多劫無量世之地獄尤重純苦，輕重自明，無待他人多言故；阿含諸經所言地獄之實有，乃是世界悉檀，不因印順等人之信抑不信而隨之有無故，果報儼然不爽故，因果之理必定如是故，印順之法是破壞佛教正法故，弘傳其法即是破壞佛教正法故。

平實誠懇呼籲：願印順及其隨學徒衆及早正視之，庶免捨壽時救之不及也！衡於平實無量世前之輕謗大乘賢人僅僅一句，捨壽時便墮鼠身，從此戒慎恐懼，若無證據在手，不敢輕論他人，可知因果報應之昭昭不爽；何況印順所說諸法之破壞佛教正法？之令佛教正法墮於斷滅見中？之從根本剷除佛教勝妙法義？故知其罪之重，無與倫比，印順及其徒衆對此不應稍有輕忽。平實以自身往世之慘痛經歷，自我發露，舉以為證，作為衆人殷鑑，籲請印順及彼隨學諸多徒衆，及早正視之。

若印順等人不能具文出書駁斥平實之謬，不能證明其法義之正真，而繼續弘傳其邪見以破 佛之正法者，則是居心叵測之人，則是明知誤導衆生而不肯悔改者，則是不信「破壞佛之正法必有因果報應」者，如是不信因果者所說之法，有何可信之處？

一切佛教大師及諸學人，於此事實應有基本之認識，而後於佛道之修學，方能知所檢擇，方能有所進道；否則終將浪擲錢財生命於印順所弘密宗應成派中觀邪見之中，於佛法道業必定不能有所修證，空過一生；更將成就助益印順破法之重罪，以身力錢財助其破法之種種邪謬法義得以廣弘故，與印順共同成就地獄重罪之共業故。

無自性者，必是有生有滅之法，焉得說為不生不滅之法？無自性者，謂此法不具有常住而恆不壞滅之自體性，非是自己本來已在之法，乃謂此法依他而生，必須具有數種因緣之聚合，方能生起現行；生起現行已，後必歸滅，是無常空法；無常空法之無自性法，印順法師焉得謂為不生不滅者？豈有斯理乎！

是故一切緣起法——譬如五蘊十二處十八界及蘊處界所展轉出生之一切法——皆是緣起法，不具自體恆存之法性，要依他法為緣方能現起；既是有生之法，非是本來自己已在之法，則必歸於滅，滅已則是無常空；無常空者不可謂為不生不滅之法也，空已即是滅相故，滅前必定有生相故，滅相不可謂為實有之法故，同於斷滅故。滅已後時若再出現者，即非無生之法，即是滅已復生之法；復生之法則是生滅之法，有生有滅故，不能生已永遠無滅故。

佛說**諸法空相**，謂蘊處界萬法悉是無常之法，有生有滅，故非真常不壞之法；無常有滅之法，即是變異法；變異法則是苦，苦則非是真實不壞我，故名無我。如是無常、苦、無我，乃是世間萬法之常相，世俗萬法不能外於此無常、苦、無我故，故說四聖諦是世俗諦，所說皆是三界世俗法之**諸法空相**正理。然 佛世尊其實非以無常、苦、無我之斷滅法作為究竟佛法，此是二乘世俗諦之真理故，唯是二乘解脱道之正修爾，非是大乘佛菩提之第一義諦真理故，非是成佛之道所應修證之般若慧及一切種智故，必墮斷滅空故，唯在蘊處界空相等法而說故。乃至二乘菩提之解脱道，所說四聖諦、八正道、十二因緣……涅槃等三十七道品法，悉依第八識如來藏而說也，終究不是外於如來藏而說者也。

今者印順以生滅緣起之法，謂為不生不滅之法，如是而言中觀者，中觀即成生滅見，即非不生不滅之法，即非中觀也。滅盡蘊處界萬法已，若無涅槃之本際常住不滅者，即墮斷滅見故，與斷見外道之主張無異故。蘊處界滅已之滅相，乃是心不相應行法故，此滅相乃是由八識心王加以五十一心所有法，加以十一種色法，而後始有「滅相不滅」之觀念故，「滅相不滅」之觀念是緣起法故，依蘊處界等法而有，乃是依他而有之無法，同於虛空之依物而有，同於「兔無角」之依「牛有角」而有，焉得謂之為 佛所言之真常？印順竟將「兔無角」之「滅相」說為常住不壞之實法，知見顛倒至此，而其隨學之徒衆不能了知其謬，乃竟極力弘揚之，愚癡已極。

《阿含經》之根本思想，印順實已錯解至極為嚴重之地步，所以者何？印順舉《雜阿含經》第二三二經為證，然彼經所說者，乃是為令佛弟子不再執著五蘊十八界等法，故說蘊處界等法悉是無常，此蘊處界無常之現象乃是三界之常相，任何衆生之蘊處界皆不能自外於此無常必滅，如是令諸弟子斷除蘊處界我常住不壞之我見常見。然 佛世尊之意，絕非以此滅盡蘊處界之**滅後空無**作為常法也。學人逕察彼經文意，即知余說之無謬也。印順基於先入為主之密宗應成派中觀邪見，先自設立場，故於佛語生諸錯解，致有此誤導衆生之言論出現。

復次，印順所引《雜阿含經》第二七三經中， 佛已明示蘊處界等十八界法非是真我，亦明示有真我與十八界法同時同處，並訓令弟子不應執著有此真我同時同處，故云「不相在」；是故 佛說如是眞我即是空，非是印順主張之「無常、無我即是空的異名」，而是以無餘涅槃之本際第八識為空性、為真我。 佛於彼經中如是所說，極為明白，只因印順尚處凡夫位中，以凡夫知見揣測 佛語，致生誤會，故有今日誤導衆生、破佛正法之言語著作流通。此等容於後時寫作《阿含正義—唯識學探源》時，另作分解，此不先述。

佛所說之空，有二法：一者萬法緣起性空之**諸法空相**，二者萬法緣起性空所依之法界體性——第八識**空性心**，名為**空性**。如是**空相**與**空性**正理知見，一切學人必須先有認識，而後方知修學佛道之理，方能免於衆多凡夫大師之所誤導。

諸法空相者，乃是修學世俗諦二乘解脫道者所必須現觀之理，亦是菩薩修學解脫道時所必須現觀之理；**空性**者，則是菩薩修學般若第一義諦者所必須現觀之理。欲證般若所說空性者，要須親證空性之體，佛說空性者以第八識如來藏為體故，徵之於第二、三轉法輪諸經，可知此意。是故一切佛子若欲進入內門修菩薩行者，皆須親證自心藏識，方能會通般若；會通般若後，方能會通第三法輪諸唯識經中佛意，方是修證百法明門之正途也。此是佛道進修唯一之次第，不能躐等跳躍，不能外於如是次第。是故欲入佛門真修行者，當先求證自心如來藏，除此無別修證。

大乘佛法八萬四千法門，容有門門不同；然此八萬四千法門之修證，同皆以此自心如來藏親證為鵠的；故一切大乘學人欲親證佛菩提者，當先求證如來藏，除此無別他證。若有其他修證——非是證得如來藏——而言已證甚深般若，言已真得中觀見者，悉是凡夫對於般若中觀妄想之語，非真佛法也，一切大乘佛法修證之智慧，皆從親證如來藏而發起故，般若與一切種智之體即是如來藏故，般若及一切種智所說諸法皆是敘述如來藏之體性故。是故欲入大乘別教真修佛菩提者，當證自心如來藏；證已，般若慧即源源而生。由是正理，今舉大隨百法公案，共諸大師學人合計合計：

有僧來參益州大隨法真禪師，大隨乃問此僧：「平日宣講什麼教法？」彼僧答云：「宣講百法明門論。」大隨禪師聞已，便拈拄子向彼僧問云：「此法從何而起？」彼僧對答云：「從緣而起。」大隨禪師喚云：「苦哉！苦哉！」

此僧既宣講百法明門論，必是唯識學之專家；唯識學之專家，乃是人人畏懼之佛學大家，佛子大衆悉皆不敢向彼輕易啟齒，云何來至大隨法真禪師眼前，卻無法可說？無言可辨？於大隨所問，乃至不能置一語？古時如是，今時亦如是：某台灣極為有名之唯識學專家，初見我會中之淨燦居士時，姿態頗高；言至半席，卻又畏縮，少諸言語，不復意氣風發。一切學佛而有心真入佛法之人，於此皆當探究：云何唯識學專家，來到禪宗真悟者眼前，悉無語話分？此是何故？　平實今說其故：

當知唯識之學，乃是一切種智；一切種智乃是悟得般若慧者所應進修之法，欲悟般若慧者必先親證自心如來藏，然後始能發起般若慧。由此以觀，未證自心如來藏之前，而作唯識學之研究者，悉是依文解義、妄想揣摩之舉，唯能於虛妄唯識門有局部之證知，於眞實唯識門不能有少分之證知，故於百法明門論所說第一能變識之自心如來藏本體法義，及於論中所說「此如來藏能生末那識、前六識、萬法」等理，悉皆不能了知，更不能親證，故於百法明門論之眞實唯識門必生種種謬解，墮於虛妄唯識門中，而亦錯解虛妄唯識門之真正意旨，則不能真知百法明門論之真實意旨。由是緣故，未親證如來藏前，縱因鑽研唯識學，而於世間有大名聲，然於禪宗真悟者已進修種智者眼前，仍不能有說話之餘地；未親證如來藏前，不能真解百法明門論之真義故。

彼僧亦然，雖能當眾講說唯識百法，卻於大隨問處不能稍置一詞。非唯於禪宗機鋒中不能置辯，乃至依百法明門論之一一法而言，亦不能於真悟之禪宗祖師面前稍置一詞。

衡於印順之皓首窮經六七十年，於唯識學措心已久，不可謂其非為唯識學專家也；再衡於彼諸徒眾之窮研唯識十年者，非唯一二人而已，亦皆是出家專研者，不可謂其非為唯識學專家也；然而至今六年，不能於余破斥印順之眾多書中所言，稍置一詞而書之於文，唯能顧左右而言他。由是可知：欲求真解唯識之旨者，當先求證自心如來藏而發起般若慧，然後欲求進修一切種智唯識增上慧學，方可得之；若不如是次第而進者，必如未會算術代數之小學生，躐等而修中學生、大學生所學幾何與微積分也，必定處處錯會也。

由是緣故，平實多年來不斷勸請諸方大師：當速參禪求證自心如來藏。而諸方大師於余此語，每認作示威之言，不知平實並無示威之意，不知平實所說乃是誠實直言，故皆不肯接受平實好語誠心，反生瞋恚心而一味抵制，耽誤自身道業，復不能免除破法及誤導衆生之大惡業。凡我教中一切真學佛者，當以此為鑑，莫重墮印順等人覆轍。

大隨禪師一日問僧：「你要去哪裏？」這僧答云：「我要禮拜普賢菩薩去。」大隨禪師隨手舉起拂子說：「文殊普賢全部都在這裏。」這僧卻不是吳下阿蒙，早知大隨密意，便以手作個圓相，又拋向身後，方乃禮拜大隨禪師。大隨禪師見狀，知是個家裡人，便高聲喚云：「侍者！取一帖茶與這僧！」謂供養這僧也！

只如這僧欲禮普賢，大隨禪師因何緣故卻道文殊普賢都在拂子上？不教伊去大殿禮拜文殊普賢？若人真知平實此語不是好意者，即是家裡人，後日相見，平實親裝粗茶一盞供養；且道：什麼處是平實不懷好意？

這僧聞道文殊普賢盡在拂子上，卻知大隨意在何處，便以手作個圓相，拋向身後，隨後禮拜大隨禪師。不知者，每向圓相上作諸情解思惟，轉思轉遠；或有在動作上作諸情解思惟者，卻不知動作是行蘊，風大所攝，無常敗壞之法，有什麼會處？

只如善財大士無量劫遊普賢身中不盡，究竟是何緣故？且問諸方大師及座下佛子等：爾喚什麼作普賢身？　若人能曉此意，便會華嚴妙旨，便知豈僅善財遊之不盡？汝我乃至維摩詰大士等人俱皆遊不盡也，便知唯　佛與　佛方能遊盡普賢身也，便曉大隨舉拂子說「文殊普賢盡在這裡」之意也。　且道：爾喚什麼作普賢身？

這僧作這般事相已，大隨卻是肯伊，便教侍者取茶一帖（古時以紙包少量茶葉，供作一碗茶或一壺茶沖泡之用，稱爲一帖），供養這僧。且道：這僧因什麼道理便受大隨這一帖茶供養？還有大師學人說得麼？若人於平實如此拈提處，著得一隻眼，便得漸生般若慧，其後數年可以親來正覺門下受學唯識百法，一一親證唯識百法而領受之，漸得通達位之智慧，一世便入初地也。若道不得，盡是鬼家活計，尚是般若門外漢，何況能知悟得般若以後方能修學之百法明門論？只而今，諸方大師與諸學人欲會百法麼？平實為爾等頌曰：

所謂拂子，即非拂子，是名拂子，文殊普賢皆在此住！

所謂生滅，即非生滅，是名空性，百法明門盡從此出！

大師若見問，平實但取一帖茶相贈！　不問爾會不會。

第四三九則　大隨患風

益州大隨 法真禪師　一日眾僧參次，師口作患風勢云：「還有人醫得吾口麼？」時眾僧競送藥以至；俗士聞之，亦多送藥，師並不受。七日後，師自摑口令正，乃云：「如許多時，鼓遮兩片皮，至今無人醫得吾口。」蜀主欽尚，遣使屢徵，師皆辭以老病。

聖嚴法師云：《消融自我：用無常、無我的觀點，觀察世間存在的一切現象都是假的，都是空。……若能體驗無常是事實，就能認知我和我的身心世界是空的，即是「無我」。無我並非指「我」不存在，而是「我」存在於不斷的變化中，因爲有變化，所以當我們惡運臨頭時，知其無常，只要加一些努力或迴避的因素，就能轉變命運；相反的，如果遇到好的運氣，也不會過於驕傲興奮而迷失方向。》（東初出版社《動靜皆自在》頁90）

平實云：聖嚴師父如是解說消融自我之法，皆不教人現前觀察「覺知心自我」之虛妄，一向只教人放下對於境界之執著，如是之見，即成常見外道見，正好墮於我見之自我中，根本不能消融絲毫自我。所以者何？並非放下種種執著者可名為悟也，亦非放下種種執著者可名為消融自我也，「覺知心自我常住不壞」之我見未斷故，凡此皆非真正之佛法也。佛法之修行，首在斷除我見；我見之斷除，首在現前觀察覺知心自己之虛妄、之依他而有、之夜夜斷滅、之不能去至後世；能如是現觀者，可斷我見；我見既斷，進斷疑見及戒禁取見，了知解脫正理，則成聲聞初果之斷三縛結者。雖猶未能證知大乘般若禪，然已預入聖流，亦可謂之為佛法之正修行也。

今者聖嚴師父不此之圖，專在覺知心之自在、之自認為不執著上用心，則永不能斷除我見，則其所有信衆悉將同墮此處，永遠難斷我見，永處凡夫位中沈淪；而彼徒衆等人多年以來鼎力護持，聚集百餘億資金供其運用，所得竟是永墮我見而出離無期之果報，乃至隨其誹謗余之正法，同成謗法之大惡業，以今世修善之因，而成就將來惡報之果，極為冤枉，豈能令人無動於心？豈能令人繼續安忍而不說破？聖嚴師父將何面目以對捨壽時之衆多弟子送行？復將何以面對捨壽時業報之現前？

世間法之無常，色身之無常，乃是世間老人之老生常譚，早已有諸老人宣說，不必　世尊再來人間說之，亦不須聖嚴師父以台幣百餘億之巨資興建法鼓山而演說之，更不須再募集五十億資金成立人文基金會而說此世俗法也。如是勸募將近二百億之資金，實應用來弘傳真正之佛法：弘傳通於二乘之解脫道與不共二乘之佛菩提道。若用之於如是世間老人即能宣說之世法無常、色身無常…等法，而不教人斷除「覺知心真實不壞」之虛妄想，不能教人現觀覺知心虛妄之法，不能教諸鼎力護持之弟子衆等斷除我見，空有巨資所成道場，而弘似是而非之常見外道法，復有何益？今者平實觀彼法鼓山四衆，深覺枉然，實有不能已於言者，乃舉「大隨患風」公案，共諸願聞余法之法鼓山四衆，略開一線：

一日，衆僧參禪之時，大隨法真禪師忽然將口裝作中風之姿勢，向大衆云：「有沒有人能醫得了我的嘴呢？」當時衆僧悉皆錯解大隨禪師意旨，竟然競相送藥與大隨禪師；有諸俗士聞之，更不能知大隨禪師之意，亦多送藥，大隨禪師並皆不受。七日過後，大隨禪師掌摑己口令正，乃開示云：「自從我出道弘法以來已恁麼久了，不停地鼓動這兩片嘴皮兒，至今沒有人能醫得了我這個愛說話的嘴吧。」

只如大隨禪師無緣無故弄出這個公案，若逢法鼓山信徒在場，恐將又謗大隨禪師是「瘋子，起乩」也，何以故？彼諸徒衆於禪宗之機鋒完全不解，但見證悟之人使機鋒，便道是瘋子，便道是乩童起乩也。平實往年示現機鋒時，曾受彼等徒衆如是當面譏嘲，不免藉此略言，以警彼衆，冀止彼等後再狂言，以免貽笑方家，笑其無知，大丟聖嚴師父「老臉」也。

大衆且道：大隨禪師口裝患風之勢，竟是何意？豈真猶如法鼓山諸寡聞信衆所言之「瘋子，起乩」耶？莫胡言亂語好！

大隨禪師一生多言為人，今日平實亦復如是，極愛話道言說，多年來橫挑扁擔檢點諸方大法師、大居士，至今未曾損掉下巴。今日亦思有人能治平實如是愛語毛病，治已即可歇筆，不須年年拈提公案之煩勞也。未審今時還有人能治得平實如是病否？平實願以無上至寶相送。

大隨等候七日，不見有人能治其病，乃自行摑口令正，嫌諸大師及與弟子無人能治其病。平實等候七年，亦無人能治吾病。沒奈何，只得繼續多嘴去也：只如大隨禪師後時見無人治得其病，當衆自行摑口令正，竟是何意？若人有眼，於此瞄見，無妨出世作度人師；然已當不得天人師也，機遲太過故。學人欲知真意，切莫於大隨言語上覷，且依平實之勸：有時起起乩、搖搖頭、跺跺腳，學乩童噴噴口水吧！　頌曰：

大隨患風無人治，奉藥如山不奈何；
若人欲解般若意，起乩搖頭佛難謫。

第四四〇則　壽山息緣＊

福州壽山　師解禪師　行腳時造洞山法席，洞山問云：「闍梨生緣何處？」師云：「和尚若實問某甲，即是閩中人。」洞山云：「汝父名什麼？」師云：「今日蒙和尚致此一問，直得忘前失後。」

後住壽山，上堂云：「諸上座！幸有眞實言語相勸，諸兄弟合各自體悉：凡聖情盡，體露眞如，但一時卸卻從前虛妄攀緣塵垢心，如虛空相似，他時後日合識得些子好惡。」

閩師問曰：「壽山年多少？」師云：「與虛空齊年。」曰：「虛空年多少？」師云：「與壽山齊年。」

聖嚴法師云：《從**佛法的觀點**來說，**無我是超越「自私的我」**，不逃避、肯負責，不計較個人的價値，隨緣運作，捨己從人，助人利他。無我有許多層次，要達到無我的修行境界並非易事，該如何修行呢？……殊不知父母僅是兒女們「從彼生到此生」的橋樑，眞正接受生命的是自己。因此我們**要肯定自己**，**才能達到無我**。聖賢有果位：聖人如果僅修智慧而得解脫者，只能修得小乘果位，即阿羅漢果位；如果修慧又修福，**福慧雙修**，**行菩薩道**，則可修得菩薩位乃至佛果位，**此即是「無我」的展現**。》（東初出版社《動靜皆自在》頁89）

平實云：從來不曾料到聖嚴師父弘法二十餘年以來，已成世界聞名之大師，然佛法知見竟然粗略若此，於佛法之二大主要道竟然完全無有所悉。舉世聞名之大師尚且如此，餘諸大師思亦可知矣！怎不令人唏噓！怎不令人感嘆末法衆生之福薄？

不論是否超越自私之我，抑或如聖嚴法師所言之已「消融自我」，但由未能現觀覺知心之虛妄而言，即必定永遠不能斷除我見，永遠不能斷除三縛結，尚且無法證得聲聞初果之解脫境界，何況能悟佛道？是故，聖嚴師父不應外於「斷除我見」之法而說「佛法」也，應速教導徒衆現觀覺知心之虛妄，以求斷除我見，令斷三縛結，成就聲聞果之見道功德，方是師父對諸徒衆鼎力護持所應有之回報也；否則即辜負廣大信衆之護持也。

復次，佛固以福德之具足，作為成佛之必要條件，然實以般若慧之總相智、別相智、一切種智等三法，為異於二乘無學之因，即是佛菩提道之修證也，非以解脫證境相同而加以福德之能成佛也。如是事，聖嚴師父既是世界聞名之大師，應知此理也，否則焉得與大師之名相符耶？

如是，聖嚴師父從來不曾現觀覺知心我之虛妄，如是則永不能自斷我見；亦復從來不教徒衆觀察「覺知心我」之虛妄，故其徒衆亦隨之永遠不能斷除我見，背於解脫道之正修。如是不斷我見，而欲永存覺知心於遠離「自私之我」境界，而言解脫，而言無我，其實與佛法中之聲聞解脱道無我修證完全無關，更與成佛所必須修證之佛菩提道完全無關也；與佛法三乘菩提完全無關之言，云何可言是佛教之正法耶？

當知佛法所修證之無我智慧，唯有二者：解脱慧與佛菩提慧。除此以外，無別他慧。今者聖嚴師父既誤解三乘共道之解脱道至於如是嚴重之地步，可謂完全不解佛法無我之理也，何可倡言能教人修證無我之佛法耶？平實苦勸師父速捨名聞利養及大事業，速速檢取阿含諸經細心研讀，然後當速閉關，每日現前觀察六根、六塵、六識之虛妄，則能斷除「覺知心常住不壞」之我見，可成聲聞初果人，雖猶未能證悟禪宗祖師所悟之般若慧，猶可以此聲聞初果修證而助益廣大徒衆也，此乃是師父當前所應急之務；建設法鼓山以邀後世史册虛名者，非是應急之務也，廣大信徒之護持功德不應輕忽故也。若不如是者，平實預記師父捨壽時至，仍將同於壽山師解禪師之墮於我見之中，永世不離常見外道知見，只成個野狐也。

壽山師解禪師當年雖有盛名，然實未悟，墮處同於聖嚴師父。行脚期間曾造洞山法席，洞山問云：「你的出生因緣在何處？」壽山師解不解洞山作略，依語答云：「和尚若是真的問某甲出生地，某甲即是閩南地區之人。」洞山不理會壽山之答，又問云：「汝父名為什麼？」壽山師解至此已知洞山意非問其世事，乃答云：「今日蒙和尚致此一問，真教我忘前失後，難以回答。」狐狸尾巴頓時顯現，沒遮掩處。

只如壽山師解禪師作是答語，證悟禪師亦曾有人作如是語者，云何平實卻不肯伊語？如是答語，世人每多不知其謬，但見證悟人曾作是語，便謂壽山師解同作是語，即是悟者，今日平實卻不肯伊，竟是何故？

後日若遇著個證悟之大師，平實亦將如是語問伊：「大德生緣何處？」彼若同作如是答語，早著平實一棒也！若真是個家裡人，聞平實問已，但向平實放一掌，平實挨掌已，卻歡喜禮拜伊，只為人天有眼故。若待平實更問其父，猶未解意，便亂棒趕出門去；這等遲鈍阿師，救得有什麼用處？

壽山師解後來善於營謀，大有名聲，常住壽山開法。一日上堂開示云：「諸上座！幸有真實言語相勸，諸兄弟合各自體悉：凡聖情盡，體露真如，但一時卸卻從前虛妄攀緣塵垢心，如虛空相似，他時後日便該瞭解一些法上之對錯了。」果然顯現狐尾也。

閩師問曰：「壽山有幾歲了？」壽山師解答云：「與虛空的歲數一樣。」閩師復又問曰：「虛空的年歲是多少？」壽山師解答云：「與壽山的歲數一樣。」如是野狐作略，但能瞞得未開眼俗人，何能瞞伊閩師優婆夷？惟閩師以自身未現出家之相，故此作罷，未與拆穿；壽山師解卻道閩師真個不知伊落處，猶自誑惑廣大學人。今日平實既然出頭作這人人皆不肯為之惡人，索性一發檢點去也。

於今五濁至極之末法時代，學人由被衆多錯悟名師誤導之故，禪宗參禪之正見幾已不存。欲救廣大學人回歸正知正見，唯有舉發彼諸名師邪見所在；因此遭致抵制誣賴者，乃是必然之事，然非余之所計也。今日仍須大聲疾呼：籲請聖嚴大師速捨我見，莫墮壽山師解之邪見中，當教徒衆等人現前觀察覺知心之虛妄，然後進求實證第八識如來藏，方能真入佛菩提道中修菩薩行。否則縱使廣作六度萬行，悉是外門修行，不入菩薩正位，將何以報廣大信衆之大心佈施、鼎力護持之德？願吾師詳審思惟之！所以者何？壽山師解禪師所言**息卻萬緣**已，**仍舊是覺知心意識也**；師父所言**放下一切執著**已，**仍墮覺知心境界中**，仍不能了知覺知心之虛妄，仍墮意識我見凡夫位中，永遠不入聲聞初果之位，何況能入菩薩正位？如是而言禪宗所悟之般若智慧，何異壽山師解野狐禪師之所墮？

彼諸徒衆奉獻百餘億錢財護持師父興建法鼓山，成就世界第一大佛教學府之功名，福業不可謂微，則師父應當為彼諸人之道業設想，應思有以回報，應當儘速籌謀助益彼等三乘見道之事。大乘見道固然困難，猶如登天，但若欲斷我見而證二乘菩提之見道，非是難事，唯在師父一念之間爾。師父若願斷覺知心我見，其實不難證得二乘菩提，證已即可助益彼等徒衆同斷我見。但得助益彼諸徒衆證得二乘菩提之斷我見功德，令得成就聲聞初果道位，則師父所受諸人護持百餘億錢財之信施，一時俱皆還報無餘，捨壽時至，可以安然面見 世尊而無愧於心，無須別籌彼等諸人大乘見道之修證也。如是兩利大利之事，云何師父至今猶不肯為信衆為之？云何至今猶遲疑不決耶？

頌曰：

壽山息緣同諸師，生緣處處曾未知；
失前忘後牙牙語，凡聖情盡狐稱獅。
閩師問，壽山年，比擬虛空何太癡？
若人欲解虛空壽，常緣當植白梔！（鷓鴣天變調）

第四四一則　嶢山領話＊

饒州嶢山和尚　有僧問：「如何是西來意？」師曰：「仲冬嚴寒。」又僧問：「如何是和尚深深處？」師曰：「待汝舌頭落地，即向汝道。」又僧問：「如何是丈六金身？」師曰：「判官斷案，相公改。」

長慶問：「從上宗乘，此間如何言論？」師曰：「有願不負先聖。」長慶云：「不負先聖，作麼生？」師曰：「不露。」長慶云：「恁麼！即請師領話。」師曰：「什麼處去來？」長慶云：「只者（者，古通這）什麼處去來？」

聖嚴法師舉云：《某僧對趙州從諗禪師說：「弟子迷惘，請師父指示我。」趙州問：「吃粥了沒有？」僧答：「吃了。」趙州說：「洗鉢去。」僧悟。……當時應是上午，大約是過堂吃早餐的時間，也可能該位僧人本來不住在趙州的寺院，臨時來掛單。趙州問了一句稀鬆平常的話，而且對應當前正在進行的生活片段：「你吃粥了沒有？」僧人答：「吃了。」趙州說：「那你洗鉢去吧！」僧人一聽就開悟了。　是否吃粥洗鉢就能開悟？不是！**關鍵在於趙州針對僧人的祈求答非所問，這是最高明的回答**。應該吃粥時就吃粥，吃完粥應該洗鉢就洗鉢；生活的事實和現實不過如此，而悟境不離事實與現實。很多人認為開悟深不可測、玄不可知、妙不可言，其實日常生活一舉一動無一不是眞實世界的顯露。**只要對當前、**

當下的生活踏踏實實、認認真真、清清楚楚、明明白白，不扭曲、不妄想、不執著、不分別，當下就是悟，就是佛心的體驗。……禪並不限於出家人在寺院裡用，一般人也應體會「現在最重要」。「現在」不可能有得失的，得失是過去的事，是未來的事，絕不是現在的事。當下即是，一定沒有煩惱。如果努力於當下，對現在就不會計較，對過去未來就不會有扭曲的想法、說法和做法，周圍的人於你都是如此可愛，他們對你亦有同感，這不就是解脫自在？》（東初出版社《公案一百》頁105~106）

平實云：聖嚴師父不領趙州語話也，對於解脫亦復橫生誤會，將二乘菩提之解脫境界說成「世俗想像之解脫」也。此謂二乘菩提之修證，端在現前觀察覺知心與作主之意根虛妄，而非以覺知心安處於當下之任何一件事中如如不動者也；如如不動時仍是覺知心故，覺知心如如不動時仍是意識故，不因其動心或不動心而轉換成意識或真如故；是故師父若欲證悟，當先觀察覺知心之虛妄，若不能如實觀察覺知心虛妄，則我見不斷；我見不斷者，設使平實如九百餘年前之為師父明說真如密意，師父仍將不肯信受，仍將如九百餘年前之被圜悟先師所訶也。

復次，禪宗真悟祖師所有言說，其實絕非如師父所言之「**針對僧人的祈求答非所問**」，而言「**這是最高明的回答**」，實是著著句句皆示悟處，唯是聖嚴師父聞之不解，故以為禪師是**答非所問**爾。其實趙州如是所答，句句直示悟處，皆是直問直答，師父云何可言為**答非所問**？如余禪三中之問答，悉同趙州之所答所作，表面觀之似是答非所問，然諸學人悉皆知余絕非**答非所問**也，是故每有學人於中證知自心藏識而發起般若慧，自通般若諸經，不須平實之為解說也。

禪之一法，參須實參，悟須真悟；苟不遇真悟之師，縱饒親近依止三十劫，亦與證悟絕緣，沙非飯本故，石非金質故，緣木不能得魚故。是故平實懇勸聖嚴師父：速息諸緣，閉關參禪，以求證悟；悟後即可大利廣大信徒，亦可大利座下出家二衆弟子，方是兩利之事。否則，繼續目前常見外道知見，豈唯自誤？抑且誤他，師徒同墮常見外道法中，有何利益可言？耽誤信衆道業，將何正法以報廣大徒衆之信施？

聖嚴法師所說：「只要對當前、當下的生活踏踏實實、認認眞眞、清清楚楚、明明白白，不扭曲、不妄想、不執著、不分別，**當下就是悟**，就是佛心的體驗。」如是境界開示，正是對佛法之扭曲，正是對佛法之妄想，正是對意識之執著，正是邪分別；以此為悟者，只是對覺知心的體驗，絕非佛心的體驗。若以此作為證悟般若禪，正是誤導信衆同墮大妄語業中，其業之重無與倫比，是十重戒之無間地獄罪故。師父應速速收回如是誤導衆生之書籍，莫再流通，以免遺誤今人及與後人；如是重罪，師父擔不得也。

聖嚴法師又說：「『現在』不可能有得失的，得失是過去的事，是未來的事，絕不是現在的事。當下即是，一定沒有煩惱」，師父如是語，有大過焉：現在、未來、過去，皆是心不相應行法；由八識心王、五十一心所有法、十一種色法所分位差別而有，虛妄不實，縱能一生努力把握之，復有何用？得失亦是心不相應行法，同皆虛妄不實，心欲離之則如欲離「離空花之離」，猶如先作妄想已，然後離妄想，復離「離妄想之離」，多此一舉，無有實義。懇勸師父速速回歸　世尊正法，先觀自己覺知心虛妄，求斷我見；自斷我見已，再開示廣大徒衆求斷我見，皆斷三縛結，共成二乘菩提果，同入聲聞初果，同證解脫知見，斯乃正辦；大乘菩提則非所計，福慧俱缺故；萬萬不可再執覺知心為常住不壞法，不應專在覺知心之貪與不貪五塵上用心，不應專在覺知心之知解有我無我上用心，但教大衆直觀覺知心之虛妄，直斷覺知心真實不壞之邪見即可；如是斷我見已，爾後於大乘般若之見道，方有其分。否則終將如同嶢山和尚之墮於野狐見解之中，百劫難脫也：

有僧來問嶢山和尚：「如何是祖師西來之意？」嶢山和尚答曰：「仲冬嚴寒。」又有一僧來問：「如何是和尚修證所不能令了知之處？」嶢山和尚答曰：「待汝舌頭落地，即向汝道。」又有一僧來問：「如何是丈六金身？」嶢山和尚答曰：「判官斷案，相公改。」

真悟之人於學人請益向上一路時，答話之中必定有偏有正；嶢山和尚答話則純從偏中答去，顯然不能領解真悟禪師話道，只是牙牙學語之輩爾。是故有僧來問祖師西來之意時，嶢山和尚只能答伊「仲冬嚴寒」，終不能從偏中顯正，不曾有為人之處也。若人來問此道，平實亦如嶢山和尚同作一答，卻有為人之處，緣熟者但得面聞，即得悟去。且道：此中淆訛在什麼處？還有知者麼？

後來之僧復問嶢山和尚，欲曉其所悟玄旨，嶢山和尚不解話道，只答得「待汝舌頭落地，即向汝道。」平實即不然，當時但向伊道：「也無什麼玄旨，我只是跛跛挈挈、恁麼過日。」且拐著腳上茶堂去，更待與伊話道作什麼？

又僧來問法身，言是丈六金身，嶢山和尚此回卻答得好：「判官斷案，相公改。」也只是瞎貓碰著個死老鼠罷了。若人來問此旨，平實卻教伊：「寫篇好文彩來，平實為爾改一改。」

長慶慧陵禪師行腳時來勘問：「禪宗證悟之宗門意旨，師父您這裡是如何開示的呢？」嶢山和尚答曰：「曾有發願絕不辜負先聖。」長慶聞已，略知其墮處，乃又勘云：「您所說不辜負先聖，是什麼道理？」嶢山和尚答曰：「不顯露出來。」長慶禪師聞已，已知嶢山和尚根本就不知禪宗證悟之理，便直接責備云：「若是恁麼說話！那就請師父您領解我的話。」此謂嶢山和尚完全不能領解長慶禪師之禪語真意，故作是責。嶢山和尚猶自不能領話，乃問曰：「你曾遊歷過什麼處去、而來到這裡？」長慶禪師這時便不客氣，直接問云：「只說目前這個東西是從什麼處去了又來到這裡？」

嶢山和尚當時雖有名聲，然實未悟，只是濫芋充數、魚目混珠爾；如是以邀虛名，卻不免真悟者之聞名來見。真悟之人初見時，不作客套，從來皆是作家相見；此時要須真刀實槍上陣，逃不得也。若是個野狐，難免當時出乖露醜，受責於方家也。受責當時事小，後來傳開，一切真悟之人皆必指責其為野狐，多所拈提而示衆生，令作警惕也。正是聰明反被聰明誤，非是真實智者也。

聖嚴師父亦復如是，九百餘年前既有福德能受學於圜悟大師門下，卻又疑神疑鬼，不肯信受圜悟大師之分明指授；九百餘年後之今時推崇圜悟大師，竟又不信平實所弘圜悟大師之法教，復有何益？九百餘年前余為明說，四百年前亦為明說，亦悉疑神疑鬼而不信受，今時復又常常推崇九百餘年前之余法，復有何益？現前明說而不肯受，轉生多世之後方拾余語錄中之牙慧，復有何益？此非智者之所當為事也。願師父速捨九百餘年來之疑神疑鬼習性，收拾種種世務，捨卻佛學研究之虛名，精研拙著正見，然後擇期閉關參禪，速求證悟自心如來藏，方是智者之所當行也。否則仍將如同嶢山和尚之不能領話也，仍將如同嶢山和尚之錯會禪宗真悟諸師之言語，仍將如今時之死於句下也。

只如嶢山和尚以「仲冬嚴寒」答彼僧問，平實道是未曾領話者之答；及至平實答語時，亦只是同一句言語答伊，云何便道是領話之語？　此中淆訛，差之毫釐、失之千里，般若行人於此不可不慎思明辨也。　只如「仲冬嚴寒」一句，有什麼玄妙？值得平實作是話道？　若人欲領此話者，且聽平實頌來：

西來真旨仲冬寒，乳峰深處白雪中；

領悟長慶絃外音，青山何處無佛蹤？

第四四二則　崇福劃一

泉州莆田縣國歡崇福院　慧日大師　福州侯官縣人也。俗姓黃氏，生而有異。及長，明文矩，爲縣獄卒，往往棄役，往神光靈觀和尚及西院大安禪師所，吏不能禁。後謁萬歲塔譚空禪師落髮，不披袈裟，不受具戒，唯以雜綵爲挂子。

復至觀和尚所，觀曰：「我非汝師，汝去禮西院去。」師攜一小青竹杖，入西院法堂，安遙見而笑曰：「入涅槃堂去。」師應諾，輪竹杖而入；時有五百許僧染時疾，師以杖次第點之，各隨點而起。

有時雪峰和尚領眾到問云：「即今有二百人寄院過夏，得也無？」師將拄杖劃地一下云：「著不得，即道！」雪峰無語。

聖嚴法師云：《發願及報恩：發願學菩薩的心行，用報恩的心情來處理他人對我的恩惠。付出自己而成全他人，是爲了還願及報恩，還債是因爲欠人，報恩也是因爲欠人，例如：對父母恩，子女是無從報答完的，在此情境中如能以報恩的心態來處理，「**自我**」**就能漸漸消融了**。

「眞我」之意義及修行：從佛法看「眞我」，眞我卽無我，佛教徒修行的最高境界在於完成佛的果位，亦卽「無我之我」。如何修成「眞我」呢？從人到成佛的過程，須要付出努

力的代價……》（東初出版社《動靜皆自在》頁93）

平實云：聖嚴師父之言，一向皆在佛法名相上著眼，二十年來不斷教人**消融自我**，然而所說消融自我之法，皆是教人不斷意識我見之法，皆是教人以意識處於不執著諸法之境界中，以此作為消融自我之法，以此作為佛法正修，根本不斷我見，完全不能消融自我。聖嚴法師如是教示四眾弟子：「不起妄念、不起煩惱妄想語言之覺知心即是**真我**。」如此知見，正墮於我見之中，如是真我即是阿含諸經中所說之意識心故。佛所說之真我則是第八識如來藏，又說覺知心是意識我，是常見外道所誤執為常住不壞之我，故名常見、我見；是故聖嚴法師所說真我及無我者，完全違 佛所說。（真我與無我之正理，詳見拙著《我與無我》書中所說，索閱可解。此處從略）

佛於二乘解脫道中，教人於一切境緣上，現前觀察覺知心自己虛妄，由是現觀證實覺知心自我虛妄，故斷我見；不特二乘之解脫道中如是說，於大乘通教法中，於大乘別教般若慧中，亦悉如是開示正理，在在處處莫不如是教人現觀覺知心我虛妄，以此為斷除我見之唯一法門。然今聖嚴師父之說，與 佛所說背道而馳，處處教人以覺知心為常住不壞法，唯教人不執諸法，而不教人了知覺知心我虛妄之正見，焉能消融自我？而自言能以如是執著我見之法以消融自我，三乘佛法中未之有也！違逆三乘菩提之正理故。

復次，以報恩之心情而完全無怨無悔、為父母付出時間與心力，即可說為消融自我之行門者，則外道之德蕾莎修女…等人，彼等真實為眾生完全付出者，亦應悉已消融自我也，聖嚴師父尚不能如是完全付出故。然實此等說法，皆名邪見，以覺知心我為常住不壞心之邪見未曾斷壞故，常依覺知心為中心而作種種善行故，不曾觀察覺知心我之虛妄故，覺知心即是四阿含中　佛所破斥之常見外道所執「常不壞心」故。以如是常見外道見而為眾生付出一生之時間與精力，而教眾生同墮如是我見者，絕無實證「無我理」之時。是故　世尊說自己於過去無量劫中，雖然多世盡形壽奉事諸佛而廣修福德，以不證自心現量之如來藏法、不實修般若慧故，彼無量劫中所承事諸佛終不為因地時之　釋迦授菩提記；乃至已證得四禪八定已，復又多世成轉輪聖王而廣作供養諸佛、廣利眾生之功德已，諸佛仍不為之授菩提記；唯至某一世證得自心藏識而發起般若慧已，始有　佛世尊為之授菩提記，言其將來成佛之種種事。

是故一切人修學佛法者，當以親證自心藏識為當急之務，親證自心藏識則能發起般若慧之總相智與別相智故，則能次第進修地上菩薩所應修證之一切種智故，分證一切種智則得道種智，則知次第進修成佛之道，則過一大阿僧祇劫，得入初地通達位中。

然此等成佛次第，非是一步登天，非可一蹴而幾，要須依止善知識修集福德及正知見，然後經由親證自心如來藏，方可次第而成，故說親證自心藏識，乃是一切大乘菩薩進入大乘佛菩提道之唯一正途也。

然而自心藏識雖名真我，其實從來無有「我性」，從無始劫來不起見聞覺知故，無始劫來不於六塵加以了知故，從無始劫來不於六塵萬法起思量心性故，從無始劫來不起語言思惟故，從無始劫來不執自己故，從無始劫來一向如是無有衆生之「我性」故。此心無量劫來本自如是，非由意識覺知心修行而成；由其常住不間不壞，假名真我。

然聖嚴師父卻完全不知此理，總欲將覺知心意識從有我之想轉變成無我之想，總欲將虛妄之覺知心轉變成眞我；然覺知心縱使永遠處於無我之想中，仍然是我，覺知心即是一切六塵萬法中之我故，眞實無我之心乃是從本以來即無我故，乃是從本以來即與意識同時並行之無我心故。由其從來無有我性故，從來不似衆生所知之心，故大小品般若經中，佛說此心名為非心心，名為無心相心。

今時諸方大師悉同聖嚴師父一般：欲將覺知心意識修行變成眞我之心，皆是邪見也。如是修行者，則違阿含諸經所言十八界法虛妄之理，有念時或無念時之覺知心皆是意識界故，正是常見外道所執之常不壞心故，非是真實佛法也。四阿含諸經中，佛說十八界法，總稱名與色。名中識蘊則有七識：謂眼等六識及意根一心，合名七轉識，此七識一旦現起則恆常運轉不輟故，故名轉識。十八界法合稱名色，而名色之因、之緣、之本，則別有一識，當知此名色之因、之緣、之本者，必是常住之識也，即是阿含經中所說之如來藏識、涅槃之本際也。此第八識心，佛於阿含經中有時說為**眞我**；如是**眞我**，佛於阿含諸經中密意而說者，處處可見，今猶可稽。

若意識心可經由修行而變成真心如來藏，則覺知心變成如來藏後，連同 佛說本有之如來藏，應有二心同是如來藏，則實相應隨之有二，則覺知心亦將宣告消滅，則必因此一增一減而衍生無量無數之過失，般若中道之理永不得成。是故學人當有正見，莫依假名善知識之臆想言說而修禪法，不論彼假名善知識之名聲如何廣大。是故佛子若欲實證般若實相，應當不捨原有覺知心，以此覺知心為工具，熏習正見，然後依正見而覓自心如來藏：當先了知自心如來藏與覺知心同時同處運行，非是將覺知心轉變成如來藏而後有真心，非是將本來虛妄之覺知心轉變成真心，否則永劫不能證悟實相，永遠不能發起般若慧。

然而證悟真心如來藏乙事，自古以來一向甚難，若非宿世因緣得遇真善知識者，多遭彼等善於營謀事業、名聲廣大之師所籠罩，轉學轉遠，永劫難悟。由此緣故，平實仁厚於廣大學人，不肯作人情與衆多名師，要將真正義理極力宣示，令諸廣大學人悉知，從此免受名師籠罩，此生或有悟緣，亦未可知。今舉崇福劃一公案，與大衆共話無生：

泉州莆田縣國歡崇福院慧日大師，得法因緣不詳。一日至神光靈觀和尚所在拜謁，靈觀和尚曰：「我非汝師，汝去禮西院去。」師攜一小青竹杖，入西院法堂，西院大安禪師遙見而笑曰：「入涅槃堂去。」涅槃堂者，古時染病之人待死之屋也。崇福禪師聞言，隨口應諾，手輪竹杖而入涅槃堂；彼時有大約五百位僧衆感染當時流傳之疫疾，崇福禪師以竹杖次第點之，各僧皆隨點而病癒起身。

有時雪峰和尚領衆到問云：「如今有二百人寄住你院裡過夏，可不可以呢？」崇福禪師將拄杖在地上劃了一下說：「有什麼可住的？你且說說看！」雪峰禪師一時卻無語答伊。

只如二百衆三百衆寄住寺中過夏，不是件小事，崇福禪師只是輕描淡寫地一句話便交待了，雪峰一時且不奈何伊。且道崇福劃地一下，說道「住不得，即道！」卻是何意？此話與劃地是一？是異？還有人道得麼？

若人有膽，來道是一，平實且教入室口說手呈，要詳知云何是一？若道不得，亂棒打出門去！若人有膽，來道是異，亦復同教入室口說手呈，要詳異之正理；若語有差，亦是亂棒打出。若人來道不一不異，亦復如是，要教入室辨正分明，不可籠統真如、顢頇佛性也。若實證知，般若慧從此源源而出；若是虛頭，般若與汝無緣，應需重參；若不信余言，則將執之成病，終於自身生死無關也。

只如衆家寺院結夏安居，三月之內常住寺院、不入市廛，究竟是住？抑或不住？若人了知此意，即非凡夫，亦非二乘有學無學愚人，已入菩薩數中也。如或未曉此意，且聞平實頌來：

發願報恩皆世行，消融自我成空談。
常住世間言不住，住即不住真涅槃。

只如住即不住是什麼意？聖嚴師父欲會麼？平實為師闡：

劃地迴身斫山嵐！

第四四三則 新興將來

洪州武寧縣新興嚴陽尊者 師初參趙州，問：「一物不將來時如何？」州曰：「放下著！」師曰：「既是一物不將來，放下個什麼？」州曰：「放不下，擔取去！」師言下大悟。（註：將來：如現代語之帶來也）

聖嚴法師云：《這是趙州禪師幫助嚴陽尊者開悟的一則公案。……此處嚴陽尊者的問話，可有兩層意境：一層是怎樣才能算是一物不帶來？另一層是如果**真的能有「一物不帶來」的修養工夫，就該是開悟了**。未開悟的人又怎樣呢？他既擔心不開悟，又想知道開悟是怎麼一會（回）事，顯示出他是一個正在被自我的煩惱所困擾的人。因此趙州禪師開示他說：「你放下吧！」意思是叫他放下什麼帶來不帶來的問題。尊者還是未能領會，所以又問：「如果我已一物不曾帶來，那還有什麼需要放下的？」他仍茫然，不知道要放下什麼？如何放下？趙州再幫他一個忙：「好吧！你既然放不下，那就擔起來吧！」 最後一句話使嚴陽尊者開悟了，那是因為趙州點出「既然放不下，想必你知道放不下的是什麼？那就把它擔起來呀！」這時尊者驀然回頭一想，既沒有帶來什麼，也沒有什麼是需要擔得起來的了，心中豁然，如釋重負，如病頓消，因而開悟了。 的確，生時兩手空空的來，還有什麼好放下的？死時兩手空空的走，還有什麼要擔起的！……遇到順利當然好，遭到困境，與其氣憤不平，不如退一步想：放下吧！萬一放不下，就面對它、接受它吧，你就做一個放得下也擔得起的正常人吧！》（東初出版社《公案一百》頁109）

平實云：啊呀呀！禪師恁麼好當！禪悟恁麼易道！無怪乎此時台灣各大道場諸多法師居士，個個自道是悟，人人著作禪籍，解釋公案千奇百怪，悉與第一義諦相違，競相籠罩衆生，唬得學人跟著團團轉，捐輸錢財之不足，身更往助，共同弄出世界最大之寺院或道場，花費台灣信衆四十年來胼手胝足奮鬥所得之數百億元台幣，共同宣揚常見外道法門，悉墮意識心境界中，自以為已證真心如來藏，自以為個個皆成大乘賢聖，便敢受人數十億元乃至百餘億元台幣供養而無愧咎之心。

聖嚴師父亦復如是，說此趙州公案，完全不解趙州密意所在，同於世俗知見，根本不知禪宗之悟乃是親證自心如來藏；復又未斷我見，不能得預聲聞初果之流。以如是凡夫之見，聚集台幣百二十億元於法鼓山，以弘常見外道法；又欲聚集台幣五十億元，成立人文教育基金會，用以從事世間法之人文教育等事，與佛法之解脫道傳授及佛菩提道傳授完全無關；如是作為，於 佛所遺正法之弘傳，究有何義？如是焉得名為佛教正法之弘傳者耶？而諸徒衆不知分際，浪費資源行於世法，以世法福德之修集，欲求大乘佛菩提果之世出世間法，其可得乎？因位名目與果地正報名目不相應故！有智之人盍各思之？

趙州此一公案之密意，聖嚴師父完全錯解也。當知趙州放下之意，不在言句上，師父儘在趙州言句上用心，轉思轉遠，作夢亦難了知趙州老人言外之意也！

嚴陽尊者未悟之時，初次參訪趙州禪師，問云：「一物也不將來時如何？」趙州指示曰：「放下著！」嚴陽尊者當時錯會，不知趙州老人之意，墮他言語境上，是故復有一問：「既是一物也不將來，教我放下個什麼？」趙州見他錯過，乃又指示曰：「你既然放不下，那就擔取去！」嚴陽尊者至此方知趙州禪師言外之意，當下大悟，方知那能夠擔起的是什麼。

此事絕非尋常，當知嚴陽尊者若不是早就疑著這事，若不是早就疑著這心即是如來藏，豈有可能當下即悟？一切證悟之人悉皆如是，於參究過程中，往往早已觸著如來藏，只是因其知見不足，故置之重覓；然於久覓不著之後，又多方參訪證悟之師，及閱了義經中佛菩薩開示，卻又疑著前所觸證之心，只是欠善知識之指引印證爾。後時多見真善知識時，每見真善知識言外所指者悉是同此一心，便於是時勇敢擔荷；承擔之後，般若慧便日漸泉湧而出，成衆生之善知識也。

嚴陽尊者亦復如是，若不是早已觸著此心、早已疑著此心者，不能當下悟去。然而此中關節，若非過來人，不能了知。只如趙州教嚴陽尊者放下，竟是教伊放下個什麼？豈真猶如聖嚴師父所說之放下心中牽掛麼？平實雖然愚魯，絕不作是兒語。若人有智，聞趙州放下語已，但放下僧袋，逕向茶堂討取茶喝便了，何需要問趙州老人放下個什麼？

若人解得平實意，茶堂奉茶，平實更送點心一碟，要點爾心。若人真下悟得，非因平實再施種種機鋒而悟者，是人久後可成人天之師也。如或有人進了茶堂，不曉要點阿哪個心，口說手呈不得，莫怪平實亂棒打出。

嚴陽當時不曉老趙州一言一語悉在宗門為人，一時錯會，以為真個教伊放下心中之事，佛法大意當時錯過；後來又問：「一物也不將來，教我放下個什麼？」老趙州看伊是個可度之人，老婆心切，教伊挑起去，嚴陽尊者此時方知老趙州機鋒之迅捷與平淡；直下荷擔，無妨俐落。

老趙州一生度人，機鋒乾淨俐落，又極平淡，所以從不犯鋒傷手，可謂個中老手；然於初機而言，趙州機鋒太過平淡，欲悟實難，唯有久參利根學人方有悟緣。嚴陽尊者此回悟入亦復如是，機鋒極為平淡，絕非常人所能得入；是故平實於禪三鍛鍊中，弄出種種機鋒，使盡神頭鬼臉，接二乃至連三，方能有半數學人悟入。而此諸人之悟入，若非二三年之正見熏習，欲於禪三之四天三夜中悟入，殆亦無望；是故般若禪之證悟，非是易事，一般根器之人，要須真善知識之正見教導，復須自身之修集護持了義正法福德，後須善知識多日共住中之機鋒引導，方有悟緣也；唯除往世多修福慧，曾與善知識結善緣，今生仍秉直心之人。

只如趙州老人教嚴陽新興尊者挑起去，究竟教伊挑個什麼去？諸方學人大師還有真知者麼？何妨舉似平實？若猶不會，且聽平實為爾頌來：

一物不將來，放下挑起現佛蹤，大師云何意怔忡？
有智真佛子，放下僧袋舉茶盅，飲罷扣晚鐘！
或有大師未解此頌，不恥下問者，平實為爾權開一縫：
座上僧袋提起去，莫效冬烘！

第四四四則　新興粥飯

洪州武寧縣新興　嚴陽尊者　師住山後，常有一蛇一虎隨從左右，手中與食。僧問：「如何是新興水？」師曰：「前面江裏。」僧問：「如何是應物現行？」師曰：「與我拈床子過來！」

有僧問：「如何是佛？」師曰：「土塊。」曰：「如何是法？」師曰：「地動也。」曰：「如何是僧？」師曰：「喫粥喫飯。」

聖嚴法師舉云：《仰山禪師問師父溈山禪師：「和尚您圓寂之後，如果有人問師父的道法是什麼，我該如何回答？」溈山說：「一粥一飯。」　這個禪語的主題是日常生活。**以平常心過日子就是最好的修道的方法和弘法的內容。**爲什麼說一粥一飯呢？因爲在禪宗的寺院，早上吃一餐粥，中午吃一餐飯，晚上不吃東西，一天的生活就是兩餐。溈山禪師這樣回答，是不是說他只吃粥吃飯，其他什麼事也沒有做？……溈山禪師是個智者，處理種種事、應對種種人，都出自一粥一飯的平常生活、平常心態，心中沒有煩惱。在吃飯吃粥時，粥飯有時冷、有時熱，有時多、有時少，有時稀、有時稠……各種情況都可能發生。不妨以之爲「就是這樣過日子」，應該調整就調整，無法調整就接受。推衍開來：應該勸募時就勸募，應該說法時就說法，應該打坐時就打坐。一切都是非常平常的事。…》（東初出版社《公

案一百》頁 68~69）

平實云：余往年常私下與諸同修感嘆法鼓山信衆之無智，不能了別假名善知識，一生受其籠罩之下，然猶無比崇拜，言聽計從；如是浪擲一生辛苦勞力所得錢財於聖嚴法師之常見法戲論中，又復浪費一生寶貴之生命於世間法與常見法中；平實多年明言之，仍不肯信，此殆業力使然乎！此殆多世熏習常見之根深柢固難以轉移乎！此殆福薄使然乎！此殆往世未曾於世出世間之真福田而結善緣使然乎！良可浩嘆！

審如聖嚴師父如上所言者，則一切世間人若能接受一切違心諸事，並能於一切時中做世間該做之事，行世間當行之行，為世間當為之事，能接受一切違逆境，繼續正常生活，便皆是悟得佛法般若之人也。是耶？非耶？法鼓山諸有智學人盍各思之？！

然依聖嚴師父如是指示已，如是接受一切順違境界已，如是言所當言、行所當行已，於般若智慧仍然懵懂，於實相境界依舊無知，於解脫之道如前顢頇，於佛法正義仍然完全無所知證，如是而可言之為**悟**者，則一切世俗法中諸多老年人亦皆是證悟佛法之聖人也。審如是者，如 佛所言三乘佛法修證差別所產生之三乘聖人修證與果位內涵差別，便亦成為無義；只須如世俗善法之人，言所當言、行所當行，便是同一悟故，所悟菩提應當無有三乘差別故。

是故禪宗真悟祖師所言之一粥一飯，並非如聖嚴師父所言之：「以平常心過日子就是最好的修道的方法和弘法的內容」，更非聖嚴師父所言之：「處理種種事、應對種種人，都出自一粥一飯的平常生活、平常心態，心中沒有煩惱」，如是說禪，豈但今時平實要檢點之，後代證悟之人亦皆要檢點之也；今日平實若不加以檢點者，他時後日證悟之人便要檢點平實之放水作人情也。禪師之法道豈真是一粥一飯耶？然欲真會禪師之法道者，卻又不離一粥一飯。若人有眼，證知此理真旨所在，從此五湖四海任爾行，諸方大道場一切大法師，悉皆拘繫大德不得也。

有一僧來問新興嚴陽尊者：「如何是新興水？」此乃欲問嚴陽尊者所悟之佛法大意也。嚴陽尊者回答曰：「在前面江裏。」此話實有為人處，只是與趙州老人話鋒一般平淡，難有會處。那僧會不得，乃又問云：「如何是應物而現行？」嚴陽尊者卻教那僧：「與我拈床子過來！」

大凡真悟禪師，一言一語中皆有為人處，只是機鋒之顯與不顯有所差別爾。新興嚴陽禪師亦復如是，於一語中早為那僧拈出，只是那僧不解，誤以為新興禪師真個說是江水裡。若人利智，聞言但向江水邁步而去，未舉步前早已知也。正好向伊新興嚴陽尊者放上一掌，逕入茶堂討茶潤喉，還要第二勺惡水作麼？無奈彼僧不會，更問應物現行，此回新興嚴陽卻不答伊，只教伊代取小床子過來。

只如新興嚴陽答言佛法大意在新興江水裡，竟是什麼意？若人欲會新興之意，但只和衣跳入新興江水裡游上一程，回來拈起濕衣，絞得數滴江水奉與新興嚴陽，告伊：「新興嚴陽之佛法大意盡在裡許。」只管回寮更衣，等候奉茶便了。

復有一僧來問：「如何是佛？」新興嚴陽答覆曰：「土塊。」那僧又問曰：「那麼如何是法？」新興嚴陽答曰：「地動也。」那僧又問曰：「如何是僧？」新興嚴陽禪師答曰：「喫粥喫飯。」

禪門其實無有玄虛，只因未悟，故覺玄之又玄、虛幻不解；未悟之人更作種種情解思惟，便如聖嚴法師之言：「**處理種種事、應對種種人，都出自一粥一飯的平常生活、平常心態，心中沒有煩惱**」，正是臆想玄思所得之情解也，正是迷於悟法之大禪師也！大失禪師本意！

只如僧問佛真法身，新興禪師為什麼答是土塊？究竟佛真法身在什麼處？若人於此悟得，可為人天之師也；又問佛法，新興禪師云何答是地動？莫非真個地動即是法？莫錯會！　且道：地動干法什麼事？新興禪師作恁麼語話？若人於此悟得，亦可成人天之師也！僧又問道：「如何是僧？」新興禪師答曰：「喫粥喫飯。」老婆無比，可謂眉毛拖地也。若人於此悟得，只成個度人師，無有自行成就種智之智慧也。若人於此三著俱皆不悟，此人自救不了；他時異日，臘月三十到來，算汝受供錢與衣飯錢時，假饒言語辯給，閻王亦不賣汝帳也，到時莫怪平實未曾先言。

只如喫粥喫飯乃是平常事，有什麼奇特處？值得新興嚴陽禪師作此鬼怪？糊塗了古今多少假名善知識，盡墮伊言語境上，便道是平常心喫飯作事、平常心待人處事，以此為禪門正宗；且得無交涉！　大衆欲會新興嚴陽意麼？平實為爾等頌曰：

前面江裡新興水，土塊地動豈未現？

欲證般若悟法僧，粥飯甫罷同蹴踺。

第四四五則　多福叢竹

杭州 多福和尚 僧問：「如何是多福一叢竹？」師曰：「一莖兩莖斜。」僧曰：「學人不會。」師曰：「三莖四莖曲。」

僧問：「如何是衲衣下事？」師曰：「大有人疑在。」僧曰：「為什麼如是？」師曰：「月裏藏頭。」

聖嚴法師云：《實相即無相：「實相」即實際的本來面目，即是永恆的、普遍的，也是超越時空的；世間事物，均在無常的變化，沒有永恆不變的，所以無常本身就是空，空的本身就是無相，無相的本身就是實相，故可以說：實相即無相，即是**真我**的名字。**真我即無我**：「自我」是由我們的身體、心理和環境構成，這些因素經常在變，這些變的現象是「幻我」。智者以無相的事實是眞，凡夫執無常的假相為「我」。智者的眞我無定相，所以能夠隨境自在，隨緣自由，故名大解脫；凡夫的自我有阻礙，所以不能隨境自在，隨緣自由，故常為煩惱所苦，而造作種種業，又受種種苦。

結語：世事本無常，我們無法否定既有之生命或既有的環境，因此便要善用我們的生命，善用我們的環境，隨類佈施，隨緣救濟；不僅自己得福報，更助他人得福報，這才能夠**消融自我**，才能成就無我與眞我。》（東初出版社《動靜皆自在》頁 95~96）

平實云：據聖嚴法師所云之佛法所說空者，即是緣生緣滅之法，即是斷滅空無之法；如是以一切法悉皆無常、緣起緣滅，作為實相空；既如是空盡一切法，而言空無即是佛法，則虛空亦得名為眞我也；如是卻成虛空外道，亦成斷滅見之外道也。

如是自行觀察已，返觀自身所證，即知自身不免斷滅見之譏，便又返取覺知心為常住不壞之真實法。然覺知心一向說為意識，不免又墮常見外道見中；為作區分，乃建立如是說：「不能觀察諸法無常之覺知心，即是輪轉生死之凡夫衆生；若能觀察諸法無常、五蘊非是常住不壞之法，如是了知無我，則此了知無我之覺知心即是眞我，以此覺知心而出離三界，於三界外得自在，即是解脫生死之聖者。」彼聖嚴大師近年來所造諸書中反覆所說者，意實在此，而彼廣大信衆及座下出家二衆，竟不能知聖嚴法師之意。今者平實拈出，爾等四衆弟子可以逐冊檢閱之，便可證實余所言之不虛也！

然覺知心本是衆生輪迴生死之根源，衆生之所以不能解脫生死輪迴者，咎在不能了知意識心之虛妄，執意識心自己作為常住不壞之法，作為諸法之根源，作為輪迴生死之主體。都因不能了知意識覺知心虛假不實，執以為實，故不肯令覺知心滅，故於中陰階段發現覺知心不能常住時，便又欲求覺知心常住不滅，因此不得不再度受生入胎，重又輪迴於生死。

二乘解脱之道，如四阿含諸經中佛所開示者：謂現觀覺知心虛妄不實，現觀處處作主之意根虛妄，現前觀察覺知心是令衆生輪迴生死之執著因；現前觀察已，永不執著了了分明之覺知心意識，永不執著處處作主之意根末那識，捨壽時至，令覺知心自我及處處作主之自我滅除，永不復現，唯餘涅槃之實際（如來藏識）離見聞覺知而獨存，是名真實無我、涅槃寂靜、滅盡一切心行，是名入無餘涅槃。如是開示，具載於四阿含諸經中，多處可檢，方是真實解脫之道，即是二乘無餘涅槃修證之正道。此理已於拙著《邪見與佛法》中具說，索閱可解，此處略而不述。

今者聖嚴法師不教廣大徒衆現觀覺知心虛妄，卻教人不執著世間事物，教人觀察世間事物之無常，以之作為無我之修證，從來不能了知覺知心我之虛妄，本質乃是執著覺知心我不捨，正是執有我者，正是墮於我見中者；墮於我見中已，卻對大衆開示，駁斥余所說真實斷我見之法為不如法。如是顛倒其說，違逆佛說無我之真實旨意；如是反佛所說、背道而馳，已經多年，而其徒衆數萬之衆，竟無一人能知其謬，不亦怪哉！

聖嚴法師又云：「智者以無相的事實是眞，凡夫執無常的假相爲我」，如是責人之言，其實正應責己；所以者何？謂聖嚴師父仍然執著無常的假相爲我故，了知世間諸法及色身無常者，仍是覺知心故；覺知心仍是無常假有之虛妄相故，覺知心實以意根及法塵為緣方能從如來藏中現起故，夜夜斷滅、無常無恆故。聖嚴師父既以無常無我假相之覺知心作為常住不壞我，依自所說即是凡夫我見，只是不能自知此是我見，故以為不執色身與世間萬法之覺知心即是無我之真我，正墮我見中，同諸常見外道，無二無別也。

禪門證悟者所悟**無我性之眞我**，乃是**從來**便無我性，**從來**本是真我，非如聖嚴法師之欲將**我性之覺知心**虛妄法轉變為**無我性之眞心眞我**也。是故聖嚴師父之禪法知見嚴重扭曲，所說完全不如法，翻謂余之正法為不如法，顛倒殊甚！如是**墮於常見外道我**之意識境界，而行種種世間善法，謂之為能**消融自我**者，未之有也！可憐彼諸徒衆盲無慧目，於余所說正真之法反不信受，乃至於余多諸誹謗，成就大惡業，誠可憐愍！

學人若欲實悟般若者，當求禪宗門中之證悟，證悟已，即入第七住位常住不退，是名位不退菩薩。禪宗之證悟，則是藉諸機鋒現證如來藏，般若慧以如來藏為體故。法鼓山諸信衆莫將余之使機鋒，說為乩童起乩也，莫道禪師機鋒作略是**乩童起乩**也，否則必定貽笑方家，連累聖嚴法師，令人了知聖嚴法師於禪法知見之極度欠缺，故令徒衆不識機鋒——將禪宗機鋒視同乩童之起乩；如是知見之嚴重欠缺，已成為佛教界之笑話也。

今為大乘學人求悟者，略示真悟祖師之意，或有稍得相應之處，將來欲悟不難，便舉多福叢竹公案略示關節：

有僧行腳到杭州，參訪多福和尚，見多福禪師所住寺院中多諸竹叢，便請問曰：「如何是多福一叢竹？」此乃藉竹而問佛法大意也。多福禪師答曰：「一莖兩莖斜。」這語句，便似有僧來問：「如何是曹源一滴水？」淨慧禪師答僧曰：「是曹源一滴水。」禪宗謂此乃啐啄同時也，苟非大伶俐人，絕無會處。那僧聞言當然不會，乃老實答曰：「學人不會。」多福禪師乃又曰：「三莖四莖曲。」同出一轍，難有會處。聖嚴師父若見問：「如何是三莖四莖曲？」平實既是大師此世之弟子，不可無為人處，便答曰：「五莖六莖倒。」若復問：「五莖六莖倒是何意？」平實便答曰：「相隨去也！」若又問相隨而去之意，便取竹篾，好與三十篾！且教師父相隨而去。

又有僧人來問：「如何是衲衣下事？」欲知出家所為何事也。一切人出家已，不可將出家當作職業，不可將出家當作謀生之工具，應以悟證般若慧為務，應以悟後度諸有緣衆生為務，豈可將謀取飲食安單之豐富作為要務耶？若不能真悟，將何以報四方之信施？不可不思也！

多福禪師聞那僧恁麼問，知伊欲求佛法，欲證般若慧也，乃答曰：「大有人疑在。」諸方大師且道：多福禪師此語，為復有為人處？為復無為人處？若道不得，只是依草附木精靈，成個無主孤魂，如何在佛法中出世為人？那僧同於此際諸方大師，然有可取之處，謂其老實，不作未悟充悟籠罩學人之糊塗事，乃問曰：「為什麼如是？」多福禪師乃答曰：「月裏藏頭。」

只如學僧欲求證悟，直問衲衣下事，多福禪師云何答伊「月裡藏頭」？且道：月裡藏頭是什麼意？　學人欲知者，且請轉身向南看北斗！　面南見得北斗，便知月裡藏頭之意也。　頌曰：

多福叢竹斜又曲，一二三四數不盡；

欲曉月裡藏頭意，南看北斗元太近。

第四四六則　紫桐禍多＊

紫桐和尚　僧問：「如何是紫桐境？」師曰：「阿爾眼裏著沙得麼？」僧曰：「大好紫桐，境也不識。」師曰：「老僧不諱此事。」其僧出去，師下禪床擒住云：「今日好個公案，老僧未有分文入手。」僧曰：「賴遇某甲是僧。」師曰：「禍不單行！」

聖嚴法師云：《安心的基本態度：從禪的立場來談心理治療，也就是安心的方法與過程。人們心理不安定的原因，其實從出生開始就已經存在了，如果長大後還沒有意識到自己有問題，那才是眞正的大問題。……平常生活中，禪如何教人安心呢？**禪的態度是：知道事實，面對事實，處理事實，然後就把它放下。**無論遭遇何種狀況，都不會認爲它是一件不得了的事，如果已經知道可能會發生什麼不如意的事，能讓它不發生是最好的；如果它一定要發生，擔（耽）心又有什麼用？擔（耽）心、憂慮不僅幫不了忙，可能還會令情況變得更嚴重，唯有面對它才是最好的辦法。……我給他們的建議是：一、不要怕死；二、不要等死。需要治療就要接受治療，能做什麼就做什麼，能吃什麼就吃什麼，**過正常的生活；不勉强自己，也不要對自己的生命完全失望，這種態度就是禪的態度。**》（東初出版社《動靜皆自在》頁 46~47）

平實云：恁麼說禪，何異世俗法中大學國文老師之說禪？尚不能及大學哲學系教授之講禪，何況能知禪宗之真修實證者所悟般若？

世人之大病者，在好為人師；此病尤以中國文人最為嚴重。今者佛門中之大法師，亦不免世俗人之大病，完全不知不解祖師所悟內涵，而好為人師，更以悟者自居，造作諸多禪法著作，用以誤導廣大學人，乃至貽害後人，其罪不可謂輕也。而諸方大師悉皆不見此過，繼續出書誤導衆生，非是智者之所當行也。

禪者之所證者，若真如同聖嚴法師之「**知道事實，面對事實，處理事實，然後就把它放下**」者，則禪法即是世俗法、即屬哲學範疇、世間學問，與佛法無關也。聖嚴師父乃當今世界響噹噹之禪宗人物，而所說禪法膚淺至此，焉得說為證悟之人？焉得代表佛教而遊世界弘傳禪宗之禪？得無**欺世盜名**之嫌乎！

禪宗之所悟者，乃是般若諸經中所說之非心心、無心相心、不念心，即是前後三轉法輪諸經所說之如來藏也，即是各人身中日日現前受用之第八識阿賴耶識也。悟得此識所在已，則能現前觸證領受其中道性、涅槃性、離念性、寂滅性；由此親自領受故，立時了知般若經真實旨意，亦得了知般若中觀智慧乃依第八識如來藏性而立名。

由禪宗之證悟能如是發起般若慧，乃至可以依此進修種智而成佛，故說**禪宗之證悟，可責至極**；若不經此一番參究而後證悟，終不能發起般若智慧，終不能轉入內門修菩薩行。是故一切大乘學人，不論大師或諸弟子，皆應孜孜矻矻於此，速求真實之證悟，莫墮意識覺知心中，欲以常見法而消融自我，否則必將同於愚者之緣木求魚也。

今者，聖嚴師父出道說禪二十餘年以來，皆不教人求證自心如來藏，總以覺知心為主，總教人不斷覺知心我見，如是而求消融自我，其可得乎！彼諸廣大徒衆於此實應了知、探究：學禪所為何事？豈以靜坐而求無念、而求放下一切，以之作為證悟耶？如是依之修學三十年，復又親遭聖嚴師父印證為悟之後，於禪宗公案云何尚不能通？於第一義諦經典云何尚未通達了知其意？凡此皆是彼等徒衆所應自我檢點者。若能真實如是自我檢點者，斯人尚有小智，後時尚有悟緣；若不能真實如是自我檢點，一味迷信其說者，斯人此世無救，絕緣於二乘解脫之道，亦復絕緣於大乘佛菩提道也。

由是緣故，勸諸學人：欲求禪宗之證悟者，首要之道，在於探究禪宗公案，由祖師證悟之公案中參究，以求證得祖師所悟之如來藏，由是自然可得般若智慧。絕不可隨於錯悟之名師大師而在意識覺知心境界上用功，否則即是錯用功者，假饒精進三十大劫，依舊只成個野狐見解，終不能了知 佛於三乘諸經所說意旨也，何況能入佛法內門廣修菩薩六度萬行？然而禪宗祖師衆多，悟與未悟，魚目混珠，淆訛滋甚，苟無慧眼法眼，難辨得也；是故欲求真悟者，應當依止真悟之師，切莫自以為是，自誤道業。

古時之紫桐禪師亦復如是，自以為悟，弄出一些禪門腳手，籠罩諸方。一日，有僧聞名來問紫桐和尚：「如何是紫桐境？」此乃勘驗紫桐之悟境也。紫桐和尚回曰：「汝眼裏還著得下沙子麼？」這僧不是吳下阿蒙，便責紫桐和尚曰：「好一個紫桐和尚，如來藏之境界也不認得。」紫桐和尚不了此僧話意，答曰：「老僧並不忌諱此事。」此僧已然看出紫桐狐狸尾巴，便不理他，只管自顧出去，這紫桐禪師卻學禪師下得禪床，擒住此僧云：「今日好個公案，老僧未有分文入手。」此僧雖然得悟，只是勘人經驗不足，於此一招之下，以為紫桐有些子悟境，乃曰：「賴遇某甲是真正之僧。」紫桐禪師卻曰：「禍不單行！」

此僧初見時，問紫桐境，紫桐不領僧語，儘向偏裡答伊；僧欲證實紫桐是否真實緇衣，乃又問之；然終被伊紫桐老狐狸瞞卻也。只是紫桐禪師末後一句之中，便露出狐尾，今日不免平實檢點。

只如僧問紫桐境時，紫桐當時但取清茶一帖奉上，也免那僧嫌伊不領話。無奈紫桐只知其然，不知其所以然，故說得一句外行話，遭此僧輕嫌。後來下座擒住此僧，雖然似有證境，只是東施效顰，豈得悟者正眼觀之？更道未有分文入手！狐尾撩向天際。平實即不然，當時但向紫桐和尚胸前猛放一掌，更擒住伊逼問：「是什麼？」料得紫桐必定死於句下，平實但只將伊輕輕推開，自道一句：「無位真人是個什麼物事？」且不管伊，自個兒忙活兒去。　頌曰：

曉事悉與般若違，放下萬法只意識，不斷我見何干禪？
佛法不諱人間事，千七公案只恁般，何須更覓潘安？（變調浣溪紗）

第四四七則　日容死卻

日容遠和尚 豁上座上參，師拊掌三下云：「猛虎當軒，誰是敵者？」豁曰：「俊鶻沖天，阿誰捉得？」師曰：「彼此難當。」豁曰：「且休！未斷遮公案。」師將拄杖舞歸方丈，豁無語，師曰：「死卻遮漢也。」

聖嚴法師云：《如果只從字面上瞭解「無我」，就會有人以爲：既然我是「假」的，是「空」的，那就是什麼都沒有，活在世界上又有何意義？於是放棄擁有的一切，美其名是看破紅塵，實際上是逃避現實的世界；也有一些人持著「生不如死」的觀念，總以爲「我」是假的，活著也是毫無意義，不如一了百了算了。凡此種種都不是正確的「無我」觀念。佛法所謂的「無我」，是要超越「自私的我」，若執於「自私的我」，必然會否定他人，乃至於否定自己；然而我們無法否定既有的生命和既有的環境，因此要善於運用生命和環境。》（東初出版社《動靜皆自在》頁83）

平實云：聖嚴師父墮於意識心境上，從來不曉無我之理也。所以者何？若人執著諸法為我所有，存有私心，固名有我，不得解脫；然若猶如師父所言之修除自私之我，成為絕對無私之我，一切皆與衆共，仍然是「我」也，仍非 佛所言之無我也！何以故？除卻自私心後，仍是意識覺知心故，覺知心即是意識故，覺知心即是常見外道所執之常不壞我故；此心其實是必壞之我，五蘊之識蘊所攝，依他起性，不能常住，不能來往三世，唯是一生所有，故於佛法中說名無我。

今者聖嚴師父認為覺知心不自私，一切悉與眾共，成為無私之心，即是證得無我法者，完全違　佛所說。佛所說無我者，謂覺知心虛妄，從來無自體性，非是常住法，故說眾生顛倒，認此不真實之覺知心為常住不壞我，故名執我者；由此執我故，世世輪轉三界六道，不能休止。今者聖嚴師父所說者，所教導眾生者，悉是以此覺知心作為常住不壞法，從來不教弟子眾等觀察覺知心虛妄，故彼自身與諸弟子眾等悉皆墮於我見中，不能自拔於我見深坑。以如是「覺知心我」為中心，而作種種無我想，而作消融自我之想，悉不能斷除覺知心常住不壞之我見，如是而言無我之修證，而言消融自我，悉成空言，無有實義。

法鼓山諸信眾，若欲真修佛法者，應速探求四阿含諸經佛說十八界法之真義，現前觀察十八界法之一一界。若能如實現觀者，則能除斷我見，從此永不以「覺知心離自私性」作為無我真我之修證也，則能了知覺知心存在時，不論是否有無自私心，皆是常見外道所說之常不壞我。苟能如是現前觀察，則斷我見，成聲聞初果，預入聖流；極盡七有往返，必盡苦邊。若得迴心而向大乘，則需參究禪宗所悟如來藏識。

此無我法之現觀──觀察覺知心虛妄，及如來藏自心之親證，乃法鼓山一切信衆所必須面對之事實；今生縱使逃避而不面對，來世乃至未來之無量世，若欲真修佛法者，仍將必須面對此一事實與正理，永遠無法逃避，遲早皆須面對。既如是，何不今世便勇敢面對？何須逃避多世多劫，流浪生死受無量苦後、仍須面對之？ 有智之人思之！

往世多劫之修集福德，迴向參禪證悟而至今世；今世既然有緣學禪，則當以所修福德迴向證悟自心真如。若得證悟自心真如，則二乘初果所斷我見，亦得於證悟之時自然斷除，由自心如來藏之現觀，即可證實覺知心自我之依他起性，之依意根法塵為緣而從自心如來藏現起；則我見永斷，不復以覺知心為常住不壞之我也。能如是證，豈唯預入聖流而成聲聞初果，亦乃親入菩薩數中，成為大乘別教七住位之不退菩薩，此後永離三惡道苦。如是修證，方名實證無我法者，方是真正消融自我者，否則終將繼續以覺知心常住不壞之我見，而自以為已斷我見、已亡我所，而自以為已消融自我也。欲求證悟者，且聽平實舉陳日容死卻公案，或有悟處：

豁上座上堂參訪，日容和尚當然須得先辨緇素；日容遠和尚乃撫掌三下，對豁上座云：「猛虎當軒，誰是敵者？」豁上座反問曰：「俊鷂沖天，阿誰捉得？」一隻是猛虎，諸方錯悟未悟者，悉難與言，無可敵對者；另一隻則是俊鷂，翺翔在天，地上一切鼠輩悉皆不能正眼瞧伊，何況捉牠？日容禪師就此放過，不復以作家相見，乃曰：「彼此難當。」

然而禪門向有規矩：入門須辨主，當面分緇素。所以豁上座不肯就此作罷，要勘伊日容禪師是否緇衣，便道：「彼此難當一句，暫且放著不說！你我之間仍然還未明斷這個公案呢。」日容禪師無已，便持拄杖掄起來，舞著歸去方丈室。這豁上座初悟，禪門差別智未得具足，一時不能知伊日容和尚玄機，便無語答伊，日容和尚見狀，乃曰：「死卻這個漢子了也。」

只如豁上座雖然已悟，因何這一著下便死卻？作聲不得？皆是初悟機淺，只知其一，不知其二，落於片段之中，遇著方家，便落下首，不能與日容和尚平起平坐、共話無生也。看官且觀：古時禪門如是嚴峻，初見之時便要見真章；一時不察，便墮下處，便無緣與禪師煮茶論道也。豈況今時平實無比老婆，將諸密意不斷宣說，竟無一位大師敢出頭來與平實共話；莫道共話，前來討棒者，欲覓一人也無，真是末法之機也。　頌曰：

無我假名墮空無，自私無私，俱是覺知；

猛虎當軒誰能敵？俊鶻沖天，見老俱胝。

萬般公案法飄零，衆人皆迷，獨覺難支；
欲求宗門廣弘揚，水調歌頭，剪梅嫁枝。（調寄一剪梅）

第四四八則　茱萸不當

鄂州茱萸和尚法嗣　石梯和尚　有僧新到，於師前立，少頃便出。師曰：「有什麼辨白處？」僧再立良久，師曰：「辨得也！辨得也！」僧曰：「辨後作麼生？」師曰：「埋卻得也。」僧曰：「蒼天！蒼天！」師曰：「適來卻恁麼，如今還不當。」僧乃出去。

聖嚴法師云：《**所謂明心見性，就是以智慧的心，來明白煩惱的心**。煩惱和智慧是相對的，智慧即菩提，有了智慧，煩惱自然消失，便能見到空性；也就是除去眾生之無明習性，便見清淨的佛性。……禪宗所講的智慧，並不是一般知識性的智慧，而是離了煩惱心的一種境界。因此有煩惱時不知道有煩惱是正常的，有智慧的人不認為自己有智慧，也是正常的。那麼，或許有人要問：煩惱和智慧的差異又在哪裡呢？這兩者當然是完全不同的，煩惱是在痛苦之中，不知道那就是煩惱；**智慧卻是在非常自在的情況下，沒有用心去分別什麼叫作自在或不自在**。》（東初出版社《動靜皆自在》頁106~107）

平實云：聖嚴師父完全不懂禪宗之禪，一向被往年從日本學來底曹洞禪法表相所遮障，將來籠罩台灣與美國一切學人。明心者，明自真心，親證自己本有之真心如來藏，故名明心；見性者，見自佛性，親見自他一切有情之佛性分明現前，親見妄心現前時亦有佛性不墮煩惱中而繼續運作，故名見性。今者聖嚴師父於明心一法茫無所知，亦復不能眼見佛性，而作是語，欲邀已悟之名，正是自曝其短之愚行，非是智人所當行也。

又云：「除去衆生之無明習性，便見清淨的佛性」，則是未明基本佛法之人也。所以者何？謂一切有情之佛性本來清淨，本來無染，不須聖嚴師父為之除去無明習性而後轉成清淨也。菩薩於十住位中，尚是習種性人，未入非擇滅無爲法中，本性並非清淨之人，仍須依於見道所得功德與嚴持戒律，方能不令染污之身口意行現起，唯得擇滅無爲，不得非擇滅無爲，但由往世今世所修福德及定力慧力故，今世得見本來清淨之佛性，只是一念之間便見，並非長時修除染污、日積月累之功而漸漸得見也。是故聖嚴師父所說「除去衆生之無明習性，便見清淨的佛性」，乃是未曾見性者之凡夫臆想言說爾，既違 佛說，亦違眼見佛性者之現量境界與智慧。由此可證聖嚴師父從來不曾眼見佛性。不見佛性之人，不宜解說佛性之境，否則必定難逃見性者之檢點也。

如是，聖嚴師父所說明心之言，既未明得自心如來藏；所言見性之言，亦未曾見得自他一切有情之佛性；若人仍願繼續信受其語，願繼續修學其法，以求明心與見性者，唯可讚之為愚公之「擇『善』固執」，不能復讚一詞也。

禪宗之法，以親證自心如來藏為鵠的，以親斷我見為鵠的；若人不教徒衆斷除我見，而自言為佛法者，即是破法者；若人不教徒衆親證自心如來藏，而言為大乘般若佛法者，即是破法者；若人離於自心現量而言修斷貪瞋習氣以為大乘佛法之修證者，即是破法者；若人離於自心如來藏之修證，而言斷貪、斷瞋…等法即是大乘佛法者，即是破法者。聖嚴師父二十餘年來所說種種法，正是如是，正是 佛所訶責者。

《楞伽經》卷三，佛問大慧菩薩云：「大慧！此中何等爲壞法者？」大慧白佛言：「世尊！若彼取貪恚癡性，後不復取。」佛告大慧：「善哉！善哉！汝如是解。大慧！非但貪恚癡性非性爲壞法者，於聲聞緣覺法中及佛法中亦是壞法者；所以者何？謂內外不可得故，煩惱性異不異故。……佛聲聞緣覺自性解脱故，縛與縛因非性故。大慧！若有縛者，應有縛是縛因故。…」

此段佛語明言：若有人先取貪恚癡性為有—取煩惱性為有，然後復又觀察而計為無，說煩惱斷除後為無煩惱，以此名為解脱，是人即是破壞佛法者（此段經文之詳解，請詳閱拙著《楞伽經詳解》第六輯，此處不作復述）。如是，佛所教授於二乘聖人者，乃在現前觀察「覺知心我虛妄」而斷我見，乃在現觀「作主心意根虛妄」而斷我執，不以觀察煩惱之有無而作為解脱道修證之內涵也。

復次，佛於大乘法中，除說菩薩亦應親證二乘所證解脱道而斷我見我執外，別以親證自心如來藏，作為般若中道之正修行；別以現觀自心藏識出生一切法—現觀一切法皆是自心藏識所生所顯之事實—作為一切種智之正修行，不以煩惱之實有抑或實無，作為佛法之正修行也。所以者何？此謂我見與我執若真斷者，則自性清淨，貪瞋癡等法於彼無所能為，故以斷我見我執，作為修學二乘解脫道之鵠的，非以修除貪瞋癡性作為二乘解脫道之正修行也。大乘第一義諦法門亦非以斷除貪瞋癡作為正修行，乃是以親證一切法皆是自心如來藏之現量，作為大乘佛法之正修行也，斷貪、瞋、癡等，皆屬餘事也。

若有人不於斷除我見我執—現觀覺知心及作主之意根虛妄—而修二乘菩提者，即是破壞佛教正法者；若有人不以求證自心如來藏作為大乘佛法之正修行—不以親證一切法皆是自心如來藏現量—而在煩惱之實有實無上用心者，佛說此人即是壞法者，如是佛語，具載於《楞伽經》卷三中。今者聖嚴師父之所說者，悉同此經文中 佛所斥者，悉於「貪瞋癡有、貪瞋癡無」之上用心， 佛與大慧菩薩說如是類人，非但於二乘法中是壞法者，於佛乘而言，亦是破壞佛教正法者。

有智之人莫依彼說而修，應依《楞伽經》佛語：現觀「覺知心虛妄」而斷我見，現觀作主心意根之虛妄而斷我執，並須進修禪宗之禪—親證自心如來藏，由此親證而現觀一切法皆直接或間接從如來藏而出生、而顯現。如是修行者，方是大乘佛法之正修，方能真實證悟 佛所闡釋之三乘菩提正義。莫如當今台灣四大道場之大法師等人，不在斷除我見我執根本煩惱之法上用心，唯在貪瞋等枝末煩惱法上用心；當在斷除我見我執與親證自心如來藏上用心，方是真修三乘菩提之佛法者。若一向皆在煩惱之有無上用心，俱名「壞法」者。

破壞 世尊正法者，其行不善，來世果報亦復不善，一切有心修學 佛之正法者，宜應關注，起正思惟，然後知所進趣。今舉茱萸不當公案，共諸大師學人合計，庶能證得如來藏心，證已便得趣入大乘第一義諦：

有一行腳僧，新到鄂州茱萸山參訪，於茱萸石梯和尚前稍立一會兒，便即出去。茱萸禪師見狀，便曰：「像你這般，有什麼地方能分辨對方悟或未悟？」那僧聞言，回身到茱萸禪師前再立良久，茱萸禪師乃曰：「已經分辨清楚了啊！已經分辨清楚了啊！」那僧聞言，卻問茱萸禪師：「分辨清楚以後，又怎麼樣呢？」茱萸禪師答曰：「把他埋掉也就算了。」那僧卻說道：「蒼天哪！蒼天哪！」茱萸禪師卻向僧曰：「剛才那樣倒也還好，如今這麼道，卻還是不適當。」那僧聞言，乃出門而去。

只如那僧前來茱萸和尚前站立，又無一言半語，竟自出門欲去，究竟是何意旨？

法鼓山信衆莫道伊是神經病！茱萸和尚見狀，亦不與他說法，只向他道個「有什麼辨白處？」究竟是在何處用心？那僧聞言，亦不與茱萸和尚言語，只是回身茱萸和尚面前再立良久；不料茱萸和尚此回卻道「辨得也！辨得也！」究竟辨得個什麼？那僧亦不與茱萸和尚客氣，便直問云：「辨得之後又作麼生？」此問又作何解？若人了得此意，即是度人師，天下學人若欲修集無量福德者，應當供養之。

茱萸和尚聞言，早知那僧落處，只是防他依樣畫葫蘆：只知其然，不知其所以然；便故意放過道：「埋卻得也。」那僧既敢來茱萸面前作家相見，豈有不知茱萸語意之理，乃答曰：「蒼天！蒼天！」一語雙關，明暗雙雙，早把家風飄揚。茱萸和尚見人已多，鉗錘兼備，已知那僧悟得真，只是禪門向來不得輕易讚人，乃故意嫌他：「適來卻恁麼，如今還不當。」要看那僧如何衹對？那僧何嘗不知茱萸之意？無奈入人門下，竹篦在老禪師手裡；如是雙來雙往之間，亦知他茱萸非是魚目混珠之輩，不便別作生理，乃踏步而出，正是肘後懸符，見者喪命。至此結束此一公案。

法鼓山之聖嚴師父出世弘法二十餘年，一向以禪宗之禪見稱；然而法鼓山大衆二十餘年來，打過無數次禪七，竟從來不曾見過聖嚴法師於禪七期中使出禪門機鋒，是故普遍不具禪法知見。有時適逢平實法會時偶用機鋒，卻誣道平實是乩童起乩，正是貽笑方家，丟盡聖嚴師父臉面也。同理，若法鼓山大衆當時在場，必道那僧與茱萸和尚皆是乩童起乩也；如或不然，恐更將道那僧與茱萸和尚皆是神經病也。

只如那僧聞言，便自出門揚長而去，這個公案竟是何意？值得古人費神筆墨記錄？復流傳之？此中必有深意，若人會得其一，此公案中之種種淆訛便悉得解，從此於祖師證悟公案便得七通八達，無所阻滯。如或不然，仍將如前死於句下，更罵禪宗祖師之作為是乩童起乩也！且道那僧最後出門而去，平實云何卻道伊「肘後懸符，見者喪命」？究竟符懸何處？云何見彼符者竟能喪命？究竟是喪何命？復次，彼符究竟是什麼符？得恁麼厲害？大衆欲見彼符麼？且聽平實頌來：

立地便出須辨白，再立良久豈有異？
辨後埋卻只蒼天，返身早跨良驥！

且道：那僧與茱萸和尚演出這齣無生大戲，意旨在什麼處？聖嚴師父欲會麼？平實説與師父知：

且向道教宮廟裡請一張符，斜懸肘後自看！

第四四九則　關南歌鼓

襄州關南　道吾和尚　始經村墅，聞巫者樂神唱云：「識神無！」師忽然醒悟。後參常禪師，印其所解；復遊德山門下，法味彌著。

師凡上堂示徒，戴蓮花笠，披襴執簡，擊鼓吹笛，口稱魯三郎神：「識神不識神，神從空裡來，卻往空裡去。」便下座。有時云：「打動關南鼓，唱起德山歌。」

僧問：「如何是祖師西來意？」師以簡揖云：「喏！」

聖嚴法師云：《今天我要與諸位「談心」。心是我們的主人，在宗教上、哲學上、心理學上各有不同的解釋方式，我則只談佛教的、禪宗的心。諸位一定聽說過「明心見性」這句話。「明心」究竟明什麼心呢？它指的是本來就有而人們沒有見到，本來存在而人們沒有感覺到，本來**處處**都是現成的，人們卻不知道，人們時時都跟它在一起卻沒有發現的那個「心」。所以這個心與心理學所講的心不同，也與精神不同，是有功能**但無法形容**，有力量**但無法衡量**，這就是人人本具的心，又叫做「本來面目」……。其實心並不是捉摸不定，它本來就在那裡，不需要捉摸，**一捉摸、一追求，它就遠離了**，因此心可以叫做「清淨心、本來面目」，甚至叫它什麼都可以。》（東初出版社《動靜皆自在》頁115~116）

平實云：聖嚴師父所說如是之心，絕非佛教的、禪宗的心，只是意識知解上所臆想之真心，與佛法上所說真心實相心之體性完全不符。佛所說之實相心，乃是如來藏，即是人人皆有之第八識阿賴耶。阿賴耶識固然人人本具，但絕非聖嚴師父所說之「有功能但無法形容」，也非「有力量但無法衡量」，更非「一捉摸、一追求，它就遠離了」。分述如下：

阿賴耶識有其極為重要之功能性，一切衆生不可一日無之；此等極為重要之功能性，隨於證悟者之般若慧深淺，而能多少了知其體性及功能；了知已，則能為人多少隨分而說，絕非聖嚴師父所說之無法形容者。所以者何？譬如余於諸書中，宣說此真實心之種種體性，而隱藏其功能性於語言文字之中，隱覆密意而說，絕非不能宣說、不能形容者。唯有未悟之人，依自身意識層面思惟而不能親證體驗者，方說為無法形容者。

復次，若人言如來藏有力量者，是人未證如來藏也；若人言如來藏無力量者，是人亦是未證如來藏者。其功德之有無，及其功德之多寡，亦隨各人修證般若之高下淺深而有別，亦隨各人修證般若慧之差別而能作不同層次之衡量，絕非無法衡量者；如是，親證之人，隨其般若慧而作種種宣說演述，悉皆無謬。唯有未曾悟得如來藏之人，方如聖嚴師父之說為「有力量但無法衡量」，我會中一切證悟之同修，悉皆認同余語，同一所證：非可說為有力量，亦非可說為無法衡量者。由此可證聖嚴師父之未曾證悟如來藏之事實也！

復次，凡欲修學般若者，必須親證自心如來藏；若未親證，則於般若智慧，必定永遠相隔遙遠，唯能臆想而不能知般若諸經中之密意。是故欲證般若慧者，首要之務即是先證自心如來藏，現前領受如來藏之體性，現前觀察其常住不壞、永不暫斷之體性。如來藏既是常住運作而從無始劫來不曾剎那間斷，聖嚴師父焉可說為「一捉摸、一追求，它就遠離了」？審如是者，則一切欲求親證如來藏者，應當在參禪時，其如來藏就會遠離參禪人或隱遁隱藏了：因為聖嚴師父說：「一捉摸、一追求，它就遠離了」。若真如是，則應自古至今皆悉無人能證得如來藏也；參禪時必定隱藏而令人求覓不著故。然而匪唯 世尊能證，大迦葉尊者、阿難尊者……乃至今時我正覺同修會諸多同修，皆能親證之；絕不因各人參禪時之捉摸與追求祂，便令祂遠離不在或隱藏。由此可知：聖嚴師父從來未曾證得如來藏也。

聖嚴師父云何而作是言：「一捉摸、一追求，它就遠離了」？皆因墮於意識之無念無想狀態中，以為意識覺知心坐禪至無念無想時，便是本來面目如來藏，若欲起心體會無念之覺知心自己，便成有念，便非實相心，故云「一捉摸、一追求，它就遠離了」，捉摸與追求時之意識已非無念無想之覺知心故。

然而如來藏從來都不如是，不論眾生參不參禪，不論眾生修不修佛法，不論眾生捉不捉摸祂、追不追求祂，祂從來都不曾剎那遠離眾生，聖嚴師父云何可言「一捉摸、一追求，它就遠離了」？由此可知聖嚴師父一向墮於無念之覺知心上，以離念靈知作為實相心；乃是從來未悟，根本不知佛教禪宗所悟之本來面目即是第八識如來藏，誤以離念無想之覺知心作為本來面目，去道遠矣！

如是未悟之人，而著作種種禪學書籍，而主持數十、百次禪七精進共修，究有何義？而諸徒眾隨其以定為禪，墮於意識境界，以之作為禪宗之證悟，以之作為佛教之般若，復有何義？法鼓山諸廣大信眾，實應理智思惟，比對 世尊所說諸經，方能知所進道，方能不致空過此生！

大眾若欲證悟般若，當求親證如來藏。欲證悟如來藏者，當以真悟之禪宗祖師公案參之，最為迅速。今舉關南歌鼓公案，共我佛教大眾一探祖師密意：

襄州關南道吾和尚參禪時，一日始經鄉村野墅，正逢俗人喪事，路過喪宅時，忽聞巫者樂神吟唱云：「識神無也！」關南道吾禪師於此一語下忽然醒悟。後又參訪常禪師，以印證其所悟解之心；復又遊學於德山宣鑑禪師門下，增益權智，是故關南禪師之禪門法味後來極為有名。

後來關南禪師開山弘揚宗門時，舉凡上堂開示徒衆，總是頭戴蓮花笠，身披七襴九襴袈裟，手中每執竹筒，既擊鼓、又吹笛，卻又口稱是魯三郎神，往往唱云：「識神是不認識真神的，真神從空裡來，卻又往空裡去。」唱畢便下座而去。有時上堂則開示云：「打動關南鼓，唱起德山歌。」

只如巫者附身之神，於喪事時唱云「識神無」，云何關南禪師一聞便悟？聖嚴師父當知：若不打得妄心死，不許法身活──不能證得自心如來藏。覺知心雖能經由數息等法而至無念、無語言妄想境界，然而覺知心不論處於何種境界，永遠都是意識心，永遠都是識神；若不能知曉覺知心即是識神，則永遠不能死卻我見，永遠墮於覺知心意識境界中，永處我見黑暗長夜，永遠不見佛法光明。若人認定此一識神，以之為本來面目者，皆成未悟言悟之大妄語者；長沙招賢禪師嘗云：「學道之人不識真，只為從來認識神；無始劫來生死本，癡人認作本來人。」正指聖嚴師父一類人也，皆是誤認識神之人也。

意識覺知心云何說是識神？此謂覺知心一旦醒來現起，不論處於何種境界，都是能認識種種境界之心：始從認識欲界六塵，細至認識無所有處定中之定境法塵；乃至非非想定中之似無分別而仍有極細分別，皆是未離認識境界之心性，故名識神。若人不能了知意識覺知心之虛妄認識體性者，則將永遠認定某種境界中之意識心為本來面目，即成「認識神爲眞心」者，即是長沙招賢大師所訶責之人也。

若人已曾觸證自心藏識，而不敢承當者，但如關南禪師之親見死人「識神無」，當時復聞巫者唱云「識神無」，便即了知意識覺知心之虛妄，當下便得承當所曾觸證之自心如來藏也。然而死人之所以為死人，世俗人認為乃因「識神已無」所致；關南禪師悟前之所知，則是認為實相心已離，故名為死，由是之故，關南禪師甫聞之際，便得大悟。後時復覲常禪師，印其所解，無有差池；復遊德山門下增益權智，是故後來法味彌著。

只如關南禪師後來住山時，凡上堂示徒，每常頭戴蓮花笠，披襴執簡，擊鼓吹笛，口稱魯三郎神，復又唱云：「識神不識神，神從空裡來，卻往空裡去。」便下座，如是渾似乩童起，又似神經失常者，竟是何意？今時諸方大師個個盡道是悟，還有人能知關南禪師之意者否？平實當時若在，便上前端起茶盞，捧至關南禪師面前，唱云：「只個空空空非空，但將茶盅送歸空。」卻向關南禪師眼前洩。若有個禪和子眼尖，當時覷見，便好一把搶過關南禪師手中竹簡，向伊鼓上敲將起來，敲已卻將竹簡送於佛前供養，成就一場無上供養。

且道：是什麼道理平實作是說？法鼓山信衆莫又謾道平實起乩也，亦莫謗云關南禪師起乩也。且道：關南禪師上堂，頭戴蓮花笠，披襴執簡，活似乩童；又以手中竹簡擊鼓，又時吹笛，又時口稱魯三郎神，又時唱偈，正似平實機鋒一般無二，竟是什麼道理？云何古今證悟之人同一作略，活似道教乩童？　爾等法鼓山大衆，何不邀請聖嚴師父共同於此起個疑情，參參看：究竟是個什麼道理？

關南禪師以竹簡擊鼓，或口吹竹笛已，有時開示云：「打動關南鼓，唱起德山歌。」且道：關南鼓有什麼密意？值得關南禪師每日裡重複演此「乩童之戲」？

彼歌彼鼓，究竟有什麼玄機？　爾法鼓山，上自主持和尚，下至大衆數萬，何妨於此著個慧眼？究竟關南禪師是乩童？不是乩童？　若是乩童？因何道理說伊是乩童？　若不是乩童？又因何故說伊非是乩童？　還有道得者麼？且請來日說似平實，乃至說似我會諸親教師，大家要知。

若有僧人於上堂時，請問關南禪師：「如何是祖師西來意？」關南禪師每以手中竹簡向僧一揖，口中唯云：「喏！」

且道：彼僧欲知達摩祖師遠從天竺來到中國所傳佛法密意，關南禪師云何不答伊所問？卻以手中竹箇向僧一揖？又為何故口中唯唱一喏？不答伊所問？　聖嚴師父及法鼓山大衆們！何不於此切？若能參得此中密意，般若智慧當時現前，般若諸經但只自讀便知，不須人教也。從此以後於禪宗真悟祖師之公案，便可七通八達；從此以後，若有機緣再見平實使機鋒者，便不致再罵平實是乩童起乩也！至此方知當時辱罵平實「乩童起乩」之口業有何等嚴重也！　頌曰：

學道之人不識真，只為從來認識神；
死卻識神墮空無，始了覺知是識神。
無始劫來生死本，癡人認作本來人；
法鼓山上擊法鼓，禪子眼聞心宜忖。

第四五〇則　關南殺生

襄州關南　道吾和尚　僧問：「如何是和尚家風？」師下禪床，作女人拜云：「謝子遠來，都無祇待。」

師問灌溪：「作麼生？」灌溪云：「無位。」師云：「莫同虛空麼？」灌溪云：「遮屠兒！」師云：「有生可殺即不倦。」

聖嚴法師云：《因此，有自我中心的貪，叫作「煩惱」；沒有自我中心的求，叫作「悲願」，而不是貪了；願眾生都能離苦，願眾生都能得樂，願眾生都能離煩惱而成佛，已不是貪心而是悲願。……因此，貪可分成兩個層次：第一個層次是有我的，叫作貪心；第二個層次是無我的，叫做悲願。如果是貪心，則不能明心見性；如果是悲願，則與明心見性相應；**如果願心中帶有私心，便是不清淨的，還是貪心而不是明心**。想要立刻把貪心去掉，是很困難的；要立刻明心見性也很不容易。但話說回來，**明心見性也並不是難事，就看你的心能不能轉貪心為願心**。》（東初出版社《動靜皆自在》頁 117）

平實云：若使聖嚴師父之言真實無訛者，則應一切聲聞阿羅漢亦皆是明心見性之菩薩也；一切聲聞阿羅漢皆無貪心故。若言阿羅漢捨壽必入無餘涅槃，無盡未來際利益眾生之大願，是故無法明心見性者，則大乘通教菩薩證阿羅漢位已，亦皆有其大願之心，皆不入無餘涅槃，皆起受生願而復入母胎，再受生死以利衆生，豈非正是聖嚴師父所言「**轉貪心為願心**」者？則應彼等通教菩薩諸人皆是已經明心見性者。

然而通教菩薩斷除貪心、我見、我執後，皆仍未曾明心見性；佛說明心見性已，即非是通教菩薩故，必入別教成第七住位菩薩故，必生般若中觀智慧故。由是聖教，及依佛菩提道正理，已知聖嚴師父所說「**明心見性也並不是難事，就看你的心能不能轉貪心為願心**」者，絕非佛法正理，違教悖理故，與大乘佛菩提道相違故，現見通教阿羅漢未曾明心見性、未解般若中觀正理故，唯證二乘涅槃正理故。由是正理，顯見聖嚴師父未斷我見──未入聲聞初果位；未曾證知明心境界──未入大乘見道位；亦未曾知眼見佛性境界，猶在博地凡夫位也。

譬如《楞伽經》佛與大慧菩薩開示之語，所說般若智、所說佛菩提者，非在有無貪心願心等法而言，乃言佛菩提之證悟：其實際乃是在於證知「一切法皆是自心如來藏所現」之事實。絕非在於「有無貪瞋癡慢疑」等法上用心也。是故，是否能明心與眼見佛性，絕非如聖嚴師父所說之在轉貪心為願心上用功也。聖嚴法師如是而欲求悟者，便如緣木求魚及蒸沙作飯，必不得成，非因計因故，沙非飯本故。

是故一切大乘學人，若欲證得佛菩提果，若欲發起般若智慧，若欲進修一切種智者，當速修正對於般若與禪法之知見，當依止真善知識而建立真心體性之正知見；如是實行已，復應修集大乘見道所須具備之廣大福德資糧，而後始有因緣一念相應、證悟自心如來藏；悟得自心已，般若中觀之總相智慧及部份別相智慧隨生，不由他得。若不具廣大福德資糧，終究不能與大乘見道相應。

云何大乘見道須具廣大福德資糧？云何二乘見道不須如是修集福德資糧？此謂二乘見道者，唯在解脫果之修證，唯是斷除我見與我執──斷除見惑與思惑，因斷如是見思二惑而免除分段生死；斷分段生死已，然仍不涉佛菩提果。大乘見道者，果證迴異：不唯由此大乘見道而得般若慧，亦可由此見道而生佛菩提種，可由此見道而進修一切種智，亦可由此見道而證得二乘無學所證之解脫果，乃至最後之斷盡變易生死而證佛果，成就無上正等正覺，成三界至尊；凡此功德，皆由大乘見道所生般若慧之緣故，方得漸次生起。由此緣故，大乘之見道，非是新學菩薩之善根乏少、未與真善知識結善緣者之可得證；須是久學菩薩歷劫修集護持了義正法之大福德，及與真善知識多結善緣等因，方能得證。

及其證時，只是一念相應，證得本已存在之自心如來藏，並無一法可得，亦未曾由善知識處獲得任何一法。然卻因善知識之指戳，親證如來藏而發起般若慧及解脫智，由此說名證得佛菩提智及解脫智。證此二智已，卻非六塵境界中之有所得法，無有任何六塵境界可言、可顯、可炫耀於人，唯是菩提智慧及解脫智慧之自受用爾，不能舉示於他人。由此親證法界實相本際之緣故，所證菩提完全符合三法印之所說，其智慧遠過二乘無學，非是二乘無學聖人所能測度。學人若欲親證如是佛菩提慧者，當依止真善知識而學、而修、而證。今為未能依止真善知識者，舉說關南殺生公案，建立正知見，而作將來眼：

有僧請問襄州關南道吾和尚：「如何是和尚家風？」此問關南禪師所傳宗旨也。關南禪師聞此一問，卻下禪床，對彼僧作女人拜，答云：「感謝您從那麼遠的地方來此見我，只是我這裡卻沒什麼可以好好招待你。」

禪師家每多如此神頭鬼臉，都只因為衆生不悟般若，是故個個親像平實一般使諸機鋒，不免法鼓山等少聞信衆之訶為「乩童起乩、神經病」也；關南禪師若生於此時，遭逢法鼓山諸信衆時，亦將難免法鼓山信衆「乩童起乩」之譏也。只如關南禪師見彼僧請法，直問關南禪師所悟般若，云何不予開示？卻下禪床？又作女人拜？直似個神有問題之人！關南禪師下座作女人拜已，云何卻只是說得一句應酬話？竟是何意？此諸作略，較於平實之機鋒，豈非更像「乩童起乩」？法鼓山諸信衆等，何妨於此著眼？且看古今證悟之人為何同似「乩童起乩」？竟是什麼道理？汝等莫言證悟之人皆同道教之乩童也，此是誹謗佛教正法，及謗大乘勝義僧之大罪故，禪師所示「乩童起乩」者正是直示教外別傳真旨故，教外別傳之真旨正是大乘諸經所隱說之般若慧故。

且道：關南禪師下禪床，意作麼生？作女人拜，意作麼生？口中又客套兩句，意作麼生？聖嚴法師莫道是下禪床時一念不生、都無妄想，以此示悟；莫道是作女人拜時一念不生、都無妄想，以此示悟；莫道是客套一句時一念不生、都無妄想，以此示悟；莫錯會！錯會三十棒！　若謗關南禪師是「乩童起乩」者，平實保汝捨壽後下地獄！絕無妄言！　平實已曾親見自身無量劫前輕謗賢位善知識一語，捨壽便墮鼠身故；而彼善知識當時之證量，遠遜於今日之平實也，是故爾等四衆千萬小心。　若不信余言，無常來時莫怨平實未曾先意好言。

一日，灌溪禪師來參訪，關南禪師問云：「佛法是怎麼回事兒？」灌溪答云：「無有果位可言。」關南禪師卻又問云：「莫非如同虛空麼？」灌溪卻答云：「你這個居夫！」關南禪師卻云：「只要有衆生可殺，我就永遠不會疲倦。」

這灌溪比丘尼，冒充悟者，濫膺禪師之數，與今時諸大法師居士之冒充悟者無二，根本未斷我見，猶墮意識覺知心中，是故關南禪師不與他說禪，不肯示現機鋒，只是在言語上與伊打高空。法鼓山諸信衆此回無緣謗伊關南禪師是「乩童起乩」也！所以者何？若人執著或認定覺知心離念時即是真心如來藏者，此人即是未斷我見者，覺知心正是 佛所說之意識心故，以意識心為常住心者即是墮在我見中者故；我見未斷者，若為其示現機鋒，實無作用，無法啟其證悟之機緣也；若強為之使機鋒者，必將如同平實之遭法鼓山信衆譏為「乩童起乩」也，彼等完全不能了知證悟者機鋒涵意故，必以世俗知見及表相佛法知見而誤認作禪師精神不正常故。

由是緣故，關南道吾禪師不為灌溪法師使機鋒，只是要殺死灌溪之我見，要教伊不再認離念覺知心為常住不壞心。灌溪雖曉關南禪師意在殺他我見，卻仍以為覺知心離念即是眞心，如是誤以為自己已離我見，故訶關南禪師是屠夫，常欲殺卻他人之我見。關南禪師見灌溪堅執己見，不肯承認離念靈知即是意識我見，故不使諸機鋒，只是淡淡地回伊一句：「有生可殺即不倦。」就此放過，不肯助伊。

今時各大修禪道場之信衆，及與領衆教禪之大法師亦復如是；平實十餘年來不斷宣說：「有念之靈知心及離念之靈知心悉是意識。如來藏眞心則是從無始劫來本已自己存在、本已離念、本已涅槃、本已清淨，不須由染污之意識心修除妄念、修除染污之後變化爲清淨之如來藏。乃是本存在、本已清淨之第八識心。」然而各大禪修道場之大法師及諸信衆都不之信，反生瞋恚，故謗於我，悉皆甘墮我見之中，如同灌溪禪師一般，何日得入佛菩提中？誠可憐愍！

由憐愍故，平實不得不每年撰寫公案拈提一輯，以殺彼等我見，是名殺害衆生之一闡提人。平實如是殺害衆生之我見，成就一闡提無間罪而永不入無擇地獄，並得因此日漸成熟佛菩提果，即是《楞伽經》中佛所說之「菩薩犯五無間罪而不入無擇地獄」者也。有智之人鑑之！　頌曰：

去貪離瞋發大願，我見不斷亦枉然！

關南家風何處覓？且下禪床共和南！

第四五一則　尊宿枷杻

睦州道明禪師——陳尊宿　初居睦州龍興寺，晦跡藏用。常製草鞋密置於道上，歲久人知，乃有陳蒲鞋之號焉。時或有學人叩激，師隨問遽答，詞語峻險，既非循轍，故淺機之流往往嗤之，號為**陳瘋子**。唯有玄學性敏者欽伏，由是諸方日漸歸慕，謂之陳尊宿。

師因晚參，謂眾曰：「汝等諸人未得個入頭，須得個入頭；若得個入頭，已後不得孤負老僧。」時有僧出禮拜曰：「某甲終不敢孤負和尚。」師曰：「早是孤負我了也。」師又曰：「老僧在此住持，不曾見個無事人到來。汝等何不近前？」時有一僧方近前，師云：「維那不在，汝自領出去三門外，與二十棒。」僧云：「某甲過在什麼處？」師云：「枷上更著杻。」

聖嚴法師云：《以無心為心，便是成功的心：**禪修的心是以無心為心**，俗話說：「有心栽花花不開，無心插柳柳成陰。」這裡的「無心」，指的是沒有一般的期待心，所得到的結果反而是很好的。倒是期待心強的人，容易出問題。然而，**無心是不是什麼都不管呢？不是，這個無心是不夾帶自私自利的清淨心**。以無私的心來做事的話，一定比較客觀，也比較會成功、比較能持久，至少事業不成功但做人已成功，表面不成功但內心已成功。》（東

初出版社《動靜皆自在》頁 120~121）

平實云：陳尊宿乃是一代大師，然初出道時尚無名聲，是故當時淺學愚人見陳尊宿之示現機鋒時，不解其意，乃共訶責陳尊宿為瘋子，是故陳尊宿出道之早期，衆人稱之為**陳瘋子**。亦如今時法鼓山之部份信徒少見無聞，不知余於法會中所現機鋒之旨，訶責余為瘋子，或責余之示現機鋒為乩童之起乩，正是古今呼應，可以共傳為**笑譚**也。

聖嚴師父所言無心之心——沒有期待之心，仍然是意識覺知心也；自言無心，其實仍是有心，只是因為誤會而自以為是無心罷了。聖嚴法師以意識心為修證禪法之標的，與禪宗之禪完全相悖，仍墮常見外道所墮之意識心中，同以意識心為常住不壞法故。然禪宗所悟之心，則是佛於三轉法輪諸經中所說之第八識如來藏也，佛於初轉法輪之四阿含諸經中，說此第八識心為實際、如、本際、眞如、如來藏、識、阿賴耶、**我**，於第二轉法輪諸經中說之為非心心、無心相心、不念心、無住心，於第三轉法輪諸經中說之為阿賴耶識、異熟識、菴摩羅識、無垢識、眞如、心、所知依、種子識、受熏識、阿陀那識、法身、法性……等。

世尊於阿含乃至唯識等三轉法輪諸經中，又處處說：意識覺知心生起時，必定與此第八識心並行同存，故說第八識如來藏為意識之俱有依。於第三轉法輪經中又說：

此第八識心從本以來即是常住涅槃，即是本性清淨者。既如是，則顯然非如今時台灣四大山頭四大法師所說之將意識心轉變爲眞心也。既然第八識真心本自清淨常住，與第六識覺知心本來同時存在，何須汝等大法師將生滅變異之意識心轉變為常住不滅之真實心？審能轉變者，轉變已，豈非汝等四大法師「悟後」悉皆具有兩個真心如來藏？豈非汝等悟後悉皆少卻意識心？有請汝等四大山頭堂頭和尚，及四大山頭中一切「說禪、道悟」之法師居士答余：「究竟如是耶？抑或非是耶？」可以逆料者，爾等必將進退兩難：是或不是，俱不能答也！

聖嚴法師於同書第十頁中舉示《楞伽經》中 佛語開示云：「佛語心為宗，無門為法門。」然《楞伽經》所說之心，則是**與意識俱在而並行運作之第八識如來藏**也。既如是舉證 佛語所說第八識心，則與此處修證意識心之自說互相違背也。未審聖嚴師父於此，當如何自圓其說？

今請聖嚴師父公開自圓所說！天下一切學人要知！

禪宗之禪，向來不管做人成不成功，向來不管做事成不成功，向來不管是不是有夾帶自私自利的心，向來不管意識心是否爲清淨心，向來不管覺知心是否比較客觀，向來不管做事是否比較會成功、比較持久，更不管「表面不成功但內心已成功」……

等事，絕非如聖嚴法師上來所說之法也。

禪宗之禪，向來只管是否證得本已存在之真實心，向來只管是否證得本已清淨之實相心。今者觀乎聖嚴師父所言之禪，悉皆言不及義，同於星雲法師、惟覺法師所說無異，悉與禪宗之禪悟無關；如是修行，永劫不能得悟，何如共探禪宗證悟祖師開示之語好？便舉陳尊宿之枷杻公案，與諸大師學人共話無生：

睦州道明禪師—陳尊宿—因大衆晚間參禪，乃上堂謂衆曰：「汝等諸人於『禪』若尚未得到證悟之法，則須勤求證悟之法；若已經得到證悟之法，已後可不許辜負老僧。」話甫落已，當時便有一僧走出衆僧座位而禮拜曰：「我終究不敢辜負和尚。」這僧機遲，不知出衆時早將家醜外揚了也，出衆已，猶自禮拜、絮絮叨叨，道個不辜負；睦州禪師便訶責曰：「你早就辜負我了。」

只如這僧出衆，未曾做甚惡事，道得這一句，也只是輸誠，何處是辜負睦州之處？招來睦州當衆訶責？今時台灣四大法師既敢出頭說禪、道悟，且向大衆公開斷這公案看看：「這僧是何處辜負睦州禪師？因什麼道理招得睦州當衆訶斥？」有請公開斷一斷，天下學人及爾等座下四衆弟子私心之中皆欲知之！

復有一日，睦州禪師又曰：「老僧在此住持恁久，不曾看見一個無事人到來這裡。

汝等何不近前看看？」當時有一僧聞言，方才走近睦州跟前，睦州禪師卻責云：「如今維那不在這裡，你自己領了罪狀出去三門外，打自己二十棒。」那僧聞言，不領睦州禪師意，便問云：「我的過失在什麼處？」那僧正是鷂過新羅、方才放箭，早是機遲也，何有證悟之緣？然於問此過失之時，何妨亦有悟道之緣？然而那僧終究不知，由是之故，睦州禪師便訶責云：「你這僧人，正是枷鎖之上更著一重杻。」

只如那僧近前，未有一言一行忤著睦州，因何緣故睦州卻訶責伊？教伊自領罪狀出去、自打二十棒？罪過何在？　云何平實道是那僧機遲？究竟那僧機遲在什麼處？致招睦州放伊二十棒？　若人具足正知正見，於此教外別傳之法，聞平實拈已，便得悟去，方知平實不汝欺也！方知誣謗平實「起乩、瘋子」等語之業行何等嚴重也！

如今且問台灣四大山頭星雲、聖嚴、惟覺、證嚴四大法師：「爾等既敢出頭講禪，說迷道悟，頗能指出睦州禪師意在何處否？還能解得那僧機遲之理否？」有請斷言！若道不得，焉敢誹謗平實之法與人？捫心自問：未來世之長劫尤重純苦，比之於此世所餘之十數年名聞利養，孰輕孰重？豈未之知耶？何無智若此？

或有學人具足參禪正知正見已，甫聞平實如是舉已，覷得棒頭所在，一眼瞄見，便會般若諸經所有旨意，不從人得；從此便入菩薩數中，入住正位，頓成大乘勝義菩薩僧，且不論爾身著白衣抑或黑衣。如或未然，且聽平實頌來：

參禪者，丈夫事，俊猊頓超生死簿；
出頭來，早辜負，鈍鳥更問過失處；
睦州機，奇復屼，梟鴟未飛先吩咐；
衆禪子！何蹙蹙？驟步深草驚朱鷺！

第四五二則 尊宿擔板

睦州道明禪師—陳尊宿 師尋常或見衲僧來，即閉門。或見講僧，乃召云：「座主！」其僧應諾，師云：「擔板漢！」或云：「遮裏有桶，與我取水。」

師一日在廊階上立，有僧來問：「陳尊宿房在何處？」師脫草履驀頭打，僧便走，師召云：「大德！」僧迴首，師指云：「卻從那邊去！」

聖嚴法師援引祖師法語而解釋云：《你但離卻有無諸法，心如日輪，常在虛空，光明自然，不照而照：這段才是真正講禪悟的境界，有了前面的那種工夫之後，就要開發智慧。智慧如什麼？智慧像太陽，常在虛空，萬里無雲，永遠光明，任何東西都無法遮蓋它，從來沒有黑暗的時候；不像在地球上看到的太陽，下雨時就看不到。此處以光明形容悟後的智慧動態，是絕對的自在，不是與黑暗相對的光明。**這一定要離開「有」與「無」兩種對立的境界和心態，才能有心如日輪的體驗和境界出現，那就是悟境。**離開「有」與「無」這兩個對立的觀念，對禪修者是非常重要的，有是執著，無也是執著。何謂有？對心外之物，想追求，又想擺脫；追求解脫，追求開悟，追求成佛，認為有一個境界叫做開悟，認為成佛是有一個佛果等著去享受；還有，認為這個世界很多的困擾、麻煩都是「有」，希望從「有」得到解脫，而進「無」的涅槃境，這都是執著。》（東初出版社《動靜皆自在》頁 140）

平實云：聖嚴法師即是《楞伽經》中 佛所斥責之計著煩惱有無者，即是 佛所說之「凡夫對於佛法解脫所作虛妄想」也。所以者何？謂 世尊於三乘菩提法中，不說諸法有無，但言世俗之凡夫執諸法有、執諸法無，不知我見與我執是何物。更明言：佛教中一切賢聖不執諸法有、諸法無，但證蘊處界空相，唯是斷除我見與我執，不說煩惱之實有實無；更道大乘賢聖不墮諸法有無之中，唯是親證一切萬法皆是**自心現量**。

禪宗之法更屬如是，唯在**親證自心如來藏**上用心，一心求證自心如來藏。黃檗所言「你但離卻有無諸法，心如日輪，常在虛空，光明自然，不照而照」等語，明明教導吾人「莫墮諸法中」，聖嚴師父所說法，卻處處不離覺知心上，覺知心則必與諸法相應，必墮諸法中，顯違黃檗所說「離卻有無諸法」之開示也。

復次，「心如日輪，常在虛空，光明自然，不照而照」者，實乃第八識如來藏之體性，非謂意識覺知心也；何以故？謂覺知心乃是常與諸法相到者，常與諸法相感者，並非黃檗所說**常在虛空**而離諸法者；覺知心亦非屬於**光明自然**之心，乃是有時生起、有時斷滅之心，乃是依如來藏及六根方能生起之心也，焉得謂之為自然而有之心？覺知心非屬不照而照之心，乃是永遠不離六塵萬法之心，乃是對六塵常有覺照之心，非是不照之心，唯除眠熟等五位斷滅之時。黃檗所說者，能與第三法輪諸經所說第八識如來藏體性相應；聖嚴師父所說者，不能與第三法輪諸經所說心契符，乃是違 佛所說而引黃檗之說，援引為同於己說也。

復次，黃檗明明斥責末法禪者云：「皆著一切聲色」，今者聖嚴師父所說之心，卻是一向著聲色之覺知心；覺知心一旦現行，則必著於聲色六塵故，必與聲色六塵相到、相應故。若人所悟證之心，如同虛空之不墮六塵中、不與六塵相應相到，猶如黃檗此句之前所宣說之「心心同虛空去、如枯木石頭去、如寒灰死火去，方（與菩提）有少分相應」，如是之心正是如來藏從來離見聞覺知之體性也。

如是證得者，不拘死坐、不必禪七裡每日與腿痛相抗，於飲食作務中自然悟去；悟得之後，亦不須打坐保持一念不生，亦不須畏懼言語妄想之滋生，悟後於與人言語及日常作務中，自有此一心如同虛空、如枯木石頭、如寒灰死火，從不與六塵相到相應；卻又光明自然、不照而照，完全了知衆生心行，常如日輪之對衆生照耀光明，乃至眠熟無夢時亦復如是不斷運作、不照而照。

如是悟去，豈不是省力底事？何須如聖嚴師父之辛苦打坐？之求保持一念不生以為證悟？何須因於起念而生煩惱、便非證悟？平實所言如是之悟，乃是一悟永悟，所悟之心絕無再起妄念之時，所悟之第八識如來藏自無始來本已不曾起一妄念故，悟後亦永遠如是故。如是悟得，豈不是省力底事？何須為求一念不生、煩惱不起而打坐盤腿、與腿痛對抗？何須「悟後」辛苦保任一念不生之境？

今觀聖嚴師父以意識心之思惟，而自以為已悟。所言皆在意識心境上說，不能稍及第一義諦主體之如來藏心，墮於常見外道見中而言光明、智慧、有無；乃至勸人莫求開悟與解脫：「追求解脫，追求開悟，追求成佛，認爲有一個境界叫做開悟，認爲成佛是有一個佛果等著去享受；還有，認爲這個世界很多的困擾、麻煩都是「有」，希望從「有」得到解脫，而進「無」的涅槃境，這都是執著。」真是癡人說夢也！

所以者何？唯有證悟之人方能不執著開悟之事，已了知證悟即是親證自心如來藏故，已了知證悟者根本無一法可得故，皆是自心所現故，皆是悟前本已具足之法故。證得如來藏者，方能不再追求開悟，方是真正對開悟無執著者。若如聖嚴師父……等未悟之人，口中雖說不執著開悟事，不求解脫，然實心中對於開悟之事嚮往不已；但因心中之嚮往，不能令人知之，亦恐諸多弟子對自己要求引導證悟如來藏，而不能為之，遂作此說，令諸弟子不求證悟、不求解脫；狡辯為「求悟、求解脫者即是墮於有中」。然實未悟之人皆須求悟，悟後方能真正不墮有無之中。未悟之人皆以自意想像，自以為如何如何即是離有無之證悟境界，殊不知凡此皆是臆想思惟所得，並非親證，仍墮有無境界中，而想像不墮有無境界，便向大眾暗示自己不墮有無境界。

聖嚴法師不知不證涅槃修證所應先斷之我見—不知應否定意識覺知心之常；亦不知不證涅槃所應斷之我執—不能否定作主之意根，不能了知意根之虛妄性與令人輪迴之體性；則於解脱之二乘菩提修證悉付闕如，云何可言對於涅槃已無所著？唯有如實求證解脱與般若，親證解脱與般若之境界，了知我見與我執之內涵，並親斷之，方是真正無執著之人也！今觀聖嚴法師乃是不證解脱之人，空言解脱與無著，有何義乎！如人未得過河，而對眾說言：「不要執著過河，便是已過河了。」如是言者名為愚癡。要須過河已，方對過河一事不生執著，河已過故。

解脱亦然，開悟亦然，要須解脱已，方對解脱果之修證不生執著；要須開悟境界已證，般若慧已發起，方對開悟境界不生執著；已經解脱乃至證悟故。然今聖嚴師父不此之圖，不求自身之親證解脱境界，不求自身之開悟般若智慧，而於未過河之此岸，自言不要執著過河，便是過河，真是逃避現實之鴕鳥作為也。自身作鴕鳥已，更教座下廣大徒眾同作鴕鳥，大眾共同埋首沙中而作已經渡河之夢，絕不承認如是作為是鴕鳥作風。

是故，欲求解脱果之真修實證者，當現前觀察覺知心意識虛妄，不論有念之靈知心，抑或離念之靈知心，抑或前念已滅、後念未起中間之短暫無念靈知心；亦當現前觀察處處作主之意根虛妄，不復執著此一處處作主之意根為常住而真實之心，不復認定此心能入無餘涅槃寂靜境界；如是現觀者，方是親證解脫果者。

是故，欲求禪宗之開悟而發起佛菩提者，當現觀十八界之一一界皆是虛妄法，如是斷我見已，當依真善知識所說禪法知見，一心尋覓自心如來藏—無始劫來本已存在、本已離念之第八識阿賴耶。如是親證已，般若慧自得發起，對於般若諸經所說者，不須他人教授，便自能通達。欲證自己真實常住之不壞心者，當依禪宗公案參究之，最為便捷穩當也；便舉尊宿擔板公案，與諸學人合計：

睦州道明禪師於平常時，若見有參禪僧來見，總是甫見即閉卻方丈室門，摒客於外不見。雲門禪師之見睦州陳尊宿，即是閉門公案之著名事例。只如陳尊宿凡見參禪僧來，為何甫見便閉卻方丈門？竟是何意？若人於此薦得，不久可以出世為人天之師也！法鼓山大衆等！何妨於此瞄一瞄？看這裡究竟有什麼玄機？云何於此瞄得便可作人天之師？

陳尊宿若見來者是講經僧，不是參禪僧，則別施機鋒，多是開口大聲召喚云：「座主！」彼講經僧若應諾，陳尊宿便開口責云：「原來你只是死人—擔死人的門板上之漢子！」或於講經僧應諾後，喚彼僧云：「這裏有個桶子，為我取水來。」

陳尊宿之作略，與平實無二，一向為人老婆；然而若無參禪知見者，往往當作精神不正常之瘋子，是故陳尊宿初出道時被淺機之人謗為瘋子；平實往日亦常被法鼓山部份信衆當衆罵作「瘋子、乩童起乩」，如出一轍。

然而陳瘋子不瘋，平實亦非乩童，只是為當時在場部份有緣之人使機鋒時，正遇法鼓山諸無緣人亦復在場，便致遭謗。然而陳尊宿早年被訶為陳瘋子，直至後來成為大禪師，依舊不改其作略；平實亦復如是，雖遭法鼓山部份信衆公開辱罵為瘋子與乩童，終亦不改初衷，至今始終如是。爾等法鼓山大衆，何不於此起個疑情？究竟陳尊宿與平實二人，為何寧遭辱罵而始終不改初衷？竟是何意？若人於此薦得，不久可以出世作度人師也！法鼓山四衆，何不於此切？

陳尊宿一日正在廊階上立，有僧來問云：「陳尊宿之房間在何處？」陳尊宿不答，只是彎身脱下草鞋，忽然往那僧頭上打去；那僧突然挨一草鞋，驚慌之中直下返身便走，陳尊宿卻在那僧身後大聲召喚那僧：「大德！」那僧聞召迴首，兀自不曉，陳尊宿便伸手向那僧指示云：「卻從那邊去！」那僧愚鹵，依舊錯過，正是輕舟早過萬重山也。只如那僧來參訪陳尊宿，未曾謀面，探問尊宿丈室，亦是人情之常，云何尊宿不答伊所問，卻自脫履，竟是何意？脫履已，卻又驀頭打去，又是何意？那僧狂走時，尊宿在僧後叫喚那僧，又是何意？那僧未會，究竟是未會個什麼？尊宿因何卻又伸手指示？究竟指示個什麼？聖嚴師父講禪說悟二十餘年，還能道得麼？閩南語中俗諺有云：「歹竹出好筍」，或者法鼓山諸學人中，有人透得過這個荊棘林，答得平實此等諸問，亦未可知，平實敬謹以待此人。不敢再候余師也，已經絕望故。未相見之前，且聽平實再贈一詞：

寂靜絕音，從來不墮三界法；
如喪考妣，諸方行腳跋。
見即閉門，自是伊愚鹵，難奉茶！
隻履揚醜，指示更針筍！（調寄點絳唇）

第四五三則　尊宿現成

睦州道明禪師—陳尊宿　師問座主：「汝莫是講唯識否？」對曰：「是！」師云：「五戒不持。」

師問一長老云：「了即毛端呑巨海，始知大地一微塵。長老作麼生？」對云：「問阿誰？」師云：「問長老。」長老云：「何不領話？」師云：「汝不領話？我不領話？」

師見僧來云：「見成公案，放汝三十棒！」僧云：「某甲如是。」師云：「三門金剛，爲什麼擧拳？」僧云：「金剛尚乃如是。」師便打。

聖嚴法師開示自我的肯定、成長、消融云：《我在法鼓山的禪修營中，經常強調自我肯定、自我成長，但自我成長之後則要自我消融，人格的昇華，便爲清淨心的完成。……我的一生，一向不存與別人比較高低或大小的心，我走在人家後面時，不覺得丟臉；我走到人家前面時，不以爲成功，人家趕過我的時候，我不需要覺得難堪。……但是，不比較並不是停頓，而是走出自己的新路來。如果你走的路是別人也能走的，這表示這條路沒什麼了不起；**如果你走的路別人趕不上，那你就真正成功了**，在這種不比較的心態中，你的自我也就**真正**消融了。》（東初出版社《動靜皆自在》頁 123~124）

平實云：如是所言，正好自語相違也！既然走在他人後面時，不覺得丟臉；既然走在他人前面時，不以為成功；何須又存如是心態「如果你走的路是別人也能走的，這表示這條路沒什麼了不起；如果你走的路別人趕不上，那你就眞正成功了」？此正是比較之心態，云何復自言為不比較？此語已經正式顯示聖嚴師父之比較心態，云何可言已是自我之真正消融？前言後語自相矛盾，莫說禪之一法，世俗法上已是敗闕也！

然而一向皆在覺知心上用心之聖嚴師父，好言自我之消融，及至觀察其實所言、所修、所為者，皆是不能消融自我之邪見也。謂聖嚴師父一向不肯斷除我見——總以為覺知心不起念者，即是真如心；總以為覺知心不起語言文字貪瞋等煩惱者，即是消融自我。然此正墮意識心自我中，違 佛所說斷除我見與我執之正理，正是墮於自我之中，完全不曾消融一分一毫之自我也。是故，一切學佛之人，若欲真正消融自我者，當斷我見與我執，方是真正之消融自我者也；若仍隨於聖嚴師父之我見，堅執覺知心意識不貪不瞋等，即是消融自我者，其實乃是消融自我之自我妄想催眠罷了，自我仍然堅實存在故，未斷我見與我執故，仍執離念覺知心為常住法故，此正是常見外道所執之常不壞我故。

然而二乘佛法中， 佛說自我虛幻——十八界之一一界皆悉虛妄；明示一切佛弟子：覺知心即是意識，意識乃是依他起性之法。故於四阿含諸經中， 佛說：「意、法為緣生意識。」意識覺知心既是由意根與法塵為緣，方得由如來藏出生，已顯示非是本有之法、非是常住之法；既非是常住之法，既是緣生緣滅之法，故說一切人應現前觀察其妄，從此永遠不再執著意識覺知心自我，如是方名真正消融自我之法也。今者聖嚴師父都不在此法上如實現前觀察，反而教諸徒衆以意識心為中心，而不執著覺知心外之一切法，以為不與他人爭競，便是已經消融自我，違 佛所說二乘解脱之道，與解脱道之正觀行相違，正是執取意識覺知心為常住不壞之法，未斷我見，正是執著「常見外道之自我」者，焉得說為消融自我之法耶？

若於大乘法中，則諸古今證悟之師，皆說一切現成，但得證悟本心，不需消融自我，而自我即能漸漸消融也。此謂禪宗所悟之心，乃是本來即離見聞覺知之第八識如來藏，乃是從來不執自我之第八識如來藏，不與六塵相到，不曾執著任何一法。佛亦宣說此真實心：「心不自見心」，從無始劫來一直不起證自證分，是故從來不曾覺知自我之存在，本無自我可得、可執。禪宗真悟之人，由悟此心故，了知意識覺知心之虛妄，故不須另作觀行以求消融自我，而自我之執著自能漸漸消融也。是故陳尊宿常開示云：「現成公案。一切現成。」

由是正理，平實懇勸法鼓山諸四衆弟子：當依 佛語聖教，現前觀察覺知心自我虛妄，斷除我見，以此正理而消融自我，不應如聖嚴師父所說之與他人比較而自以為不作比較，不應如聖嚴師父所說之認定覺知心意識自我不壞，以為不執著五欲等法即是消融自我之法，此非 佛所開示正法也。是故有智之法鼓山信衆，當依四阿含所說十八界法，一一現前觀察，證知十八界法之一一界皆是虛妄不實，則能了知覺知心意識之虛妄不實，如是方屬消融自我之正理也。

然此觀行僅是二乘解脫道之正修，非是大乘般若之正修也。若欲親證大乘般若，證知佛菩提者，應須依止禪宗真悟祖師開示，藉以建立正確知見，如是修學正知見已，而後參禪尋覓自心如來藏，方是正辦；不應摒卻證悟如來藏之法，而隨聖嚴師父之於意識心境界上用心也。

一日，講唯識學之座主來訪陳尊宿，陳尊宿乃問座主：「你不是講解唯識的人嗎？」唯識學之座主應對曰：「是！」陳尊宿乃向唯識座主說云：「五戒不持。」座主無對。

只如陳尊宿言五戒不持者，是座主不持五戒？是陳尊宿不持五戒？是在座聞者不持五戒？平實告知一切學人：平實亦不持五戒，諸菩薩亦不持五戒，諸佛亦不持五戒。云何如是？此謂五戒乃是衆生五蘊十八界之所持法，非是自心如來藏所持之法也。若人親證如來藏已，現見如來藏遠離六塵萬法，祂有何戒律之可持者？若人親證如來藏已，令自心七轉識之染污性轉依如來藏如是清淨體性，尚有何戒之可持者？由是緣故，一切證悟菩薩不持佛戒、不取相戒、不非戒取戒，自性本淨故，蘊處界如是轉依後，則必定不犯五戒故，尚有何處可持五戒者？

某長老來參，陳尊宿問長老云：「如果能了知般若真旨，即知一毛端中亦容大海之巨，始能了知大地之廣其實無異一微塵之細量。長老對此，如何瞭解呢？」彼長老應對云：「你是問誰呢？」陳尊宿說：「我問長老您啊！」長老答云：「你為什麼不領納我的話意？」陳尊宿乃責彼長老云：「是汝不能領納話意？還是我不能領納話意？」

只如一毛之吞巨海，其誰能信？然於證悟者言，莫道巨海，乃至十方虛空，亦唯一隻微塵蟣之心海中之一漚爾，有何可異之處？長老不解陳尊宿之意，故作玄虛，以為陳尊宿與他說禪，便起東施效顰之心，學他禪師家作略，亂統一場，卻來反責陳尊宿領不領話。後來被人記下，便成千古笑柄也！是故未悟之人千萬莫說悟事，否則後來若有悟者出世，拈提以示天下時，須不好看！

陳尊宿一日因見僧來參，便向彼僧云：「這就是現成的公案，你還不會。送給你三十棒！」彼僧冒充悟者，學他禪師言語，乃答云：「我就是這樣。」陳尊宿見彼僧不會，卻又亂統一場，乃向彼僧提示云：「你且參參看：外中內三門前之金剛護法神，為什麼都舉起拳頭？」彼僧不會陳尊宿意，辜負陳尊宿一番老婆心意，兀自以為懂得禪法，不向陳尊提示之處參究，卻自顧自地答云：「金剛神等，本來就都是這樣。」陳尊宿聞言，舉杖便打。

可笑古今天下一般大法師、大居士，多屬如是未悟謂悟、未證言證之人，有志一心，共同籠罩大衆；今時台灣四大佛教團體之大法師亦復如是，悉以亂統之語籠罩大衆，若究其實：從來未悟。是故平實拈提公案數年之後，四大山頭之大法師，悉皆心生大煩惱，私下有志一同地對諸徒衆誹謗平實為邪魔外道。然於邪魔外道之平實所說「邪法」，卻都有志一同地噤聲不語，於學人之質問，皆不指正之，皆作縮頭烏龜，不肯出面正式具文評論平實之法究竟錯在何處，只作人身攻擊，以言語誹謗平實是邪魔外道。如是駝鳥作風，不肯負起摧邪顯正之責任，不肯出頭對平實法義之「邪」、之「魔」、之「外道」等法，加以摧滅，用以維護佛教法義之純清；不肯驅逐邪魔外道法之平實法義於佛門之外，一味迴避大法師維護佛教所應盡之摧滅邪說之責，確實可議！

今者邪魔外道之平實，且要藉陳尊宿之語，用問「正統、正法」之台灣四大山頭四大法師：彼僧甫到睦州眼前，尚未言語往復問難請益，亦未曾拈得一件公案，云何睦州卻向彼僧道是現成公案？且道現成之公案在什麼處？不可道睦州禪師是籠罩學僧也！若道不得，已可證知汝等四大法師皆是未悟之人；未悟之人而於各種新聞媒體上作諸演講，說禪道悟，何能了知迷悟之事？竟敢向學人及諸法師開講「迷悟之間」、開講禪宗法道，於迷於悟於禪於法，有何證知之處？而敢言之？　如今且請斷看：究竟陳尊宿之現成公案在什麼處？　有請一道，天下人要知！

大法師莫向平實言道：「那僧來到陳尊宿眼前，只這行步來到，便是公案，所以喚作現成公案。」若作是說者，平實當下一棒打去，教爾眼冒金星，魂歸離恨天！所以者何？行步來去者，乃是五蘊中之行蘊，依色蘊而有，虛妄不實之法，怎言得公案？作是言語者，有什麼會處？敢來平實眼前亂統？合吃平實痛棒！

如或有人來向平實道：「當我行來之時，一念不生，清楚明白，可以完全作主，這便是公案。」平實當下亂棒趁出門去，這種人，我見未死，焉能活得法身？尚執離念靈知之意識心為常住不壞法故，永與大乘見道絕緣故。如或有人吃棒回去了，不畏平實痛棒，奮起再參，再覓平實問此現成公案者，平實當時便拉伊手，向三門金剛護法神像前立，平實卻向護法金剛神像旁，右手舉拳，與伊作個伴兒！

爾等四大法師！還會得平實意麼！　頌曰：

法相唯識真種智，勝義證者了；

未證藏識難登座，虛語終難描。
聞說參禪最捷急，向禪林行腳；
只恐我見生遮障，永世不見帝堯。（調寄武陵春）

第四五四則　尊宿呈劍

睦州道明禪師──陳尊宿　僧問：「如何是曹溪的的意？」師云：「老僧愛瞋，不愛喜。」僧云：「為什麼如是？」師云：「路逢劍客須呈劍，不是詩人莫說詩。」

僧到參，師問：「什麼處來？」僧云：「瀏陽。」師云：「彼中老宿祇對佛法大意，道什麼？」僧云：「遍地行無路。」師云：「老宿實有此語否？」僧云：「實有。」師拈拄杖打云：「遮唸言語漢！」

聖嚴法師云：《很多人好談開悟，以為像古代禪師拿個棒子在你頭上一打，就能達到當頭棒喝的悟境。但是很多人弄不清楚什麼是當頭棒喝，認為罵一句或打一下，讓妄念、煩惱暫時不起就叫做開悟。其實這只是在有分別、煩惱時，在攀緣執著非常重的時候，禪宗會用這個方法，突然之間打一下子、罵一下子，是有用的，但不是開悟。》（法鼓山佛教基金會《心的對話──漢藏佛教對談》頁63）

聖嚴法師又云：《有些人以為：當他們自問「我是誰」時，找心找不到，就認為是開悟了，這會有問題。**有很多人是暫時休息，心中雖沒有雜念，但不是開悟，這個叫做頑空，不是空性的空**。所以必須要有老師來考驗，並且學生也要自省及自我觀察日常生活中會不會起煩惱，有沒有執著。所以我剛才才問：**心的光明現前之後，可以維持多久？如果一**

直維持下去，我們叫做徹悟；沒有一直維持下去的話，叫做見性。不過，如果一個人的體驗不符合中觀的空性的話，我們也不承認那是眞正的徹悟。》（法鼓山佛教基金會《心的對話—漢藏佛教對談》頁82~83）

平實云：聖嚴師父責人「好言開悟」一事，實應責己。此謂台灣二十年前尚無人言悟之時，師父已經常年談禪說悟了也！然若自身已悟，說禪道悟卻是好事，必能利益諸多有緣弟子故。只是師父自身根本未悟，卻又鎮日說禪道悟，又將諸多錯誤之禪法開示筆錄成書，用來廣泛誤導衆生，豈唯大有不當而已？如是好談開悟者乃是自己，云何卻責他人之好談開悟？正是自語相違也！

復次，聖嚴師父雖然譴責他人「以短暫之無念為悟」，說之為錯悟。然若檢閱聖嚴師父之禪籍著作，自己卻又墮於其中，正應以之責己也。譬如師父曾作如是開示：《這是「天下本無事，庸人自擾之」的寫照。很多人認爲開悟的境界一定非常深奧、非常玄妙，**其實不然。如果能夠把追求心、厭離心以及憂愁和期待等的念頭放下**，那就是悟境。》（東初出版社《公案一百》頁132）

聖嚴法師又開示云：《當時的唐宣宗，無法了解黃檗的意境，所以挨了兩巴掌，尚不知道被打的原因是什麼。如果他也跟著一起拜（佛）就沒事了，哪來那麼多的**妄想、雜念、疑**

問？難怪討打。》（東初出版社《公案一百》頁177）

聖嚴法師又開示云：《…其實心中念頭一動，已經失去了禪機，當然該打。這時**不思不想**，反能頓斷煩惱、頓破執著、頓除妄想分別。如果玩小花樣，想用另一個方式表達，早已不是德山希望得到的效果，因此舉起棒子就打。僧人覺得很無辜……德山常用棒，卻並不表示他有暴力傾向，他是慈悲心重，所以偶而會用毒治毒，鉗錐逼拶，**打落弟子們的妄想執著**。》（東初出版社《公案一百》頁232）

聖嚴法師又開示云：《玄沙禪師當場就試驗韋監軍，拿起果子叫他吃。韋監軍覺得對方答非所問：我問的是「如何是日用而不知」，你卻叫我吃果子，所以再問一次。這就是他的破綻了：雖然在吃果子，**但腦袋裡另有念頭**，所以玄沙一下子就點明他：「你剛才那個現象就是日用而不知。」》（東初出版社《公案一百》頁241）

聖嚴法師又開示云：《至於曹山當時的心中是在想著什麼？體悟到什麼？我們並不知道，可能僅是一個禪機，逗著弟子們去瞎思索：**當思索不出而放棄思索時，正好是放開一切的悟境出現**。》（東初出版社《公案一百》頁265）

如是衆多開示，出自聖嚴師父近年所造同一本書中：悉皆同於他人所言之「悟境」無異：同是將煩惱妄想念頭放下，以之為悟，與他人之以無念、無妄想為悟，炯無差別。既如是，焉可唯責他人之以無念為悟？亦應責己同以無念為悟也。

復次，禪宗之開悟，非如聖嚴師父所說之「以心中無妄想念頭為悟」，或以心中無煩惱生起為悟；而是**以親證第八識如來藏，作為破初參證悟明心之唯一標準**。若人悟已，非是證得如來藏；或所證之如來藏只是意識心之變相境界，非是真正之如來藏者，皆非禪宗真正之明心開悟。然今現見聖嚴師父根本不知禪宗真悟祖師之證悟內涵，則聖嚴師父未悟言悟之事實，顯然可見；其未悟而說禪道悟之言語，昭昭俱在，皆成鐵證。如是未悟之人，二十餘年來不斷出書說禪道悟，何可妄責他人之未悟言悟？何可妄責他人之「好言開悟」？正應以此責己也！自己最愛以未悟之身而廣言開悟之種種事之故。

若欲求悟，則以參究禪宗真悟祖師開悟之公案，或參究其悟後開示之公案，最為穩當，最為迅速：

有僧前來參訪睦州道明禪師—陳尊宿，請問云：「如何是曹溪六祖所傳正法的真正意旨？」睦州道明禪師答云：「老僧愛瞋，不愛喜。」此個答語，禪宗門下謂之為偏中正，乃是從偏斜裡答去—從偏斜中顯示正理，最是難會。那僧既非上上根器，自是不會，乃又問云：「為什麼如是？」睦州道明禪師云：「路逢劍客須呈劍，不是詩人莫說詩。」意謂：若所遇非是真實證悟之人，不與彼人作家相見；若所逢非是上根利智者，不與他談禪說悟。

多有參禪之人自謂已悟，初遇平實時，每期平實與之作家相見；然平實出道以來，未曾逢著一個家裡人，皆是墮在意識知解上者，皆是以意識心之變相境界作為如來藏者，教平實如何與伊作家相見？此即是睦州所云之**路逢劍客須呈劍，不是詩人莫說詩**之意也。

今時台灣之法鼓山、中台山、佛光山等三位大法師，皆是未悟謂悟、未證言證之人，常年談禪及說禪宗之悟；近來慈濟之證嚴法師亦開始說禪，然此四大法師俱皆墮在意識境界，同於常見外道；卻對平實所悟完全符合 佛示如來藏之法，加以否定，沆瀣一氣，同皆私下誣蔑平實為邪魔外道；否定已，卻又無法以語言文字公開舉證平實之法與 佛所說相違之處，亦無法說明平實之法悖於正理之處。如是台灣四大道場之大法師，誣蔑平實為邪魔外道已，卻又同皆噤聲，不肯出頭指正、或出書指正平實之法義錯在何處，個個皆作縮頭烏龜—只敢以口頭在私下誹謗平實為邪魔外道；如是放棄摧邪顯正之作為，豈是身為佛教三寶之一—尊貴之僧寶—所應有之態度？

參須實參，悟須真悟；若如證嚴法師之根本不解般若證悟，若如聖嚴、惟覺、星雲、證嚴之錯會佛法者，切莫談禪說悟，莫言迷悟之間（註），開悟境界非是爾等親證之法故。奉勸諸大法師：萬勿因為貪著名聲世法利益之故，而對真悟之佛子妄加誹謗，否則捨壽之後，業境現前時，已無言語能力，已無法請人救助了也！居時莫道　佛不接引，所造破　佛正法及謗勝義菩薩之重罪，必須自受故；謗法及謗證悟菩薩之因果，必定昭昭不爽故。今時之面子，根本不值一文錢，何須為此干冒謗法及謗菩薩之因果重罪？如是執著面子，非是有智之人也！（註：星雲法師在電視節目及《人間福報》上有「迷悟之間」專欄，所說悉墮世間有為之俗事中，悉皆言不及義。）

有僧到參，睦州禪師問云：「你從什麼處來此？」睦州只此一問，不覺家醜外揚，只是猶如電光石火一閃而過，可憐彼僧未曾絲毫警覺，輕率答云：「我從瀏陽來。」睦州禪師又問云：「瀏陽各大道場諸多老宿開示佛法大意時，說些什麼？」那僧依舊未會睦州之意，仍逐睦州語意而轉，答云：「彼中老宿有如是開示：到處都無路可走。」睦州禪師聞言，欲要坐實僧語，乃又問云：「彼中大師確實有此語否？」那僧不曉睦州之意，實答云：「確實有此開示。」睦州禪師處處為那僧，百般賣弄，見伊總不會，遂拈拄杖打彼僧，罵云：「你這個只知道口唸他人言語底漢子！」

且道：睦州與那僧閑話家常，絮絮叨叨地，意在何處？復道：前僧來問六祖旨意，睦州云何卻回道「老僧愛瞋不愛喜」？如是一語中，何者謂偏？何者謂正？爾等竟日說禪道悟，徘徊於迷悟之間底四大法師！還有會者麼？試斷看！天下諸多佛弟子要知！爾等座下四衆弟子亦要知！　若道不得，只成個野狐！尚不能知禪悟之實質，能度何人證悟？能教何人修學真正佛法？乃竟成日裡說禪道悟，有何實義可言？　頌曰：

平實最愛陳尊宿，一生恁老婆；
佛遙根劣法法謬，寶劍不停斫。
聞道今時魔法盛，欲請袪邪魔；
只恐寶劍呈大師，個個心怯難掇！（調寄武陵春）

第四五五則　尊宿自領

睦州道明禪師—陳尊宿　師問一長老：「若有兄弟來，將什麼祇對？」長老云：「待他來。」師云：「何不道？」長老云：「和尚欠少什麼？」師云：「請不煩葛藤。」

有僧參，師云：「汝豈不是行腳？」僧云：「是！」師云：「禮佛也未？」僧云：「禮那土堆作麼？」師云：「自領出去！」

聖嚴法師云：《一、調飲食……二、調睡眠……三、調身……四、調息……五、調心：以上四種都與心情（心的情況）有關，心情安定與否，和我們的飲食、睡眠、身體、呼吸都有密切的關聯，如果調整得很好，心情自然愉快平穩。之後便可以用眞正禪修的方法，達到調心的目的：**把虛妄心、污染心變成真心、清淨心**。所以，在日常生活中，可以先從調飲食、睡眠、身體和呼吸做起，再**配合禪修的方法，如打坐、參話頭、默照、直觀等，達到清淨無染的境界**。》（東初出版社《動靜皆自在》頁 183~184）

平實云：只此一段開示中，已將聖嚴師父未悟之事實，具足呈現於一切真悟菩薩之眼前也！所以者何？謂此短短一段語中，已知聖嚴法師乃是以覺知心中不起世俗煩惱妄念，作為禪宗般若禪之證悟境界也！已知聖嚴師父根本未曾證得第八識如來藏也！

諸方大師學人當知，於前後三轉法輪諸經中，不論最早期之阿含諸經，抑或最末期之唯識諸經，佛皆如是隱說明說：「能覺能知之妄心、即是與煩惱相應之覺知心，即是意識，屬虛妄之心、染污之心；而此意識一向與意根及真心第八識並行運作，乃是同時並行運作之心。」第三法輪之唯識諸經中，更顯說第八識方是清淨心，更明說第八識心之清淨性乃是本自如是，非因修行而**從意識心轉變成清淨之實相心**。第八識雖因在因地時，由含藏七轉識之染污種子而說為非是絕對清淨之心，然於七識心之貪染現行過程中，第八識仍依其本來自性清淨涅槃之清淨性而隨緣任運，現行之一切過程中皆是秉於本來清淨之自性而為，第八識自心之心行從來不與染法相應，故是本來清淨之心，非是由不清淨之狀態修行轉變成清淨。由是緣故，於一切種智之第三法輪諸經中，說八識心王諸法，及說八識心王之一切種子，說第八識自心之本來自性清淨涅槃。

由此正理，已可了知真心乃是本已存在之心，絕非猶如聖嚴師父所說之「將第六意識妄心加以修行而轉變成第八識真心」也。是故真心之清淨性乃是本自清淨，非是經由修行轉變而來者；真心如來藏中，固然含藏七轉識之不淨種子，然此等種子只能令七轉識現行時顯現七識心之不淨心行，如來藏為配合七轉識之心行而運作時，仍只顯現其本來自性清淨涅槃之自體性，絕不因七轉識之不淨種子與心行而現有染污之行為，恆常保持其自性清淨涅槃之**本來體性**而不改變。

今者聖嚴師父教諸徒衆：「將第六意識妄心修行無念而轉變成第八識真心」，必定永無成功之日，第六識永遠是第六識故，第八識永遠是第八識故，二識從來不能互相轉易故，將來亦永不能互相轉易故。是知聖嚴師父根本不知禪宗真悟祖師之所悟，根本未曾親證自心第八識如來藏，悉將揣測之辭而說禪悟，悉是意識層面之思惟臆度，用來籠罩四衆弟子，由此便知聖嚴師父所說禪法從來虛妄，於宗門中說之為門外漢；違背宗門之正理已，復又不能自行簡擇：不知自己所說與 佛聖教完全違背；從來不懂世尊聖教中諸正語宗旨。乃竟謬膺禪師之名，全球四處舉行禪七欲助人悟；復廣著諸多書籍，貽誤今時後世四衆弟子，悉令入於邪見網中；信其語者，此世絕無證悟之機會；若有被其印證為悟者，悉屬邪謬，皆成大妄語業之重罪，凡我佛教四衆弟子，於此皆不可不細審也！

聖嚴法師與惟覺、星雲等人，由錯悟故，對禪宗真悟祖師之公案，及開示語錄中之密意，便生錯會，不能真解其意，皆是死於句下者。死於句下已，復又自謂能知能真證悟祖師之語意，以此緣故廣著諸書說禪道悟。若今世未有真悟之人，不能辨之，則可與諸錯悟大師共同籠罩廣大學人；然若忽然有一證悟者出世弘法，所說必定迥異其說，則其著作中諸多邪謬之說，必與真悟者所說處處扞格，便皆成為錯悟之鐵證。

彼三大法師自墮於如是誤會禪宗之悟，偏又不肯安忍於真悟者所說，欲維護顏面眷屬及名聞利養故，便對真悟者妄加誹謗，則必招來真悟者依禪宗古風而作拈提之舉，則其狐尾便將無所隱遁。如是言語誹謗、私下抵制……等等行為，正是欲蓋彌彰、無智之舉也。

是故：**不是詩人莫說詩，未獲寶劍勿呈劍**。平實往年著書未曾指名道姓前，曾如是呼籲，而諸方大法師大居士悉不肯信，竟然繼續說禪道悟誤導衆生。說禪道悟也則無事，不涉平實，故平實多年來亦隱忍包容而不言之。乃竟諸多大法師大居士，由自身所說異於平實故，竟來否定平實所弘正法，破壞吾等共修團體，則平實不能再作隱忍包容之行，乃公開指名道姓而言之。如是作已，錯悟之師所墮之處，悉皆公諸佛教學人眼前，無所遁形也。平實今日仍作如是公開呼籲：**不是詩人莫說詩，未獲寶劍勿呈劍**，於未證悟之前，請莫說禪道悟，以免耽誤學人道業。

凡我佛教學人，欲入般若門下正修行者，必須先得禪宗之證悟；悟已即得般若之總相智，再隨真善知識修學般若別相智，方知大乘佛法所說之佛菩提道內涵與次第；

能如是了知佛菩提道已，則能了知二乘所證二種涅槃，亦能了知：大乘佛菩提道中，早已函蓋二乘菩提所證二種涅槃了也！凡此修證等，必須親從禪宗之證悟開始，一切人皆不能自外於此。是故，禪宗之證悟極為重要，悟得禪宗之真旨已，方能真入大乘佛法中修證佛法也；若未經如是證悟自心者，終不能入大乘佛法內門中修行，永處外門修學菩薩六度萬行也——永遠皆是般若慧學之門外漢也！一切大師與諸學人，於此事實，不可不知也！

有一長老來參訪睦州道明禪師——陳尊宿。睦州禪師乃問云：「若有佛門內之師兄弟來訪，你要將什麼佛法來開示與他們呢？」長老答云：「我且等待他來了再說。」這長老學伊禪師家言語，不能於睦州所問而作正答。睦州乃逼問云：「你為什麼不說說看？」睦州此語乃欲見長老之悟處，勘伊長老究竟悟得真與不真。

那長老是個老狐狸，自知所「悟」仍有淆訛，深怕露餡兒，乃編派一些葛藤付與睦州，答云：「睦州和尚您還欠少個什麼？還要問我？」睦州禪師一聞之下，已知長老根本未曾悟得宗門意旨，不能正答，乃直下要求長老云：「請不要再用這些葛藤來說。」直下要見長老悟處，要與他作家相見。那長老不曾悟得禪門宗旨，當時便不能答伊睦州禪師問語，便沒了下文，留下這一件未了公案。

只如諸方佛門學人，汲汲於諸大山頭各大法師間，悉於大道場大名聲之表相上著眼，今者平實且要問伊台灣四大道場之大法師們：忽然有個禪和子來參訪，欲求大乘佛法入門之理，爾等四大名師，將何以待之？將何法以示之？何妨說似平實！平實要知汝等如何利益佛門學人！不可辜負佛門學人對爾等四大道場大力護持之清淨信心也！且道：「爾等如何分說？」且請摒卻葛藤，與平實作家相見。若道不得，即是門外漢，何得以未懂佛法之門外漢身分，誹謗吾等親證佛法般若者為邪魔外道？既是門外漢，何能自稱懂得佛法？既不懂佛法，焉得領衆進修菩薩道？

復有學僧來參，睦州禪師云：「汝豈不是來行腳參訪者？」那學僧老實答云：「是！」睦州禪師便問云：「汝來此道場之後，禮佛了沒有？」那學僧專門參禪，懂得一些禪師機鋒，卻不知禪師家使機鋒，有時平淡得緊，並非常作棒喝等行也，由是緣故，不知睦州禪師此一語指示亦是機鋒，乃答云：「我是來求證悟的，去禮拜那泥土堆成的佛像作什麼？」錯會睦州禪師之意也。亦如有人來參平實時，平實往往教伊禮佛去，多不別作機鋒，亦不作禪三共修所用無量無邊種種機鋒。那學僧不曉睦州禪師手段之有時雷霆萬鈞、有時和風細雨，以為睦州只是一句尋常交待底話語，乃有如是應答。睦州禪師甫聞，已知那僧尚未具備禪門知見，欲令彼學僧自知有過，便責云：「自己領了罪狀出去自打！」

大乘佛法深妙無邊，豈是諸家道場之諸大法師**普皆能悟**？若有一法是諸大法師皆能得悟之法，當知彼法必是同墮意識之法也。證悟大乘般若之事，自從 世尊傳授以來，一向皆非易事，豈有可能一切大法師悉皆同悟？是故大乘佛法之深奧微妙，非諸天主所能輕易得知，何況人間各大道場等大法師，皆屬「普事世間求名求利諸行」之人？焉有悟處？若人欲求大乘般若之證悟者，當捨世間名利之營謀運為，專心一意、隨真善知識建立正見而參、而求，庶有入處；否則，終其一生，唯是世間法之名師爾，欲求佛道，終不可得也！

只如那學僧來到睦州禪師跟前，欲求睦州禪師機鋒，以助其悟，睦州卻唯教那僧去禮大殿中泥塑之佛像，且道：睦州意在何處？爾等說禪與道悟之大法師等，還有誰人說得？試斷一斷：睦州意在什麼處？什麼處是睦州為人處？ 若於此處描模得出，將來便不敢再謗平實是邪魔外道；若悟得真，重閱平實著作已，必將自動對衆公開發露懺悔往昔之誹謗平實等業，不待平實之指正也！亦不待諸 佛菩薩之現境或託夢也！若未得悟，盡此一生，終究無膽公開懺悔所造誹謗賢聖之重罪也！ 頌曰：

路逢劍客方呈劍，不是詩人莫說詩，今時此語誰肯受？

兄弟來參無祇對，聖僧卻教禮土堆，方榫圓孔怎生逗？（調寄浣溪紗）

諸方大師若見問，平實豈有二意？只教大師：

自領過狀出去，好好自打三十棒！

第四五六則　尊宿唯識

睦州道明禪師—陳尊宿　師與講僧喫茶，師云：「我救汝不得也。」僧云：「某甲不曉，乞師垂示。」師拈油餅示之云：「遮個是什麼？」僧云：「色法。」師云：「遮入鑊湯漢。」

有一紫衣大德到禮拜，師拈帽子帶示之云：「遮個喚作什麼？」大德云：「朝天帽。」師云：「恁麼即老僧不卸也。」師復問：「所習何業？」云唯識，師云：「作麼生說？」云：「三界唯心，萬法唯識。」師指門扇云：「遮個是什麼？」云：「是色法。」師云：「簾前賜紫，對御譚經，何得不持五戒？」無對。

聖嚴法師云：《……第三種人以看經做爲一種恆課，是生活中的例行事項。這個層次又可分爲兩種：第一種是普通的出家人或佛教徒，以信心做課誦看經，可能是爲了求功德。第二種人已開悟，平常生活依然有規律；他看經只看言外之意，也就是佛的心境、悟境、心懷。這等於把他自己跟佛安置在一起，等於面對佛的心。最後這種看經方式，相當於藥山惟儼把看經當成遮眼的層次。而他的弟子想仿效師父，藥山知其並未開悟，程度不夠，因此要他好好從文字上加以理解。**看經時只做心無雜念是不夠的，一定要理解經的意思，即使穀如牛皮的經也得看破**。看破的意思是鑽研、深究，不是看過即了。》（東初出版社《公案一百》

頁117~118）

平實云：聖嚴師父既如是說，則應收回前來所說諸書言語，謂師父所說者，悉是教人修行**心無雜念**之功夫，從來不曾教人如實理解經中之意旨，自身尚未能真解經中之意旨故，所開示之禪法處處違背 世尊聖教諸經意旨故。由是緣故，平實懇勸師父：「暫且放下法鼓山諸多事業，專心一志研讀平實一一寄贈之拙著諸書，信受余書所說知見，細心思惟，以貫通之，然後潛心閉關參禪，莫再著心於法鼓山之種種事業；如是等行，唯能博得世間名聲，成就誤導四眾弟子之事業爾，終究不能對自身此世及來世之道業有所助益也！所爲所說皆是誤導四眾弟子之大業故，無益自身與四眾弟子之今世來世道業故！」

誠如聖嚴師父所言：若欲看透經中 佛意，**看經時只做心無雜念是不夠的，一定要理解經的意思，即使韌如牛皮的經也得看破**，則知必須親證 佛於經中所說密意真旨，方有眼力看透經中真實密意。然而如何才能看透經中密意？是則必須親證自心如來藏—此謂親證禪宗開悟之般若慧也。由親證自心如來藏故，方具眼力、能看出 佛於諸經中隱說之密意；是故平實出書以來，至今前後九年，已有三十餘册，所說之法不可謂少也；然而師父與諸大師，包括印順法師及其門徒在內，雖被平實不斷評論為外道法，卻唯能私下謗平實法義為錯誤，終究無人敢具文指出拙著諸書之「錯謬處」而落實於文字上──不敢面對平實之法義而作正式之評論。如是私下異口同聲誹謗平實為邪魔外道，卻又有志一同：悉皆不肯具文指出平實之所以被稱為邪魔外道之緣由所在。如是效法鴕鳥之作為，大違法師僧寶住持　世尊正法之本意，於住持佛法之立場觀之，究有何義？

大法師之所以能成為大法師者，往往由其假藉僧衣之威德，輔以長袖之善舞，善於宣傳而廣聚徒衆；然後挾其徒衆廣大而夤緣政治勢力，成為當時之一代大師；既緣當代著名政治人物，轉更表顯其大師之身分，更易吸引衆生迷信而盲目崇拜，益增徒衆之聲勢。今時如是，古時亦復如是，故有諸多受封為國師，身著紫衣之大法師橫行於當時之佛教界。依國王皇帝之旨，一切證悟之法師居士，若見彼等身著紫衣之大法師時，不論天氣如何寒冷，皆須脫帽頂禮之。

今時之大法師等人，亦悉善於運用自身對廣大徒衆之影響力，於選舉之時，對政治人物有所索求；政治人物由於彼諸大法師之廣大徒衆票源考量故，便有種種互相攀緣之事，諸大法師與政治人物因此互相增益，各取所需。然而初學佛法、機淺之人，唯見表相，何能知此？但見有名之政治人物攀緣於某大法師，便以為彼大法師是有證量者；何能知曉彼等政治人物所見者唯是選票，何能知曉彼大法師根本不懂佛法正道之理？

古時亦復如是：有一身著皇帝所賜紫衣之大法師，來到睦州參訪陳尊宿；初見面時，紫衣大師明知自己未悟，不敢依俗規要求陳尊宿見禮，反自禮拜陳尊宿。陳尊宿見伊不在世俗法上見禮，能尊重證悟之人，卻是個稍懂佛法底人，有心為他，便使機鋒，拈起帽子上之繫帶示之，問云：「這個喚作什麼？」希望那紫衣大法師有個悟入之處。

無奈那紫衣大法師之證悟知見不夠，墮在陳尊宿之語脈上，答覆云：「這是朝天帽。」睦州禪師見狀，知他不懂禪宗機鋒，乃就事論事云：「既是恁麼，老僧就不卸下帽子了。」睦州禪師復又就事論事，問那紫衣大德云：「大法師平常所熏習者是何事業？」紫衣大德回答云：「修習唯識之法。」睦州禪師聞已，乃明知故問：「唯識之法，你是怎麼說的呢？」那紫衣大德回答云：「唯識的宗旨就是：三界唯心，萬法唯識。」睦州禪師聽了，仍舊有心為他，便指著門扇，問紫衣大德云：「這個又是什麼？」紫衣大德回答云：「這個是色法。」又落在睦州禪師語脈上了也！睦州禪師無奈，只好向如來藏本心之體性上，直說去也：「你既是皇帝老子錦簾前面親賜紫色僧袍的大法師，又常在御前講說經法，怎麼可以不持五戒？」紫衣大德不知睦州禪師乃是為他直說第八識自心如來藏之體性，當時完全不知睦州禪師所說之意，茫然無知，是故無所應對。

此個公案，對於未曾親證如來藏之人而言，著實猶如丈二金剛，摸不著頭腦，簡直是前言不對後語也。聖嚴師父當時若在，必解釋云：「禪的最高明的回答，就是答非所問（《公案一百》頁 106）。」然於一切真悟者觀之，睦州禪師此答，絕非是答非所問，而是直示真心如來藏之體性，希冀彼紫衣無慢之大法師能得悟入，然而彼大法師因緣不具，終究無功。學人若欲求悟般若，當先了知：自心如來藏從來離六塵一切法，五戒之受持，乃是六塵一切法中之事，云何自心如來藏有與受不受五戒之事？可惜睦州禪師未曾明說，是故紫衣大德雖然無慢，仍無悟緣，就此錯過了也。

由是緣故，平實多年來常道：「若未經過禪宗之參禪破參明心——證得第八識如來藏，而從經教中探討唯識諸經意旨者，皆只是研究經教，非是眞正修學唯識學。」未破參明心者，皆不能了知意根與如來藏之體性故，不能現前領受七八識之體性故，未證得自身本有之七八識故。

唯識乃是增上慧學，增上慧學乃是證悟明心後之菩薩，進修諸地時所應修習之法故；未證悟自心如來藏者，縱經多劫修習唯識諸經，仍將錯會經旨，不能如實領納唯識經中意旨；未證如來藏者，對唯識諸經意旨唯能揣測而不能領納及體驗故。是故今時一切宣說唯識法義者，若未親證自心如來藏，悉屬依文解義之人，並非真能授人以唯識正義者，何以故？自身對唯識之正義尚未親證故，自身對唯識正義仍屬揣測妄解故，則其所說唯識之理，必定錯誤百出，何可依止而修習之？

欲修學唯識增上慧學者，當先親從真善知識熏習正知見，而後參禪時方得親證如來藏；證已，自知般若諸經正義；此後始有能力親隨真善知識修習唯識正義。若未先證自心如來藏，而言正在修學唯識增上慧學者，悉屬掩耳盜鈴者，唯是自我安慰之說爾，並無實義。

復有一時，陳尊宿與一講經之法師喫茶，那講經法師求睦州禪師救護他講經時錯說正法之過失。陳尊宿卻云：「我救不了你啊！」那講經法師不懂陳尊宿之意，便開口問云：「我不瞭解您開示的意思，乞求師父垂示。」睦州見他無慢，有心救他，便拈起油餅示之，又云：「這個是什麼？」無上大法一時分明宣示，老婆無比。可惜那僧因緣未具，又墮在睦州禪師語意和境界上，答云：「這是色法。」睦州禪師只好罵云：「你這個死人。」成了個丟入鑊湯中被煮熟的漢子了也！

只如睦州禪師拈起油餅，直下指示與講僧時，問云「這個是什麼？」諸方大師且道：這個究竟是什麼？　那講僧答道是色法，分明未錯，云何卻被睦州訶？　禪宗門下這些作略，究竟是什麼意旨？恁麼難解？　且道：這個究竟是油餅？不是油餅？　若道是油餅，因什麼道理是油餅？　若道不是油餅，因什麼道理非是油餅？　如今說禪道悟之四大師們！且斷斷看：究竟是油餅？不是油餅？

只如宗門油餅究竟是個什麼物事？得恁麼難會？爾等大法師欲會麼？何妨放下身段，向路邊兒小攤子上，買個油餅吃吃看！　頌曰：

御前賜紫譚唯識，三界唯心，誰知正義？

手指門扇更示伊：不持五戒，色法豈翳？

講經過失由未證，依文解義，佛旨早軼！

拈起油餅方知法，宗門廣繹，人天歸歙。（調寄一剪梅）

第四五七則　尊宿燒香

睦州道明禪師—陳尊宿　僧問：「某甲乍入叢林，乞師指示。」師云：「爾不解問。」僧云：「和尚作麼生？」師云：「放汝三十棒，自領出去。」

僧問：「教意，請師提綱。」師云：「但問將來，與爾道！」僧云：「請和尚道。」師云：「佛殿裏燒香，三門外合掌。」

聖嚴法師云：《**禪修者若想開悟，唯有不斷地努力修行，而不是等待悟境現前，方有開悟的可能**。若有求，爲求開悟，便成執著，豈能開悟？所謂開悟，便是離開自我、親證無我。如果有了我求開悟的念頭，便與諸行無常，諸法無我的基本道理相違。若是有個拼命追求開悟的人開了悟，我們或可以承認他是開了悟，但這一定不是禪悟。若能遵循無所求行，努力修行，你的自我中心自然而然就會愈來愈淡、愈來愈小、乃至於無。這個時候你對是不是開悟的問題已不在乎，對於要到什麼時候才能成佛也不執著了。**到了這個地步，你已經開悟了，這是真的見到了佛性**。》（東初出版社《禪鑰》頁54）

平實云：聖嚴師父真是自語顛倒也！「禪修者若想開悟」而「不斷地努力修行」，正是求開悟之心，便是**求**也，云何復說言「若有求，爲求開悟，便成執著」，更言精進修行「豈能開悟？」自語相違，非是正說也！

若如師言「有了我求開悟的念頭，便與諸行無常，諸法無我的基本道理相違」，則應一切人都不可求悟，則應一切人都不應坐禪參禪也，則農禪寺每年舉辦大規模之禪七共修，亦成無義，凡此皆是求悟之心所為故。

「若能遵循無所求行，努力修行，你的自我中心自然而然就會愈來愈淡、愈來愈小、乃至於無」，實非正說也！若人不能現觀覺知心自我虛妄，不能現觀作主之末那自我虛妄，而將覺知心與作主之意根處於無所求之狀態中，其實仍是以自我為中心，仍墮我與我所之中也；如是修行者，永遠不能斷除我見與我執，云何可言「自我中心自然而然就會愈來愈淡、愈來愈小、乃至於無」？不應正理也！覺知心與意根之我與我所俱在故，如是我見未曾暫斷故！故說聖嚴師父不懂佛法也！此是二乘所修之解脫道，尚且錯會，何況大乘所修之佛菩提道般若？更無論矣！

覺知心都不執著種種六塵萬法時，仍是覺知心及意根之我在作主，仍是認定覺知心與意根不執萬法時即是常住之心也，是名我見與我執皆未稍斷之凡夫境界，聖嚴師父竟言「到了這個地步，你已經開悟了，這是真的見到了佛性」，若究其實，尚且不得二乘法見道之見地，何況能知定性聲聞阿羅漢所不能知之大乘般若見道功德？相差不啻十萬八千里！

祖師常言：「打得凡情死，許汝法身活」，若不能斷除我見（堅執覺知心不生煩惱時即是常住法），假饒再經三十大劫，於三乘菩提之任何一種，仍皆不可能見道，覺知心現起時必有第八識法身為其俱有依而同時運行故；若不能否定覺知心，而執為常住不壞之法，則墮常見外道所墮之我見與我所中故。聖嚴師父若不肯現觀覺知心之虛妄，不肯否定之，繼續認定覺知心不起煩惱時即是真心者，永劫不能見道，三乘菩提俱無其分也！為諸能隨余語，不認覺知心常住不壞者，能起心以求開悟明心者，故舉尊宿燒香公案言之：

有僧上來參問睦州道明禪師：「弟子我初入叢林，不懂參禪，乞求師父給與指示。」睦州禪師云：「你真的是不懂怎麼請問禪法啊！」那僧又問云：「和尚這話的意思是什麼？」睦州禪師答云：「給你三十棒，自己領了罪狀出去自己打。」

那僧初入禪宗叢林，不懂禪宗之法，諮問睦州禪師如何參禪，倒也是正問，云何睦州禪師卻說那僧不解問？當知睦州禪師一向有個現成公案：凡見有人來參，當面便說「現成公案」，會者直下會去，不會者轉思轉遠，更難捉摸。那僧上來參問，睦州不與他說道理，直下示他佛法大意，直是太近，所以那僧難覿伊，錯以為真個有錯。若有個禪和子，於此公案下，遵照睦州禪師之指示，自領出去自打三十棒，三十棒未打完時，早知睦州立地處了也。只不知聖嚴師父有此勇氣否？能自領出去自打三十棒否？

然平實雖作是說，要非師父自打三十棒已便必定能悟；此謂師父若不肯將覺知心與作主之意根否定，繼續認定覺知心處於一念不生、不起任何煩惱妄想時即是真如者，則是不肯斷除我見之人；不斷我見之人，縱使打斷了三支巨棒，也不能明心，仍墮覺知心我見上故。若肯斷除我見者，從根本上否定覺知心，而以覺知心作參禪之工具，以求覓自身本具之第八識如來藏者，自打三十棒時方有證悟之處；否則終將永無悟處也，三十大劫後依舊是依草附木之精靈也！

復有僧上來見問：「經教中之真實意旨，請師父為弟子提個綱要。」睦州禪師見那僧問教意，便不合直下以禪機行之，乃云：「只要你問過來就行，我一定為你說！」那僧卻不提出經教中文句來問，卻向睦州禪師求云：「請和尚明說了吧。」睦州禪師聞言，便指示云：「你所問的佛法大意，就是：佛殿裏燒香，三門外合掌。」

只如禪門宗旨，云何皆在事相上答？有人道是依事顯理，倒有一說，卻是個門外漢所說；亦有人言是附物顯理，亦是一說，同是門外漢所言；亦有人言……，表面觀之，似皆有理，皆是一家之言；然皆俱屬門外漢所言也，與禪門宗旨所悟之般若慧無關故，根本與禪不切題故。

平實即不然，當時即依陳尊宿所言，步向佛殿裡燒香去；燒得香已，再向三門外鎮日而立，見一切人悉皆合掌稱禮：「阿彌陀佛！」如是奉行之，三十年不悟，絕不罷休，終有一日必得悟去；深心信受陳尊宿語是真實語故。聖嚴師父若欲求悟者，何妨先求斷除覺知心常住不壞之我見？斷已，正可依陳尊宿之語每日行之，若能鎮日裡如是行之，不管法鼓山信衆是否輕嫌師父為瘋子、為乩童起乩，每日自打三十棒，復又每日立於三門外向大衆合掌，管保十年中便得悟去，管保如是悟者必不性臊（臊：難爲情）！師父若不肯棄捨名聲執著，不能遵行陳尊宿開示之語者，三十劫後依舊恒處凡夫位中，於三乘菩提之見道，仍將不能證得其一也。　只如那僧來問佛法大意，來問經中之真實意，陳尊宿云何只教那僧去佛殿裡燒香？云何只教那僧去三門外向人合掌？莫非真如農禪寺某些弟子所説之瘋子或乩童之起乩耶？有請師父一道！　頌曰：

入叢林，如喪考妣，自領出去三十棒！

不解問來三十棒，會得卻是半提！

入教中，提綱挈領，換得睦州與爾道！

門外合掌上香後，向上全提機奇，誰肯相襲？（自創詞牌）

第四五八則　尊宿托即

睦州道明禪師—陳尊宿　新到僧參，師云：「汝是新到否？」僧云：「是。」師云：「且放下葛藤，會麼？」僧云：「不會。」師云：「擔枷陳狀，自領出去。」僧便出，師云：「來！來！我實問爾：什麼處來？」僧云：「江西。」師云：「泐潭和尚在爾背後，怕爾亂道，見麼？」僧無對。

問：「寺門前金剛托即乾坤大地、不托即？絲髮不逢時如何？」師云：「吽！吽！我不曾見此問。先跳三千，倒退八百，爾合作麼生？」僧云：「諾！」師云：「先責一紙罪狀好！」便打。其僧擬出，師云：「來！我共爾打葛藤，托即乾坤大地：爾且道，洞庭湖裏水深多少？」僧云：「不曾量度。」師云：「洞庭湖又作麼生？」僧云：「只爲今時。」師云：「只遮葛藤尚不會。」乃打之（註：古時寺院三門外金剛像，多有以手上托者）。

聖嚴法師云：《大珠慧海向馬祖道一求佛法，馬祖告以「一切具足，更無欠少，使用自在，何假向外求覓？」這是指出每一個人的內心，都具備開悟的條件，乃至於成佛的條件，不用向心外的他人追求什麼佛法。就禪修者來說，**師父領進門，修行在個人，開悟靠自己**。個人怎麼修呢？方法是師父指導的，真正的悟見佛性則需自己用功，根本沒有所謂的「門」，努力就是門。如何努力？放下自我的執著心、自私心、煩惱心、追求心、厭惡心、不耐煩心，那時就能見到佛性。易言之，如何放下是師父教的，見到佛性或智慧的顯露卻不是任何人給的，連佛也無從給你，那是你自己本來就有的。》（東初出版社《公案一百》頁15）

平實云：「**師父領進門，修行在個人**」，乃是誠實語。然而又說「**開悟靠自己**」，卻成謬說。所以者何？能領人進門者即是開悟之人故，未開悟者即非是入門者故，仍是外門修學佛法之門外漢故。是故開悟須靠真善知識指引，唯除往世已曾多世悟得而猶未離胎昧者，方能此世自參自悟也。除此，皆須師父助悟，皆須由師父所授之正知正見為根基，方能自悟而入門也；乃至亦有人在給與正知見後，仍須師父之引導方得悟入也。故說領進門者必是師父，徒弟之開悟而入門者，要須證悟之師父給與指授與引導也，能助弟子開悟者方是眞正領人進門者。

助其證悟而領進門已，入門後之斷除性障，及諸別相智、種智聞熏後之現觀，方是「**修行在個人**」也；是故悟後進修種智者，仍須師父之指導也；唯除師父不識字，不具種智，不能指授。

《馬祖告以「一切具足，更無欠少，使用自在，何假向外求覓」》者，乃是開示：衆生悉皆本來具足自心如來藏之體用，並且使用自在，不須向外求覓，當返觀而親證之。非是聖嚴師父所說之「這是指出每一個人的內心，都具備開悟的條件，乃至於成佛的條件，不用向心外的他人追求什麼佛法」，若如師父所言「不用向心外的他人追求證悟之佛法」，則師父今日便可關閉山門，令諸弟子自求佛法可也。故說師父如是之言，所說豈唯未及實義？連參禪之理亦不懂也。是故聖嚴師父如是之言，非是示現已悟之大法師身分所宜言者也，唯有禪宗之門外漢方作是言故。

有僧新到睦州參訪陳尊宿，尊宿問云：「汝是新到此否？」僧云：「是。」睦州禪師云：「且放下葛藤！會麼？」教那僧不從言語上相見也。那僧未曾有所觸證，乃老實答云：「不會。」睦州禪師聞言，卻訶責云：「你真是個擔著枷鎖、自己陳上罪狀的人，自己領了狀子出去自己處罰吧。」那僧不知陳尊宿言外之意，聞言便出，睦州禪師有心為他，乃又云：「回來！回來！我老實問你：你從什麼處來？」那僧聞言迴身再入，猶不知睦州禪師言外之意，答云：「我從江西來。」睦州禪師見伊不會，便指示云：「你師父泐潭和尚正在你背後，怕你亂說呢！你看見了麼？」那僧依舊不了睦州禪師之意，留下一件未圓公案。

只如睦州禪師教伊放下葛藤，是什麼意？若人於此猶未能解，依睦州禪師之意，自取枷鎖鎖了，卻向睦州禪師禮拜，豈不省事？如或未然，聞言而出時，未舉步前何妨看取？再或不然，舉步後亦可看取；那僧不解睦州禪師言外之意，迴身而入時，仍未了然，睦州禪師更向伊開示道：「你師父在你背後，怕你亂說呢！」那時若有智慧，聞言直心迴身，看自家師父在什麼處？當時卻好認祂老人家了也！無奈那僧因緣未具，勞伊睦州禪師一而再、再而三地使機鋒，今時若是碰巧有法鼓山信徒在場，豈不又要謗伊睦州禪師是陳瘋子？

陳尊宿自出道以來，不曾如是老婆，或者曾受那僧師父所託，是故如是；可惜彼僧依舊錯過，辜負睦州禪師眉毛拖地了也！後時，復有一僧問云：「寺門前護法金剛神像，手向上托，究竟托到乾坤大地了呢？或是不曾托到乾坤大地？如果修行到一絲一髮皆不逢遇時，究竟是怎麼個狀況？」睦州禪師答云：「吽！吽！」又云：「我出道以來，不曾遇見有人這樣問佛法大意的。你想要了知絲髮不逢之境界嗎？我告訴你吧：先跳三千步，再倒退八百步，你對我這個開示，應該如何理解呢？」那僧聞睦州禪師恁麼說，回答云：「諾！」睦州禪師一見，早知他不曾悟得，乃責備云：「先對自己責成一紙罪狀，老實招供吧！」舉起拄杖便向那僧打去。那僧見狀，準備奪門而出，睦州禪師卻又召喚那僧云：「回來！我跟你打打葛藤吧！『托到了乾坤大地』這一句，你倒說說看：洞庭湖裏水深多少？」那僧聞言，復又墮於睦州禪師語脈中，不解睦州禪師作略，乃又回答云：「我不曾去度量水深。」那水深二字乃是往偏中去之語，睦州禪師知那僧聞言難會，乃去卻水深二字，問云：「那麼我說洞庭湖三字之意又是怎麼回事啊？」那僧兀自不解，答云：「只是為了現在，才這樣為我開示。」睦州禪師見伊禪宗知見相去太遠，難以度之，須得逼拶，遂責備云：「只是這麼簡單的葛藤，你也不會！」乃舉杖打之，無奈那僧挨打之後，仍然不會陳尊宿杖楚之意，再度辜負陳尊宿之美意。

且道：那僧問金剛托即不托即，陳尊宿云何口喚吽！吽！是什麼意？若有人於此薦得，便得隨即了知般若諸經意旨也，無奈那僧不會。

復次，那僧問「絲髮不逢時如何？」陳尊宿云何卻教那僧先跳三千？後再倒退八百？絲髮不逢者乃是真心如來藏之境界，絲髮不逢者謂真心如來藏不與六塵諸法相到，然而真心如來藏不與六塵等法相到之境界，云何卻要那僧前跳之後又復倒退？ 先跳三千、倒退八百，分明與六塵相到，焉得說之為不相到者？豈非顛倒？ 究竟此中有何深意？陳尊宿故意要作如是答？ 法鼓山部份淺學信衆，莫謗伊陳尊宿是瘋子、是乩童起乩，且靜下心來各自合計合計：看是個什麼道理？ 頌曰：

放下葛藤，愚鹵不解，陳狀領出未分明；

喚回再問，千里江西，縱水裡來，陸上去，有何憑？

金剛托即，唯道吽吽！料尊宿飲恨門庭。

先跳三千，倒退八百；絲髮難逢，洞庭湖，搖漿行！（調寄行香子）

諸方大師學人若欲會者：

來年春日若逢晴，

共爾同去洞庭湖邊船坪，

略敘**心**情！

第四五九則　尊宿贓物

睦州道明禪師—陳尊宿　有僧扣門，師云：「作麼？」僧云：「己事未明，乞師指示。」師云：「遮裏只有棒。」方開門，其僧擬問，師便摑其僧口。

西峰長老來參，師致茶果，命之令坐，問云：「長老今夏在什麼處安居？」云：「蘭溪。」師云：「有多少徒眾？」云：「七十來人。」師云：「時中將何示徒？」長老拈起甘子呈云：「已了。」師云：「著什麼死急？」時有僧新到參，方禮拜，師叱云：「闍梨因何偷常住果子喫？」僧云：「學人才到，和尚為什麼道偷果子？」師云：「贓物見在。」

聖嚴法師寫禪云：《我經常介紹的禪修觀念是：認識自我、肯定自我、成長自我、消融自我。以「有」爲入手方便，以「無」爲禪修方向，以努力修行的過程爲永久的目標。**我到處指導的禪修方法是：放鬆身心，集中、統一、放下身心世界、超越於有無的兩邊。能夠徹底超越，便是大悟徹底。**》（東初出版社《禪鑰》自序）

平實云：聖嚴師父所說禪法，一向不離有無：令人從諸法有，而漸轉向諸法無，以為覺知心自己不執著諸法有無時，即是解脫之境界，以此作為禪宗之禪法正修；根本不知禪宗之悟，乃是親證自心如來藏空性：因此而發起般若慧，了知般若系諸經之佛旨密意。由不能了知禪宗證悟之宗旨故，悉皆外於真心如來藏，而在諸法之有無上用心，始終不能斷除對於覺知心自我之執著，墮於欲界有之中，與六塵相到之無念覺知心，即是欲界有故。

復次，既言須消融自我，又何需先行肯定自我？二乘解脫果修證之主旨即是認識覺知心等自我之虛妄故，即是現前觀察自我之虛妄故。譬如有人對自己所有而即將加以毀壞之物，不如實觀其本來無常之體性，卻代之以強化堅固之補強措施，然後再加以摧毀，乃是愚人之作為也。既是欲捨之下劣物，既是欲加以消融掉之無常之自我，何須先肯定之、堅固之？然後捨之？真是言行不一之心行也。故說聖嚴師父如是說法，心口相違，無有實義！

復次，「放鬆身心，集中、統一、放下身心世界」之後，仍是意識心境界，仍是以意識覺知心為主，始終不曾了知意識覺知心之虛妄，始終不曾斷除我見，始終是未曾放下身心世界者；如是則墮三界有中，云何可言「超越於有無的兩邊」？覺知心是三界有之虛妄法故。墮於三界有中，空言「超越於有無的兩邊」，絕無實義。如是墮於三界有之中，而言「能夠徹底超越，便是大悟徹底」，其實根本未曾超越自我、根本未曾超越三界有，尚且未能破初參，未能明心，與禪宗之開悟般若完全無關也。

如是開示諸言，顯示聖嚴師父根本未曾證悟明心，皆在意識黑山鬼窟中勦作鬼活兒，未曾悟得真實不壞之第八識如來藏，以如是未悟之凡夫心所作臆想，而於書中空言大悟與徹悟，復有何義？唯是戲論爾！

禪宗之明心者，必須究明與覺知心妄心同在之自心如來藏，方是明心也；明證此真心，了知而且現前體驗之，方可謂之為明心也；非以意識覺知心之進入無念、無妄想境界中，而可謂之為悟也。如是，聖嚴法師自身對於禪宗之明心開悟內涵完全不知，竟可為人宣說禪宗之**悟**、之**徹悟**，而冀其所說之正確無誤者，未之有也！由是故說聖嚴師父所說「**認識自我、肯定自我、成長自我、消融自我**」之說，皆是對禪宗證悟內涵之臆想，與禪宗佛菩提之證悟無關也，與佛法之解脱道正理及佛菩提正理俱皆相違也，永遠不能離開意識自我之境界故。

欲悟禪宗旨意而通達諸經真實義者，應當從禪宗真悟祖師之開示入手，莫謂古時真悟祖師之機鋒示現為瘋子、為乩童也。今舉尊宿贓物公案，共諸學人商量：

睦州道明禪師在方丈室中，有僧前來扣門，睦州禪師問云：「你想作什麼？」那僧答云：「我自己身中生死的大事尚未明白，乞求師父給與指示。」睦州禪師云：「我這裏只有棒子可吃。」言後甫一開門，其僧擬問佛法大意，睦州禪師便伸手，掌摑那僧嘴臉。

只如門下僧衆上來方丈室參究，開門指示禪法，亦是為人師者度生之責任，云何睦州禪師卻言只有棒子可吃？及至開門已，又掌摑彼僧，竟是何意？莫非神經錯亂、真個發瘋？抑或心中高慢、作此侮辱學人之行？大衆於此，且莫草草，應當細心探究：睦州禪師如是作為，必有深意，究竟其深意為何？不應囫圇吞棗，讀過便罷！且道：睦州禪師掌摑彼僧，竟是何意？若人欲曉者，何妨面對明鏡，每日掌摑自嘴？且看是什麼道理？

一日，西峰長老前來參訪，睦州禪師羅致茶果於桌，命座請西峰長老共坐，便問西峰長老云：「長老今年夏天在什麼處安居？」禪師一向有此一問，只是一般阿師多不知曉禪師此問意在何處，那長老亦復如是，便答云：「今夏在蘭溪結夏安居。」如是答已，猶不知那賊早已從城門下過也。睦州禪師復又問云：「你那裡有多少徒衆？」長老答云：「有七十來人。」睦州禪師又問云：「在那邊安居的時候是以什麼法來開示與徒衆？」那長老此時方才警覺，乃拈起甘子呈云：「已經說過了。」睦州禪師卻云：「你這樣著急作什麼？」當時正好有僧人新到睦州來參訪，那僧方才禮拜睦州禪師，睦州禪師卻叱斥云：「你這位法師為什麼偷常住的果子喫？」那僧不知睦州禪師指桑罵槐，以為真個說伊，乃辯解云：「學人才剛到這裡，什麼事都不曾做，和尚為什麼說我偷果子？」

睦州禪師卻云：「贓物分明現在。」那長老也不知睦州禪師如是作略究有何意，由著睦州禪師誣賴那僧。平實當時若在，便將手中甘子遞與那僧，快步回山；還要與陳尊宿聒噪作麼？還要連累他家新到僧作麼？

只如那僧新到，分明未曾偷得甚物，睦州卻道伊偷了常住果子，且阿哪處是那僧偷了常住之果子？爾等四大法師還有說得者麼？　若不能親見睦州落處，云何敢出世說禪？云何敢說迷道悟？　豈不怕成就大妄語罪耶？　且道：什麼處是那僧偷了常住果子？　頌曰：

已事猶未明，扣門賊蹤顯；
不畏痛棒覓睦州，開門掌口，祖意豈未圓？
舉果待嚐甘，睦州口已鈐；
牽出別僧身中賊，有勞大衆：天晚且捲簾。（調寄南歌子）

第四六〇則　楚南離念＊

杭州千頃山　楚南禪師　俗姓張氏，自髫齡投開元寺曇藹禪師出家。及冠落髮，詣五台具戒，就趙郡學相部律。……參黃檗，黃檗垂問曰：「子未現三界影像時，如何？」師曰：「即今豈是有耶？」曰：「有無且置，即今如何？」師曰：「非今古。」黃檗曰：「吾之法眼，已在汝躬。」師乃入室執巾侍盥，晨晡請益。……。

一日師上堂曰：「諸子設使解得三世佛教如瓶注水，及得三昧，不如一念修無漏道，免被人天因果繫絆。」時有僧問：「無漏道如何修？」師曰：「未有闍梨時體取。」僧曰：「未有某甲時，誰人體？」師曰：「體者亦無。」僧問：「如何是易？」師曰：「著衣喫飯，不用讀經看教，不用行道禮拜燒身煉頂，豈不易耶？」僧曰：「此既是易，如何是難？」師曰：「微有念生，便具五陰；三界輪迴生死，皆從汝一念生，所以佛教諸菩薩云：「佛所護念。」」師雖應機無倦，而常儼然處定，或逾月，或浹旬。師著有《破邪論》見行于世。

聖嚴法師云：《**不怕念起，只怕覺遲**。這兩句話常被用來提醒禪修者：修行人應該時時注意到自己的念頭，……此處的念是指雜念妄想，比如念佛時想到肚子餓了，計劃煮某種東西吃；打坐時想到某某人，或者出現一幕又一幕的畫面，連續劇上演了，自己還不知道；

這叫念起，而且是連續的念起。但是**念起沒有關係，只怕覺遲**，要立刻警覺到自己在做白日夢、在打妄想，趕快回到方法上，用你正在用的方法。「**不怕念起**」不是說你應該有念頭生起，而是說剛開始用功修行的人，要他不起雜念很難，如果老是擔心有雜念起、討厭有雜念起，雜念起後老是怨恨自己不用功，這也不該。如此一來雜念更多，時間也浪費得更多。所以能不打妄想最好，如果做不到，退而求其次，不要故意打妄想。對不會用功或不常用功的人來說，打妄念就是打妄念，胡思亂想就是胡思亂想，他不知道自己在胡思亂想，遑論回到方法上，這就糟糕了。所以，知道自己在胡思亂想是很好的。對一般不修禪法的人，這兩句話也用得上。……》（東初出版社《聖嚴說禪》頁211）

平實云：聖嚴師父的悟處，與古時杭州千頃山之楚南禪師一般，悉是以無念、無妄想、不起煩惱之念，作為證悟，觀乎聖嚴師父衆多著作所說者，悉皆不離如是範疇；此則公案中所引聖嚴師父**不怕念起、只怕覺遲**之開示，即是現成例子。然而禪宗之禪，其實並非以修證無念、無煩惱妄想，作為禪門之正修；而是以親證自心如來藏作為禪門宗旨之正修，由是親證自心如來藏故，能發起般若之真實慧，不唯了知法界之真實相，亦能親證二乘菩提，故以親證自心如來藏作為正修，故初破參名為明心——真實明白自己之真實心。

聖嚴師父卻主張「修行無念離念即是禪修者之正修行」，若言其所開示之禪為禪定之禪，則屬正說；若主張其所言之禪為禪宗之禪，則是對禪宗嚴重之誤會。然觀聖嚴師父之禪七期中，二十餘年來，皆以數息…等法而教人修練「離念無念、煩惱妄想不起」之法，作為禪七之正修行；偶有教人看話頭者，卻墮於話尾之中；偶有教人參話頭者，則是以話頭之語言文字自問自答，乃是唸話語而非參話頭也。

復次，聖嚴師父自身既未證得自心如來藏，如何能助人證得自心如來藏？自身不知應以何法方可親證自心如來藏，何有能力助人親證如來藏？自身對如來藏之體性，欠缺正知正見已至極為嚴重之地步，何有能力助人證得如來藏？是故二十餘年來悉以數息離念之法而求無念靈知境界，以之作為禪宗禪法之正修行法門，違遠般若正理，亦違聖教正理。

聖嚴師父所言**不怕念起、只怕覺遲**之境界與認知，乃是凡夫所以為之**背塵合覺**，其實正是**背覺合塵**；此等**覺**，非是本覺故，乃是意識覺知心現起後方始出現之妄覺故，非是未出胞胎前本有之眞覺故；此**覺**非是**正覺**故，乃是**妄覺**故，與六塵世間法相應故，而不與出世間之**真覺**相應故，出世間之**真覺**不於六塵起見聞覺知故，古來真悟祖師每言本**覺**不與六塵相到故。然而衆生妄**覺**之意識心與本**覺**之如來藏心，同在而運行，妄覺心之妄覺，與第八識本覺心之本覺和合而運作，無始劫來一向如是，未曾改易此一現象與事實，是故余多年來常言眞妄和合。

不特余多年來之諸書中常作是說，諸佛菩薩莫不如是，同作是說，悉言欲界中人各皆有八識心王和合運作，皆言前七識心為是妄心，入涅槃時應滅；皆言第八識如來藏方是真實心，乃至入無餘涅槃時，彼心亦常住不滅而恆離見聞覺知及思量性；衡於三乘諸經　佛所說者，莫非如是，非唯平實一家之言，是故今時後世一切學人，應信平實誠實之言。

譬如《大乘起信論》中，馬鳴菩薩曾明白開示真覺之正義：《心生滅門者，謂依如來藏有生滅心轉，不生滅與生滅和合，非一非異，名阿賴耶識。此識……復有二種義：一者覺義，二者不覺義。言覺義者：謂「心第一義性」離一切妄念相。離一切妄念相故，等虛空界、無所不遍。法界一相即是如來平等法身；依此法身，說一切如來為本覺。》此段文義，已說明見聞覺知生滅心，與不生滅之如來藏阿賴耶識和合同時運作；以見聞覺知之生滅心由阿賴耶識心中生起，與阿賴耶識和合而運作，故名非一非異；說生滅心由阿賴耶識所出生故，亦函蓋於阿賴耶識名中。由此阿賴耶識之本覺性故，說有覺與不覺二義，不覺實相之妄心亦是由實相心阿賴耶識所出生故，本屬阿賴耶識所含藏之法故。

所謂覺者，謂能證知心第一義性之本來離一切妄念之相；心的第一義性，乃是說此實相心自無始劫來即是離念之相，由於此心第一義性之本來離一切妄念相，而說一切如來平等法身。由此可知：第一義心乃是本來即離一切念，本來即無妄想煩惱，非因修行而後成就此一清淨性。見聞覺知心乃是意識心，本來即是有念、有煩惱妄想之相，經由修行之後，仍然有時而有煩惱妄想，乃至阿羅漢位亦不免之；今者《起信論》中明言生滅之見聞覺知心與不生滅之阿賴耶識和合似一，共同運轉，即知是妄心與真心同時並存，乃是證知：「妄心之無念覺知心，與從來無念之真心和合並行運作，真心乃是本已無念之相，非是修之而後方始無念」，非如聖嚴師父所言之將常有妄念之妄心修成無念而轉變爲眞心也。

今者《起信論》中馬鳴菩薩明說：「證得本來離一切念相之阿賴耶識心體者，此人能了知阿賴耶識之本覺，名之為覺悟者」，非以覺知心不起妄想雜念而名為證悟，如是之「悟」，根本不能證得本來離一切念之阿賴耶識所具有之本覺體性故。是故《起信論》中進而闡釋**不覺**之義：《**復如凡夫人，前念不覺、起於煩惱，後念制伏、令不更生；此雖名覺，即是不覺。**》

如是明言：《凡夫之人以為：「覺知心若於前念一時不察而起煩惱雜念，後念警覺妄念而用意志力制服煩惱妄念，令煩惱妄念不再生起，此即是覺悟。」然此覺悟，在佛法中觀之即是不曾覺悟之人。》

然而如是不曾覺悟之人，心中所想之覺，實依意識心之臆想測度而有，意識心則由真心阿賴耶識而有，故說如是不覺之境界，其實仍是依真心阿賴耶識而有，故說：《依阿賴耶識而有覺與不覺二法，依阿賴耶識而有生滅心與不生滅心和合運作》，由是正理故說《依第八識如來藏而有心生滅門與心真如門二法》，能覺能知之無念覺知心乃是生滅心，乃是依第八識如來藏及六根之具足方能生起、以及運作故，將來修行成佛之第八識真如心，乃是由此第八識心為體，修除意識覺知心之我見我執及諸無明與習氣而成就故。

衡之於禪宗之真悟祖師密意所說者，莫非如是：皆是以有念或離念之靈知心作為工具，而尋覓「本已離念、本已清淨而含藏染污妄心種子」之第八識阿賴耶識，皆是親見「第八識如來藏之本來具有能覺衆生心行之本覺」者。然而聖嚴師父二十餘年來，皆是教人修學數息法，而求覺知心意識之離念、無念，以此置功，嚴重違背禪宗真旨，嚴重違背大乘禪宗之法教，亦復嚴重違背三乘經典之法教；聖嚴師父之參禪法教，同於古時之楚南禪師一般，悉是以無念、無妄想、不起煩惱之念，保持覺知不昧，作為**覺悟**，如是輩人，於如上所舉之《大乘起信論》文中，說為**不曾覺悟**之凡夫人。

黃檗希運禪師之勘驗弟子悟境，極多疏漏草率，初出道時之勘驗臨濟義玄是其一例（詳拙著《宗門道眼》第215、216則拈提）；黃檗對此師及杭州羅漢院宗徹禪師之勘驗亦復如是，不曾覺察其仍墮於意識心內，不知他們只是模仿真悟者之言語作略——並未親證第八識如來藏，只以機鋒而作勘驗；是故此等諸人後來開山「弘法度衆」而開示禪法時，便逐漸露出馬腳了也：

一日，楚南禪師上堂開示曰：「你們大衆諸人，假使能解說得出三世諸佛之聖教，猶如此瓶注水於彼瓶一般都不遺漏，以及修得種種三昧；都不如一念修無漏道，以免被人天因果繫絆。」當時有一僧問云：「無漏道如何修？」楚南禪師答曰：「從還沒有你的時候去體會。」那僧又問：「還沒有我的時候，是誰人能體會？」此僧頭腦清楚，作此一問，不似今諸多大禪師之顢頇籠統也。楚南禪師答曰：「能體會者也是不存在的。」墮於想像中之般若——一切法空之中也。那僧不知楚南禪師根本錯悟，只是籠罩人；上來所問既無理路，便向他途再問：「如何是證悟的最容易方法？」楚南禪師答曰：「只要穿衣喫飯就可以了，不需讀經看教，也不必每天修道、禮拜、燒指供佛、頭頂炷香，這豈不是最容易的方法嗎？」學諸證悟祖師言語開示，倒也說得容易，倒也籠罩了座下學人，無一人知他落在常見見中。那僧既然未能於此開示中悟得般若，不能證得本心，只好又問曰：「這個既然是最容易證悟的方法，那麼如何是難悟之處？」楚南禪師答曰：「捨報時，只要稍微有一個妄念出生，便會具足下一世的五陰。三界輪迴生死，都是從你那一念而出生，所以佛陀教導諸菩薩云：『佛所護念』。」

從此一句之中，便顯露楚南禪師之墮處也：原來只是在覺知心之離念上用心，以為捨報時只要覺知心不起一念妄想，便可以將覺知心出三界生死。此正是常見外道知見，與今時聖嚴法師、惟覺法師、星雲法師一般無二，同墮意識之離念靈知境界中，同於常見外道。以如是歪邪知見而住持佛法，故雖應機無倦，而常儼然處定，或逾月，或浹旬，是名以定爲禪之古例，與今時之聖嚴、惟覺、星雲、證嚴四人是同參也；然猶勝彼四人者，謂楚南禪師有禪定之證量也，謂彼四大法師皆無禪定之證量也。

如是錯悟之楚南禪師，亦如今時之聖嚴、惟覺、星雲三師一般，不肯甘於寂寞，著有《破邪論》見行于世，用以誤導衆生；差幸今時已經無人印行流傳，免增楚南禪師誤導衆生之惡業也。如是，錯悟之後，不甘寂寞而廣造諸書用以誤導衆生者，自古有之，今亦非寡，楚南、聖嚴、惟覺、印順、星雲、證嚴……等人，皆同一心、有志一同，努力「弘揚常見斷見之『佛法』」也！　然我佛門學人，應當知所簡擇，免受誤導。頌曰：

楚南聖嚴同一冐，莫便得得廣炫；

誤衆何度森羅殿？

有念無念，寬心莫惦，寺苑好蹴毽！（調寄青玉案。半首）

第四六一則　烏石話道

福州烏石山　靈觀禪師　師一日引水次，有僧來參，師以引水橫抽示之，其僧便去。師至暮，問小師：「適來僧在何處？」小師云：「發去也。」師云：「只得一橛。」玄覺聞云：「什麼處是少一橛？」

曹山行腳時來問：「如何是毗盧師、法身主？」師云：「我若向爾道，即別有也。」曹山舉似洞山，洞山云：「好個話頭，只欠進語。何不更去問：爲什麼不道？」曹山乃卻來進前語。師云：「若言我不道，即啞卻我口；若言我道，即謇卻我舌。」曹山歸舉示洞山，洞山深肯之。

聖嚴法師云：《…師父在小參室時的責任，只在解答方法上、身心上的問題。請不要問經教義理及禪宗歷史典故等跟目前禪修無關的問題。師父也不想知道你的歷史背景，請不要主動告訴我你過去的禪修經驗，我並不想知道。**也請不要問師父修行開悟的經驗；這是我的事，跟你的修行沒有關係。**》（東初出版社《禪鑰》頁60）

平實云：聖嚴師父如是開示，大謬也！所以者何？謂禪七精進共修之小參，目的絕非是在解答方法之上，亦非在解決行者身心問題上，應在指示尋覓行者自身之如來藏上用心；應在行者覓得真心時，藉諸經教令其自行驗證是否悉皆符合聖教量，藉諸禪宗祖師公案及祖師證悟之歷史典故，令行者自行印證所悟之真假。此等正是小參時所應常用之法，正是與當時禪修最為有關之事，云何卻教行者勿言勿問？

復次，行者於參加禪七共修前之禪修經驗，極為重要，應一一加以勘驗，不可逃避勘驗之責。所以者何？謂行者原有之禪修經驗，必將影響此次精進共修之成果；若原有禪修之經驗錯誤，應予修正之；若有不足之處，應予補充提升之；若原曾親證自心如來藏，而不敢承當者，應引用諸經義理予以證成，令其承當；若體驗不足故不敢承當者，當設方便使其體驗之，然後方能承當。若宿慧不足，或從來不曾閱讀經藏者，不能以經教令其自我檢驗者，則當施設種種方便，曉以種種正理，令其具足信心而證成之，般若慧便可泉湧而出也！是故，行者以前之禪修經驗極為重要，必須於首次小參時加以詢明、加以勘驗，此是一切證悟者主持精進共修時，必須善為之處，豈可猶如聖嚴師父之如是迴避之？由此已顯示聖嚴師父之不懂禪法，亦已顯示聖嚴師父未悟之事實也！

復次，經教極為重要，是 佛入滅後一切證悟者之所必須依止者故，否則終將難以檢驗所悟之真偽故；亦是悟後進修諸地無生法忍所必須依止者故，悟得自心時唯是別教之第七住位爾，悟後進修入地，及地地增上者，皆須依止經中 佛之遺訓，豈可忽之？

復次，主持禪七或禪三精進共修者，必須已悟；此事極為重要，何以故？此謂：若非已悟之人，不能助人證悟。譬如導遊，欲引導他人遊覽勝境、欣賞妙景者，必須自身先已了知如何進達勝境所在，及知所經路途遠近曲折，必須先行了知妙景何在，然後始能指引衆人前往勝境所在而指示之；若自身尚且不知路途，何能導引衆人至勝境所在？若自身尚且不知妙景所在，何能導覽大衆？

同理：自身已經證悟實相心，則知如何證得實相心之法，方能引導衆人同證實相心；自身尚且懵懂不曉，不知悟之所由，何能助人證悟？是故，主三、主七者之開悟經驗極為重要；若尚未開悟，不敢宣示已悟，而畏懼學人之詢問自身是否已悟者，即是心虛之人，乃是以盲引盲之人也！　若是一盲引一盲，其罪猶輕；一盲引衆盲者，其罪則重，師父且勿輕忽！

您的「開悟」經驗，與參加您所主七的學人大有關係，絕非「沒有關係」，是故師父應當明告座下大衆：究竟是悟了？或是未悟？否則，學人參加師父主持之禪七精進共修，有何希冀？　豈非浪費七天寶貴生命卻只是與腿痛抗衡，而無任何證悟之可能？法鼓山諸多四衆弟子，於參加聖嚴師父之禪七共修時，於此應當究明：主七和尚究竟悟了？或是未悟？唯除欲藉禪七鍛鍊腿功者，否則即是浪費七天生命於追求無念離念之欲界定；七天中即使真能證入無念離念境界，即使真能發起欲界定，然於般若慧之證悟，終究徒勞無功，有何意義？禪宗之禪乃是般若故，非是禪定故。更何況聖嚴師父自身連欲界定都未曾證得！

若欲求悟般若，當依禪宗證悟祖師開示而修，最為迅捷，莫效聖嚴法師之數息與默照也。今舉烏石話道公案，與大衆共結法緣：

福州烏石山靈觀禪師，一日正在引水入寺時，適有一僧前來參訪，求問佛法大意，烏石禪師便以竹片所製成之引水横抽示之，那僧見已便去。烏石禪師待至黃昏，方問隨侍之沙彌：「方才來參訪之僧人今在何處？」沙彌回答云：「已經發足離去也。」烏石禪師云：「他只知道一著而已。」後來玄覺禪師聞得此一公案，便問天下老宿云：那僧是什麼處少了一著？

只如那僧來參烏石禪師時，烏石禪師拈起引水之横抽示僧，竟是何意？值得載卷行之於世？那僧見烏石禪師以引水横抽見示，云何便去？究竟烏石禪師已示佛法大意？未示佛法大意？那僧見烏石禪師示以引水横抽，便自行離去，究竟合轍不合轍？那僧去後，烏石禪師云何卻道那僧還欠一著？玄覺禪師眼見當時諸多老宿盡是未悟言悟之輩，便將此公案拈來質問諸方老宿：究竟那僧是什麼處還欠一著？平實當時若在，只將烏石禪師手中引水橫抽取過，安置水路上引水便了，免了烏石禪師更道少伊一著，也免得玄覺禪師後來多舌，又拈來質問諸方老宿。　且道：那僧是什麼處少了一著？由得烏石禪師作如是說？招來玄覺禪師拈向天下？

　　曹山行腳時，來問烏石禪師：「如何是毗盧遮那佛之師、法身之主？」烏石禪師答云：「我若向你說了，可就成為另有一個心了。」曹山本寂那時仍是吳下阿蒙，聞烏石禪師如是道，不解答話，迴到常住舉說與其師洞山禪師，洞山聞後，說云：「好一個話頭，只是你還欠再進一語。何不更去問：為什麼不道？」曹山本寂聞洞山開示已，乃又來見烏石禪師，更進前語。烏石禪師答云：「你如果說上回來見我時，我沒有跟你說，那可真是啞了我的嘴；你若說上回來時，我曾跟你說了，那可就是誹謗我不會說話了。」曹山本寂聞言，當時亦不知如何回話，便又歸常住，將烏石禪師之語舉示洞山禪師，洞山聞後，確認烏石禪師真是個證悟者。

　　自古以來，禪門真悟之師，一向不許有人將佛法大意錯會而未悟言悟；若有人自知未悟，弘法時亦自言未悟，則兩廂無事；若有人未悟言悟，錯解佛法而強說為悟，則必誤導學者，真悟之禪師於此必不坐視，要當以理破之，令大眾知非，以免隨彼錯悟之人同入歧途。禪宗之有此風，自古一向如是，非是玄覺之世方始如是，亦非今時平實方始如是。

只如毗盧師是什麼人？還有人能當得毗盧遮那佛之師？可也奇怪！

又如法身佛，乃是至高無上之證境，竟還有人能當法身佛之主，同等奇怪！大衆可得端詳端詳：毗盧遮那佛之證境至高無上，即是法身佛境界，復有何人能當得無上正等正覺之師？世上既有如是人，豈可不知不見？三如曹山既問毗盧師、法身主，烏石禪師本該指示之，可卻未曾見伊指示，云何便道「別有別無」？竟是甚意？

曹山當時鬼迷心竅，不知烏石禪師早個說似，卻舉足回到洞山，路上遇見多少法身佛說向伊，兀自未曉，見了洞山，猶舉似。那洞山老兒真古錐，也不與他說破，只道欠個進語，卻教曹山再辛苦一趟，多走一遭，只是為了進一語：「為何不道？」

那曹山當時只如行屍走肉，離別洞山，又向烏石山而來，路上儘無心情，只顧咬嚼那一語究竟是何意？不知早著了自家洞山老兒道了。如是踢踏而來，上到烏石山，猶向烏石禪師舉似那語：「為什麼不道？」及至問後，也未見得烏石禪師向伊道個什麼，迴歸洞山舉似時，洞山卻又肯伊。

這些禪師真似神經病一般，言行舉止倒像平實與道教裡底乩童，說起法來卻又符經合論，令人扳倒不得、輕嫌不得，此中究竟有什麼深妙底道理？　爾等法鼓山四衆！

何不於此體究看！若能真正下心體究，有朝一日忽然知了，正當曹山舉步欲再度向洞山出發時，正好劈面指著伊鼻子罵道：「汝也不怕足跛！來回如許多路，都不審事，負伊多少山光水景！幸自可憐生！」管教曹山當時言下悟去，後時以汝為師！　頌曰：

烏石引水示橫抽，法身瑩瑩。

聞言發去，跛跛挈挈，毗盧只恁行。

道即別有舉洞山，大驫早擎！

奉命進語，兀自不寧，何處有心情？

聖嚴師父要知遮個心情麼？平實且呈法身影，且將眼來聆：

法鼓山雨逢清明，朱欄莫憑！

舉步殿坪，身住眸凝：衆仕女娉婷。（調寄：添字采桑子）

第四六二則　霍山道理

晉州霍山　景通禪師　師初參仰山，仰山閉目坐，師曰：「如是！如是！西天二十八祖亦如是，中華六祖亦如是，和尚亦如是，景通亦如是。」語訖，向右邊翹一足而立。仰山起來打四藤杖，師因此自稱：集雲峰下四藤條，天下大禪佛。後住霍山。

師問僧：「什麼處來？」僧提起坐具。師云：「龍頭蛇尾。」僧問：「如何是佛？」師打之，僧亦打師。師曰：「汝打我有道理，我打汝無道理。」僧無對，師乃打趁。

聖嚴法師云：《……**不過，當你自己認為已經開悟時，不要忘了，要來告訴師父，讓我看一看，你是不是真的開悟了。**因為，你以為開悟了，可能根本沒有開悟，這樣就會誤己誤人，你會以盲引盲。但是也有開了悟而自己不知道的，在佛世曾有阿羅漢不知已證阿羅漢的例子。在日本，也曾有位快要六十歲的在家居士，跟老師在一起時並沒有開悟，回家繼續修行。過了很多年再去見他的老師，老師在跟他談話時，發覺他跟過去不一樣，於是，問他發生了什麼事？他說：「沒有什麼啊！**只是天天打坐而已！**」這時候，老師證明他已經開悟了；而這位居士根本不知道他自己開悟了。》（東初出版社《禪鑰》頁72）

平實云：路逢劍客方呈劍，不是詩人莫言詩；師父書中既曾作是二言，平實今日亦以此言回贈師父。所以者何？若未親證禪門宗旨，寧可不言禪宗，方丈閉門參究最好。若不甘寂寞，則須殷勤求悟；未悟之前，對於禪悟，實以寂寞自處默然無言為宜。悟前若不甘寂寞，硬要出頭說禪道悟，將來不免方家指戳，求榮反辱，須不好看！

聖嚴師父既是未悟之人，而今冒充悟者，還欲勘驗他人是否已悟，即名**籠罩學人**之行，非是說實語之僧寶身分所宜也！故將劍客詩人之言以呈。未悟之人示現證悟之身分，所說之法必定**以盲引盲，誤己誤人**；此正是師父自己之過失，云何反責他人之以盲引盲耶？

「**在佛世曾有阿羅漢不知已證阿羅漢的例子**」，若此為實，則彼阿羅漢不名阿羅漢，不具解脫知見故；唯有不能為人宣說解脫道之阿羅漢（如周利槃特迦），從無不知自己已證解脫之阿羅漢（愚如周利槃特迦者，亦能自知解脫證境），是故師父此語說之不宜。至於日本那位老師與弟子，根本未知悟之一事，唯是關起門來自己打妄想罷了，同在澄澄湛湛、冷水泡石頭……等黑山鬼窟中，作種種鬼活罷了。如是類人，怎知般若是何物？俱皆難了禪門宗旨也，師父何故將此舉向學人？豈非言不及義之現成事例耶？師父如是關起門、遮住窗、矇住眼，自說自唱，與禪宗何曾相干？是故平實多年以來屢次進言，無比嘮叨而期之於師父者乃是：莫再以錯謬邪見誤導眾生，更莫以如是邪見出書貽誤後人。因果極可畏故。

復次，平實懇勸吾師：莫再以數息法、離念法，作為禪七精進共修之主要行門，此是修定之法故，唯能證得欲界定之無念靈知境界故，與禪門宗旨無關故。無念離念非是禪悟故，一念不生之澄湛境界正是黑山鬼窟故，願吾師聽之！

劍客眼觀，異於常人之所觀；詩人說詩，不同凡俗之所言；要須作家，方識門道；餘人所見，悉名凡俗，無可取者。超脫凡俗之禪門作略，要須具眼，方有大施鉗鎚之能，非諸凡夫俗子之所能也！凡此皆非是聖嚴師父所能者也，師父既不知其然，亦不知其所以然故。是故：應默時當默，須鳴時始鳴。要當觀時，否則求榮反辱，唯能壞事，於弘法修福而言，有何功德福德可言？　俗諺嘗云「識時務者為俊傑」，不識時務者，即是「畫虎不成反類犬」者，師父既非無智之人，云何為此愚人之行？

今者每有諸多不識時務者：於不當言時而言，於不當造書時而造書，於不當為人印證時而為人印證，於不當廣造寺院時而廣造寺院，於不當說法時而強說之，於不當示悟時而示悟；皆是不識時務者，尚不能稱為世間俊傑，何況人中之龍哉！何況沙門中之龍象哉！乃竟以凡夫身而濫膺聖者身分，廣收供養，以信衆之數十億、百餘億錢財，辛苦打造金碧輝煌之寺院與世俗佛國，以安自己來日無多之衰朽色身，以此自慰自高，真乃無智之人也！

有智之人不當如是，若見菩薩出於世間，說諸深妙法義，弘繼如來家業，則當返觀自身之臨死不久，返觀自身之道業未成，則當速謀繼善之道，豈以籠罩遮掩之語，而作覆護名聞利養之俗行，能益自身今時後世耶？真無智人也！

有智之人若觀菩薩出世，弘繼 佛陀深妙正法，當自奮起，戮力參究；若不破參，誓不上座弘法；如是行者，於禪門宗旨之親證，斯可期冀。若也不此之圖，終究難免捨壽時潸然淚下之窘境也，未審諸方大師，然余此言乎！不然此言乎！為激四衆大心，便舉霍山道理公案，共我教中四衆學人合計：

晉州霍山景通禪師行腳時，初參仰山，仰山閉目而坐，霍山禪師曰：「如是！如是！西天二十八祖亦如是，中華六祖亦如是，仰山和尚亦如是，我景通亦如是。」語訖，走向右邊，又翹一足而立。仰山禪師起身，向霍山禪師打四藤杖。霍山禪師因此四杖故，乃自稱是：集雲峰下四藤條，天下大禪佛。後來長住霍山弘法度衆。

一日，有僧來參，霍山禪師問僧：「你從什麼處來此？」那僧聞言，便提起坐具。霍山禪師見那僧只是如此，便嫌那僧云：「龍頭蛇尾。」那僧已有觸證，為防霍山禪師未悟而籠罩人，便考問道：「如何是佛？」霍山禪師聞言，便打那僧，不料那僧亦打霍山禪師。霍山禪師看他似乎有些來頭，便細作勘驗，問那僧：「你打我有道理，我打你沒道理。」那僧在此一言之下，少了一橛，不知霍山禪師意在何處，是故無對，霍山禪師乃取拄杖邊打邊趁那僧。

只如霍山禪師行腳來參仰山禪師，言道西天及中華諸祖悉皆如是已，走向右邊翹起一足作什麼？仰山見伊如是行，起身卻打伊四藤條，又是什麼意？真個似乩童、神經病患也！然而霍山禪師因什麼道理，卻便以此自得？自稱大禪佛？且道仰山是乩童？不是乩童？莫胡言亂語好！

且道：仰山肯伊不肯伊？若道肯伊？為什麼打伊四藤條？若道不肯伊，為什麼仰山卻又容許霍山景通禪師承繼他底法？弘傳他家宗風？大衆且於此下個疑情，起心參究看看！

次如那僧來參霍山禪師，為什麼後來一句之下不能答得，便招霍山禪師痛棒？趁出門去？今時星雲、聖嚴、惟覺等三大法師，談禪說悟浩浩；慈濟證嚴法師近來亦踵繼說禪，平實如今且要問爾等四大法師：「於此公案上來所問，還有人道得麼？」若有人真實道得，方是真正之大師也，方可不負在家二衆之鉅金信施也！方可不負出家二衆弟子之服侍也！　頌曰：

西天中華，四七二三，連綿傳燈。

佛光輝滅，釋迦玄旨誰傳？息難通！
大雄乃敢承藤杖，繼宗風。
有理無理也，龍頭蛇尾少一橛，元是冬烘，更尋蹤！（調寄月落梨花）
或有大師來問：當從何處覓龍蹤？
平實聞言，但只迴身，指向綠峰。

第四六三則　無著三三

杭州無著　文喜禪師　嘉禾人氏，俗姓朱。七歲出家，唐開成二年趙郡具戒。後屬會昌澄汰，反服韜晦。大中初年，例重懺度於鹽官齊峰寺，後謁大慈山性空禪師，空曰：「子何不遍參乎？」師乃直往五台山華嚴寺，至金剛窟禮謁；遇一老翁牽牛而行，邀師入寺。翁呼：「均提！」有童子應聲出迎，翁縱牛與童子，引師陞堂。堂宇皆耀金色，翁踞床，指繡墩命師坐。翁曰：「近自何來？」師曰：「南方。」翁曰：「南方佛法如何住持？」師曰：「末法比丘，少奉戒律。」翁曰：「多少眾？」師曰：「或三百，或五百。」師卻問：「此間佛法如何住持？」翁曰：「龍蛇混雜，凡聖同居。」師曰：「多少眾？」翁曰：「前三三，後三三。」翁呼童子致茶，並進酥酪。師納其味，心意豁然。翁拈起玻璃盞，問曰：「南方還有這個否？」（註：古時玻璃杯極爲珍貴）師曰：「無。」翁曰：「尋常將什麼喫茶？」師無對。師睹日色稍晚，遂問翁：「擬投一宿，得否？」翁曰：「汝有執心在，不得宿。」師曰：「某甲無執心。」翁曰：「汝曾受戒否？」師曰：「受戒久矣！」翁曰：「汝若無執心，何用受戒？」師辭退。翁令童子相送，師問童子：「前三三，後三三，是多少？」童召曰：「大德！」師應諾，童曰：「是多少？」師復問曰：「此爲何處？」童曰：「此金剛窟，般若寺也！」師悽然，方悟彼翁者即文殊也。

不可再見，即稽首童子，願乞一言爲別。童說偈曰：「面上無瞋供養具，口裡無瞋吐妙香。心裡無瞋是珍寶，無垢無染是眞常。」言訖，均提與寺俱隱，但見五色雲中，文殊乘金毛獅子往來，忽有白雲自東方來，覆之不見。時有滄州菩提寺僧修政等至，尚聞山石震吼之聲。

聖嚴法師云：《「三三」兩個字在此處不能用數字來定義，這句話的意思是「差不多」，前面跟後面差不多，好的跟壞的差不多，南方的佛法和北方的佛法也差不多。無著和尚跟文殊菩薩的這段對話只是個故事，但它自有涵意；有人認爲文殊菩薩是在北方的五台山，因此千里迢迢不辭艱苦從南方到北方，希望能見到文殊菩薩，能夠得到正法。哪知文殊菩薩卻告訴他：我們這裡跟你那裡一樣。也就是說佛法到處都一樣，你來此若心眼不開，一樣見不到佛法。……因此，文殊菩薩所說的「前三三、後三三」，**對於那些到處追隨名師**，到處去問佛法的人是當頭棒喝。若能眞正了解佛法，一句兩句一直用下去，也就可以了。如果懂得很多、跑了很遠、見了很多善知識，可是沒有實踐佛法，也等於沒有出門、沒有修行；不過這句話是對那些專門跑碼頭的人講的，至於需要參訪善知識的人，該參訪還是要參訪。》（《聖嚴說禪》頁 102~103）

平實云：文殊菩薩所言「三三」，豈唯不可以數字定義之？更不可如聖嚴法師之以

「差不多」而定義之，悉墮意識情解之中故。哪堪再如聖嚴法師之更道前面、後面、好壞、南方、北方等種種「差不多」？去禪遠矣！

如是公案，若非真實證悟之人，不能說之；初悟之人若未經善知識幫助整理者，或悟後差別智未熟者，亦難說之，豈況聖嚴師父未悟之人，何能說之？乃竟濫膺證聖之人，妄解無著法師此一公案，難免野狐之尾為人所窺也；今時舉之，普天下已悟之人見之，不免哂之！

今者聖嚴師父所解文殊語言機鋒，悉墮情解，與文殊菩薩之本意，相去何止天壤之別？正是貽笑方家之**代表作**也！復次，此公案乃是唐朝大中皇帝年間所發生之真實典故，非是聖嚴師父所說之傳說故事也。有人事時地為證故，乃是無著文喜禪師悟前所經歷之真實典故也。

杭州無著文喜禪師乃是嘉禾人氏，俗姓朱。七歲出家，唐開成二年趙郡具戒。後屬會昌澄汰，乃改著俗衣而自隱晦、不示僧相。大中初年，援例重新懺度於鹽官齊峰寺，後謁大慈山性空禪師，性空禪師曰：「你為什麼不去遍參諸方善知識呢？」無著禪師曾聞文殊菩薩示現在五台山，乃直往五台山華嚴寺，至金剛窟禮謁；當時曾遇一老翁牽牛而行，邀請無著禪師入寺。老翁入寺之後便呼喚：「均提！」立即有一童子應聲出迎，老翁縱牛與童子安頓，便指引無著禪師進入大堂。大堂及殿宇皆照耀出金色光芒，老翁入大堂後，隨即直接踞坐大禪床上，指示繡墩（置於地上、以錦繡覆蓋之小坐具）命無著禪師坐之。

坐定之後，老翁便問曰：「你這幾天是從什麼處來此？」好有一問。如是一問意在何處？如今普天下阿師悉不知也。無著禪師當時猶處童蒙，不解文殊意在言外，便直答曰：「我從南方來。」老翁隨即又問曰：「你們南方的佛法是如何住持的啊？」果然不懷好意，彈起無絃琴來也！無著禪師初始行腳，何曾知此玄機？輕率答曰：「末法時的比丘們，很少能清淨奉持戒律。」其實文殊之意，不在戒律瑣事上說，實是詢問無著關於南方各佛寺如何住持佛菩提正法；無著法師甫出外行腳，豈知文殊之意？那老翁也不與他說破，便隨無著禪師語脈，再提一問：「你們南方各佛寺裡，大約有多少常住衆？」如是一問，藉以引出機鋒；無著禪師聞言，便直答曰：「或有三百人者，或有五百人者。」答已，無著禪師卻問老翁：「那您這寺裡的佛法又是如何住持的？」不知老翁正是文殊示現，只因文殊示現之表相與世間人無異，又非示現出家身相，是故無著法師當時無恭敬之心，被問許多事已，隨即作此等反問。老翁聞言，不以為忤，乃答曰：「我這寺裡是龍蛇混雜，凡聖同居。」無著不知文殊之意，未有任何警覺。

當知一切菩薩示現在人間時，悉皆如是：以凡夫肉胎之身，由見道位或修道位之七識賢聖住持，與非凡夫非賢聖之如來藏同住，真妄心和合運作，生滅心與不生滅心和合而住持佛法；如是真妄心和合運作而利益眾生，如是進修佛道，故名龍蛇雜處。無著禪師豈知此理？由因曾被老翁問南方住眾之多少，乃又回問曰：「您這寺裡有多少常住眾？」老翁答曰：「前三三，後三三。」無著禪師問至此處，已是絕路，前不能進，退亦不甘，只得到此打住。

老翁見無著法師至此不復能問，便呼均提童子致茶，並進酥酪。無著禪師口納其味，墮在覺知心上，未離六塵，於實相境界猶自懵懂，豈有悟處？後人不知，記其為心意豁然。老翁見無著禪師不知喝茶進酥言外之意，有意為他，便故意拈起玻璃盞，問無著禪師曰：「南方還有這個否？」正是明裡指示他，無奈無著禪師依舊墮在文殊菩薩閑機境及語脈裡，只在事相上回答曰：「南方寺院無此種玻璃杯。」文殊見他錯會得離譜了，便又提示曰：「那你們南方平常都用什麼喫茶？」如是一問，與土城老人之問喝茶，完全無異，簡直是眉毛拖地，老婆至極；至此，無著禪師方知文殊之意不在問伊玻璃杯，不在問伊喫茶之用具也；然又不知文殊菩薩意在何處，只得默然無對，至此方知那相貌平凡之老翁非是等閑人也。

無著禪師當時眼見日色已經有點兒晚了，希冀留宿以便多作請益，遂問老翁：「我想在寺裡住一宿，不知可否賜允？」老翁回答曰：「你還有執著心在，不能在此留宿。」無著禪師答曰：「我沒有執著心。」老翁問曰：「你曾受戒否？」無著禪師答曰：「我受比丘戒已經很久了！」老翁聞言便答道：「你如果沒有執著之心，又何必受戒？」今時多數出家法師亦復如是，每依聲聞戒而住，往往不依菩薩戒而住，更不能依道共戒之無爲戒而住，每多執著於聲聞戒，是故見在家人時，往往以僧寶身分自高，不論在家菩薩修為高低，一律輕之，不肯敬重。由此緣故，便障自己之大乘見道及修道因緣；由此緣故，地上菩薩多現在家相，藉著出家僧寶之歧視輕視，以及在家凡夫之輕心，作為消除累劫煩惱障習氣之助緣。無著禪師初入佛門，未入大乘修道位中，豈知此理？輕伊老翁相貌之同於凡夫，由是之故不得留宿請益，只得辭退。

老翁不許無著禪師留宿，無著既告辭，老翁便令均提童子相送。出至寺門外，無著禪師再也無法忍住疑問，便向均提童子探詢：「老人說前三三、後三三，究竟是多少？」均提童子遂大聲召喚無著禪師：「大德！」這一喚，真可謂石破天驚，直令魔宮震動，只是無著禪師不知不覺，更向童子應諾，均提童子便問曰：「是多少？」無著禪師依舊茫然，不知所措。

至此，理上沒個入處，只得問些事相上事，乃又向均提童子問曰：「這裡是什麼地方？」童子乃告之曰：「這裡就是金剛窟的般若寺啊！」無著禪師聞道正是金剛窟，方才知曉那貌不驚人之俗士老翁，即是文殊菩薩所現也，心中一陣悽然；已知無法再見到文殊菩薩了，已知那童子亦非等閑人，只好低下心來，恭敬地向童子問訊，祈願童子賜與一言，作為臨別贈言。

均提菩薩見無著法師不具悟道之知見，乃從如來藏之體性上，為伊說偈曰：「面上無瞋供養具，口裡無瞋吐妙香，心裡無瞋是珍寶，無垢無染是真常。」凡此皆從自心如來藏之體性上直言也！言訖，均提菩薩與般若寺俱隱不現，只見五色雲中，文殊菩薩乘坐金毛獅子往已復來，忽有白雲自東方來，覆之不見。當時適有滄州菩提寺僧人修政法師等人來到，尚能聽聞山石震吼之聲。

只如文殊菩薩問無著禪師：「南方佛法如何住持？」是什麼意？如今平實拈來問台灣四大山頭說禪及道悟之四大法師：「爾等金碧輝煌之寺院中，佛法如何住持？」莫將常見外道法來住持，莫將密宗黃教之外道無因論邪法來住持，莫將聲聞戒來住持大乘法，且道：爾等四大法師將什麼來住持佛法？試道看！

二如文殊菩薩言般若寺中常住衆是「龍蛇混雜，凡聖同居」，爾等大師鎮日裡與五蘊蛇為伍，還知有真命大龍住持於爾等身中麼？　且道：汝等身中之真命大龍在什麼處？還有知者麼？

三如金剛窟般若寺中常住衆之數，總有「前三三、後三三」之多，且道是多少？爾等大師若欲知者，來覓平實；平實牽起大師手，為爾等大師手指一一點數：這左手是一二三四五，這右手是六七八九十。

四如文殊命均提菩薩致茶、致酥、致酪，令無著禪師點心，且道：究竟是點阿哪個心？　諸方大師莫向平實道：是點「師納其味，心意豁然」之覺知心。　且道：究竟均提菩薩要點的是無著法師阿哪個心？

五如文殊菩薩拈起玻璃杯，問無著禪師云：「南方還有這個麼？」究竟文殊菩薩問的是阿哪個？豈真問南方寺院中有無玻璃杯麼？且道：文殊問的究竟是阿哪個？

六如文殊菩薩問無著：「尋常將什麼喫茶？」究竟是問玻璃杯？不是問玻璃杯？是問瓷杯？不是問瓷杯？若不是，究竟是問阿哪個？　爾等大師若來向平實言：「所謂玻璃杯即非玻璃杯，是名玻璃杯。」平實甫聞已，當下打破汝頭！　汝等挨得痛棒已，再問平實，平實卻舉杯向爾等大師道：「所謂玻璃杯即非玻璃杯，是名玻璃杯。」爾等欲如何會？

七如無著問均提菩薩：「前三三，後三三；是多少？」均提菩薩云何不答伊數目？卻大聲喚無著？令無著應諾？究竟意在何處？云何平實卻不答大師之來問？卻只是點數著大師指頭兒？

八如般若寺等俱隱之後，文殊菩薩坐金毛獅子，與均提童子在天空中往已又來，又是何意？

爾等四大法師，若有人會得其一，便得八問俱通，如是八問其實只是一問爾；若解不得，且自低心下座，創入叢林參禪好！莫再空心高腹、談禪說悟，免得落人把柄，將來再度被人拈提，面子上須不好看也！更莫學吾師之妄解禪宗公案而出書流通，否則皆成千古把柄，自曝野狐證據爾，有什麼好處可言耶？頌曰：

前三三，後三三，佛法只恁般！

酥酪香茶點心，忐忑心不安。

前後三，是多少？諸處猶頑。

更問寺號，更求佛偈，更待何歡？（變調訴衷情）

第四六四則　無著患癲

杭州無着　文喜禪師　師自親見文殊菩薩，未得證悟後，復於咸通三年至洪州觀音院覲見仰山，言下頓了心契，仰山令典常住。一日有異僧就求齋食，師減己分饋之，仰山預知，問曰：「適來果位人，汝給食否？」答曰：「輟己迴施。」仰山曰：「汝大利益。」

七年旋浙右，止千頃山築室而居。會巢寇之亂，避地湖州，住仁王院。光啓三年，錢王請住龍泉廨署（後改名慈光院）。

有僧問：「如何是涅槃相？」師曰：「香煙盡處驗。」又問：「如何是佛法大意？」師曰：「喚院主來！遮師僧患癲。」又問：「如何是自己？」師默然，僧罔措；再問，師曰：「青天蒙昧，不向月邊飛。」

大順元年，錢王表薦賜紫衣。乾寧四年又奏師號曰：無著。光化三年示疾，十月二十七日夜子時告眾曰：「三界心盡，即是涅槃。」言訖，跏趺而終。

聖嚴法師云：《修行的**目的**固然重要，**過程**更重要。禪的修行，如果觀念不正確，就會**把目標當作追求的對象**。事實上，正確的觀念是**以禪修的過程為目標**，**才是最妥貼的**。……近代中國有位不懂打球的將軍韓復渠，有一天看到他的士兵們在打球，覺得這麼多

人搶一個球，他們太可憐了，乾脆每一個人都發一個球，好讓士兵們玩個夠。結果，當士兵們每人都有一個球時，球賽的熱鬧場面也無法繼續下去了。所以，我們要重視過程，不要重視目的；要重視因的培育，不要光重視果在哪裡。》（東初出版社《禪論》頁73~74）

然而聖嚴法師卻又云：**《禪修是 為 開悟成佛，如何 才能 開悟成佛？除了……也要……》**（東初出版社《禪論》頁104）

平實云：聖嚴師父開示禪法，往往同一書中前後相違，往往言不由衷。既道「禪修是 **為** 開悟成佛」，既道學禪之目的是為了知曉「如何 **才能** 開悟成佛？」明明已指出自己心中 **很想** 開悟成佛，卻於同一書中勸其弟子們「不要求悟，不要重視證悟之目的」，正是前後相違、言不由衷之語也。一切人學禪之目的，悉在學習開悟之知見，悉在求證真心而導致般若慧之啟發，焉可故意忽略悟之果實？若言「不求證悟而精進學禪參禪」者，乃是言不由衷之妄語也。若不求悟而精進學禪參禪者，學之何益？參之何益？大可隨諸修定之人習定修通即可也！不須辛苦學禪、參禪也！

學禪之人必須重視學習修鍊之成果，庶免浪擲一生精力與生命，永處輪迴之中；否則修學佛法即失其意義也。未悟之人，每於悟境作許多幻想與揣測，心無定見，多有猶疑，故其所言往往前後矛盾；未悟之人，復皆不喜弟子向其求悟，每多妄作如是不實矛盾之語，滅除四衆弟子向其求悟之心，以免弟子在其座下久修不悟而質問之。是故，凡作是說，令其弟子不可向其求悟者，皆是未悟謂悟而籠罩弟子，濫膺悟者身分之大妄語者，非是真善知識也！

今者，聖嚴師父亦復如是，澆息座下四衆弟子追求證悟般若之火苗，要求四衆弟子只看過程，而不重視證悟之果實，則令禪子失去求悟之心，必將永難得悟、空過一生也。此舉便似韓復渠之發給每名士兵一球，一般無二：只注重打球一事之過程，莫管比賽結果之勝負，致令士兵失去求勝之心，故有大過。如是之過，正是聖嚴師父自身所犯之過，云何取來形容及作顛倒邏輯之開示？不應正理！是故有智學人莫隨如是錯誤知見而信、而轉、而修，當入正知正見中熏習，而後參究求悟，此世庶幾有望證悟而得發起般若慧，通達般若系諸經 佛所隱覆密意而說之真實意旨。今舉無著患癲公案，共諸有心求悟學人扯扯葛藤：

杭州無著文喜禪師曾見文殊所化老翁，因慢心而墮於唯見文殊示現在家相之表相，錯過文殊開示之後，自檢己過，放捨慢心，於咸通三年至洪州觀音院參見仰山禪師，於仰山開示言下，頓了心契；仰山禪師隨令無著禪師典座於常住，職司寺院之廚房。

無著禪師任典座期間，一日，有異僧來就（相貌異於中土人士故名異僧），欲求齋食。無著禪師自從見了文殊所化現之平凡老翁後，便不敢再有慢心，不敢再輕視一切人，心欲施食與彼異僧；然因不便減少他僧之分施之，乃減己分饋之。其師仰山預知彼異僧來，後問無著禪師曰：「方才來求施之異僧，乃是已證果位之人，你布施食物給他了沒？」無著禪師答曰：「我減下自己的食物，迴施給那僧人了。」仰山乃曰：「你布施給一位證果的人，將來有大利益啊！」那僧所證可能只是聲聞果，不及無著禪師之菩薩果，然布施者來世亦可得無量福報也！如是福報正是菩薩來世行道之世間資糧也！

大中七年，無著禪師旋歸浙右，住止於千頃山，築室而居。因遇上巢寇之亂，避地湖州，改住仁王院。光啟三年，錢王請住龍泉廨署（後改名慈光院）。有僧來問：「如何是涅槃之法相？」無著禪師答曰：「捨壽時都有燃香，你可以在香煙燒盡之時驗看。」那僧又問云：「如何是佛法大意？」無著禪師卻向他人吩咐道：「去喚院主來！這個法師僧人患了癲狂症。」那僧又問：「如何是我真正的自己？」無著禪師這回默然不答，那僧見無著禪師默然不答，不知該說什麼；良久之後再問，無著禪師卻答曰：「青天蒙昧，不向月邊飛。」如是一答，頗有文殊所言「前三三，後三三」之味道也！正是前事不忘，後事之師也！

大順元年，錢王上表推薦，皇帝御賜紫衣袈裟。乾寧四年又奏請加封無著禪師號曰：無著。從此以後，大衆不復稱師原名文喜，悉改稱無著禪師。光化三年示疾，十月二十七日夜子時告衆曰：「三界心盡，即是涅槃。」言訖，跏趺而終。

三界心者，謂見聞覺知心及處處作主之意根末那識也，此七轉識妄心必與三界中之六塵相應相到故，故名三界心。三界心若盡，不復入胎而出生來世之見聞覺知與處處作主之心，七識心永盡，即是無餘涅槃也！今時諸大法師悉皆不知此理，每執見聞覺知心不起念，不起煩惱妄想，便認作涅槃中之第八識如來藏，悉名錯會二乘菩提之凡夫。平實於《邪見與佛法》書中具說此理，而彼等大法師至今仍不肯信受，可知彼等大師皆嚴重執著意識與意根，不肯死卻如是三界心也。

若彼等已真信受余說者，即知余之是否已證二乘解脫果及解脫知見也，即不應繼續謗余為邪魔外道也！皆因不肯死卻此七識心，執此三界心為常住不壞之法，不知此七識心永與三界中之六塵相應，不知此七識心即是三界心，故不信受余說，不能安忍於余之破斥三界心，堅執三界心為真實心，乃謗余為邪魔外道；如是之人，名為不肯斷除我見之凡夫也！

平實將聲聞初果乃至四果之親證法義平鋪直敘，盡洩二乘菩提之修證密意，以此挽救今時被印順等人破壞之解脫道正法；然而彼等諸人仍執密宗應成派中觀之邪見不捨，余於彼等實亦無可如何，救不得也！今者無著文喜禪師捨報前，開示言：「三界心盡，即是涅槃」，無念靈知心與恆審思量處處作主之意根，正是三界心故，陰界入之生滅無常有為法所攝故，諸方大師何不信之？

有餘無餘涅槃之親證，唯是二乘菩提果，不涉大乘；大乘菩提之親證，要須證得自心如來藏，現前可以運作及體驗之，方名證悟般若也！是故一切已證般若及二乘菩提之禪宗祖師，於學人所問，隨應而答，悉無錯謬。無著文喜禪師亦復如是，有僧問曰：「如何是涅槃相？」無著禪師答曰：「香煙盡處驗。」然後又問佛法大意，則是問般若實相之智慧也，無著禪師乃向別僧吩咐曰：「卻喚院主來處理！這個師僧患了癲狂症也。」只如無著禪師不答此僧，是不會般若？抑或別有深意？諸方大師何妨於此著眼？看是個什麼道理？若能疑情不斷，有朝一日忽然悟得，便通三乘諸經密意，方知平實不汝欺也！方知平實所言，句句皆是如實語也！

那僧不曉無著禪師語意，又問：「如何是真實的我自己？」這回無著禪師卻從自心如來藏之別一體性答伊，只是默然不語不作，那僧不知無著禪師意在何處，至此更加惘然；良久卻又重問：「如何是自己？」無著禪師只得回到前一體性答伊：「青天蒙昧，不向月邊飛。」只如無著禪師這一句語，是什麼意？爾等四大法師若向伊語句作意，小心無著禪師忽然現前，痛打爾等四大法師一頓，且莫墮在無著禪師語脈上，還請諸大法師細心參詳；有朝一日忽得觸證，重閱平實十餘年來著作，方知吾不汝欺也！方知悟已不過別教七住位爾；方知別教七住菩薩般若慧之深妙，非二乘無學聖人之所能知也！從此卻好入我門中受學種智，進修初地般若種智。且道：「青天蒙昧，不向月邊飛」一句，真意作麼生道？若道不得，真乃青天蒙昧之人也！若言道得，卻是野狐之屬，有什麼會處？且道：如何方是真正道得？頌曰：

三界心盡，我見等俱伐。
探盡解脱無玄旨，性淨涅槃無諱。
今時四大法師，蕭蕭滿頭白髮；
欲了青天蒙昧，將拳向月邊搐！（調寄清平樂）

第四六五則　灌溪剪急＊

灌溪志閑禪師　師見臨濟義玄和尚，和尚搊住，良久放之。師曰：「領矣！」住後謂眾曰：「我見臨濟無言語，直至如今飽不饑。」

問：「請師不借。」師曰：「我滿口道不借。」師又曰：「大庾嶺頭佛不會，黃梅路上沒眾生。」

師會下有一僧去參石霜，石霜問：「什麼處來？」僧云：「灌溪來。」石霜云：「我北山住，不如他南山住。」僧無對。師聞云：「但道修涅槃堂了也。」

僧問：「久嚮灌溪，到來只見漚麻池。」師曰：「汝只見漚麻池，不見灌溪。」僧曰：「如何是灌溪？」師曰：「剪箭急。」（後有人舉似玄沙，玄沙云：「更學三十年未會禪。」）

聖嚴法師云：《煩惱是由於理性與感性的衝突，不善於處理煩惱，一定痛苦不堪；善於處理煩惱，則煩惱自消。內心煩惱衝突的感受，很多人都有此經驗，大多是由於無法控制自己，明明不願想的事情，偏偏想個不停；不願做的事情，心裡又放不下，左思右想，還是做了；自己是個自私鬼，偏又幻想成爲仁慈博愛的大善人；明知可將自己所擁有的東西與親友分享，卻十分捨不得，百般思量，不如留爲己用；這都是**理性和感性**、**前念與後念**的衝突。

曾經有一對夫妻，……遇此情形，我通常是勸和不勸離，先請其再耐心試試看，不可輕言離婚，先調整自己的觀點、作法和想法，試著爲對方著想，對方如果也因你的改變而受影響，問題、衝突便有可能迎刃而解。》（東初出社《動靜皆自在》頁 86~88）

平實云：聖嚴師父開示於弟子四衆，教四衆弟子所應斷除之煩惱，皆是世俗煩惱，皆非　佛所說之我見、我執等見思二惑煩惱。如是開示已，根本不能斷除自他之見思惑煩惱，根本墮在我見中，未曾消得一分一毫自我執著，卻又說消融自我等言，真乃掩耳盜鈴、自欺欺人之語也，如是斷煩惱者，卻同世俗外道之斷煩惱無異，何名佛法？所以者何？　佛說修證佛法所應斷除之煩惱者，乃言一念無明煩惱及無始無明煩惱也。一念無明煩惱即是煩惱障之煩惱，又名「起煩惱」，乃是不曉蘊處界我虛妄，執蘊處界我為常住不壞之法，即是我見與我執，又稱根本煩惱；無始無明煩惱則是「上煩惱」，乃是禪宗行者在般若見道後進入修道位，為欲成就究竟佛菩提果、欲入佛地之前，所應斷之煩惱，即是心上煩惱、止上煩惱、觀上煩惱、禪上煩惱、正受上煩惱、方便上煩惱、智上煩惱、果上煩惱、得上煩惱、力上煩惱、無畏上煩惱……等過恆河沙數上煩惱。此等上煩惱之隨眠已經斷盡者，便得成就究竟佛果。

今者，聖嚴師父所說消融自我者，其實從來不曾消融自我，乃至對於自我本質之了知，亦不曾絲毫沾邊；所以者何？此謂聖嚴師父所言之「有念覺知心、有世間煩惱之覺知心、與理性感性相應之覺知心」，皆是世人所執之我，皆是常見外道所執之常不壞我，皆是十八界法所攝之生滅有為法，四阿含佛法中說此我變易不住，非是真實常住不壞之法，故說五陰無我。聖嚴師父所說之消融自我者，皆只在消除「與覺知心相應」之世俗煩惱，皆不曾一言提及如是**覺知心我之消融**，是故從來皆以覺知心為中心，皆以覺知心之離念無念，之不起世俗煩惱，而作功夫，是則認定覺知心為常住不壞之法，名為未斷我見之凡夫也！我見未曾絲毫斷之，而倡言自我之消融者，乃是自欺欺人之譚也！我見不曾絲毫斷之，而言我執之斷除，亦是自欺欺人之譚也！

復次，真正消融自我之修行（非如聖嚴法師所言之消融自我之虛妄想），乃是二乘菩提法，非是禪宗般若禪之正修行也。聖嚴師父真欲教導座下四眾弟子**消融自我**者，當先了知十八界法：六根、六塵、六識之性；自身先已了知，一一現前觀察無誤，然後方可為座下四眾弟子宣說消融自我之法。今者聖嚴師父於二乘菩提初果所斷我見之觀行，尚不能了知，因而執取十八界法中之意識界，作為常住不壞之真實自我，猶住常見外道所執之不壞意識自我中，云何能教弟子四眾觀修二乘菩提？云何能教座下四眾弟子斷除我見？我見尚不能斷，空言消融自我，復有何義？皆成空談也！二乘初果所斷我見尚不能斷，而欲教人消融自我，即成奢言也！二乘初果所斷我見尚不能斷，十八界法尚不能現觀，而言能悟聲聞阿羅漢所不能知之大乘般若者，未之有也！不知不證大乘般若，而言能授弟子四衆以禪宗所悟之般若者，未之有也！

禪之一法，真悟錯悟，差之毫釐，謬以千里；一念錯認妄心真心，即成天壤之隔，不可不慎也！聖嚴師父於此完全不解，竟敢謬膺禪師之職，二十餘年四處主持禪七，教人「證悟」，所說禪法知見完全錯誤，如是誤人道業二十餘年，大有可議之處！雖然口中不自稱為禪師，二十餘年來所言所行及所造之書，卻皆以證悟之禪師自居，足跡遍及全球五大洲，「度人」無數，誤人不少也！今者平實據實而舉、而言，籲請聖嚴師父收回已往所造誤導衆生諸書，莫再發行流通，莫再誤導學人，百年之際面見世尊接引時庶幾無愧！否則，誤導衆生及抵制正法等種種行，其業之重，難可思量，欲求百年之後獲得世尊接引者，亦難矣！

自古以來，禪門證悟諸師，一向不許當代有人誤導衆生：若有人未悟謂悟、未證言證，所說誤導衆生者，真悟之師普皆指名道姓加以拈提；要令世人知之，免受誤導。譬如臨濟初出道時，雖有黃檗禪師之印證，然其所言真妄不分，墮在覺知心、作主心上，便招來諸方真悟者之拈提，雖然後來重新釐清，成為臨濟宗之發揚光大者，然其初出道時之開示錯誤，已被載入典籍中，流傳至今千餘年，仍不得消除；當時招得真悟之師種種拈提，今時因於錯悟之人舉之自證，便又招來平實加以拈提。如是事，古來多有其例，皆因真悟之人不願與錯悟之人同流合汙；不願當時後世衆生為錯悟之人所誤導，故皆一一與之拈提，劃清界線；如是不作人情，維護正法之純真，如是驅逐外道常見法門於佛門之外。

譬如灌溪志閑禪師，亦是現成例子：灌溪志閑禪師初見臨濟義玄和尚，臨濟和尚一把搊住灌溪禪師，良久方才放之。灌溪禪師曰：「我已領會到了！」臨濟聞言，並未教其入室口說手呈，便放其回山弘法去也。灌溪禪師住山開法以後，曾向座下大衆開示曰：「我面見臨濟義玄禪師時，雖然並無言語往復開示，但是我直到如今，仍然法食充滿，飽而不饑。」如是說得大言。

後來有僧聞道灌溪禪師曾受臨濟印證，便來參問：「煩請師父不借一言而示自心真如。」灌溪禪師答曰：「我滿口向你道不借。」那僧既非真實證悟之人，焉能辨知灌溪禪師緇之與素？是故無對。權柄既在灌溪禪師手裡，乃又向彼僧曰：「大庾嶺頭佛不會，黃梅路上沒衆生。」那僧未曾開眼，自是被那灌溪禪師籠罩去也！

灌溪禪師會下有一僧去參石霜禪師，石霜問那僧：「什麼處來？」僧答云：「我從灌溪來。」石霜又問云：「我在北山這裡住，不如他灌溪禪師在南山住。」那僧雖從灌溪禪師座下來，既與其師所墮一般，非是真悟，聞言自然無對。灌溪禪師後來聞道，便向那僧指云：「你只需向他說：『已經修好涅槃堂了也』。」依舊是不肯檢點自己所悟真抑未真，依舊籠罩那僧。

然而籠罩之事，只能瞞人一時，須瞞不了一世，終有一日被真悟之人聞得，便拈向天下去也！一日，有僧聞道灌溪禪師出世闡揚宗門正法，乃來參問：「我很久以前就聞說灌溪之大名了，可是到來這裡，只見浸泡麻皮的水池罷了。」灌溪禪師便學趙州禪師之語，回答那僧曰：「汝只見漚麻池，不見灌溪。」那僧見伊如此道，便又問曰：「那麼如何才是灌溪？」灌溪禪師便答曰：「剪箭急。」這一句語，便露出馬腳了也。那僧也不與伊當面戳破，便舉向天下人說去了也！

後來有人聞得此個公案，便舉似玄沙師備禪師，玄沙禪師聞已便評論云：「這灌溪禪師，就算再學三十年，他還是不會禪啊！」那灌溪禪師答僧剪箭急三個字，只一個急字，便露出狐狸尾巴，招來玄沙當衆言語，流傳天下，何況今時諸方大師之明言意識為真如心，並以書籍廣泛流通之？如是誤導衆生者，非唯今時之人爾，抑且貽害後世佛門學人，無窮無盡，云何不應招致平實言語？

只如灌溪禪師所言，剪箭急三字，有什麼玄機？便使玄沙師備禪師見到灌溪禪師落處？便招得玄沙師備禪師輕嫌言語流通天下？便致因此顏面喪盡？一世英名盡付流水？今時台灣四大法師既敢出世說禪、言迷道悟，還知此中蹊蹺麼？試斷看！　若道不得，平實道爾等是野狐眷屬，悉是籠罩學人之顢頇阿師也！　只如灌溪禪師如是三字，墮在何處？便招得玄沙禪師之拈提訶責？　平實當時若在，只向那僧回道：「取箭折來，燒向寒爐！」　教伊玄沙不得不杜口。

聖嚴師父聞此公案已，且自閉關參詳好！若未得悟，莫再出書說禪道悟，否則平實年年拈提，公諸天下，面子上須不好看。　頌曰：

相邀同見灌溪，折箭向伊寒爐。

譚禪夜正寒，再折一箭入爐。

莫急！莫急！悠閑再續一燭！（調寄如夢令）

第四六六則　寶壽彌猴

鎭州寶壽沼和尚　僧問：「萬境來侵時如何？」師曰：「莫管他。」僧禮拜，師曰：「不要動著，動著即打折汝腰。」

趙州諗和尚來，師在禪床，背面而坐，諗展坐具禮拜，師起入方丈，諗收坐具而出。

師問僧：「什麼處來？」曰：「西山來」師曰：「見彌猴麼？」曰：「見。」師曰：「作什麼伎倆？」曰：「見某甲，一個伎倆也作不得。」師打之。

聖嚴法師云：《只要放下一切攀緣妄想的分別執著心，就是「**一念不生**」，**你就見到未出娘胎前的本來面目**，原與十方三世的諸佛無二無別。**你可以稱它為涅槃妙心，清淨法身，真如佛性**，其實卽是卽空卽有、非空非有、無漏解脫的大智慧心。如何能放下心中的萬像？先要攝心收心，如『佛遺教經』所說：「心之可畏，甚於毒蛇惡獸，怨賊大火越逸，未足喻也。」又說：「是故汝等當好制心。」又說：「從此心者，喪人善事，制之一處，無事不辦。」要將散亂妄想心，攝於一個方法的焦點，乃是凝聚散心的工夫，**由凝聚而再放下，便能心無罣礙了**。》（東初出版社《禪鑰》頁109）

平實云：聖嚴師父所謂之「悟」，在此一段開示言語中，已經顯露無餘了也。其所謂之悟，乃是以數息法、觀念頭起處……等法，令覺知心安處於一念不生之境中，如是認作「**未出娘胎前的本來面目**」，謂此一念不生之覺知心與十方三世諸佛之真如佛性無二無別，謂此一念不生之覺知心即是「**涅槃妙心，清淨法身，真如佛性**」。法鼓山廣大信眾，從此不必再打農禪寺的禪七了也，只須修學平實《無相念佛》功夫三個月，便可達到如是境界，便已超越聖嚴師父如是一念不生之境界，依聖嚴師父所說之理，如是便已是開悟境界了也，遠超一念不生之境界故。從此以後亦不必隨從平實學習禪法以求悟也，亦不必隨從聖嚴師父打禪七了也；無相念佛之淨念相繼定力已超過一念不生之定力兩倍以上故，境界超過一念不生甚遠故。然而聖嚴師父如是證境，所墮卻同於西藏密宗自續派中觀之常見外道見，完全無異，殊無可取，絕非佛教正法；所以者何？謂常見外道亦以此一念不生之覺知心作為常住不壞之眞實我故，與聖嚴師父及星雲、惟覺、證嚴等人同墮我見之中，無二無別。

然此一念不生之覺知心，正是四阿含諸經中，佛所破斥我見之我，十八界法所攝之無常有為意識界法也。云何為無常？謂易起易斷故，捨壽必定永滅故，不能去至未來世故；如人眠熟已，此離念靈知心即斷而不現；如人悶絕、入無想定、入滅盡定中，皆斷而不現故。如人死已，於正死位必斷而不現；如中陰身入胎已，此世之離念靈知心盡未來際永斷不現，無有再現之時；來世之覺知心再起時，須依三緣方得現起：依來世之五色根及此世往生之意根，與來世五色根所攝受之五塵而由如來藏所顯內相分六塵為緣，根塵相觸方得現起來世之全新離念靈知心。

來世之離念靈知心既非依此世五根為緣而得現起者，乃是另一全新之靈知心，非是此世之靈知心死已去至來世，故不能憶知此世事。由是可知，離念靈知心正是意識心，不能去至後世；前世離念靈知心亦不能從往世來至此世，故知離念靈知心乃是無常之法，於眠熟等五位中必斷，非是常住之法。既是無常之法，焉得是涅槃妙心？涅槃常故、恆故，焉能由唯有一世之無常之離念靈知心入住？故聖嚴師父所說離念靈知心即是涅槃妙心者，豈唯不應正理？亦復違　佛所說三乘諸經正義！

聖嚴師父以此一念不生、不起煩惱妄想之覺知心，作為「**未出娘胎前的本來面目**」，又說「**你可以稱它為涅槃妙心，清淨法身，真如佛性**」，教令法鼓山廣大信衆修數息法、及觀念頭起處，令覺知心放下一切煩惱而不起念，以此一念不生之覺知心作為清淨妙心、涅槃妙心、真如佛性，與常見外道完全相同；常見外道亦以一念不生之覺知心作為常住不壞之法故，誤認其常，故名常見外道；外於自心如來藏而求不生不滅之法，故名外道。

今者聖嚴師父所說之悟、之證，同於常見外道，無二無別，云何可名之為佛教之正法耶？然後又教徒衆於一念不生之後，再放下一念不生境界，投入種種世間法與妄想雜念中，謂此即是 佛所說之心無罣礙，仍墮凡夫境界，與外道之修得欲界定者無異。若可然之，則外道之修得欲界定、未到地定者，皆可名為佛教中之證悟聖人也！則平實今時所證之禪定境界，可以名為聖中之聖也！今時彼諸外道、密宗諸師，及今佛門四大法師，皆未曾證得四禪八定之任何一種禪定境界故，而皆示現成聖故。

然而如是等人所證者，皆只是一念不生之未入禪定境界，亦皆未能證得絲毫般若智慧；皆未證得自心如來藏故，般若以如來藏為體故，般若所說者皆是自心如來藏及其所生萬法之體性故。如是等人，尚不能入於大乘別教第七住位，不能親證七住菩薩所證如來藏之般若慧故；乃至不能證得聲聞初果之功德，聲聞初果皆已斷除我見故，彼等台灣四大法師與密宗諸師皆未斷除我見故，一念不生之覺知心即是意識我故；意識心不因離念便轉成涅槃妙心故，意識心永遠是意識心故。由是舉證，由是正理，說聖嚴師父乃是以定為禪者，誤將欲界中最低層次之粗定——一念不生境界中之欲界定境界——誤認為禪宗之悟境也！

然而禪宗之悟，實非以不生妄想等離念境界之修證作為證悟故，實以覺知心紛然雜亂時，與之同時存在之永無雜念之自心第八識如來藏，作為所悟證之標的；乃是以從來無覺無觀、從來離六塵之第八識如來藏，作為證悟之標的，非如聖嚴法師之以覺知心一念不生而得說為證悟也！若人不依余之所說者，則其人於三乘諸經中 世尊所言密意，必定悉皆錯會，必定不生正解；此人若出而弘法者，必定誤導衆生，與衆生同入常見外道見中，同於聖嚴師父一般無二。

實相心自無始劫以來本自遠離覺觀，不墮六塵境界之中，此乃 世尊一向之開示，為證此說，且舉 世尊開示為證：《佛即告言：「如是！法上！如是**實相過覺觀境**，我覺了已，為他解說，安立正教，開示顯現，令義淺易。何以故？我說眞實，但是聖人自所證見；若是凡夫覺觀境界，自他可證；法上！以是義故，應知**實相過於一切覺觀境界**。復次法上！我說眞實，非相行處；一切覺觀，緣相行處；以是義故，**應知實相過覺觀境**。復次法上！我說眞實不可言說，一切覺觀但由言說，**故知實相過覺觀境**。復次法上！我說眞實絶於四事，謂見聞覺知；一切覺觀，緣四事起。復次法上！我說眞相離諸鬥諍，一切覺觀——鬥諍境界；以是義故，**應知實相過覺觀境**。……」》（《佛說解節經—過覺觀境品》）

如是經文之中， 世尊明說：**實相離見聞覺知，實相超過一切覺觀境界**。並說：世間種種不離覺觀之境界，乃是凡夫皆可證得者；而實相境界超過覺觀境界，故非凡夫所能證得。又言：一切不離覺觀之境界，皆是緣於六塵相而有之境界，實相則超過六塵相境界。又言：實相離四種法，謂離能見、能聽、能覺、能知。又言：一切有覺有觀之境界，皆是緣於見聞覺知四事方得生起，而實相超過一切覺觀境界。又言：真實相遠離一切門諍境界，而能覺能觀之心則與門諍境界相應，故說**實相離一切覺觀境界**。

於其餘大乘方廣諸經中，世尊莫不如是說，皆言實相離一切覺觀。而今聖嚴法師所說之證悟實相境界，所說之「**未出娘胎前的本來面目**」，所說之「**涅槃妙心**，**清淨法身**，**真如佛性**」，卻是意識覺觀境界之**一念不生**，**卻是不起煩惱妄想之覺知心**，完全悖於佛說，焉得名之為悟？本質乃是：以定爲禪而又不能證得禪定之人也。有智之法鼓山學人，於平實此段舉證之中，已可分明了知聖嚴師父之落處，已可了知聖嚴師父所謂之「悟」，與常見外道完全無異。

為興佛教，應當破除佛門中之常見外道邪見，驅逐於佛教之外；並示正法，引入正道，是故年年造作公案拈提，以護佛教正法。要待彼諸錯悟名師停止出書、誤導四衆弟子，而後可止。今當為諸已具正見及福德之四衆佛子，直示入處，便舉寶壽彌猴公案，共諸大師學人合計：

有僧請問：「萬境來侵時如何？」與聖嚴師父一般，墮在覺知心上也；此是煩惱眾生境界，尚無參禪資格也，我見未斷故，與六塵相應相到故。鎮州寶壽禪師甫聞之下，已知其意，未欲教令參禪，且先令其斷除我見，令其不認覺知心為真，便答曰：「莫管他。」那僧不知寶壽禪師早看出伊落處，猶自東施效顰，模仿禪師作略，便禮拜，寶壽禪師便責彼僧曰：「不要動著！動著即打折汝腰！」不讓彼僧效諸野狐禪師進退禮拜，令彼僧無作手腳處！

一日，趙州從諗和尚來見，寶壽禪師甫見，便在禪床上背面而坐；趙州從諗禪師見狀，卻展開所攜坐具，禮拜寶壽禪師；寶壽禪師見伊禮拜，卻起身走入方丈室，趙州從諗禪師卻收坐具而出。

這個公案，二師作略，卻似平實之風，一般無二；法鼓山之部份少聞信眾，若當時在場者，必定亦嘲寶壽與趙州是乩童起乩也，平實曾因使機鋒故，招致彼法鼓山部份少見多怪之信眾譏為乩童起乩也！可見聖嚴師父之不懂禪也！明師必出高徒故，如是少聞多怪而復於禪法懵懂之徒眾，不可能有高明之師父故！

只如寶壽禪師正在禪床上坐，趙州來見，本該雙方敘禮奉茶，寶壽云何卻背面而坐？不理趙州？此豈待客之道？　且道：寶壽禪師特地背面而坐，是什麼道理？　爾等法鼓山信衆，莫道寶壽是神經病、是乩童起乩，誹謗證悟賢聖之罪，爾等擔不起也！

次如趙州從諗大師見寶壽故意背面而坐，不理會伊，卻只是自顧自的將隨身所攜坐具展開，自顧自的禮拜寶壽，所行完全異乎常人，莫非真是精神錯亂之乩童麼？且道：趙州展具禮拜背面而坐之寶壽，又是何意？

三如，趙州禮拜寶壽，寶壽本該回禮一拜，他卻根本不理趙州，只是自顧自的下了禪床，逕自回去方丈室，不理會趙州。且道：寶壽意在何處？法鼓山諸信衆莫誣謗寶壽是神經病！亦莫謗伊是乩童起乩！此是誹謗大乘勝義僧之重罪，爾等擔不起也！

四如，寶壽下禪床，逕自入方丈，不理趙州；趙州本該隨入方丈室，與伊理論；然而趙州卻不理會，也不管自己老臉有光無光，只是自顧自的收起坐具，自行離去，亦不與寶壽理會個道理出來，活似甫從榮總精神病院逃出來者。且道：趙州意在何處？

如是四問，若是真悟之人，聞已只是將此書往桌上暫置，卻取茶盞輕啜一口，然後再續後文，本無淆訛之可言也！謂此四問其實只是一問爾，但問爾知不知，但問爾有無見地，不問爾許多道理也！法鼓山諸信衆若欲會取般若正理，若欲親證般若、成賢入聖者，何妨用心參之？有朝一日親自觸著，方知平實不汝欺也，卻好向平實跟前懺悔往昔誹謗正法及與賢聖之罪。若不能親自證知者，平實記爾：終此一生不能作此懺悔正行也！捨壽時自知！

一日，寶壽禪師問一僧：「你從什麼處來？」好有一問，那僧不知，答曰：「從西山來。」寶壽禪師又問曰：「路上看見彌猴麼？」寶壽禪師神頭鬼臉，無比老婆，直示入處；可憐那僧不具禪門正知正見，當作寶壽禪師與伊閑聊，便答曰：「看見了。」寶壽禪師見伊不懂機鋒，便進一步指示那僧曰：「有看見那些彌猴作什麼伎倆沒有？」那僧只道寶壽禪師與他聊天兒，便回答曰：「那些彌猴見到我的時候，一個伎倆也作不得。」寶壽禪師聞言，見那僧根本不懂佛法，更不懂禪，竟敢來參訪，便舉杖打之，期望能有悟緣。不料那僧捱了一頓打，依舊是在夜裡行，茫無所見，沒了下文，辜負寶壽禪師入泥入水、神頭鬼臉為伊，白說了一場無生大法。

只如西山彌猴有什麼玄妙？寶壽禪師卻教那僧小心廝見？爾等法鼓山大衆既道是跟著聖嚴大禪師學禪、修禪、解禪、證禪，可知寶壽禪師教那僧看彌猴作什麼？若不能正答者，平實道汝是隨聖嚴法師學野狐禪！

次如那僧不解寶壽禪師之意，寶壽便問彌猴作什麼伎倆？竟是何意？寶壽禪師豈真與伊閑聊？　且道：彌猴在樹上、在地上，究竟作何伎倆？法鼓山四衆弟子若欲親證般若者，且向後山尋覓彌猴；覓得已，莫驚動彌猴，且自細心瞄伊。今日若瞄不出個所以然，明日再去瞄伊；明日再瞄不出個所以然，後天再去瞄伊。如是經年累月瞄去，自有悟時。只是有一件事必須先為爾等四衆弟子吩咐：必須先信余所說法，必須捨棄令師所說邪知邪見，必須先依余諸書所言而建立正知正見。若不爾者，瞄上三大阿僧祇劫，亦復無可奈何也！

爾等依余所說知見，依余所吩咐之法，瞄上三十載後，必定能有多人證悟般若，隨時隨地現觀自心如來藏所在，及其運作與諸體性，至時不須平實為爾等解說般若系諸經，自能通達也！或有如是瞄上三十載後，猶未能悟入者，來覓正覺同修會諸親教師或已悟之人者，我諸親教師及證悟之四衆同修，必定賜爾三十大棒，請您自領出去自打！　頌曰：

萬境來侵，去道猶遠，恍恍惚惚悽悽。
忽聞莫管他時，如何將息？
欲效野狐禮拜，怎料伊：不許作揖！
髮白也，最心急，只是我慢難敵。
趙州遠來尋跡，背向伊，如今有誰相悉？

見伊禮拜，卻入方丈憑几。
西山彌猴示跡，多伎倆，分明無欺；
這次第，眼明早目晨曦！（調寄聲聲慢）

第四六七則　寶壽行履

鎮州寶壽沼和尚　有僧來問：「萬里無片雲時如何？」師曰：「青天亦須喫棒。」

師將順世，謂門人曰：「汝還知我行履處否？」對曰：「知和尚一生長坐不臥。」

師又令近前，門人近前，師曰：「去！非吾眷屬。」言訖而化。

聖嚴法師云：《煩惱即菩提：此句出自『六祖壇經』。在『六祖壇經』中，六祖慧能將這句話做了衍申：「**前念著境即煩惱，後念離境即菩提**」。大意是：前念如果執著境界，對所面臨的環境產生好或壞、有或無等等反應，那就是煩惱；**如果念頭一轉，下一念離開前念所產生的種種分別、執著、計較，這就是智慧**。菩提是覺悟、開悟、智慧之意。乍聽之下，似乎離開煩惱就可得到菩提；其實，煩惱和菩提並無不同。這些都是心的作用。如果心中有計較的念頭，那就是煩惱；**如果心中沒有計較的念頭，但仍照樣活動、照樣起作用，這就是菩提**。……因此，有智慧的人，隨時隨地過得輕鬆自在；有智慧的人，即使強敵當前也不會感到恐懼。有力量戰鬥就勇往直前，如果被逼到死路，不戰也得死，此時智者既不會恐懼，也不會煩惱；因爲，既然非死不可的時候到了，恐懼也沒有用。這裡有兩個重點：第一，世界上沒有一定不得了的事；第二，世界上沒有非我不可、非你不可的事。然而，既然人還在世界上，就要盡現在已有的責任，運用眼前一切資源來做自己應該做的事。這就

是智者：既不逃避，也不逞強。》（東初出版社《公案一百》頁56~58）

平實云：六祖壇經之語，有許多隱覆密意而說者，亦有方便說者；一般未悟及錯悟者，讀之不解，每以自意錯解而自以為是。聖嚴師父亦復如是，錯解六祖之意也！

聖嚴法師既引六祖所云「**前念著境即煩惱，後念離境即菩提**」，則聖嚴師父應當檢討自身所「悟」之離念靈知心，是否**離境之心**也！若所「悟」是未離境之心，當知即是所悟非真也！

一切人悟前必皆念念墮在覺知心上，覺知心永遠不能捨離六塵境，永遠住於六塵境中；乃至修得非非想定者，進入定中之際仍是**不離境**也，仍墮非非想定之定境法塵境界之中，何曾離境？何況聖嚴師父所說一念不生之覺知心，仍在三界中層次最低之欲界六塵境界之中，尚不是未到地定，尚非欲界定，更未入初禪境。設使已入非想非非想定之等至位中，仍非是離境之心也，何況聖嚴師父所說一念不生之境界尚未能到欲界定，云何可言即是六祖所言之**離境心**耶？引來證悟者之語，卻與己所證相違，而又不能自我了知所引之語與己相違，何得謂為有智之人？

真悟之人，正當悟時，親證第八識如來藏，親見**自心如來藏離於一切六塵境界**，如是悟得**離境心**者，方是親證佛菩提也。如是親證之人，於此一剎那起，所生之念皆能分明了知自心如來藏離一切六塵境界，是故六祖說：「**後念**忽然悟得**離境**之心時**即**是證得**菩提**」，若非如是親證者，皆屬錯悟，非真親證菩提者也！

今者，聖嚴師父以覺知心之一念不生境界，作為六祖所說**離境之菩提心**，其實仍是未離欲界六塵境界之覺知心也，乃是錯會六祖之意者也！

聖嚴師父對徒眾作此開示：「**如果念頭一轉，下一念離開前念所產生的種種分別、執著、計較，這就是智慧**」，然而禪門所說之智慧，乃是般若慧；聖嚴師父所說如是「智慧」，與般若慧完全不相應，乃是凡夫眾生所有五種別境心所法中之「慧心所」，絕非佛法般若所說之智慧也。般若之智慧，乃是以意識覺知心之別境慧，去尋覓與意識覺知心同在之另一離境心，乃是親證與覺知心同在之第八識如來藏；證得如來藏已，即因此一修證而能現觀如來藏之本來自性清淨涅槃，是故生起了知實相心體性之智慧，即是般若諸經所說之般若智慧也。非如聖嚴法師之以覺知心在世間法上之分別不分別、執著不執著、計較不計較等世俗法上之觀行也！此等皆是覺知心之心行也！非是**於一切時離境**之如來藏清淨性也！

聖嚴師父又對四眾弟子作如是開示：「**如果心中沒有計較的念頭，但仍照樣活動、照樣起作用，這就是菩提**」，然而此種「菩提」，與般若慧無關，乃是凡夫之別境慧爾，只是五種別境心所法之一，不離六塵境界，一切人間眾生未悟之前已悉有之，無足為奇，不應引為證悟之境。是故聖嚴師父證得此種「菩提」之後，請閱 佛說諸經時，不能解意；閱讀平實所造諸書時，亦不能真實知解書中真意，至今仍作如是誤導四眾弟子之似是而非邪說。

所以者何？如前所舉《大乘起信論》中馬鳴菩薩所斥之言：「前念不覺，起於煩惱；後念制服，令不更生，此雖名覺，即是不覺。」故說聖嚴師父乃是不覺菩提之凡夫也！聖嚴師父若曾研讀馬鳴菩薩之《大乘起信論》，即不應再作如是誤導四眾弟子之言，否則即是故意引其四眾弟子同入常見外道法中。若讀之不解，則不應以悟者身分出而弘揚佛法，應當謙稱未悟，而隨分弘揚佛法；更當懺悔以往誹謗平實正法之口業，師父至今尚未真解大乘菩提之般若故，未證得「後念離境即菩提」之菩提智慧故，所說之離念靈知心一向不離欲界之六塵境界故。若繼續以悟者身分而說禪、說般若者，則成大妄語罪，成就菩薩戒之十重罪故。若謙稱未悟，隨己所知而說佛法、禪法，不誤導四眾弟子者，方免大妄語罪也！

今為大眾指示入處，拈此寶壽行履公案，共我佛教四眾學人商量：

有僧遠來參問鎮州寶壽禪師：「萬里無片雲時如何？」此僧墮處同於聖嚴師父也，

同以覺知心靜坐至一念不生、澄澄湛湛境界，作為禪宗之證悟境界，同墮意識覺知心相應之境界中，根本是以定爲禪之徒也，何曾懂得佛法般若正理？寶壽禪師甫聞此語，便知此僧所墮，乃責備彼僧曰：「就算是青天從來不起一念，亦須喫我痛棒。」意謂彼僧雖然坐至覺知心之一念不生境界，仍然難逃寶壽禪師之痛棒也！今者請問聖嚴師父：「您所謂之悟，該不該受寶壽禪師痛棒？」證境與彼僧完全無異故，寶壽禪師已明言「一念不生之青天亦須吃棒」故。

寶壽禪師年老，即將隨順世法而捨壽，乃謂門人曰：「你們還有人能知道我行履之所在否？」大衆不知寶壽禪師真意，乃應對曰：「我們知道和尚這一生都是長坐不臥。」衆人只見寶壽禪師一生修持之表相，不知寶壽禪師真實意旨，悉皆錯解寶壽禪師之意也！寶壽禪師無奈，為助彼等大衆得悟，乃又命令大衆近前。門人依言近前，卻不知寶壽禪師絃外之音，個個眼見如盲，耳聞如聾。寶壽禪師見大衆無緣得悟，亦不勉強，乃斥責大衆曰：「走開！你們不是我真正的法眷屬。」言訖便蛻化而去。

只如寶壽禪師捨壽時，教門人近前，是什麼意？莫是猶如聖嚴師父之教彼徒衆一念不生麼？莫錯會！錯會三十棒！

次如門人近前，不解寶壽禪師真旨，寶壽禪師云何卻不與點破？任令彼諸徒衆繼續盲聾於般若慧？云何任令徒衆不悟，亦不明說？

禪宗之破初參—證悟自心，任何證悟之人皆能語言明說，而令弟子親證之。然而明說有其大弊，必令親聞之弟子難以信受，缺乏參究之過程與體驗故，智慧難以顯發故。是故禪門之規，一向嚴格恪遵 佛囑：絕不明言，絕不傳與不該得法之弟子；二乘無學之定性不迴心阿羅漢來學，尚且不為之宣說，何況傳與緣未具足之凡夫？何況傳與外道及盜法者？是故寶壽禪師猶如大覺禪師一般，寧可賫法以歿，亦不明言。

只如寶壽禪師教大衆近前來，究竟是什麼意？今時台灣四大法師，既敢出頭講禪說迷道悟，還有知者麼？何妨斷斷看！ 若斷不得，盡是籠罩四衆弟子之野狐大師也！有什麼悟處？ 頌曰：

萬里無雲最清明，六塵了了境界憑，青天喫棒心何寧？

問諸方：離境運行是何靈？

順世欲將行履明，長坐不臥般若冥，近前法身不解迎。

復叮嚀：重陽共整寶壽塋！（調寄漁家傲）

第四六八則　三聖炊巾

鎮州三聖院　慧然禪師　師到香嚴，嚴問：「什麼處來？」師曰：「臨濟來。」嚴曰：「將得臨濟劍來麼？」師以坐具驀口打而去。

師到德山，才展坐具，德山云：「莫展炊巾，遮裏無餿飯。」師曰：「縱有，也無處著。」德山以拄杖打師，師接住，卻推德山向禪床上；德山大笑，師哭蒼天而去。

聖嚴法師云：《明心見性，明的是清淨的心，見的是不動的性。……**眾生心是有執著、有煩惱的，如果能轉執著為解脫，轉煩惱為清淨，即為「涅槃妙心」，又叫「正法眼藏」**。禪宗第一代祖師摩訶迦葉從釋迦牟尼佛傳承的就是涅槃妙心。清淨心又叫佛性，那是佛的境界，它是在聖不增，在凡不減。眾生和佛完全平等的，即為般若所證的空性，也是一切諸法的空性；因此，一切現象不離開空，所以一切眾生都有佛性。》（東初出版社《禪鑰》頁112）

平實云：平實此世悟後，由先入為主之觀念所致，未曾一念懷疑吾師是否未悟。然因聖嚴師父十餘年來，不斷以言語向法鼓山四衆弟子宣示：「蕭平實所說之法，不如法」，可證其法異於平實。法若有異，必有一人錯悟，真正之般若必定法法道同故；若是真悟，必定相同無異故。是故平實當年遭受聖嚴師父當衆否定之後，返家途中心生一念：「真悟之人行事不當如此，莫非師猶未悟？」返家連夜檢視師父之書四册已，證實師父之錯悟所在。證實後，心雖不欲舉之，然師父多年來不斷指說余法為不如法，為護正法故，乃先隱匿師父名諱而舉示師父錯悟之說。後因諸方大師與吾師悉皆不改邪見，悉皆繼續固執邪見而繼續出書誤導四衆弟子，不得不於公元二千年起，明示各大師名諱而辨正彼等錯悟之說，至今已歷三年。

如今聖嚴師父既遭平實指為未悟，為欲平反，證明自己已悟，以免徒衆流失，是故近年所說禪語，不得不說出自己所「悟」之處。然而未悟之人，若遇已悟之人指稱未悟，最好藏拙、沈默不語，不作回應，並停止發行說禪書籍，方是智者也！所以者何？若未真悟，故作悟狀而說悟事，解說悟之內涵越多時，必定洩露自己更多錯悟之處，句句授人以柄，正是求榮反辱之愚行也！故說聖嚴師父非是有智之人也！

今者聖嚴師父已墮如是窠臼之中，將如是**錯悟之說**印製成書，又復流通天下後，已成覆水難收之局，句句皆成鐵證，無遮掩處也！

聖嚴師父所墮者，與中台山惟覺法師無異，亦與佛光山星雲法師無異，同是欲將染污之第六意識心，修行轉變成清淨之第八識如來藏。由是邪見，故作如是邪說：「**衆生心是有執着、有煩惱的，如果能轉執着為解脫，轉煩惱為清淨，即為『涅槃妙心』，又叫『正法眼藏』**」，如今載於書中，證據確鑿，無可抵賴。

聖嚴法師所說「**有執著、有煩惱**」之心，顯然是意識覺知心；如是覺知心，經由修行而遠離「**執著、煩惱**」已，仍然是有覺觀之意識覺知心，絕無可能修除執著煩惱之後，就變為離見聞覺知之第八識實相心。意識乃是第六識，永遠是意識，永無可能轉變成第八識如來藏也！第八識如來藏，亦將永遠是第八識如來藏，永無可能因為「染污」而轉變成第六意識也！ 佛於初轉法輪之四阿含諸經中，乃至第二、第三轉法輪諸經中，皆說欲界人類眾生都是八識心王並行運作故。既是八識心王並行運作，則是第八識真心本來已在，非因修行而將第六識轉變成第八識真心也！是故聖嚴師父開示四眾弟子：應將有染污的覺知心修行轉變成無煩惱的清淨真心，乃是嚴重誤解佛法般若之說也！

若第六意識覺知心，修行成就離念無念之法，即是轉變成清淨之真心者，請問：此清淨之真心，究竟是第幾識？若言是第六識，則知仍是易起易斷之妄心，仍是意識，云何自稱已悟？若言第八識，則顯非如理，尚未離境故，尚與六塵相應故，仍是第六識也，云何可以如是錯悟之身，而示現已悟之相？自墮大妄語地獄罪中。若言是第八識，則「悟後」之第六意識何在？既已轉變成第八識，應第六識覺知心已經不存，則應悟後已無六塵中之見聞覺知性，則爾悟後應處於不見、不聞、不覺、不知之境界中，方符實相心之體性，實相心自無始以來恆離覺觀故。亦應悟後唯有七識，非如 佛所言之八識心王共行也！故說聖嚴法師如是違教悖理之「悟」，名為**錯悟**！

是故聖嚴師父所說「轉變執著之意識心成爲離執著之涅槃妙心」者，嚴重錯誤，違教悖理，進退失據，絕不如法。是故悟者之所悟，乃是以能見聞覺知之意識覺知心，尋覓同時同處之離見聞覺知之第八識實相心，乃是悟後仍有見聞覺知之意識心，亦有所悟之離覺觀境界之第八識實相心同時運作，如是方名真實之悟也！

如是，聖嚴法師墮在意識心上，以為意識心清淨之後，即可轉變成涅槃妙心；以為意識一念不生，凡事都不執著時，即是涅槃妙心；如是之人，名為不肯斷除我見者，名為具足我見之凡夫也，名為常見外道也！外於自心如來藏而求佛法，外於實相心而求佛法，故名外道！所證之心同於常見外道，故名常見。

意識乃十八界所攝，入涅槃時，非唯意識必滅，乃至意識所依之意根亦滅，唯餘如來藏離一切境界而獨存，方名無餘涅槃，方是六祖所言之**離境心**；此乃四阿含諸經中 佛所開示之無餘涅槃。今者聖嚴師父欲以必定斷滅之意識心，而入住永無斷滅之無餘涅槃，名為妄想者所想；斷滅之法必定與常住不斷之涅槃不相應故，云何能入無餘涅槃？今者聖嚴法師欲以永不離境之意識心而入住完全無境之涅槃，因果名目互違，焉能成其涅槃修證之功？名為妄想者所說，不能離境之意識覺知心，永遠不能與完全無境之涅槃「境界」相應故。

聖嚴師父如是開示與四衆弟子者，名為妄想者所說，非是真實正確之佛法也！如是開示及與說法，焉得自稱所說是正法眼藏？偏邪不正故，違 佛所證所說故，同於常見外道之五現見涅槃妄想故。

學人若欲親證般若者，應當求證法界實相心——自心如來藏。若得親證自心如來藏，般若慧自能顯發，不須別作任何加行，不須他人之啟發與教導。是故且舉三聖炊巾公案，共諸四衆學人參詳：

鎮州三聖院慧然禪師，悟後行腳到香嚴智閑禪師處參訪，香嚴禪師問云：「從什麼處來？」三聖禪師豈不知香嚴此問意在何處？故意順風駛船，便答曰：「從臨濟禪師處來。」香嚴禪師聞道從臨濟來，便開口問曰：「那你有沒有得到臨濟禪師的法，然後來此？」三聖禪師聞言，早知香嚴意在何處，香嚴禪師話才說畢，三聖禪師便提起坐具向香嚴禪師劈嘴打去，打完便立刻起身而去。如今且問爾等法鼓山信衆：

只如香嚴問三聖禪師從何處來，是什麼意？豈真是寒喧問暖麼？三聖禪師答是「臨濟來」，又是什麼道理？他二人可真是旗鼓相當也。

香嚴直問臨濟寶劍，三聖禪師聞言，云何不答伊話頭？卻只管將坐具劈嘴往香嚴禪師打去？

證悟之禪師們，是什麼道理個個活像乩童、神經病？究竟是什麼緣故，使得禪者證悟之後，個個恁麼無禮？個個不講道理？

且道：其中究竟有沒有道理？若道無道理，偏偏挨打的證悟禪師卻又個個被打得痛快，個個呵呵大笑，開懷不已。若道有道理，偏偏又是前言不搭後語，個個文不對題！

且道：禪宗這些證悟者，因什麼道理個個與平實一般，活像神經失常者？如今諸方大師說禪道悟者浩浩，還有說得者麼？聖嚴師父既然示悟說悟，自道解得禪門宗旨，寫得恁麼多禪法書籍，如今有請斷看！天下學人要知！

三聖禪師又到德山參訪宣鑑禪師，入門方才展開坐墊欲坐，德山禪師卻云：「你可別在這裡展開炊飯巾，我這裏沒有餿飯可以讓你炊。」這德山一見，便知三聖禪師乃是悟後行腳，不讓他使機鋒，作如是語話。

三聖禪師也非省油燈，聞言便道：「就算是有餿飯，也沒地方可安放。」正是旗鼓相當，平分秋色。

德山見言語堵不了伊，便以拄杖打去；那三聖禪師早防他這一著，便伸手接住德山拄杖，卻將德山宣鑑禪師推向禪床上坐；德山受這一推，卻不以為忤，確認三聖禪師之悟處，便開口大笑。三聖禪師見德山宣鑑禪師大笑，他卻哭喊著「蒼天！蒼天！」而去。

爾等法鼓山四衆弟子見此公案，莫非再要嘲伊三聖與德山是乩童起乩麼？莫非再要笑伊三聖與德山是神經病麼？卻後若見當代證悟者示現類似現成公案者，莫再丟人現眼──嘲笑他人是乩童起乩，欲嘲他人卻早讓人看穿機淺也！莫再惹人輕嫌爾等不解禪宗之禪也！莫再丟了法鼓山聖嚴師父老臉也！

只如三聖禪師甫到德山，方展坐墊，且未坐下，德山因什麼道理便教三聖禪師莫展坐墊？又將坐具說成炊巾？道無餿飯可炊？

次如三聖禪師答言：「縱有，也無處著」，這個餿飯真奇怪，竟然無處可放置，且道：究竟是什麼稀奇古怪的餿飯？料道爾等法鼓山諸信衆，個個不曾見過這種餿飯；莫道爾等信衆，乃至爾等導師之聖嚴師父，一生垂老亦將未曾夢見。

三如德山突然以拄杖打向三聖禪師，又是什麼意？莫非猶如爾等法鼓山信衆嘲笑平實時所言之神經病麼？莫顛倒好！　且道：德山這一棒，意在何處？聖嚴師父還道得麼？　若道不得，來問平實，平實卻取竹如意劈頭打去；未審聖嚴師父會否？

四如三聖禪師伸手接得德山拄杖，卻將德山推向禪床上，對成名禪師如是無禮；可怪德山竟亦不為忤，半推半就坐上禪床，卻又呵呵大笑，活似個神經病患；於此且要問爾等法鼓山四衆弟子：究竟德山大笑為哪般？

五如德山大笑時，三聖禪師云何卻不問伊「因什麼道理大笑？」只管自己哭著「蒼天！蒼天！」自行離去？　且道：三聖禪師意在何處？

如是五問，非但問法鼓山聖嚴師父及座下四衆弟子，亦要拈問台灣中台山、佛光山、證嚴法師……等人，究竟伊二人如是瘋瘋顛顛，胡言亂語之中，有什麼玄機？如今平實已將個中玄機關節拈出，爾等既然個個皆現大師相，或者說禪，或者言諸證悟之事，或稱上人，公然受廣大信衆禮拜供養，應是自信已得大乘聖人果位，方敢如此。既是大乘聖人，應已知曉其中玄機，可還有人道得一句麼？試道看！　頌曰：

甫離臨濟智泉湧，途經香嚴豈志窮？
聞道有無臨濟劍，但擲具，我宗不羌教伊詠！
風聞德山劍倚天，若非精奇難繼踵！
炊巾才展無餿飯，何處著？推向禪床蒼天炯！（調寄漁家傲）

第四六九則　三聖瑕生

鎮州三聖院慧然禪師　師在雪峰，聞峰垂語云：「人人盡有一面古鏡。遮獼猴亦有一面古鏡。」師出問：「歷劫無名，和尚爲什麼立爲古鏡？」峰云：「瑕生也。」師咄曰：「遮老和尚，話頭也不識！」峰云：「罪過！老僧住持事多。」

師見寶壽和尚開堂，師推出一僧在寶壽前，寶壽便打其僧，師曰：「長老若恁麼爲人，瞎卻鎮州一城人眼在！」（法眼聞云：什麼是瞎卻人眼處？）

聖嚴法師云：《「念念自見，萬法無滯」，是說**每個念頭所見的任何現象，都是清清楚楚，沒有自我的判斷心、分別心，非常清楚地在觀照、觀察，這就叫本性**。……諸位一定聽過六祖惠能是因爲聽到有一位居士誦『金剛經』至「應無所住而生其心」的經句而於句下開悟的。當他聽到這二句話時，就像在無始以來就沒聽過這麼大的雷聲，**把他自我中心的妄念打得粉碎**。》（東初出版社《禪鑰》頁118）

平實云：聖嚴師父遭平實拈提多年，說為未悟；然卻不肯藏拙，欲邀已悟之令名，不得不將自己所「悟」說得更明白，遂有如上一段開示，益顯其謬，今已普令天下人皆知也！

如是錯解《六祖壇經》六祖之意而廣弘傳者，名為誤導衆生，其過非輕也！篤信其言者，必將因此而墮大妄語罪中故。當知六祖之意絕非如此，錯悟真悟，二者解之截然不同。

六祖所言「念念自見，萬法無滯」之意，乃是說：證得自心如來藏後，必定於每一微細念與每一粗念之中，自己悉皆分明現見實相心之運作，不因有念無念、粗念細念而有差別；於一切時中，若欲照見實相心時，無有一念不能見得，乃至與人言談，妄想正多時，亦皆能念念分明而見自心如來藏之運作，無有一時是欲見而不能見者，如是方得名為六祖所言之「念念自見」。絕非聖嚴師父所說之「**每個念頭所見的任何現象，都是清清楚楚，沒有自我的判斷心、分別心，非常清楚地在觀照、觀察，這就叫本性**」，此是意識境界，從來不離六塵境界，非是六祖所言之**離境心**也！

復次，聖嚴師父此言亦有大過：既是「**每個念頭所見的任何現象，都是清清楚楚**」，既是「**非常清楚地在觀照、觀察**」，種智中說之為別境慧之心所有法，乃是意識之體性，則顯然已是分別心、判斷心，故不應言之為「**沒有自我的判斷心、分別心**」；現見如是心必定於歷緣對境時，於六塵境「**非常清楚地在觀照、觀察**」而了了分明故，師父已經如是自言分明故，焉得名為無分別心？無判斷心？聖嚴師父如是說法，豈唯不應正理？亦復自語前後相違、進退失據也！此即是未悟之人依於臆想而說之禪法也，真悟之人一聞即知其落處，不必再聞其餘諸多開示方能知之也！

六祖所言「萬法無滯」者，意謂：親見自己實相心後，則於般若諸經所說佛法無有滯礙，亦能親見自己實相心於世間萬法中如何運作，於世間萬法中皆能親自了知法界之實相而無所滯礙。絕非聖嚴師父所言「**都是清清楚楚，沒有自我的判斷心、分別心，非常清楚地在觀照、觀察**」也！此是意識覺知心之境界故，是六塵世間境界故，與般若實相境界無涉故，非是六祖所言之「離境心」故。聖嚴師父如是之「悟」，必於般若諸經所說佛法處處滯礙，必於禪宗真悟祖師開示諸語，句句不通，死於句下，焉得「萬法無滯」？

今者聖嚴師父不肯藏拙，妄加解釋，益顯自己之未悟言悟也！如是愚行，豈是有智之人所當行耶？

復次，六祖並非於客棧中聞人誦《金剛經》時得悟，當其已見五祖，後因神秀之偈而請張別駕代書一偈於粉牆上，偈言：「菩提本無樹，明鏡亦非台，本來無一物，何處惹塵埃？」猶未是悟也！何以故？墮在一切法空之空無中也，誤會《金剛經》故墮在斷滅空也，六祖彼時之「悟」同於今之印順法師所墮，且未證得自心藏識，云何謂之為悟？

若客棧中之聞誦可得名悟，則後來之題偈於粉壁而言悟者，即成妄說；若題偈於粉壁時，得言為悟者，則後來聞五祖說經而悟者，亦成妄說。

同一實相心之悟證，唯有一次，豈有二次可言？如人未知芒果前，不知何為芒果，不名為悟知芒果；既親見芒果，則後時無有可能復墮不知、而於重見時又言初知也。悟亦如是，不論初參之明得真心，抑或重關之眼見佛性，其證悟皆各唯一次，無有二三；所以者何？見後必定隨時皆可再見佛性故；悟得真心後，必定隨時皆可念念現見分明故，何有悟後忽然迷昧，後再重悟之理？是故禪宗之悟，若有人言「大悟數十次，小悟數百次」者，其人必是錯悟未悟之人也！所說必定同於聖嚴師父之謬說也！是故未悟之人莫說悟境，不是劍客莫言劍術！

佛教宗門正法至今，已經飄零；為今之計，當以建立正知正見為要，故有舉示古今錯悟諸師開示而作評論之舉，普令佛子了知錯悟者所以偏斜之所在，便能遠離邪見，正見因之建立。立正見已，當示入處，故有舉示真悟祖師公案而作拈提之舉；便舉三聖瑕生公案，共諸佛門四衆弟子而作因緣：

一日，三聖慧然禪師時在雪峰，聞人云雪峰曾垂語云：「人人盡有一面古鏡。遮獼猴亦有一面古鏡。」三聖禪師於晚參時乃出列而問：「這物事，歷劫以來一向無有名號，和尚您為什麼將祂建立為古鏡之名？」雪峰禪師答云：「因為這物事有瑕疵出生了也，所以名之為古鏡。」三聖禪師聞言，卻向雪峰禪師咄曰：「這老和尚！話頭也不認得！」原來他不是問雪峰建立古鏡名號之由來，只是要雪峰助人證悟這古鏡；雪峰卻是閱人已多，所遇機鋒自不在少，乃隨口應云：「罪過！老僧住持事多。」這事卻像老趙州一般，往往答人云：「老僧住持事繁。」一語雙關，便答伊話頭，亦答伊事相。

只如，人人各有一面古鏡，獼猴亦有一面古鏡，各自分明現前，聖嚴師父云何不解看？偏要將那意識妄心修行轉變成真心，越修便離般若正義越遠了也！真心若是將意識修來者，則是修所成法；既是修所成者，乃是緣起之法，將來亦必隨緣而壞。若是將來必定隨緣而壞之法—離念靈知心—焉可說為不生不滅之真實法？

平實此語不是誑語，何以故？現前即可證驗故：此時是離念靈知，了了分明；稍後復起一念，則非離念靈知，轉成有念靈知心也；此時了了分明，夜晚眠熟時，則不能了了分明，則是有變易之虛妄法也！於正死位中、無想定位中、滅盡定位中，悉皆如是變易，故知平實所說是誠實語也！

法鼓山四衆弟子聞平實如是道已，未審然余言否？若然，當速求覓與意識妄心同在並行之自心如來藏，當速求覓從來離六塵一切境界之自心如來藏—六祖所言之**離境**

心，此心方是真心也，方是自在心也，是本來自己已在之法故，非是因修而後生者故，非是從緣而生者故；乃是從來離境，故不受境界所轉之心故。爾等若不然余語者，頗能舉述不然之理否？平實要知，天下學人與諸方大師亦要知也！

後時，三聖禪師又去參訪寶壽禪師。一日，見寶壽和尚開堂說禪，三聖禪師便推出一僧到寶壽禪師面前；寶壽甫見，不打三聖禪師，卻打其僧。三聖禪師見已，便當眾說曰：「長老若恁麼助人證悟，可真是會瞎掉鎮州一城人的法眼啊！」寶壽禪師聞言，卻無賞棒罰棒，認可其言。後來法眼禪師聞此公案，便舉向天下人問云：「什麼處是寶壽禪師瞎卻人眼處？」只這一問，普令天下老宿口掛壁上，作聲不得。

只如，寶壽禪師開堂說禪，三聖禪師云何推出那僧？恁麼粗魯，竟是何意？那僧被推出了，猶自未知，更勞寶壽賜一頓棒，仍是不開口底葫蘆。三聖禪師見那僧白白挨了一頓棒，猶未觸得，有心為伊，只好指桑罵槐：道伊寶壽若一向都如是為人，則鎮州一城人必定悉皆瞎卻眼睛也。然而寶壽聞已，終究不肯再施機鋒與那僧，只為那僧證悟之緣未熟故。

只如三聖禪師這語是褒？是貶？寶壽禪師機鋒一向凌厲峻奇，於三聖禪師如是一句，豈有不作回應之理？且道：寶壽禪師那棒意在何處？寶壽禪師如是痛棒，有什麼過？云何必將瞎卻鎮州一城人眼睛？致勞法眼禪師如是舉向天下？

真悟之人皆同一鼻孔出氣，心有靈犀，聲息相通。如今天下說禪者浩浩，數如過江之鯽，不可勝數，個個自道證悟，如今且要借用法眼禪師之語，請教諸方說禪道悟者：究竟寶壽禪師過在何處？什麼處是瞎卻鎮州一城人眼？

不論今時後世，若有佛子欲出世弘揚禪門宗旨者，須具三聖禪師如是正眼，方可出世為人說禪、為人主持參禪精進共修也。須知寶壽此回打人，雖遭三聖禪師輕嫌，卻亦有其打人之道理，不可如聖嚴師父早期之不懂禪意而亂打人也！　且道：寶壽禪師打那僧之意在什麼處？　二道：寶壽什麼處是瞎卻鎮州一城人眼？法眼所認可之三聖禪師正眼在什麼處？　如今諸方老宿還有道得者麼？試斷看！　頌曰：

瑕生垢痕名古鏡，獮猴暨人皆然。

從來本自清淨性，歷劫不需磨，事繁未曾謾。

絃外之音不自說，卻教來賓側彈。

誰曉痛棒密意含？平實無力氣，命坐不言禪。（調寄臨江仙）

第四七〇則　大覺安樂

魏府 大覺禪師　興化存獎禪師（詳第一輯第九則、第三輯第二二一則）為院宰時，師一日問曰：「我常聞汝道：『向南行一回，拄杖頭未曾撥著一個會佛法底人。』汝憑什麼道理有此語？」興化乃喝，師便打，興化又喝，師又打。

來日，興化從法堂過，師召曰：「院主！我直下疑汝昨日行喝底，與我說來！」興化又喝，師又打；興化再喝，師再打，興化乃曰：「存獎平生於三聖師兄處學得底賓主句，盡被和尚折倒了也。願與存獎個安樂法門。」師曰：「遮瞎驢！來遮裏納敗缺，卸卻衲帔，待痛決一頓！」興化即於語下領旨。雖同嗣臨濟，而常以師為助發之友。

聖嚴法師云：《**顯現般若的智慧，就是因為見到了萬法的空性**。**空是沒有永恆不變的東西在那裡，它是不斷地在變化**。許多人認為，開悟見性好像是有可能用眼睛看得到的、用手抓得到的、抱得到的某一樣東西在那裡。這是錯誤的想法，**因為佛性是並沒有一種東西可讓你看得到、聽得見、摸得著、抱得住的**，也不是能用你的心思想像得到的。……**除卻煩惱是明心，智慧現前是見性**，……眾生是沒有開悟的佛，而佛是已經開悟的眾生。悟即是明心見性，**當你心中在一念之間沒有了執著與煩惱之時，你便發現眾生本來是佛**。迷是不見自性即空，所以**見性的人即知自性本身沒有功能**、沒有動作。自心被煩惱的

心蒙蔽時，是衆生；自性離開煩惱心時，即與佛同。》（東初出版社《禪論》頁119~120）

平實云：聖嚴師父越說越離譜了也！師父所言「**顯現般若的智慧，就是因為見到了萬法的空性。空是沒有永恆不變的東西在那裡，它是不斷地在變化**」，此語實有大過，與印順法師同墮一切法緣起性空之斷滅見中故。若般若智慧所見是一切法緣起故其性歸於壞滅空，則應今夜覺知心滅已永滅，不應復能次日現起；覺知心如是，一切諸法亦應如是；然而現見一切法次日復又現起歷然，繼續變化，故知必有一切法所依之實相心存在不滅，不與覺知心等法同滅，作為覺知心等法次日復現之因緣，作為蘊處界緣起性空之因緣。若般若所說空性是壞滅後之空，則吾人今日覺知心眠熟斷滅已，不應次日復能現起，否則即成無因而起之邪見；若般若所說空性是壞滅後之空，則般若諸經佛所宣示之萬法主體「非心心、無心相心……」等說，即成戲論，即成與般若無關之言，應予刪除。於此須問聖嚴法師：一切法空之說，究竟是正說耶？非正說耶？有勞對衆公開答覆！

聖嚴師父之所以墮於如是邪見者，實因受印順法師之「一切法空、性空唯名」等邪見誤導所致。由是先入為主之觀念，便不曉得可以自己從般若經中覓得般若之密意，由是故作如斯邪解，以誤座下四衆弟子。

當知　佛說三乘諸經，前後三轉法輪所說諸經，皆有中心主旨，絕非三轉法輪前後諸經互不相干也！當時初悟，　佛在菩提樹下思惟再三，發覺佛菩提之法義廣大甚深，難令眾生了知，難以宣示，是故欲入涅槃而不宣說。後因釋提桓因之再三請求憐憫眾生，　佛乃思惟之後，將佛菩提中之斷除分段生死之法，別立二乘菩提，先說聲聞菩提及緣覺菩提，令弟子眾等先證二乘涅槃，有力能出三界；然後視諸弟子證得涅槃後，能出三界已，心量漸漸轉大，乃觀因緣而為宣說大乘菩提之般若正理；能了大乘菩提之般若正理已，為令弟子眾等進求諸地功德，故授一切種智增上慧學──轉第三法輪而說唯識系列方廣經典。

由此可知：佛菩提以法界根源之實相心如來藏為主體，增上慧學皆依如來藏而證、而修、而成佛道故。既然二乘菩提是從大乘佛菩提中細分而出者，當知二乘菩提所斷煩惱、所修禪定、所得智慧、所證涅槃，悉皆不得外於如來藏而有也！佛菩提以如來藏及其所含藏之一切種子為體故。是故，四阿含諸經中，處處顯示　佛曾密意而說如來藏，處處顯示　佛未曾「外於如來藏而說蘊處界等一切法空」。四阿含諸經現在，猶可稽之，非是平實之信口胡言也！

二乘菩提如是從大乘增上慧學之一切種智中析出而方便宣講，以度小機之人；大乘般若所說亦復如是，悉從大乘增上慧學之一切種智中析出，以度初入大乘之聲聞阿羅漢等人。然大乘菩提實唯如來藏方廣系列之增上慧學一門，而大乘增上慧學完全是如來藏法門，不能外於如來藏而有增上慧學之可言也，大乘增上慧學完全以如來藏為其主體而宣說故。既如是，則可證知般若所言者，乃是依於法界實相之如來藏心為主體而方便宣說者，是故般若所說空，非是印順所說之諸法無常之壞滅空也；是故般若所說意旨，乃是依「非心心、不念心……」之如來藏為中心，而宣示蘊處界等一切法空，絕非外於如來藏而有般若空可言之也。

由是故知：三乘菩提皆以法界實相心為主體，皆以法界根源之如來藏為體而一以貫之，故說三乘菩提皆不得外於如來藏而有，皆不得外於如來藏而弘傳之。今者聖嚴師父不知此理，受印順法師所弘密宗應成派中觀邪見之害，以為一切法空即是般若空之意旨，誤會不可謂小也！由是誤會，故有如上所舉之誤導衆生言說，非是正理也！

若人不能親證般若經所說之空性心如來藏：「非心心、無心相心、不念心、無住心……」，則此人絕無可能發起真正之般若慧，至多唯能發起相似般若智慧爾，不能發起實相般若智慧也！是故，修學禪宗法門之人，必須確立正知正見：非以證知一切法緣起性空故名般若智慧；實以證知自心如來藏之從來離一切染垢斷常……等二邊，證知一切法皆從本性清淨之如來藏藉緣出生，出生已必將壞滅，故名緣起性空。如是確立正知正見已，則知參禪所悟之般若空者，絕非斷滅空，絕非如印順法師所想像之八不中道，而是確實證知八不中道、十六不中道、無量不中道。建立如是正知見已，便知參禪破參而證悟般若者，其所證悟之標的即是自心如來藏也；便知證悟自心如來藏已，即能發起般若慧。萬勿如聖嚴師父之墮於邪見中，誤以為印順所說之一切法緣起性空之思惟而知者，即是般若慧之證悟也！

復次，佛性確可眼見，眼根若見，其餘五根悉亦見之，非是思惟體會者所可見之也。非唯實證上可以見之，教中亦如是言，《大般涅槃經》中已曾明說之也，聖嚴師父自己不能見之，不可便違經中佛語，故意誤導眾生而作是說：「**因為佛性是並沒有一種東西可讓你看得到、聽得見、摸得着、抱得住的**」。由此已可證明聖嚴師父從來不曾眼見佛性，卻於禪宗寺院大言見性禪法，正是一盲引眾盲者。

眼見佛性境界，非唯平實一人親證之，證後亦能度人眼見；彼等所見、所體驗者，與平實所說無二無別，非是平實之空口胡言也。**然而見性要具三緣，佛口親說：所謂慧力、定力、福德力**。此三者，但缺其一，平實雖有心助之，亦不得成。故謂眼見佛性境界之修證，要須多世修善積福，造作正法證悟之因——鼎力護持了義正法，並與大善知識多結善法緣，加以此世之勤修補拙，及善知識之從旁力助，方能成其功而眼見分明也。此非一般初機學人所能成就，亦非聖嚴法師之欠缺慧力、定力、福德力者所能成就，是故聖嚴師父之不信、不解、不見者，亦是常事，不需自赧而故作誤導衆生之說也。

若未證得自心藏識，縱使十二時中，皆能令自己覺知心中「**沒有了執著與煩惱**」，仍是凡夫知見，未曾與般若慧絲毫相應也。此謂覺知心即是我見煩惱之根本故，我見煩惱未斷，而言斷除世間種種法之煩惱者，仍然是具足我見之凡夫也。如是修行，於般若有何親證可言？於佛菩提有何親證可言？於二乘菩提有何親證可言？皆是對於佛法之妄想者所說也。是故若人欲證三乘菩提者，當先斷除聖嚴師父所墮如是我見；斷我見已，不再認覺知心為常住不壞之我，方可進求禪宗之悟，否則，終將圍繞於覺知心之變相境界上纏縛不已，終無證悟之一日也，必墮於錯悟之邪解中也！

略說錯誤知見而破斥已，當舉示入處，以助學人證知自心藏識，從而發起實相般若之智慧；便舉大覺安樂公案，共諸學人商量：

興化存獎禪師（詳第一輯第九則、第三輯第二二一則）悟前在大覺禪師處，尚為院主之時，自以為已經證悟，曾向人說得一番大話；大覺禪師曾耳聞之，一日便問興化存獎曰：「我常常聽到你向別人說：『我向南行腳一遭回來，拄杖頭未曾撥著一個會佛法底人。』你憑什麼道理而說這樣的話？」興化聞大覺禪師如是勘驗，乃大喝一聲，大覺禪師聞喝便打，興化又大喝，大覺禪師又打。這個公案到此暫時打住。

次日，興化禪師從法堂前經過時，大覺禪師看見他，便召喚曰：「院主！我直下懷疑你昨天行喝底事，你究竟悟得真？抑或悟得未真？你且與我說來聽聽！」興化聞言，當時便喝；大覺禪師聞喝，舉杖便打；興化捱打之後又喝，大覺見他不解打，亦不解大喝之意，便又舉杖打之。其實興化昨日一時間遭二次打，早知自己只是虛頭，並未真個悟得內裡事；今日一時之間，又遭二次打，仍未明得大覺之意，未與大覺心心相應，便老實答曰：「我存獎這一生，在三聖禪師處學得底禪，盡被和尚您給折倒了也。願和尚您賜給存獎一個安樂法門。」

大覺禪師見他納款受降，伏了慢心，有心為他，便指示曰：「你遮頭瞎驢！來遮裏納敗缺，你且卸下衲帔，待我為你痛決一頓！」興化禪師當時即在大覺禪師此語之下，領受大覺禪師的真正旨意。雖然興化與大覺同樣都是嗣法於臨濟義玄禪師，然而因此緣故，常以大覺禪師為助發般若智慧之益友。

聖嚴師父當知：參須真參，悟須實悟，萬萬不可虛頭。學得人家言語作略，只是皮毛表相，濟得生死事麼？發得般若慧麼？如是虛頭，出世籠罩諸方學人，於己於他，俱皆無益，何不發個大心：「務必參出個實際，而後再出江湖，說法迥異今時，要教諸方大師刮目相看，要教廣大徒眾實得法益，要護佛教正法令不如絲之懸！」如是發心，方是正道也！若是猶如今時，盡說似是而非之語，籠罩四眾弟子同墮我見之中，同墮常見外道知見，於己於他、於此世後世，有何所益？

興化存奬禪師即是現成之事例，他曾學得三聖禪師之全部皮毛，能在臨濟禪師座下連過數招，獲得臨濟印證而出世行腳，只為並非實證，尚且過不了大覺禪師慧眼。如今師父連此皮毛亦未學得，焉敢出世說禪、教禪、寫禪？云何過得了平實法眼？

臨濟初出道時之錯悟與真妄不分，固然有過；然興化之私心自用，而不肯向大覺師兄輸誠，亦自有過，是故直到次日再挨二次打，低心向大覺師兄輸誠已，大覺方有為他處，方能言下悟入；方有後來成為國師，利益衆多佛子之事。由是緣故，懇勸師父莫再逞強以顧面子，莫再故作悟狀、東施效顰，更寫禪籍；否則必將自洩更多敗闕，自己向佛教界公佈更多錯悟之把柄，正是求榮反辱之愚行也，非是智者所當為也！

只如大覺禪師如是平平淡淡數語，他興化存奬禪師便得悟去，究竟大覺禪師如是言語有什麼玄機？直得恁麼厲害？教伊興化直下悟去！師父何不放下萬緣，將法鼓山一切事務交與四衆弟子煩勞，自己下定堅決心志閉關，著實用心參去！不信十年苦參不能悟入！

然若師父依言而參者，務必先受平實一語：先捨下自己原有知見，從頭徹底信受平實諸書所寫知見，將平實多年來寄贈之三十冊書，一一仔細閱讀思惟之，然後方可參之也。

若能真個放下萬緣，閉關苦參十年後，仍不能悟，莫覓平實。平實無好話，仍只是東施效顰：「這瞎驢！卸卻衲帔，吾為汝痛決一頓！」頌曰：

紅帔褐衲雖風光，衲衣下事，早知自誑。
冥中誰示正法來？美國回時，法滿台灣。
風自吹衲我自行，一樣來回，兩鬢成霜。
緇素不計何須除？卸下僧裝，何妨倚窗。（調寄一剪梅）

第四七一則　興化法戰

魏府興化存奬禪師　師於大覺師兄處證悟得法，後來開堂說法之日，拈香曰：「此一炷香本爲三聖師兄，然三聖於我太孤；本爲大覺師兄，然大覺於我太賒；不如供養臨濟先師。」

師謂克賓維那曰：「汝不久當爲唱道之師。」克賓曰：「不入者（這）保社。」師曰：「會了不入？不會不入？」賓云：「總不與麼。」師便打，乃云：「克賓維那，法戰不勝；罰錢五貫，設飯一堂。」至明日，師自白槌云：「克賓維那，法戰不勝；罰錢五貫，設飯一堂。不得喫飯，即時出院！」

（平實註：保者，《周禮地官》大師徒：「令五家爲比，使之相保。」《說文》：養也。《書：周官》：「立太師、太傅、太保。」《禮：文王世子》：「入則有保，出則有師。」《前漢宣帝記》：「阿保之功。」阿者倩也，保者養也。《賈誼。治安策》：「保者保其身體。」）

聖嚴法師云：《「開悟成佛」，我相信是個相當誘惑人的題目。什麼叫開悟？在梵文的開悟只是一個字，那就是**覺的意思**。愚痴的凡夫從煩惱中覺醒，知道這個世界的存在，不過是個夢幻而已。**如果能夠清楚地了解到一切都是幻起幻滅的，並且已經從煩惱中覺醒，那就是開了悟的人。**實際上，開悟就是成佛，成佛即是開悟。》（東初出版社《禪論》頁127）

但聖嚴法師又云：《雖然五祖說「若識本心、見自本心（性），即名丈夫、天人師、佛。」**仍不是無上菩提的究竟佛**，只是成的理性佛。否則不會有「開悟」及「大悟」之分，縱然是大悟，祖師的大悟，也絕對不同於佛的大悟。》（東初出版社《禪鑰》頁 143）

平實云：聖嚴師父如是一書中，前後相差不過十餘頁，已經所言矛盾，前後自違。證悟之人，必有一定之中心思想，從親證之悟境說出，永無改易，名為見地；所說皆依此見地為中心思想而言，絕無前後相違之處。今者聖嚴師父所說前後矛盾至此，焉是證悟之人？既非證悟之人，所說禪宗之悟，有何可讀可信之處？

如其前段文中所說：「**實際上，開悟就是成佛，成佛即是開悟。**」則應一切證悟之人皆是已成究竟佛者。然於後段文中卻說：悟有無上菩提、理性佛、開悟、大悟，以及不同於佛之大悟。既言開悟者即是成佛，云何又言如是種種之悟非是成佛？前後自違？而竟無智自行簡擇？

復次，開悟之意涵與內容，聖嚴師父說禪二十餘年來，至今仍未曾了知，至今仍未能分辨。禪宗之悟，向來皆以證得離六塵境之實相真心，方得名為明心破參，方名開悟；今者聖嚴師父卻不是教人尋覓本自存在之實相真心，卻向徒眾開示：「**如果能夠清楚地了解到一切都是幻起幻滅的，並且已經從煩惱中覺醒，那就是開了悟的人**」，卻不是親自覓得本自存在之實相心，與禪宗所言之**明心**相違；若此得名為悟，請問：禪宗祖師之**明心**破參是否得名為悟？若得名悟，則顯然聖嚴師父此處所言之悟，絕非是悟，非以明心破參為悟故；若禪宗祖師之**明心**破參不得名悟，則應名何等？有請聖嚴師父答此一問。如是粗淺數問，已令聖嚴師父進退兩難，不論進答或退答，俱有種種大過故，如是大過皆非聖嚴師父所能自圓其說者故。

是故，禪宗之悟，絕非如師父所言「**如果能夠清楚地了解到一切都是幻起幻滅的，並且已經從煩惱中覺醒，那就是開了悟的人**」，而是以親證自己本有之實相心第八識如來藏，名為明心，名為開悟。

復次，明心後之悟境有深有淺，隨於往世之曾否開悟，與悟後進修之是否正確而有差別。譬如有人往世學佛歷經多劫以來，未曾證悟，今世始得證悟，乃是初悟。初悟之人，其悟後之智慧顯現，必定不如往世曾悟之人因胎昧故，於此世重新參禪而證悟後之智慧顯發。

菩薩未至三（四、五）地滿心前（已證三明六通之大阿羅漢迴心向大而明心者除外），大多未證宿命智通，大多有隔陰之迷，重新受生已，意識已經改換為此世之意識，非是往世之意識來至此世，是故往世之悟境已經暫時而忘；然其往世悟後所熏習之種智慧學等無漏法種，仍然存在第八識中，故於此世未悟之前，雖如同凡夫之不能知曉悟境內涵，然此世一旦悟後，則往世悟後所熏習之種智般若法種，必定於悟後日漸發起，不需他人之教授，即能自行通達種智，其慧絕對異於此世初悟之人也！

由是正理，若往世已曾多世證悟者，比於往世唯有一二世證悟者，必然有別。而彼往世曾悟之人，或有福德因緣佳者，得遇大善知識授以深妙種智；或有福德因緣稍劣者，得遇稍解種智之善知識；或有福德因緣更劣者，唯得破參明心之智，而不能授與種智者；是故同是證悟明心，不能唯以此世同是明心證悟，便言其慧皆同。

乃至三四五地滿心後，雖離隔陰之迷，令其所悟實相智慧不因隔陰之改換意識而致暫時或忘，不需此世重新再悟方起般若慧，然其所明實相真心之智慧，仍然不及上地菩薩及佛；是故同屬明心之悟，其慧有別，不可一概而論也！聖嚴法師焉可謂為開悟必是成佛？

今者聖嚴師父有時說開悟必是成佛，有時又說開悟非是成佛，所說前後不一，自相違背；故知聖嚴師父對於禪宗、對於佛教所言之悟，尚未具足應有之正知見，所說邪謬，非是正說也！

復次，理性佛者，乃是六即佛中之理即佛，乃是凡夫眾生完全不知不證實相真心，並且不曾聞說自身本有真如佛性者之不曾學佛者之境界，焉可說開悟者悟後亦墮於理性佛之境界？乃至，往上之名字即佛、觀行即佛之境界，尚不應對已證悟實相真心者名之，何況以最下層次之未聞佛法異生凡夫之理性佛，而可用以號名開悟者之所證境界？是知聖嚴師父於六即佛之理，尚自懵懂也！如是懵懂者，焉可自命為有智慧之悟者？而教人以禪宗般若之禪？教人以悟？未之有也！

復次，西天迦葉菩薩以下二十八祖究竟已悟未悟？東土前後六祖及以下諸祖究竟已悟未悟？經中諸大菩薩究竟已悟未悟？若道已悟，明明未成佛；若道未悟，不合遞傳佛缽祖衣，佛亦不合道此諸菩薩是證悟！如是淆訛，有請聖嚴師父對我佛門大眾說明，一切佛弟子要知！

復次，第三轉法輪諸經，及律部經中說：開悟者，唯是般若正觀現在前，唯入別教第七住位，未得成佛；而今聖嚴師父說開悟即是成佛，請對眾說明：究竟是經中　佛說有誤？抑或聖嚴師父所說有誤？

是故，若人欲證禪宗所悟之旨，欲發起般若慧者，當依正知正見而參、而修，莫依前後相違、自相矛盾者之說，以免一世所修，唐捐其功。便舉興化法戰公案，與我佛門四眾弟子共話無生：

魏府興化存獎禪師，於大覺師兄處證悟得法；後來開堂說法首日，佛前拈香之後，又拈香曰：「此一炷香，本來應該供養三聖師兄，但是三聖師兄對我太吝嗇，不肯傳授佛法密意與我；既然如此，就應該供養大覺師兄，但是大覺師兄對我又太奢侈，太輕易傳法與我了（使我智慧不容易發起、不能深細）；所以我這一炷香，不如供養臨濟先師。」

自余出道弘法以來，每有學人不信余言，不肯依自己福德因緣而自己參究，每每向諸已悟之同修套交情，或攀緣親教師而求其明言，以致親教師施與太過分明之機鋒。然此諸人，雖然亦得親自體驗自身之實相心；但悟後之般若智慧終究不能深細，終究不能猶如泉湧之四通八達。逮至此地，方信余言，然悔之已晚，無可奈何矣！興化存獎禪師亦復如是，自實有過，而不能自知，猶怪三聖慧然禪師對伊過儉——只使高峻之機鋒而不明言，興化存獎其實辜負三聖慧然對伊護念之功德也！

後來大覺禪師輕易令其悟入，興化存獎又怪大覺賜法之太奢，令自己智慧不能迅速發起及深細，故將炷香供養未曾助其證法之臨濟義玄禪師，只為臨濟是其表相法脈之師承。興化存獎禪師不解己過，開堂時佛前拈香，又作是語；平實當時若在，劈面與三十棒去！教伊此後莫作如是閒言閒語！教伊從此莫再口言忘恩負義之語！

一日，興化存獎禪師謂克賓維那曰：「汝不久當為唱演宗門正道之師。」克賓維那答曰：「我才不入這個保社裡。」興化存獎禪師問曰：「你是會了所以不入這保社？還是因為不會，所以不入這保社？」克賓維那答云：「我統統不是這樣。」原來克賓維那仍不會禪門宗旨，興化存獎禪師聞言便打，打後乃責罰云：「克賓維那，法戰不勝；應該罰錢五貫，設飯一堂供養大衆。」至明日午齋時，興化存獎禪師自己打槌宣佈云：「克賓維那，法戰不勝；罰錢五貫，設飯一堂供衆。他自己不可以喫飯，現在就出院去！」

只如興化存獎向克賓維那言：「汝不久當為唱道之師。」克賓維那答曰：「我可不想入這保社裡。」興化存獎質問伊：「汝是會了而不入保社？或者是因為不會所以不入保社？」克賓維那答道：「總不如是。」如是一語，因什麼道理便遭興化存獎一頓棒？

次如：興化存獎與伊一頓棒後，因什麼道理又罰錢五貫設齋供僧？

三如：克賓維那既被罰錢五貫設齋供僧後，因什麼道理又遭興化存獎逐出院去，不得共食？

如是淆訛，還有說禪道悟之大師說得麼？應試斷看！

平實當時若在，但將維那推出堂去，只私下教伊送一帖茶與興化存獎，管教興化無開口處，豈更有罰錢逐出之餘地？只如，平實如是瘋顛作為，因什麼道理便教興化存獎無開口處？如今爾等出頭說禪及說迷道悟之四大法師，還有道得者麼？且下一語，公諸天下，大衆要知！　頌曰：

如喪考妣三聖孤，賓主衆句，大覺句句刳；

瞎驢痛決法身穌，太奢反致興化誅。

不入保社意何殊？總不與麼，原來是凡夫；

法戰維那欲何類？嬲亂維那戲一齣。（調寄蝶戀花）

第四七二則 興化點到

魏府興化存奬禪師 僧問：「國師喚侍者，意作麼生？」師曰：「一盲引眾盲。」師有時喚僧：「某甲！」僧應諾，師曰：「點即不到。」又別喚一僧，僧應諾，師曰：「到即不點。」

聖嚴法師云：《中國禪師馬祖的弟子大珠慧海所著『頓悟入道要門論』卷上云：「云何爲頓悟？答：頓者**頓**除妄念，悟者悟無所得。」又云：「頓悟者不離此生卽得解脫。」又云：「修頓悟者，不離此身卽超三界。」又云：「**頓**除妄念，永絕人我，畢竟空寂。」此爲宗門的通說。「**頓**」**就是突然間除妄念、去執著，心中悟無所得**。頓悟的人不需等待來生，不必脫離世間，在這一生之中，尚在世間之時，就能得到解脫。因爲頓悟的人是斷煩惱執著，不是頓失知覺聰明，所以仍有人的一切反應，決不像聾子、瞎子、白痴一樣；聾子聽不見，瞎子看不見，白痴聽不懂、看不懂；開了悟的人，是照樣能看能聽能解的。**禪宗的修行目的，就是希望能在某一個時空裡，突然間把妄念斷除了，那就是開悟的經驗。**》（東初出版社《禪鑰》頁128~129）

平實云：六祖開示云：《無上菩提，須得言下**識自本心**，見自本性不生不滅，**於一切時中，念念自見，**萬法無滯。》又云：《唯論見性，**不論禪定解脫**。》此是說：禪宗的無上菩提，乃是於善知識一言開示之下，就須識得自己之本心，明見自己本心之真實自體性不生不滅；**於一切時中**，都必須念念可以分明自己看見本心，並於一切萬法中都能親見自心本性之運作，而無所遮障，故說萬法無滯。絕非聖嚴師父所言之修行無念法、離念法也；聖嚴師父此說，於禪宗之禪完全無知，可說已至極為嚴重之地步，非只是誤會而已。

藉禪坐而修無念、離念之境界，乃是通於外道禪定之修法，與禪宗所證之禪無涉也！若如聖嚴師父所言：「**禪宗的修行目的，就是希望能在某一個時空裡，突然間把妄念斷除了，那就是開悟的經驗。**」則禪宗祖師之真悟者，彼等之悟應當在靜坐之中得悟，不應在種種奇怪而不合常理之機鋒中得悟，非是斷除妄念故。

若言：「奇怪之機鋒，可以令人念流頓時停住，故可暫時證入無念離念境界，故可名悟。」則應外道證得四禪八定者，其悟境遠超禪宗之證悟祖師，能長時住於無念境界故，其無念境界遠超禪宗祖師之暫時無念離念故。然而禪宗祖師諸證悟者，每每痛責如是證得四禪八定之外道或佛門內之法師居士為野狐，為博地凡夫。是知禪宗之悟，非以無念離念得名為悟也。六祖更言：「慧能無伎倆，不斷百思想；對境心數起，菩提恁麼長。」何曾以離念無念為悟？聖嚴師父莫處處違背六祖之言，而以定為禪。

禪宗真悟祖師之從證悟祖師所示機鋒中悟入者，其慧深妙，非諸證得禪定境界者所能知之也；乃至智者大師之禪定境界如是深妙，然終不能獲得禪宗真悟祖師之一言以褒！由是可知聖嚴師父真是以定為禪者也！根本未曾證得自心如來藏也！根本未曾證得自己本來已在、本來無念之第八識本心也！根本不解禪門之宗旨也！

復次，若如聖嚴師父所言：「禪宗的修行目的，就是希望能**在某一個時空裡**，突然間把妄念斷除了，那就是開悟的經驗。」則聖嚴師父所言之悟，乃是變易虛妄之「悟」，非是真悟也！何以故？謂聖嚴師父如是之「悟」，乃是有時悟，有時退回未悟之境，乃是只**在某一個時空裡**方是悟境故，非是永遠無念離念故——必因離於靜坐而導致有念，轉成未悟故。

然而禪宗之悟，乃是一悟永悟，此世絕不重又墮入未悟之境中，與聖嚴師父所言只在**在某一個時空裡**之「悟」大異其趣；禪宗以親證自心藏識為悟故，非以覺知心之無念離念而言為悟故；一旦親證自心藏識，則此世必定永遠可以隨時現前觀察自心藏識之所在故，必定可以隨時體驗自心藏識故，必定可以將自心藏識與三轉法輪諸經隨時對照而不必待時故，所悟之心必定遍一切時皆存在、皆如是故。聖嚴師父教導與法鼓山四衆弟子者，乃以無念離念之修定法，作為禪宗之法，則必墮此錯悟之境，非能遍一切時故。

復次，若如聖嚴師父之所言者，則我正覺同修會諸同修，但凡精進修鍊無相念佛法門一年以上者，非唯能於靜坐之際長時間一念不生，不起煩惱妄想，更能於一念不生境界中，生起無相念佛之淨念，而令淨念相續不斷，於長時間中皆無語言妄念生於心中。非唯靜坐時如是，更能於禮佛及行住坐臥中，如是安住無念離念境界中，所以者何？謂若有人能無相念佛者，則必能於種種境界中，輕易保持無念離念境界；然能於種種境界中，保持無念離念境界者，卻不能安住無相念佛之淨念相繼境界中故。

若如聖嚴師父所說：靜坐時無念離念境界可名之為「悟」，則我正覺同修會中諸人，但得精進修習無相念佛境界一年以上者，皆得名之為徹悟也！遠超聖嚴師父所說之一念不生境界故；然余終不以如是「一切時中皆能無念之境界」，而為諸同修印證為悟也，尚未證得自心如來藏故，尚不知無始來從不起念之第八識本心何在故。由上所舉聖嚴師父所說之「悟」，已可證明聖嚴師父之錯悟、未悟也！乃是以定法作為禪宗之禪法者，乃是故作悟狀而籠罩學人者！

一切禪宗學人當知：覺知心之妄念斷除後，仍是意識心境界，覺知心即是意識故，意識乃是第六識故；意識之暫時離念若得名悟，則後時意識復起一念時，應是悟境退失，如是即名「時悟時退」。時悟時退之「悟」，則是變易法、生滅法，焉得名為禪宗般若禪之證悟耶？無是理也！六祖曾言：必須言下**識自本心**，亦須悟後**於一切時中**，**念念自見**所悟得之本心故。今者聖嚴師父不以證得遍一切時恆在之第八識本心作為證悟，而以意識心之有時無念離念境界，作為證悟，迥異六祖所說遍一切時之悟，焉得名為禪宗之悟？

若如聖嚴法師所言覺知心之有時離念無念，得名為悟，則我會諸人能於四威儀中長時保持無念離念、相續不斷，而此境界聖嚴師父尚未能至，則應我會中諸同修之「悟境」遠勝聖嚴師父也。然此終究非是證悟，未曾親證無始劫本已離念無念之第八識如來藏本心故；尚須以此境界而離語言文字，看住話頭而參究之，以一直離語言文字之思惟觀功夫而參禪，緣熟時，忽然悟得本來已在之第八識本心，便可現前觀察此第八識本心從來離見聞覺知，從來不曾生起一念妄想；如是悟已，便能**於一切時中**，**念念自見**所悟得之本心。如是悟後，仍然無妨有「起念或不起念之覺知心」，能分別照了一切六塵境界，亦有從來不起念，從來不分別萬法之第八識離見聞覺知心同在，互不相妨。如是之悟，方是禪宗真正之悟也；聖嚴師父所說者，乃是以定為禪之靜坐修定法門，與禪宗所悟之般若慧無關也！

復次，聖嚴師父作如是說：「因爲頓悟的人是斷煩惱執著，不是頓失知覺聰明，所以仍有人的一切反應，決不像**聾子、瞎子、白痴**一樣；**聾**子聽不見，瞎子看不見，白痴聽不懂、看不懂；**開了悟的人，是照樣能看能聽能解的**」，此說乃是誤會　佛說「如來藏眞心離見聞覺知」之意，以為證悟者既證得離見聞覺知之如來藏已，便會如同「**聾子、瞎子、白痴**」一樣，誤會佛菩提至此嚴重之地步。聖嚴師父之所以致此嚴重誤會而說是言者，乃因不知佛菩提正義，一向欲將意識覺知心修行變成真心，又因余常舉　佛說「真心離見聞覺知」之金言，不解余所舉之　佛示金言真旨，便恐懼悟後墮於離見聞覺知之「**聾子、瞎子、白痴**」境界中，真可謂誤會佛法大矣！復次，聖嚴法師故作是言，意在藉此對其弟子暗示：「蕭平實所證第八識離覺觀之法錯誤，非是正法。」然而如是說法，卻完全違背　佛所宣示之第八識真心之體性，欲狡辯自己之法道正確，卻是越描越黑，越發顯示自己之錯悟與未悟，越發顯示自己對般若實相之無知也。

平實諸書中常云：「禪宗之證悟，乃是以具足見聞覺知之意識覺知心，尋覓本已同在之離見聞覺知第八識心；證得離見聞覺知之第八識如來藏已，原本正在參禪之見聞覺知之意識覺知心，仍與『本離見聞覺知之第八識如來藏』同在而並行運作。」是故，悟後仍有意識覺知心存在而並行運作，同時能了別諸法，非如聖嚴師父所誤會之成為

「聾子、瞎子、白痴」也。今者聖嚴師父完全不懂證悟之境界，而說悟境，欲邀「已經證悟」之令名，反曝其短，令人知其從來未悟。如是欲令信衆誤認為平實之法道有誤，死心塌地繼續追隨之，卻益顯其謬；如是之行，非是智者之所當為者也！

是故，未悟之人莫強說悟，否則難免野狐尾巴掀向半天高，一切學人都無法不瞧見也！正是求榮反辱之愚行也！於今當舉興化點到公案，助我佛門學人同證無生：

有僧舉慧忠國師每日三喚侍者公案（詳見拙著《宗門血脈》第二八〇則拈提），問興化存獎禪師云：「國師每日三喚侍者，他的意思是什麼？」興化存獎禪師答曰：「不過是一盲引衆盲罷了。」若真是一盲引衆盲，國師不合責侍者辜負伊。然今興化存獎禪師卻道國師每日裡三喚侍者，只是一盲引衆盲，且道：興化存獎禪師之言，是有為人底道理？是無為人底道理？　若有為人底道理，理在何處？　若無為人底道理，云何說伊是無為人底道理？　有請諸方鎮日裡談禪說悟之大師們斷看：究竟是有道理？是無道理？

若答不得，盡是野狐眷屬，有什麼悟處？如今爾等四大法師要知麼？平實說與爾知：當時平實若在，聞得興化存獎禪師「一盲引衆盲」之言，但舉雙掌將眼矇了，倒向興化存獎禪師懷裡，且不管伊盲不盲。起身卻喚彼僧：「大德！」如是三喚，若猶不會，便取竹篦劈面打去，且不管平實之如來藏盲不盲，亦不管彼僧之如來藏盲不盲，更不管興化引彼僧時之如來藏盲與不盲；打完逕自喫茶去，管教興化存獎禪師無言可對，無作手腳處。

興化存獎禪師有時高聲喚僧之名：「某甲！」那僧聞喚應諾，興化存獎禪師卻曰：「我跟你指點了，你卻不能悟到實相。」隨後又叫喚另外一僧，那僧亦隨口應諾，興化存獎禪師卻開示曰：「已經到證悟境界的人，我就不點他了。」

只如興化點到這個公案，有什麼玄旨？值得記錄流傳天下？興化存獎禪師喚那二僧，與國師每日三喚侍者，是同是異？若道是同，未是證悟之人；若道是異，亦是未悟之人；若道非同非異，乃是意識思惟情解，早落在第三頭，自救不了。　且道：興化存獎禪師究竟點個什麼？如何名之為到？或有大師以此公案見問，平實只是高聲相喚：「大師！」大師應諾已，平實只問爾：「是什麼？」不問同之與異也。　頌曰：

無風起浪喚侍者，六根門頭，放光照天地；
衆盲無知復無聞，探杖同行曾何翳？
點即不到到不點，口燦蓮花，金身於此寄；
禪心俗語豈有異，掃墓未異弔考妣。（調寄蝶戀花）

第四七三則　虎溪草賊

虎溪庵主　僧到，抽坐具相看，師不顧，僧曰：「知道庵主有此機鋒。」師鳴指一聲，僧曰：「是何宗旨？」師便摑之，僧曰：「知道今日落人便宜。」師曰：「猶要棒在！」

有僧才入門，師便喝；僧默然，師打之；僧卻喝，師曰：「好個草賊！」

聖嚴法師云：《禪，起源於印度，**原係一種次第禪定的修行**。傳到中國，**演化成為一個能活用於生活中的智慧**，是一種既非如此、亦非若彼的智慧功能。可以稱它是「無」，亦可以名其為「空」。既然是「無」，既然是「空」，則不該是能用見、聞、覺、知，可資觸受的現象了，但它也從不離開這些。》（東初出版社《禪論》頁149）

平實云：聖嚴師父大大誤解禪宗了也！禪宗之禪，在天竺時本就與佛法中，通於外道之四禪八定修法迥異，聖嚴師父不應作此外行至極之說法也。大乘佛教學人學禪時，普皆知曉　世尊拈花、迦葉微笑之公案，當時迦葉尊者見世尊拈花時，亦只是一念相應而已，剎那間便得會去，云何可言同於外道次第禪定之修法耶？聖嚴師父乃是全球聞名之大禪師，不應無知若此！

第觀中土禪宗諸祖之證悟者，亦多是在堂頭和尚之突施機鋒時一念相應而得悟去，豈以禪定之次第修法所得致之？乃至今時我正覺同修會之禪三精進共修而得證悟者，亦皆是緣熟時一念相應便得悟去；亦多有學人於禪三晚間開示時，聞平實之開示言語，或施機鋒而得忽然相應證悟，皆是一念相應慧，非是經由打坐之修習無念離念禪定境界而得名悟，聖嚴師父不應作是外行之言也！

當知禪宗之證悟內涵即是般若，般若乃是第一義諦之智慧，非是禪定境界也。禪定乃是次第性之修定功夫，所證境界最高者為非想非非想定，無過其右；佛世時，外道證得四禪八定具足者，比比皆是，譬如須菩提、目犍蓮尊者，迦葉三兄弟、……等，尚未進入佛門之前皆已證得四禪八定；亦如外道中之衆多首領，證得非非想定者，為數亦不少也；然我 世尊終不為彼等諸人印證為悟，要待迴向大乘佛菩提道，親證自心如來藏已，方獲 世尊印證為悟。由是可知：達摩大師傳至中土之禪宗，所弘之禪絕非次第禪定也！是故，天竺之禪宗遞傳至中國禪宗，本質正是般若慧，未傳至中土時本已如是，絶非如聖嚴師父所言之「**傳到中國，演化成為一個能活用於生活中的智慧**」。

今者聖嚴師父欲以禪定之法而修無念、離念境界，以為證得無念、離念境界時，即是禪宗之證悟，去道遠矣！聖嚴師父如是主張與開示，乃是以定爲禪者，乃是非因計因者，禪定之修行非是般若之正修行法門故，證得禪定境界者仍不能發起般若慧故，禪定境界非是般若智慧生起之正因故；禪定境界是通於外道之法故，禪宗之證悟不通外道之證得禪定者故。禪乃般若慧，次第禪定乃是定學，二者迥異，然而聖嚴法師乃是禪宗臨濟法脈傳承與弘傳者，於此竟未之知，令人深覺詫異！

禪宗之證悟，匪唯不通已證禪定之外道與凡夫，亦不通於二乘無學聖人，禪宗之證悟所得乃是般若慧故。聖嚴師父若仍不肯將禪宗之禪，與禪定之修證分際釐清者，永劫不得證悟，已成非因計因者故，禪定之修證，不能令人發起禪宗之般若慧故。如今舉示聖嚴師父之說，普令大衆知悉：**聖嚴師父乃是以定為禪者，非因計因者**，絕非真悟之人，學人莫再信為真悟之人，方免自誤誤人！

既非真悟之人，則以意識情解思惟而說之「空、無」等理，即成空談，絕無實義。禪宗證悟者所悟之智慧，絕非聖嚴師父所言「是一種既非如此、亦非若彼的智慧功能」，而是因為親證自心藏識故，出生了不墮斷常空有之智慧。聖嚴師父不應倒因為果，見禪宗之證悟者有慧不落兩邊，便謂意識不落兩邊之「智慧」即是禪宗之禪悟境界。

禪宗真悟祖師之不落兩邊者，乃是親證自心如來藏—真相識，現前觀察如來藏自心之從來不落兩邊，故生起般若中道之觀行；由是般若中道之觀行，而發起般若中觀智慧。故說般若中觀之智慧，乃是由於親證如來藏識而得發起，非以禪定住於離念無念境界中之自以為不著兩邊者，可得謂為離兩邊也！如是無念離念境界中之靈知心，從來不能離兩邊也，未來亦將永遠不能離兩邊也；自是聖嚴師父不知「意識之從來不離兩邊」之事實與聖教，自以為已離兩邊也。

聖嚴師父又言：《既然是「無」，既然是「空」，則不該是能用見、聞、覺、知，可資觸受的現象了，但它也從不離開這些。》然而，此乃臆想分別所知之邪見，非是正見也！何以故？是妄想者所說故！真悟之人，於悟之一事，了然於心，本無絲毫模擬兩可之處，更無玄妙之可言，一切現成。如是之悟，於悟之內涵及其境界，皆悉了知，不須以猜測之語而說之也！

禪宗所悟之空絕非是「無」，「空性」非是空無故，空性實有可證者故，空性即是如來藏──真相識故。如來藏雖無形色、顯色、表色，亦無「無表色」，故名「空性」；然此諸色皆從如來藏而生，乃是一切法之根源，離如來藏則不可能有此諸色；既能生此等諸色，則如來藏亦名「有性」，應名「空有性」，不應單名「空性」。然無始劫來衆生著有，為對治衆生之著有故，　佛乃名此第八識為「空性」，而不名為「有性、空有性」，衆生易誤解「有」之真義故。

如來藏空性既是一切有性萬法之根源，則知此心必定實有、可證。既然是真實有，並且可證之法，不得如聖嚴師父名之為「空、無」也，真實可證之法必定是真實體之法故，必是常住不壞之法故，則必定可以親證之。

今者聖嚴師父言般若之證悟，乃是無、是空，又言「不該是能用見、聞、覺、知，可資觸受的現象了」，既是不應由見聞覺知可資觸受者，則必定是依想像而作之子虛烏有之法，則聖嚴師父之所謂證悟者，究竟是悟得何法而言為悟？可見聖嚴師父從來不知悟之一事究竟以何為悟也。

復次，聖嚴師父又主張「但它也從不離開這些（見聞覺知）」，則是自語相違，焉名為悟？何以故？既然不該是能用見、聞、覺、知，可資觸受的現象，則不應又言從不離開這些見聞覺知；若見聞覺知不能觸受之，則應是不能體驗之法，應是想像之法，云何名之為悟？故說聖嚴師父如是說禪者，名為籠罩學人、名為未悟言悟也！非是親證之人故。如是說禪，不如默然好！可免有智人笑爾！　今舉虎溪草賊公案，與我佛教學人共探無生真旨：

有僧到參虎溪庵主，甫入門時，只是抽出坐具、眼看虎溪庵主，卻不說話。虎溪庵主卻不抬眼看那僧，那僧見狀，便向虎溪庵主曰：「早知道庵主今天會有此一機鋒。」虎溪庵主聞言，卻彈指一聲，那僧見狀，不知虎溪庵主意在何處，便問曰：「和尚這個是什麼宗旨？」虎溪庵主因此知他只是個學人言語進退底漢子，根本不是家裡人，便出掌摑之。那僧不知虎溪庵主意在何處，說道：「我已經知道今日落人便宜了。」虎溪庵主見伊真正是個禪狐狸，便罵曰：「看來你是還想討一頓棒子吃！」

異日，有僧來參訪，方才入得方丈房門，虎溪庵主便大喝一聲；那僧不知虎溪庵主大喝意在何處，只得默然，虎溪庵主便以杖打之；那僧挨了拄杖，卻大喝一聲，虎溪庵主只是輕描淡寫的說他：「好一個小賊！」責備那僧學來表面機鋒言語進退，其實不懂禪門宗旨。

只如一僧到參，但只抽出坐具相看，未曾有一句言語，弄出個東施效顰來，虎溪庵主云何卻不顧之？換作平實，如今亦不似早年，初亦不顧，但只冷眼觀之，看伊能作得什麼？那僧不解虎溪庵主心行，只道得一句「知道庵主有此機鋒」，不曉虎溪庵主之意。然而虎溪庵主有心為伊，乃當面彈指一聲。只如那僧不曉虎溪庵主之意，問道是何宗旨，云何便遭虎溪庵主一摑？如今諸方大師頗還知得虎溪庵主彈指之意在什麼處麼？若道不得，盡是野狐眷屬。

或有大師見問：「虎溪庵主彈指是何宗旨？」平實卻不彈指，但只向大師眼前鼓掌叫好：「好！好！好！大師答得好！」除此更無二話。

那僧不解虎溪庵主真旨，問得這麼一句外行話，便遭虎溪庵主掌摑。且道：虎溪庵主摑那僧，意在何處？莫道虎溪庵主是罰伊！且道：是什麼意？　大師若見問，平實亦只是向大師一摑，別無其他道理。且道：平實這一摑，與虎溪庵主那一摑，是同是異？　若道同，同在何處？　若道異，異在何處？　道同道異已，設與般若無干者，小心平實放汝痛棒！

大衆且觀：那僧挨了一摑，道個落人便宜，不知虎溪庵主為伊之處，虎溪庵主便道那僧猶要棒在；只一個錯會，便遭虎溪庵主檢點。如今聖嚴師父未悟言悟、未證言證，敢出書明言禪宗之悟境；及至檢點其悟處，卻墮野狐見解之中，且道：如是書中暢言錯誤之悟，如是耽誤廣大學人已，應否受三十棒？是故悟須真悟、參須實參，莫效野狐見解，莫籠罩學人，否則腊月三十到來時，閻王不待爾等多話。

次如別僧入門參禮，甫入門，虎溪庵主云何便喝？這一喝究竟是什麼意？與臨濟之喝是同是異？既道是證悟之人，且不許打馬虎，要須辨明同異，方可謂是佛門真正緇衣也！

三如那僧見得虎溪庵主大喝，不知虎溪之意，學禪師之默然以對，便露出馬腳了也！以此緣故，招得虎溪庵主一頓打。只如禪師於學人來參時，往往默然，猶如維摩詰大士一般；如今那僧也是默然，其相何曾稍異？云何虎溪庵主卻打之？其中有什麼淆訛？諸方大師既敢出頭講禪、說迷道悟，乃至為人印證悟境，可還知得此中道理所在麼？試斷看！

四如那僧挨得虎溪庵主棒打已，又學祖師之大喝，虎溪庵主云何卻道那僧只是個小賊？那僧是什麼處讓虎溪庵主看破手腳？便招得草賊之罵名？諸方大師既道是悟，試斷看！頌曰：

禪與禪定莫混淆，四七二八意窅窅。
坐具抽出佻，祖意未曾迢。
西施微恙孏，東施終難描。
草賊來相撩，何懼平實笤？（調寄菩薩蠻）

只如諸方大師還有知曉禪門真實意者麼？相邀來覓平實，平實為爾等一時說了：

般若路條條！

第四七四則　虎溪鷓鴣

虎溪庵主　僧到不審，師曰：「阿誰？」僧喝，師曰：「得恁麼無賓主？」僧曰：「猶要第二喝在！」師乃喝之。

有僧問：「和尚何處人氏？」師云：「隴西人。」僧云：「曾聞隴西有鸚鵡，還實也無？」師云：「是。」僧云：「和尚莫不是也無？」師便作鸚鵡聲，僧云：「好個鸚鵡。」師便棒之。

聖嚴法師云：《若用禪的修行方法，如數息、念佛、或專門注意自己呼吸的出入等，慢慢、慢慢地，首先你會發現有許多的雜念，漸漸、漸漸地，雜念亦越來越少，**到最後，你便知道那不能控制的「我」究竟是什麼了**。所謂「我」，無非是一連串的過去與未來，一連串的自己與環境所發生的關係在心理所產生的作用而已，除此而外，所謂「小我」是不存在的。**到這程度時，已經了解到所謂個人的「我」，實際上就是念頭，念頭的起滅即是「我」，也即是分別執著的「心」**。因此，到了這個層次，便可以做到心不被環境所動搖。會用方法，要不動心便能不動心時，便不會有心不由己的煩惱發生了。》（東初出版社《禪鑰》頁154）

平實云：聖嚴師父說得越多，敗闕之顯露便隨之越多，句句皆成野狐證據；此即是未悟者不甘寂寞之現世果報也！

聖嚴師父所言數息、念佛、專注呼吸等法，唯能制心一處，只成個修定之法，從來非干禪宗之禪悟也，禪悟乃是般若、智慧，從來與制心一處之修定境界不相干也。是故師父所言之「**到最後，你便知道那不能控制的『我』究竟是什麼了**」，也只是雜念減少乃至無念時之離念靈知心罷了，也只是意識境界，終究不離三界內之六塵境界，未能證得不墮六塵之實相境界，終究未能了知實相般若也。（離念靈知共有十一種境界，詳見拙著《狂密與真密—序文等》小冊之第二版，此處略而不述。）

如是修除妄念妄想後之境界，仍只是小我、自我境界，終非神學哲學所稱之大我也。復次，聖嚴師父倡言「**到這程度時，已經了解到所謂個人的『我』，實際上就是念頭，念頭的起滅即是『我』，也即是分別執着的『心』**」，乃是違　佛誡言之說；此謂念頭妄想等法皆是意識我藉其「心所有法」之煩惱而生之妄想，絕非意識我、眾生我也；念頭等法皆是覺知心之「心所有法」輾轉而生之煩惱法故，覺知心方是意識我故。衡之於初轉法輪之阿含諸經　佛說，復衡之於第二轉法輪之般若諸經　佛說，末復衡之於第三轉法輪之唯識諸經　佛說，莫非如是開示。

今者聖嚴師父尚不能了知念頭即是意識我之「心所有法」所輾轉而生之妄想，云何能知意識我之虛妄？認定意識離念時即是常住不壞之涅槃心，是故一切開示皆以意識覺知心為中心，皆在意識我所之境界上轉，以為念頭即是虛妄之我，以為念頭消失後之覺知心即是實相心，是故自始至終不能遠離意識境界，所說一切法悉在意識境界上轉，所說一切法皆違實相心之境界。聖嚴師父若不能斷除意識我之執著者，此生必定永遠認定念頭即是眾生我，此生必將繼續認定：離念之覺知心意識為常住不壞心。

如是執著意識心，永不捨棄，不能斷此我見，云何有望能證實相心境界？云何能起般若慧？何以故？縱使平實將實相心明告師父，師父仍將如九百餘年前在克勤大師座下時之猶疑不信也！凡此遮障道業之緣，皆由疑心不斷，不肯死卻意識我見所致故。

由於九百餘年來一直不肯斷除意識我見——執著離念之覺知心為常住不壞心故，則不能進前了知意根所在；不能了知意識與意根虛妄者，則永不能斷除我見與我執；雖然口中常言應斷我見我執，常言消融自我，其實正是墮在我見我執中，而不知正在我與我所中執著者也。如是名為臆想解脫、臆想佛法般若者也！聖嚴師父頗能察納平實之微言否？

師父以離念之覺知心為常住不壞之涅槃心，倡言「到了這個層次，便可以做到心不被環境所動搖」，絕非如實語也，所以者何？謂離念之覺知心實非常住之涅槃心，人間之離念覺知心必與六塵相應故，與六塵相應之心則非能出三界之心故，出三界則無六塵萬法故，絕對寂靜故。唯有不到六塵、不與六塵相應之心，方能出三界，與出三界之境界相應故，出三界境界之無餘涅槃境界乃是滅盡十八界後之無境界境界故，乃是離一切覺觀之離六塵境界故。離念之覺知心既永遠與六塵相應，永遠「到」六塵境界中，則必隨時隨地為六塵所轉，焉得謂為「不被環境所動搖」者？忽挨一棒便起瞋故，忽聞平實一語責備便起瞋故。

更不能如師父所言之「要不動心便能不動心時，便不會有心不由己的煩惱發生了」，此謂離念覺知心必到六塵境界中故，必與六塵相應故。今若有人持此書向師父言：「平實居士又出書說師父的法錯了！」師父聞言之際，離念覺知心中瞋恚已起，焉得說為「要不動心便能不動心」？聞言之際煩惱已生，焉得說為「不會有心不由己的煩惱發生」？言不由衷也！由是故知：離念覺知心乃是虛妄法，非是常住真心也。

常住真心則是遍一切時皆不於六塵動心者，本性不與六塵煩惱相應、相到故，從來離見聞覺知故，無始劫來本已如是故，非是修所成就故。證知此第八識真心之體性，則生少分法身德；證知已，並能現前觀察此心之遍一切時皆不於六塵動心者，則生起般若慧，證得一分般若德；由般若德，亦能生起解脫德：分證解脫果，成為聲聞法中之初果、二果聖人，乃至成為聲聞法中之四果聖人；隨其性障深淺差別而有解脫果之分證滿證差異。

今者聖嚴師父所說離念覺知心，不能遍一切時中皆不動心，焉得謂為真實心？乃是有時起念、有時離念，乃是有時起煩惱、有時離煩惱者，乃是變易法，非是遍一切時皆離念、皆離煩惱者；如是「修證」，豈唯不證法身德與般若德？乃至最粗淺之解脫德，亦不能絲毫證得。真心則是遍一切時皆不曾起念，從無始劫來本已如是，本住涅槃之境，非修所成，證此者則起法身德與般若德；真心遍一切時皆不生煩惱，從無始劫來本已如是，非修所成，本來如是。本來如是之法，方是正法；修所成法乃因修行之緣所成就，既是從緣而起者，必將仍因修所成緣之散壞而滅之，則成虛妄變易之法；離念覺知心既是修所成就之離念，則將來必定因於不靜坐修定而復生起妄念，則離念境界又復散壞不存。如是忽而離念、忽而有念，變異不定之境界，焉得謂為佛法上之修證耶？是故聖嚴師父應速捨棄原有錯誤知見，應速回收此等書籍，以免誤導衆生之過失繼續擴大。

真悟之人，不修如是離念法；乃是以修定之法令覺知心轉細，不再粗心大意，不再起心貪緣世間法；真悟之人若有時教人修習無念離念之法者，目的乃在令人遠離粗心大意，容易覓得真心第八識如來藏；然後藉善知識教導，依正確知見，以此細心之覺知心為工具，而尋覓與覺知心同在之第八識真心。證得第八識真心時，可以現前觀見第八識真心從來不曾暫起一念妄想，從來不與六塵相應，從來離見聞覺知，從來不觀照六塵，從來不起思量性，從來不生我見與我執之煩惱，亦從來不起貪、瞋、癡、慢、疑……等煩惱。如是現觀已，不妨覺知心意識之起煩惱，而繼續現觀第八識心之從來不起煩惱、從來不與煩惱相應。

如是八識具足：夜夜斷滅、次晨復起之生滅性之意識心，與從來不曾暫斷之不生滅之第八識真心如來藏本體，同時並行運作；生起般若慧之意識覺知心，與遠離般若慧之第八識真心如來藏，同時並行運作；有生有死之覺知心意識，與從來無生無死之第八識真心如來藏，同時並行運作；有覺、有知、有分別之意識覺知心，與離見聞覺知、離分別之第八識真心如來藏，同時並行運作；在生死中流轉之意識覺知心，與常住本來自性清淨涅槃之第八識真心如來藏，同時並行運作。如是證悟者，則能通達三乘菩提之一切經典，無所滯礙，方名真實證悟之菩薩。

今者聖嚴師父以無念之意識心作為常住不滅之真心，則違　佛所說，亦違菩提達摩承襲自　世尊拈花微笑而遞傳下來之教外別傳意旨，云何可以用來說為親證真心者？云何筆之於書而誤導今時後世廣大學人？若師父所言離念之意識覺知心是常住真心者，

則　佛所說本來自性清淨涅槃之第八識真心則非是真心，平實且要諮問我佛教界一切大師學人：究竟當以　佛說為準？當以聖嚴師父所說之離念覺知心為準？有智之人聞已即知，何須多所評論？不如將此評論所浪擲之時間，用來細心參禪，求證自心如來藏，便舉虎溪鸜鵒公案，共諸大師學人合計合計：

有僧到參虎溪庵主，見面便道不知不覺，虎溪庵主卻問曰：「既不知不覺，且道是阿誰？」那僧聞言便大喝一聲，虎溪庵主為防那僧是隻野狐，便再作勘問：「為什麼可以這樣不分賓主？」那僧卻不是個無見地底人，便向虎溪庵主曰：「看來你還想要我跟你作第二喝！」虎溪庵主聞言，知是家裡人，乃喝之。

只如那僧見面便道個「不審」，卻異今時諸方大師之堅決主張有知有覺之離念靈知心，且道：那僧主張不知不覺底才是？今時台灣四大法師主張有知有覺底才是？究竟阿哪個才是？爾等四大法師頗能答得此問否？　世尊於第三轉法輪之唯識諸經中說「如來藏真心離見聞覺知」是正說？或如今時諸方顯密大師書中所說「有知有覺之離念覺知心為真心」方是正說？還有顯密大師能答得平實此一問者否？試道看！

虎溪庵主要那僧在一喝之中分出賓主，且道：那僧一喝之中，何者是賓？何者是主？頗有顯密大師學人答得否？再斷看！

那僧聞言卻不答伊虎溪庵主問話，只道「猶要第二喝在」，云何虎溪庵主卻肯他？只是一喝了事？且道：此中如何分賓主？究竟「真主、真心」何在？聖嚴師父或見問，平實亦只是一喝，更無別話；若猶不會，平實便起身禮拜，隨後開門送客。

有僧來問虎溪庵主：「和尚是何處人氏？」虎溪庵主答云：「我是隴西人氏。」那僧又問云：「我曾聞道隴西有鸚鵡，是真的這樣嗎？」虎溪庵主答云：「真是如此。」那僧卻問云：「和尚莫非也是鸚鵡？」虎溪庵主聞言，便作鸚鵡聲，那僧嘲笑虎溪庵主云：「好一隻鸚鵡。」虎溪庵主便舉棒打之。

只如那僧道虎溪庵主亦是鸚鵡，虎溪庵主云何並無怒氣？二如虎溪庵主甫聞那僧問虎溪庵主是否亦是鸚鵡？虎溪庵主云何卻認同其語而作鸚鵡聲？　究竟虎溪庵主承認自己是鸚鵡？不承認自己是鸚鵡？　若承認，明明是個人，云何卻承認？　若不承認，云何卻又作鸚鵡聲？　且道：虎溪庵主究竟是不是鸚鵡？伊作鸚鵡聲又是何意？

若有人道：虎溪庵主與那鸚鵡之本體乃是相同之第八識如來藏，所以是同。平實聞已，便放三十棒與伊！如是說話，有什麼會處？　若有人道：虎溪庵主與鸚鵡之本體不是相同之第八識如來藏。平實亦放三十棒與他！此是意識情解得來底，轉思轉遠了也！

次如那僧聞虎溪庵主學作鸚鵡聲，笑道虎溪庵主是隻鸚鵡時，虎溪庵主云何卻放棒與那僧？那僧捱棒之理在什麼處？還有顯密大師學人答得此問否？試道看！頌曰：

一喝之中分賓主，再喝機遲，時人知也無？
虎溪鸚鵡並俊鳧，一朝親睹，方曉禪門不唐突！（自創詞牌）

第四七五則　覆盆埋沒

覆盆庵主　師問僧：「什麼處來？」僧曰：「覆盆山下來。」師曰：「還見庵主否？」僧便喝，師便掌，僧曰：「作麼？」師又喝。

一日，有僧從山下哭上，師閉庵門，僧於門上畫一圓月相，師從庵後出，卻從山下哭上，僧喝曰：「猶作遮個去就在！」師便換手搥胸曰：「可惜先師，一場埋沒。」僧曰：「苦！苦！」師曰：「庵主被謾。」

聖嚴法師云：《「非心非佛」是什麼意思？如果把我們的心當成佛的心，或不當成佛的心，都是有問題的。如果認為凡夫有一定的心叫煩惱時，而佛有一定的心叫清淨心，那凡夫永遠不能成佛。所以「非心」是不要認為有一個心是眾生的心，或者是有這麼一個心叫做佛的心。既不是佛的心，也不是眾生的心，那麼有眾生也應該有佛囉？　沒有不變的眾生，也沒有定相的佛！為什麼？因為眾生不會永遠是眾生，如果眾生永遠不能改變的話，那就沒有人能成佛了。眾生能成佛，所以眾生不是真的；眾生的心能變成佛的心，所以眾生的心不是真的。如果真有一個眾生的心，眾生就不能成佛了。反之，亦不能說佛也有一個心，**佛亦不是真正有一個什麼固定的心，叫做佛的心**；成佛之後，法身遍在，即無相也無心。……佛是無心、無相的，卻有其悲知的功德作用，所以說「非心非佛」。》（東初出版社《禪鑰》頁169~171）

平實云：真悟之人，聞聖嚴師父所說這一段話，便知是意識思惟、情解所得之知見，乃是同於印順法師口說離二邊之語，用來籠罩學人罷了！何故平實作是說耶？謂如是言語，皆是言不及義之語故，所說從來不能及於第一義諦故，第一義諦者乃是衆生自心如來藏之體性故，般若中觀及唯識種智之正理即是宣演自心如來藏之體性故。今者聖嚴師父所說，完全依於意識之情解思惟而說，不能言及第一義之真實理，故名籠罩及戲論之言。

馬祖非心非佛者，乃是破除禪宗學人對自心誤執而作之言，乃是因大梅法常錯悟之典故（詳見《宗門道眼》第一八九則拈提）而於後來衍生之說法也。非心非佛等說，詳見拙著公案拈提第四輯《宗門血脈》第二八八、二八九、二九〇則「即心即佛、非心非佛、心佛藥病」等三則拈提，此處不須復述。

真悟禪宗般若禪之人，但凡一言一語，皆須著著指向真實心，句句破斥臆想思惟而誤導衆生者，絕不墮於情解思惟臆想之中，絕不似聖嚴師父一般，將編派臆想之言語，用來籠罩座下廣大徒衆。

如聖嚴師父所言「佛亦不是真正有一個什麼固定的心，叫做佛的心」，則諸佛究竟以何心為實相心？是否忽以離念靈知之意識心為佛心？忽然又以第七識意根為佛心？忽然又以第八識如來藏為佛心？審如是，則大小品般若經中，佛以衆多篇幅宣說「非心心、無心相心、不念心……」等第八識正理，便成戲論虛語，與法界實相無關故，非干第一義諦故。復如第三轉法輪衆多唯識經典中，以超過半數之篇幅而宣演第八識如來藏體性，說為十方諸佛之真實心者，亦應同成虛語戲論。聖嚴師父如是一句語中，既有如是大過，應速收回如是謗法之言，方是有智之人也！

華嚴曾云：「若人欲了知，三世一切佛；應觀法界性，一切唯心造。」已經明言三世一切佛皆由衆生之如來藏而生，三世一切佛悉以如來藏為體。三世諸佛示現在人間天上，亦復不能外於自心如來藏；人間天上地獄六道法界所有一切法之自性亦復如是，悉皆不能外於此第八識實相心而有而現，云何聖嚴師父竟可以說「**佛亦不是眞正有一個什麼固定的心，叫做佛的心**」，寧有是理？而法鼓山諸多信衆習禪學佛一二十餘年已，竟不知「三界唯心、萬法唯識」之基本正理，對於聖嚴師父如是錯謬之言，竟不能稍知邪謬之處？竟不能稍加簡擇？不亦怪哉？

釋迦世尊於三乘諸經所說三乘菩提，悉皆圍繞於第八識心而說、而演，令諸學人修之證之，從來不曾外於此第八識心而說。復於第三轉法輪諸經中明說：衆生以第八識如來藏爲體，諸佛亦以第八識如來藏爲體。復以虛妄唯識門而宣演：悟後應須修除第八識所執藏之七轉識相應煩惱而證解脱果；應修除第八識所執藏之七轉識相應煩惱障習氣種子，及修除依附於第八識而有之無始無明上煩惱，令第八識永無有漏種子之可變易，亦無無始無明隨眠之可修除，成就眞實之如，改名眞如；因此而證無上菩提果，成就究竟佛道。

世尊復於應身入滅之前，以《法華經》而**說第八識真如是諸佛之本源**，**說十方三世諸佛悉以第八識真如為體**，悉以此第八識真如體為根本，說諸佛之所以示現人間者，主要目的乃為開示此真如與佛性，而令眾生了知此即是諸佛之所知所見，欲令眾生得以悟入佛之知見，是故說法華經之真旨乃是：針對特定之第八識真心而作開示，以令有緣眾生悟入之。聖嚴師父既是中華佛學研究所所長，亦是世界聞名之法鼓山集團負責人，竟然違 佛所說，公然違背《法華經》，於書中公開主張「佛亦不是眞正有一個什麼固定的心，叫做佛的心」，違 佛旨意殊甚。聖嚴法師在台灣佛教界之地位如是崇高，云何於三乘佛法根本之知見亦付闕如？云何誤會大乘佛法至於如此嚴重之地步？令人深覺不可思議也！而法鼓山信徒修習佛法十年、二十年已，竟亦完全不能檢擇聖嚴師父知見之膚淺，亦是令人深覺不可思議之事也！

當知馬祖「非心非佛」之句，乃是藥病對治句，專門對治聖嚴師父等人之執著離念靈知心者也。第八識如來藏非同衆生所知之心，根本不似心，故名非心；不似心之心，卻又有其心之體用，為一切證悟者之所知、所證也！

此心亦非是佛，要須所生七轉識及色身之配合而復出生受想行陰已，方得名之為佛也，故名非心非佛也。然而聖嚴師父完全不解馬祖非心非佛之意，故作種種不如法之言說，誤導座下諸多四衆學人，而令彼等四衆學人永絕於證悟般若之緣，非是善行也！

是故平實呼籲法鼓山四衆弟子：當於三乘菩提正知正見之確立，給與正視，然後方能於可見之將來，親證三乘菩提之一。若不如是，一味迷信名師，一味崇拜名師，於佛法修證上，究有何義？

平實今舉覆盆埋沒公案，共諸法鼓山廣大信衆商量，乘便藉此而令法鼓山諸廣大信衆、生起正知正見：

覆盆庵主一日問僧：「你從什麼處來的啊？」那僧答曰：「我從覆盆山下來此。」覆盆庵主又問曰：「你見到覆盆庵主了嗎？」那僧聞言便大喝一聲，覆盆庵主便打那僧一掌，那僧不解覆盆庵主意在何處，便問曰：「作什麼？」覆盆庵主見狀，知他不會，便又大喝一聲。

只如覆盆庵主問彼僧云：「從何處來？」是什麼意？不可總作寒喧問候之語也。那僧不解覆盆庵主作略，隨伊言句語脈而答，覆盆庵主便問那僧：來到覆盆山已，曾否見得覆盆庵主？那僧曾經參禪訪道，知得禪宗證悟祖師種種作略，聞言便大喝一聲；覆盆庵主要見那僧悟處，聞喝便掌。那僧捱了覆盆庵主一掌，卻不知覆盆庵主這一掌意在何處，竟問覆盆庵主云：「作什麼？」覆盆庵主於此之下，已知那僧只是學人言語進退罷了，何曾知曉祖師西來之真實旨意？乃大喝一聲。

且道：覆盆庵主明明就在那僧眼前，云何又問那僧曾否見得覆盆庵主？覆盆庵主這一問，究竟意在何處？可笑那僧從覆盆山下來到庵中，一路上真是眼見如盲，竟不能知覆盆庵主究竟是啊哪個！更勞覆盆庵主重加指示，仍不能知。只如那僧一路上得得而來，且未曾見覆盆庵主，云何平實道那僧在路上早該見了？究竟什麼處是那僧在路上合該見得覆盆庵主之處？

別有一日，復有一僧從覆盆山下哭上山來，覆盆庵主聞哭，又見那僧裝模作樣哭上山來，早知那僧之意，卻關閉庵門不理會那僧。那僧見狀，便於覆盆庵主門上畫一個圓月之相；覆盆庵主見狀，不開門相見，卻從庵後出屋而去，復從山下哭上山來。那僧見狀，卻大喝道：「還作這個模樣來！」覆盆庵主聞言，便以雙手互換而搥胸曰：

「可惜先師一番好意，結果卻是一場埋沒。」那僧見狀，早知覆盆庵主深意，卻道：「苦啊！苦啊！」覆盆庵主聞言，知那僧非是吳下阿蒙，知自己太過小心提防野狐，其實早被那僧勘破，便責自己道：「我覆盆庵主被謾了。」

只如覆盆庵主與那僧各自從山下哭上山來，究竟是什麼意？法鼓山大衆不可總道那僧與覆盆庵主只是神經病也！不可總道那僧與覆盆庵主皆是牽亡魂之靈媒也！伊等說起法來，可是個個符經契理，深妙難思哩！　且道：覆盆庵主與那僧如是鄭重其事的各自從山下哭上山來，究竟是個什麼道理？聖嚴師父可曾稍知其中玄妙麼？

那僧見覆盆庵主東施效顰，卻不肯伊，罵道：「猶作遮個去就在！」覆盆庵主見那僧似已知曉自己落處，只是不肯就此死心認定那僧已悟，便又換手搥胸，更道：「可惜先師，一場埋沒。」要見那僧落處是否真是如此？那僧卻知覆盆庵主意下，乃哭云：「苦啊！苦啊！」覆盆庵主只得承認自己被謾。只如覆盆庵主自道被謾，且道：什麼處是伊被謾處？　次道：那僧在庵主門上畫圓相，究竟意在何處？　三道：覆盆庵主換手搥胸，意在何處？　四道：那僧與覆盆庵主各自皆從山下哭上山來，意在何處？

行者於此公案，當下心參取，他二人花如許時間，賣力演出這一齣無生大戲，費神費力不少，法鼓山諸多學禪修禪者，莫辜負伊二人賣力演出也！　且道：他二人如是賣力演出這一齣無生大戲，這一齣有聲有色之公案中，無生真旨在什麼處？頌曰：

哭與大笑無隔礙，上山將伊佛道邁！
大喝及與掌，畫月匝地泰。
換手搥胸處，豪勇誰氣慨？
會得覆盆意，入園好擇菜！（調寄菩薩蠻）

第四七六則　長慶履踐

長慶　道巘禪師　初參侍覺和尚，便領悟微言，即於湖南大光山剃度。暨化緣彌盛，受請止昇州長慶禪苑。

師一日上堂謂眾曰：「彌勒世尊朝入伽藍，暮成正覺，乃說偈云：『三界上下法，我說皆是心；離於諸心法，更無有可得。』看他恁麼道也，大殺惺惺；若比吾徒，猶是鈍漢；所以一念見道，三世情盡；如印印泥，更無前後。諸子！生死事大，快須薦取，莫爲等閒。業識茫茫，蓋爲迷己逐物。世尊臨入涅槃，文殊請佛再轉法輪，世尊咄文殊曰：『吾四十九年住世，不曾一字與人，汝請吾再轉法輪，是謂吾曾轉法輪也。』然今時眾中建立個賓主問答，事不獲已，蓋爲初心爾。」僧問：「如何是長慶境？」師曰：「闍梨履踐看！」

僧問：「如何是佛法大意？」師曰：「古人豈不道：『今日三月三』？」僧曰：「學人不會。」師曰：「止止不須說，我法妙難思。」便下座。

聖嚴法師與達賴喇嘛對談云：《…所以當我們知道有煩惱，曉得這是煩惱心，要馬上把它放下來，不要太難過，不要後悔，但是要改進修正；可以用參話頭的方法，也可以注意呼吸，使自己的妄念、煩惱心不那麼容易起伏，這時候你的心跟清淨佛性就是相應的。**佛法**

認為：如果一念心清淨，這一念之間就跟佛相應，就是佛。》（法鼓山佛教基金會《心的對話——聖嚴法師與達賴喇嘛的對話》頁66）

平實云：聖嚴師父三十年來教導徒衆者，皆是教徒衆修習一念不生，教徒衆修習放下貪瞋……等煩惱，從來不教徒衆修除我見與我執，一向教徒衆執取離念之覺知心作為清淨涅槃心，如是言為消融自我之良方。然而離念之覺知心永遠是意識，不因離念而可變成第八識如來藏，離念之後仍是衆生之意識自我也。如是墮於我見與我執之中，從來不曾消得一分一毫之自我執著，云何可以名為消融自我之法耶？

第八識如來藏乃是與意識並行運作之心，非由意識進入無念狀態而轉變成如來藏，衡於三乘菩提一切經典中之佛說，莫非如是；聖嚴師父既是佛教僧寶，所說不得悖於佛說，不應弘傳常見外道所說之意識生滅法門。

真正之佛法，從來不認為覺知心清淨了便是佛心；乃至佛地之覺知心已是世間最清淨之心，然仍舊是意識，仍舊是與第八識真如並行運作。示現在人間之諸佛應身，仍舊是八識心王同時運行，永遠不能將意識變成第八識真如；今者聖嚴師父說：「**佛法認為：如果一念心清淨，這一念之間就跟佛相應，就是佛**」，請問是何經何典中，佛曾如是說？或諸大菩薩曾如是說？而言**佛法認為**如是？全與佛法相悖也！如是之

「悟」，乃是變異有為之法，有時與「佛心」相應，有時不與佛心相應故。

復次，如是之「悟」根本不曾與佛心相應，從來不曾與第八識佛心相應故，何得言為與佛心相應？皆是大妄語也！必也悟時與第八識佛心相應，方得名為真實之悟也！復次，悟時既已覓得第八識佛心，則此世悟後將永遠可以隨時隨地與佛心相應，隨時隨地皆可體驗第八識佛心故，此是一切證得第八識佛心者之一致體驗故；今者聖嚴師父所說完全異此，可知根本未曾證得第八識佛心，乃是未曾證悟之人，云何可以悟者身分對衆說悟？豈非**未悟示悟**之言耶？豈非大妄語之言耶？

達賴喇嘛對答云：《西藏的上師雖然沒有像禪宗棒喝的方法，但在大圓滿法門裡，也有一種類似的方法，就是修行者使勁地大喊一聲「呸」。據說當這個「呸」喊出來時，**妄念會刹那間被切斷，修行者會體驗到頓時的了悟。這種體驗據稱是奇妙，而無思慮分別，是一種無念的狀態。**》聖嚴法師問云：《這個修行者能否維持在此種狀態中？這種經驗是短暫的？還是延續不斷的？》達賴喇嘛答云：《薩迦班智達有一首偈頌，可以用來回答這個問題，這首偈頌說：在念與念之間的空隙中，內在的澄澈光明持續地出現。這首偈頌暗示：**當你喊「呸」而頓然體驗到任運生起的奇妙及無分別心時，你所體驗到的就是這種光明，也可以稱之為空性。**》（法鼓山佛教基金會《心的對話—聖嚴法師與達賴喇嘛的對話》頁76~77）

平實云：聖嚴法師與達賴喇嘛，皆墮**覺知心之無念離念**境界中，認定覺知心無念離念時即是空性心；認為佛法之修行人若能住在無念離念之境界中，即是證悟。衡諸西密四大派諸密續所言之大圓滿法與應成派中觀見，其中所說**明光心**，千篇一律皆是意識心，皆是離念靈知之意識心，從來未曾稍離意識心境界。彼諸西藏密宗古今法王所證者，皆墮意識心境界中，從來不曾悟得自心第八識如來藏，全屬凡夫知見；如是而言大圓滿，而言果地修證，而言成佛成聖，自稱活佛、大法王…等，悉是籠罩學人之大妄語業也！何曾有一真實證悟之人？如是而欲效法天竺密宗，欲重新取代顯教於今時之全球，以遂其**李代桃僵**之目的。聖嚴師父不知藏密之陽謀與陰謀，竟貪緣西密所營造之廣大名聲，用以自高，名為愚癡無智之行也！

西密之大圓滿、大中觀，悉是意識心之妄想揣摩所得，悉以意識心為中心，而作種種虛妄想，完全異於 佛說之以第八識如來藏為修證鵠的，完全異於佛法之以第八識真如為中心而說之三乘菩提，余今已於《狂密與真密》一至四輯書中具辨分明。顯教中之聖嚴法師所墮，亦復如是，從來不曾與真心如來藏相應，一向都在意識境界上用心，妄以為意識一念不生時即可轉變成真心，去道遠矣！今者乃竟貪緣邪淫之西藏密宗，攀緣同墮意識境界之密宗達賴喇嘛世俗大名聲，用以自高，真乃依草附木之輩也！

聖嚴與達賴二人，同以意識之無念離念，作為佛法之修證，與諸常見外道所修所證者，絲毫無異；唯是所說之法套用佛法名相，於此異諸常見外道爾！是故，學佛之人莫崇拜大名聲，莫觀道場徒衆等表相，應依修證實質是否符合 佛旨為準。

禪宗祖師古來固然亦有錯悟者，所說違背 佛說；然真悟祖師之所證者，則依佛法真實旨意而證、而宣、而弘、而度衆生，非如藏密達賴及聖嚴師父之以自意妄想而自以為是。是故學佛之人當以真正 佛旨為依，莫依錯悟諸師所說似是而非之「佛法」言說。今為此故，便舉長慶履踐公案，共諸大師學人合計合計：

道巘禪師初參侍覺和尚，便領悟微言；即於湖南大光山剃度。暨化緣彌盛，受請住止於昇州長慶禪苑弘揚宗旨。

道巘禪師一日上堂對大衆開示曰：「彌勒世尊早上入寺院出家，到晚上便成就正等正覺，成佛後乃說偈云：『**上自非想非非想天，下迄地獄等，其中所有三界內之一切法，我說都是真心所生所顯之法；離於真心及所生七識等種種心法，再要尋求一法時，便都沒有一法可得。**』看他彌勒世尊恁麼說法，也真的是講得太好了；但是如果要和我這些徒弟們相比的話，其實仍舊是個遲鈍的人啊！所以說，只要是一念之間悟入而親見佛法之道的話，就可以將三世輪轉之妄情銷盡了；就好像以蠟印來印到泥土上一般，印文成就的時候，蠟印也隨之消失了，就沒有前後次第的差別可說了。各位學人啊！了脫生死的事情是最重要的大事，應該趕快修學及取證，不要把這件事當作不重要的事情。衆生之所以會有業識茫茫而無所依止的現象，原因就是迷失了自己的本心，而向心外追逐物質上的六塵萬法享受。世尊應身將入涅槃之時，文殊菩薩請 佛再轉一次法輪，世尊咄文殊曰：『吾四十九年住世，不曾一字與人，汝請吾再轉法輪，是謂吾曾轉法輪也。』然而今時在大衆中，必須建立一個賓主問答的事相，這也是在事相上不能不如此的事，其實都只是為了讓初心學人有個入處罷了。」僧問：「如何是長慶境？」師曰：「闍梨履踐看看！」

道嶮禪師之言固有其理，然其目空一切，輕他當來下生 彌勒世尊，則有大過，未免狂禪之弊也！所以者何？譬如禪宗之真悟者，當其悟時，只是一念相應，智慧開始顯現，不過一念閃過而得成就。雖是猛利，迅速成就，然而如是之悟，唯是別教第七住位之般若慧爾，唯是般若之總相智爾！比之於十住菩薩之眼見佛性而發起世界如幻觀，比之於初地之無生法忍，比之於七地之念念入滅盡定，比之於八地之於相於土自在，比之於九地之四無礙大力，比之於十地之法雲宣流永無窮盡，比之於等覺之於萬法無礙，比之於佛地之四智圓明、三身圓滿，不啻天壤之隔，有何可傲之處？而輕他 彌勒世尊究竟佛地之真唯識觀所說者？

所以者何？禪宗初悟之人，尚未能親自證知三界一切法皆是自心如來藏所現，唯是證知自心之從來不起妄想言說、從來自性清淨、從來不曾剎那暫斷爾，皆屬總相智範疇，未能及於般若之別相智，何況能及道種智、乃至佛地之一切種智？而作斯言，不免狂禪之禪病所侵也！

然而道巘禪師如是證得般若之總相智已，已非今時諸方大師之所能知者也，已親見一切有情之根源故，已親見諸佛之本源故，已發起般若慧故。但能消除慢心，隨佛所說諸經一切種智而進修者，欲入初地，一世不難，端在能否消除慢心，端在能否廣修福德，端在能否得遇真正之大善知識爾。

彌勒菩薩既云：「三界一切法悉由衆生自心所生所顯」，而於 彌勒菩薩所傳授之《瑜伽師地論》中，則說真實之自心即是第八識如來藏，則已顯然明示：意識覺知心亦是從此第八識心所生。既如是，聖嚴師父專在意識心上用功，即成無義；當以修習數息法、離念法後之離念覺知心，更覓同時存在而運行不斷之第八識如來藏—阿賴耶識。如是覓得已，方得說為已經證悟明心也；若所證是如今所說之離念覺知心，則是同於常見外道所證，名為佛門中之常見外道也；雖然身披僧衣，雖然常住於佛教寺院中，所說仍非佛法也！

長慶道巘禪師開示禪法後，有僧出問：「如何是長慶禪師您所證悟之境界？」一切禪師既道是悟，出世教禪，學人從之修學禪法，即有權利向其追求證悟境界；不可謂只有自己一人可以證悟，不得如聖嚴師父之畏人向其求悟也！不可如聖嚴師父之鎮日教人「不可求悟」也！是故彼僧聞長慶道巘禪師開示證悟之境已，便出問。長慶道巘禪師當場指示曰：「法師！你且親自走一遭看看！」

只如彼僧出問長慶禪師之悟境，長慶禪師不答伊所問，卻教伊自己走一遭，竟是何意？若人有智，從此處下個疑情，且放下平實種種言語囉嗦，且放下平日裡種種瑣事，且放下「弘法」大事，只管疑嘿著；有朝一日，忽然磕著、撞著，方知平實不汝欺也！從此以後，不論二乘菩提之經教、大乘菩提之般若諸經，抑或禪宗祖師證悟之公案，悉皆七通八達，無所凝滯也。從此便得檢擇諸方大師之所墮，便於諸方大師之悟與未悟、證與未證，悉皆無疑也！是名已斷疑見。聖嚴、星雲、惟覺、證嚴等大法師，與諸佛門學人，何妨姑信平實一回、且走一遭：履踐看看！

復有僧來問：「如何是佛法大意？」長慶禪師答曰：「古人不是曾經這麼說：『今日三月三』？」那僧不解長慶禪師絃外之音，老實回曰：「學人不會。」長慶禪師這個機鋒，未免太儉，與雲門之啐啄同時無異，教那僧如何悟去？只得老實答個不會。長慶禪師卻有意為他，乃又開示曰：「止止不須說，我法妙難思。」便下座。此回卻又太奢，分明已極。只是那僧因緣未具足，不曉長慶禪師之眉毛拖地，兀自以為長慶禪師不肯為伊、逕自下座。

只如長慶禪師婆婆媽媽地道：「止止不須說，我法妙難思。」究竟是什麼意？若人於此薦得，現世便可為度人師，廣度天下學人；如或未然，只得觀伊長慶禪師下座迤邐而去。可中若有個禪和子，於長慶禪師下座而去時，覷得分明，即得自救；如或未然，自救不了，難脫輪迴，般若不應。　且道：長慶禪師道此二句已，便又下座逕自而去，竟是何意？　平實為何在此拈示諸方大師與學人？　頌曰：

狂禪不足取，種智猶未能舉；
開悟成佛一語，十方諸佛未許。
權唱今日三月三，步高人難履。
妙法叵測難思，下座更無語！（調寄好事近）

第四七七則　清化聞聲＊

越州清化全付禪師　吳郡人氏。師隨父賈販故，至豫章，聞禪會之盛，遂啓求出家。江夏，投清平大師。清平問曰：「汝來何求？」曰：「求佛法也。」清平異而攝受之。尋登戒度，奉事彌謹。一日自謂曰：「學無常師，豈宜匏繫於此乎！」即辭抵宜春仰山，禮南塔涌和尚；涌問：「從何而來？」師曰：「鄂州來。」涌曰：「鄂州使君名什麼？」師曰：「化下不敢相觸。」涌曰：「此地通不畏。」師曰：「大丈夫，何必相試？」涌䩄然而笑，遂蒙印可。乃遊廬凌，安福縣宰爲建應國禪苑，迎以聚徒，本道上聞，賜名清化焉。

僧問：「如何是和尚急切爲人處？」師曰：「朝看東南、暮看西北。」僧曰：「不會。」師曰：「徒誇東陽客，不識西陽珍。」問：「如何是正法眼？」師曰：「**不可青天白日尿床也。**」

師後因同里僧勉還故國，錢氏文穆王特加禮重，晉天福二年，錢氏戍將闢雲峰山建院，亦以清化爲名，法侶臻萃。

僧問：「如何是佛法大意？」師曰：「華表柱頭木鶴飛。」

問：「路逢達道人，不將語默對。未審將什麼對？」師曰：「眼裏瞳人吹叫子。」

問：「和尚年多少？」師曰：「始見去年九月九，如今又見秋葉黃。」僧曰：「恁麼，即無數也。」師曰：「問取黃葉。」僧曰：「畢竟事如何？」師曰：「六隻骰子滿盆紅。」問：「亡僧遷化，向什麼處去？」師曰：「長江無間斷，聚沫任風飄。」曰：「還受祭祀也無？」師曰：「祭祀即不無。」僧曰：「如何祭祀？」師曰：「漁歌舉櫂，谷裏聞聲。」

至忠獻王，賜以紫方袍，師不受，王改以衲衣，仍號純一禪師。師曰：「吾非飾讓也，慮後人傚吾而逞欲爾。」開運四年七月示疾，安然坐逝。

聖嚴法師云：《惠能大師謂惠明曰：「汝既爲法而來，可屏息諸緣，勿生一念。」又曰：「不思善不思惡，正與麼時，哪個是明上座本來面目？」惠明卽於此言下大悟。這是說，六祖惠能傳承五祖的心法之後，卽離開五祖道場，去了嶺南，而五祖座下有位將軍出家的弟子惠明，追著惠能，想把法搶到手，惠能跟他說：「你既爲法而來，那麼，心中的一切念頭皆應放下，不可向外攀緣，不要思量或善或惡，當這時候，看看你的本來面目是什麼？」惠明用了這個方法後，當下就開悟了。》（東初出版社《禪鑰》頁122）

平實云：有一般錯悟之人，每在覺知心不思善惡之「一念不起」上用心，以為覺知心一念不生、煩惱不起時即是真心如來藏，更引六祖不思善惡之語，以為誠證，誤會不可謂小，去道何止千里？然而六祖之意實非如此，不思善惡之語，只是個幌子，其實乃於此句後之一句語中別具機鋒而為惠明直說也：「汝若返照自己面目，密卻在汝邊。」六祖當時為免繼踵追尋之諸人前來糾纏，為求速得脫身，是故出此下策；正因此故，後來不免無門慧開禪師之拈提：「六祖可謂是事出急家，老婆心切，譬如新荔枝剝了殼、去了核，送在爾口裡，只要爾嚥一嚥。」然而當時後世諸多錯誤之人讀了六祖壇經之語，每多在表相上作文章，何曾知解六祖心境？六祖此一不思善惡公案，於拙著公案拈提第一輯第三十九與四十則中，已經拈提分說，且不贅述。今舉清化聞聲公案，共諸學人商量商量，以斷我見：

越州清化全付禪師乃吳郡人氏。隨父賈販故，得至豫章，聞見禪會之盛，遂啟求出家。又至江夏，投清平大師學法。一日，清平大師問曰：「汝來我處，欲何所求？」清化禪師答曰：「為求佛法而來也。」清平聞其言，覺與餘僧有異，故而攝受之。不久又登戒度之壇，受具足戒而返，奉事清平大師極為恭謹。一日對自己言曰：「修學佛法者，不必跟定一師而終，豈宜似匏瓜之不食而空繫於棚，不習佛法而滯留在此乎！」乃即辭師，行抵宜春仰山，禮拜南塔光涌和尚。

南塔光涌和尚問云：「從何而來？」清化禪師答曰：「我從鄂州來。」涌和尚問曰：

「你們鄂州的知府大人名喚什麼？」清化禪師答曰：「我是他治化下的人民，他的名諱，我不敢直道。」意謂心王如來藏之名不可直呼、不能以言語說之也，涌和尚乃曰：「我這裡讓你生起無畏之心，直接說來吧！」清化禪師答曰：「彼此都是真悟之大丈夫，何必如此相試？」涌和尚囅（音產。笑貌）然而笑，遂蒙印可。乃遊廬凌，安福縣之縣令為之興建應國禪苑，迎請清化禪師入住，說法聚徒。後時本州巡撫上聞於朝庭，賜名清化，清化禪師乃因此而名也。

有來僧問：「如何是和尚急切為人處？」師曰：「早上**看**東南方、傍晚**看**西北方。」只這一答，便顯露狐狸尾巴也。原來還在見聞覺知之意識境界上，何曾解道？可憐那僧不具眼，不知清化禪師只是一隻野狐，老實回答：「不會。」清化禪師便繼續胡扯曰：「徒然誇言自己是從東陽遠來的具眼貴客，卻不能認識西陽的珍寶。」那僧不具眼，何能辨得他？老實地問法：「如何是正法眼？」清化禪師答曰：「**不可以青天白日裡尿床**（作夢）**也**。」

凡此皆因南塔光涌禪師之粗心大意，未教入室口說手呈，以為清化禪師之所悟同己無異，便予印可，致有如是過失。今觀清化禪師所墮，不離意識覺知心境界，儘在見聞上用心，以為能見能聞能覺能知之心即是真實心，即是本來面目，是故教人「朝看東南、暮看西北。」平實當時若在，便與一棒，喝教：「朝遊東山、暮止西山。」

清化禪師後因同鄉僧人勉勵而還抵故鄉，錢氏文穆王特加禮重，晉天福二年，錢氏戍將開闢雲峰山，興建禪院，亦名為清化禪院，法侶亦復聚集甚多。

有僧問：「如何是佛法大意？」清化禪師答曰：「華表柱頭木鶴飛。」如是禪狐，何曾撞著、磕著？何曾達道？

又有僧問：「禪門有一句名言說：路上如果遇見了一個通達佛道之人，則不以言語或沈默來應對他。不知究竟是要以什麼來應對他？」清化禪師答曰：「眼睛瞳仁所反映出來的人影，吹起了哨子。」如是故弄玄虛，以籠罩學僧。平實即不然，但向伊道：「將取清化禪師華表柱頭木鶴來！」

有僧問曰：「和尚年紀是多少？」清化禪師答曰：「始見去年九月九，如今又見秋葉黃。」那僧根本不知清化禪師是隻狐狸，說言：「若是這樣，就沒有歲數了也。」清化禪師答曰：「想要知道歲數，就去向黃葉問吧。」那僧仍然不知清化禪師玄虛所在，乃又問曰：「畢竟證悟的事情是怎麼回事呢？」清化禪師答曰：「六隻骰子滿盆紅。」只這一句，便見伊顢頇處，當時好與一棒。平實即不然，但向那僧道：「取六隻骰子來。」接過骰子，一把擲向那僧臉上。

復有僧問：「亡僧死了以後，向什麼處去？」清化禪師曰：「長江無間斷，聚沫任風飄。」平實即不然，但執那僧手，交付與維那師，令司木魚去。那僧不知清化禪師只是隻野狐，以為當道知府及與大王等人所崇敬者必是證道之人，乃又恭敬問曰：「亡僧遷化之後，還來接受祭祀嗎？」清化禪師答曰：「若欲祭祀，倒也是可以的。」那僧便問曰：「那麼應當如何祭祀呢？」清化禪師答曰：「當漁歌唱起、船槳划起來時，請你從山谷裏好好地**聽聞那聲音吧**。」

．這個阿師，一生藉著光涌和尚名聲與錯誤印證，籠罩一切世俗碩彥與學人，今日不免平實檢點去也！三乘諸經中，皆可直接或間接證實真心如來藏之離見聞覺知；然今時諸方大師，卻都與清化禪師同一鼻孔出氣，皆以離念靈知心作為實相，作為無餘涅槃之本際，違背「涅槃寂靜」之法印，亦違背「諸法無我」之法印，離念靈知心必與六塵及等至中之定境法塵相應故，既有六塵法或定境法塵相應，則非絕對寂靜，則是有我而非無我；等至中尚有覺知心我存在故，違背無我法印也。亦復違背「諸行無常」之佛語開示，離念靈知心存在時，雖然一念不生，仍然有覺知心之心行延續不斷故；既有覺知心之心行延續不斷，則是無常之法，不離行陰故。如是，離念靈知心乃是意識境界，違背三法印之印定，焉得謂為真實常住之涅槃本際實相真心？其體性既與絕無見聞覺知之無餘涅槃境界相違，焉得入住無餘涅槃境界之中？無斯理也！

今者聖嚴師父之見解，同於清化禪師，悉以覺知心之不執著世間法，作為解脫，作為般若之修證標的；不知覺知心正是意識我，同墮我見之中，既不與二乘菩提之解脫道相應，亦不與大乘菩提之般若慧相應，具足凡夫之我見，至今猶不肯斷之，致令三乘菩提之見道，俱無其分。如是勞碌一生，以聚徒衆錢財，大建道場，終難得入三乘菩提之一，誠可哀哉！　頌曰：

清化聞聲墮覺知，千劫難見老俱胝，何如西山同採梔；

朝與暮，不見桃花似臙脂。

六隻骰子滿盆紅，語默不對意何之？唯教入山摘靈芝；

問黃葉：漁歌密旨誰得知？（調寄漁家傲）

第四七八則　資福涅槃

吉州資福　如寶禪師　僧問：「遮個還受學也無？」師曰：「未曾钁地栽虛空。」問：「如何是衲僧急切處？」師曰：「不過此問。」

僧曰：「學人未問已前，請師道。」師曰：「噫！」問：「諸方盡皆妙用，未審和尚此間如何？」師曰：「噫！」問：「古人拈搥豎拂，此理如何？」師曰：「啞！」問：「如何是一路涅槃門？」師彈指一聲，又展開兩手，僧曰：「如何領會？」師曰：「不是秋月明，子自橫行八九。」

惟覺法師云：《……悟什麼呢？悟到平常心是道，就是悟到中道實相這個道理。中道實相**「不是離開我們當下這個心，另外有一個清淨的心、另外有一個不動的心」，就是諸位聽法這個心，保持這念心的清淨**。有了煩惱，時時把煩惱化掉，處處作主、念念分明；靜的時候一念不生，我們在動的時候萬善圓彰。什麼意思？**在靜的時候，什麼念頭都沒有。**什麼念頭都沒有，你在這裡打瞌睡也不對；在這兒無聊也不對，**一定是要清楚明白**。我們在動的時候，修一切善，無善不修；斷一切惡，無惡不斷。我什麼善事都要做，孝順父母、恭敬師長、尊師重道、敬老尊賢，點點滴滴所有一切善我都要去做，這樣子，就真正是悟了這個道；靜也靜得，動也動得。》（《靈泉雜誌》45期第九頁）

平實云：三乘諸經皆說當下覺知分明之心，能了六塵境界，即是意識心；惟覺法師則是將此覺知心誤認為即是中道實相心，誤會大矣！惟覺法師主張：中道實相心「**就是諸位聽法這個心，保持這念心的清淨**」。然而聽法的這念心，乃是耳識；知道所聽之法是何意思者，則是意識心；惟覺將這二識合組成之妄心，認作中道心、實相心，以為能聞能知之心處於無念離念之境中，即是中道實相之真心，乃是認妄為真者。

如是心云何為妄？謂如是心乃是耳識與意識之和合心，非是真實心；復次，如是心必到六塵境，必與六塵相應而了了分明，必與定境中之定境法塵相應而了了分明，則是具足別境五心所法之心，佛說凡與別境五種心所法相應之心，皆非實相真心，皆是意識心與前五識心。今者惟覺法師竟將此意識心認作真實心，竟公開主張此一**聞法之覺知心**無妄想妄念而了了分明時，即是真實心，則是將虛妄和合因緣所生之耳識與意識合一，誤認作真心者。

然而佛說：能了別六塵境界之覺知心，乃是意識與前五識之和合運作；夢中則純粹是意識在了別內相分之六塵境界。亦說意識有時有念，有時無念，無念時即是與定相應之意識；亦說真心不與定境相應，說真心不與別境之五種心所有法相應。是故能別境之離念覺知心乃是意識。

佛又說：除意識外，別有第七識意根，別有第八識如來藏，與意識心並行運作。如是　佛旨，隱說顯說於三乘諸經之中，今猶現在；第三轉法輪之種種唯識系列經典中，更是處處可稽，非是平實故作狡辯之言也！惟覺法師云何可以違背　佛說？公然倡言：除覺知心外別無另一清淨心？如是公然違　佛三乘諸經所說，云何可以謂為佛法？

復次，離念之覺知心，必定取淨捨垢，必定樂定厭亂，必定樂智厭愚，必定喜樂厭苦，必定樂涅槃而厭輪迴，必定樂於覺知而厭惡不覺不知，必定在學佛之後樂好佛法而厭惡世俗，……等，然而　佛所開示之中道心實相心則不如是。惟覺完全不解般若中道之旨，故執離念覺知心作為中道實相心，誤會佛法大矣！

豈不聞《心經》云：「是故空中無色，無受想行識；無眼耳鼻舌身意，無色聲香味觸法，無眼界，乃至無意識界；無無明，亦無無明盡；乃至無老死，亦無老死盡，無智亦無得。」離念靈知之心若現行而存在時，則已覺知有色身，有受想行識；覺知有眼耳鼻舌身意，有色聲香味觸法，有眼界乃至有意識界，有無明，亦有無明盡；乃至覺知有老死，亦有老死盡，有智亦有得。悉與此等一切萬法相應，真可謂諸法儼然，何得謂為一切法皆無所得之中道實相心？既然與此等萬法相應，當知必有種種受，則知必有所得，何可謂之為無所得心？何可謂之為無種種法之心？故說惟覺法師對佛法根本不懂，般若總相智之《心經》所說，尚且嚴重違背，何況能知般若之別相智與一切種智？所說佛法猶如童蒙，而彼中台山諸信衆竟崇拜之、竟大肆供養之，而復隨之同入常見外道法中，不亦怪哉！

惟覺法師與西藏密宗諸師所墮無異，亦與聖嚴、星雲、證嚴法師所墮無異，同以離念靈知之意識心作為真實心，皆不肯承認：除此覺知心外，別有第七識意根、第八識如來藏，同時同處運行不輟。故皆同執離念之覺知心作為真實心，同皆認為覺知心離念時即是開悟之境界，不能了知此是意識，不能了知此是常見外道所謂常住不壞之心。如是錯悟已，復以此境而為弟子印證為悟，害諸弟子同墮大妄語罪中。多年以來，平實不斷以種種書籍陳述此理，而彼惟覺、聖嚴、星雲、證嚴等四大法師悉皆視若罔聞，繼續以其我見邪見誤導衆生如故。

《心經》明明道：法界實相中，無眼耳鼻舌身意，無色聲香味觸法，無眼識界乃至無意識界。云何惟覺、聖嚴、星雲、證嚴法師等人仍執離念之意識法界，作為真實法？若如是言，而可通者，則佛說《心經》之理便為有過，何以故？謂此離念之覺知心，晨旦清醒而現起時，即使有定力而能隨時隨地保持離念而了了分明，仍然必定有眼耳鼻舌身意等法同在，必定有色聲香味觸法同在，必定有眼識界乃至意識界同在，絕非無眼耳…等一切法，顯然違背《心經》所說。中台山、法鼓山、佛光山四衆弟子，於此應當有智檢擇，方免受名師之誤導，乃至墮入大妄語業中。若不如此簡擇，若不如此聞熏與修習般若，每日晨昏課誦《心經》復有何義？

禪宗實證上之真心，則迥異惟覺、聖嚴、星雲…等師之說，乃是於吾人之離念靈知心了了分明時，此第八識真心亦與離念靈知心同時同處而運行，一切衆生不能一時一刻無之。於離念靈知心面對六塵境了了分明時，真實心仍然一本舊貫，離六塵境，於六塵境界中仍然保持離見聞覺知之狀態而無改變。離見聞覺知之中，卻又有其極為重要之性用，一切衆生不能一時一刻無之。一切有情不論悟抑未悟，同皆時時刻刻依之而生存、而運作，可憐衆生無知，日用而不知，反向此心之外而求佛法，墮於離念靈知心之意識境界中，成為常見外道見；如是外於真實心而求佛法，故名心外求法者，是名佛門外道。

禪宗之實證上如是，經教中亦復如是說：皆言八識心王並行運作。故知**離念而了了分明之意識覺知心**絕非真心，同時別有另一真心第八識如來藏並行運作。如是知、如是證、如是現觀者，方名真實佛法也。若如惟覺與聖嚴……等人之唯認定**離念靈知之意識心**為真，而不知別有第七識意根與第八識如來藏、與**離念靈知之意識心**同時同處運作者，則是常見外道之邪見，與常見外道合流——以覺知心為常住不壞法，顯違經教佛說正理。如是我見不斷之人，何殊常見外道？

由是邪見我見作祟故，惟覺、聖嚴……法師等人，同皆教令徒衆於禪七中努力數息而牽制妄想雜念之生起，要求四衆弟子修鍊離念無念境界而常保了了分明、明明白白、不墮昏沉。殊不知真實心從無始劫以來，一向不墮昏沉與明白二邊之中；是故趙州禪師有一句名言曰：「老僧不在明白裡」，此謂真實心從來不曾住在昏沉與了了分明等二邊中，爾等中台山、法鼓山、佛光山……等四衆弟子，既是臨濟法脈禪宗中人，云何卻不信老趙州所開示正理？

復次，真實心乃是第八識，離念而了了分明之靈知心，既與六塵相到、相應，非是從來離見聞覺知之心，非是從來離境之心，當知絕非第八識真心也；世尊已於第三轉法輪之唯識系列諸經中，明說第八識真心自無始劫以來一向「恆而不審」故，恆而不審即是於一切法悉皆不曾了了分明，悉皆不曾加以審察，不曾加以觀照故。返觀離念靈知心，則是於六塵境界悉皆了了分明：於初觸六塵之際，悉皆了了分明而能於剎那間便加以審察了知也。既如是，則非「恆而不審」之心也。

譬如行者保持離念而了了分明時，忽然有人喚汝，汝便知所應答，如是則非是「不審」之第八識真心也；喚汝之後，隨手丟一水果與汝，汝隨手便接；若彼時隨手丟一死蛇與汝，汝則立即知所閃避；由此二試驗，顯然可知：離念靈知心乃是「能審」之法，非是真實無分別心，非是「恆而不審」之實相心也。

復次，真心既是「恆而不審」之心，離念靈知心則是夜夜間斷，次晨復起之心，顯然非恆，云何可說是「恆而不審」之真實心耶？乃至悶絕位、無想定位、正死位、滅盡定位中，離念靈知心悉皆斷滅不現，非是「恆、常」之心，惟覺與聖嚴、星雲⋯等師，云何以如是能斷易斷之法作為常住不斷之法？離念靈知心，縱使已證非想非非想定，縱使已證三界中最勝妙之神通，只須小小一劑麻醉針，便可令之消失不現，一時斷滅；只須小小一劑毒藥，便可永滅之，令此離念靈知心永斷而不能去至後世。如是易斷易滅之法，云何惟覺、聖嚴、星雲⋯等人將之建立為常住不壞之眞心？

反之，第八識如來藏，於吾人夜夜眠熟而導致離念靈知心斷滅時，祂仍如常運作不斷；於人接受手術而施以麻醉針，導致離念靈知心暫斷時，祂仍如常運作不斷；於人死亡而導致離念靈知心不能入胎去至後世時，祂仍繼續存在而入住母胎，攝受母血中之四大而創造來世色身，令來世生起另一全新之離念靈知心。入滅盡定等三位中，亦復如是常住不斷而繼續其種種功能之運作，如是「恆而不審」之第八識如來藏，方是真實心也。

離念靈知心唯是此世所有，非從前世來，亦非是能去至後世者；惟覺、聖嚴⋯⋯等人若堅執離念靈知心可以去至後世者，則非有智之人也。所以者何？謂離念靈知心若能去至後世者，亦應是從前世來者；既是從前世來者，當知必能記憶前世事，而不必仰賴修習宿命通後方能依通知之。現見一切未習宿命通者（初地至三地菩薩除外），其離念靈知心皆不能憶知往世事，故知離念靈知心非是從前世往生至此世者；既不能從前世往生至此世，則知必定不能從此世往生至來世。既然不通三世，唯有一世，則顯然非恆，非恆之離念靈知心則非中道實相真心。離念靈知心體性，復又同於常見外道之習定者所處境界，分明是常見外道法，云何惟覺與聖嚴⋯⋯等人可以將之認作「恆而不審」之中道實相心？而將此常見外道法傳與四衆弟子？而令四衆弟子同入常見外道見中？此豈法師之本分所應為者？如是嚴重違背　佛旨，一生努力弘傳常見外道法者，以外道法取代　佛所宣示真正之佛法，豈是真正之佛門僧寶？本質正是破壞佛教正法者。

一切禪宗學人，一切佛門學人，皆勿墮此常見外道見中，當知離念而了了分明之靈知心、覺知心，乃是意識心，絕非中道實相心，莫墮其中而自謂為悟，否則即成大妄語罪，莫可輕易信之、住之、言之！當速以此離念而了了分明之靈知心，求覓與此離念靈知心同在之第八識如來藏，當速以此離念靈知心尋覓「恆而不審」之常住真心。由此緣故，今舉資福涅槃公案，共諸佛門學人一探禪宗真悟祖師之禪意：

有僧請問吉州資福如寶禪師：「這個還受學也無？」禪門所言「這個」乃謂真實心如來藏也。資福禪師答曰：「你到現在都還未曾钁地，只能栽種到虛空裡。」此責彼僧未曾證得真實心，便想體驗真心之體性，未免太早了，是故資福禪師作此答覆，不答伊「真心受學或不受學」之理。那僧只得請問證悟之法：「如何是出家之人所急切要證悟之地方？」資福禪師答曰：「其實並不超過你這一問。」

真心從來離見聞覺知，不於六塵中稍起一絲一毫想念與覺知，自無始劫來，一向是「憎愛不關心」，苦亦不管、樂亦不受，淨亦不取、垢亦不離，智亦不學、愚亦不離，……，自無始劫來一向如是，要教伊受學個什麼？凡夫無知，則教人修習離念靈知境界，欲令離念靈知心遠離分別，遠離貪著、苦樂、淨垢……；而此離念靈知心何曾離得苦樂、淨垢、智愚……等法？何能遠離憎之與愛？何能遠離淨之與垢？此離念靈知心現在如是，過去如是，未來亦將如是，平實絕無妄語，有智之人現觀即知。

只如那僧請問「衲僧急切處」，欲求般若慧之見道，資福禪師云何卻答道「不過此問」？卻是何意？學般若者，當於此處下個疑情：資福禪師云何不指示彼僧？卻如是道？　若人不知資福禪師之意，平實說與爾知：「道在此語。」爾若聞已，言此語便是道，平實卻放爾三十棒！　且道：此語與道，究竟有什麼相干？便言道在此語？　爾若猶自不解，來見平實，平實當面向爾大聲呼喚：「大德！」大德應諾，若猶未會，平實卻向爾大聲道：「不過此應！」

復有僧問曰：「學人未問已前，請師說分明。」資福禪師答曰：「噫！」僧又問：「諸方證悟之人盡皆顯諸妙用，不知和尚您這裡如何？」資福禪師仍然答曰：「噫！」那僧又問：「每見古人拈搥豎拂，這個道理究竟如何？」資福禪師答曰：「啞！」

資福禪師度人，真可謂儉也！如是高峻之機鋒，欲度個入室弟子也難；若不改其風，只恐三年之後，庭前草深一丈，欲覓個人奉茶也難！若人未解資福禪師意，來問平實：「如何是噫？如何是啞？」平實卻較奢些，便合掌向大德大聲指示曰：「南無阿彌陀佛！」

復有僧問：「如何是一路涅槃門？」資福禪師彈指一聲，又展開兩手；那僧不解，復又問曰：「如何領會？」資福禪師指示曰：「不是要教你去見秋月之明朗，你不妨自己學螃蟹橫行八九步。」

只如逕直修證涅槃之法門，云何只是彈指一聲？云何只是展開兩手？資福禪師真個奇怪，與平實一般無二，活脫脫，似個乩童、又似個神經病患一般？爾等中台山、法鼓山、佛光山、慈濟功德會等四衆弟子，何妨於此切？或有個眼明手快弟子，一把拿住，絲毫無疑，從此便於般若系諸經皆無所滯，便於祖師明心公案七通八達也。　且道：一路涅槃門云何只是彈指一聲？又加展手？　爾等四衆弟子，既跟大法師學法修禪，或有既受印證為悟者，於此公案不可不知也！法無異味故。若仍未知者，當知爾師所謂之禪、之悟，其法迥異禪宗真悟之師，則有大妄語之過，應速自行檢點，以免自誤誤人。　頌曰：

資福涅槃彈指，展手密意誰值？
試問講禪人，卻道離念靈知。
無關秋月，但教橫行自之！（調寄如夢令）

第四七九則　資福蒲團

吉州資福　如寶禪師　僧問：「如何是和尚家風？」師曰：「飯後三碗茶。」

師一日拈起蒲團示眾云：「諸佛菩薩及入理聖人，皆從遮裏出。」便擲下，擘開胸曰：「作麼生？」眾無對。

師有時坐良久，周視左右曰：「會麼？」眾曰：「不會。」師曰：「不會即謾汝去也。」

師一日將蒲團於頭上曰：「汝諸人恁麼難共語。」眾無對，師將坐卻，曰：「猶較些子。」

聖嚴法師云：《……所以中國禪宗不知道害死了多少人，現在有好多人還是被害者；到我們農禪寺來學佛的人、學禪的人，也有好多人是被害者。實不是禪宗害他們，也不是農禪寺害他們，而是那些禪書害人，在書店、馬路邊，到處都可以看到。那些禪書的作者們根本沒有修過禪，也沒跟正統正信的禪師學過，他們就一本一本的把書寫出來，而且寫得很吸引人，使人看得津津有味，馬上上當。上什麼當呢？**就是只信自心是佛，不信心外的佛**。如果看到我們拜佛殿裡的佛像，他們就會說這是「執著」。有人向出家師父頂禮，那些自以為是修習禪宗的人看了就搖頭嘆氣地說：「為什麼要拜人啊！自己心中就有佛在。」……所以，我要強調：勿讓坊間一般的禪書所「誤」，不是開「悟」，而是錯「誤」，被他們一誤，就差之毫釐、失之千里。說是不要執著，結果因果顛倒，以凡濫聖，濫芋充數。凡夫就是凡夫，不要想像自己跟三世諸佛都是平起平坐平行的古佛再來。》（東初出版社《禪鑰》頁 221~223）

平實云：中國禪宗害死了多少人？其實都是那些悟錯了的野狐禪師在害人，真悟之師每每令人一悟而入菩薩數中，發起般若慧，通達般若諸經，何曾害人？聖嚴師父云何可以誣蔑是中國禪宗害人？無是理也！

聖嚴師父自己一生害死了數十萬人，令座下數十萬弟子悉皆遠離證悟之因緣，卻來責備中國禪宗害死了多少人，真是豈有此理！　自己未曾證悟，寫出許多似是而非的禪書，在各大書店及各處定點廣泛流通，到處都可以看到。自己未曾真正修過禪，只是閉關六年盲修瞎鍊，關期中讀了些研究佛學的日本俗人著作，便拿來作幌子，說是有修有證之人；後來也只是去日本跟那些佛學研究者讀些禪書，學些文學，便去美國說禪、教禪、寫禪，便又轉進而回台灣主持農禪寺，教禪、指導禪七修證；後來更整理為文字，印製成書廣為發行，誤導廣大學佛人去也！何曾跟正統禪師學過？

聖嚴師父如是書籍數十乃至百本，「寫得很吸引人，使人看得津津有味，馬上上當」：以為聖嚴師父真是個證悟之聖人，便信師父所說墮於我見中之禪法為真正佛法。

平實今世未悟之前，亦同諸方學人一般，如是誤認。如今檢查下來，卻發現師父原來只是落在常見外道見中，原來聖嚴師父所「悟證」者，只是常見外道所認定為常住不壞之離念靈知心而已，原來墮於離念無念之意識心中。

如今平實且要借聖嚴師父之語，苦勸農禪寺之廣大信衆：「勿讓聖嚴師父和坊間一般的禪書所『誤』，不是開『悟』，而是錯『誤』，被他們一誤，就差之毫釐、失之千里」，何以故？必隨聖嚴師父同墮常見外道見中故！若以如是離念靈知心為常住涅槃心者，必墮大妄語罪中故！如是「悟」後，仍將完全不懂三乘諸經 佛所說之密意也。

如是「悟」後，必於真悟祖師之證悟公案完全不解，而將那些真悟禪師示現機鋒之作為，誤認為乩童起乩或是神經病故。平實往常示現機鋒以利大衆時，亦曾被農禪寺部份信徒當面識為乩童起乩，當面識為神經病。凡此皆是彼諸大衆追隨聖嚴師父習禪時，以定為禪在先，復又完全不解證悟禪師之機鋒所致，是名少見多怪之凡愚也！此亦是聖嚴師父教導無方之過失也！為免農禪寺廣大信衆再犯如是過失，平實於此輯中再三提及農禪寺部份信衆此一愚癡無智之事，令農禪寺信衆再三出糗者，欲令彼等收拾如是愚行，爾後莫再犯之，以免玷污了聖嚴師父之令名。如是舉已，當舉資福蒲團公案，共諸學人說禪去也：

有僧來問吉州資福如寶禪師：「如何是和尚家風？」此一問者，欲知資福禪師家裡事也，欲曉資福禪師之悟處也；資福禪師答曰：「我的家風就是：飯後三碗茶。」

只如證悟之人，但凡學人前來問道時，云何總是作此粗鄙俚俗之語？盡是日常生活瑣事？更無形而上之言語開示之？

如是言語，並無深妙之處，卻要勞動時人傳說、記錄成卷以遺後世，如是慎重，卻是何故？

只如資福禪師之家風，云何只是飯後三碗茶？這飯後三碗茶，竟有什麼密意？值得資福禪師當衆拈出？又復記錄而示後時大衆？法鼓山諸信徒若欲會者，何妨依言每日飯後三碗茶？看這三碗茶裡有什麼密意？

只是喝這三碗茶時，切莫草草，務必鄭重其事，好好用心。然而萬勿錯會平實語，萬勿專在離念無念上用心，切勿如聖嚴師父所開示：在專心喝茶上用心。否則便是辜負平實也！　且道：這三碗茶有什麼玄機？值得平實特地舉示？　爾等法鼓山、中台山、佛光山信衆既道是學禪，爾等三大法師既道是臨濟宗真正法脈傳承者，於此且勿草草！千萬留意些好！此是臨濟之真正宗旨故！

一日，資福禪師拈起蒲團以示大衆，又云：「諸佛菩薩及入理聖人，一個個都是從這裏出生。」言甫罷，便擲下蒲團；隨後又擘開胸前，對大衆問曰：「怎麼樣呢？」大衆皆默然，無所應對。

只如資福禪師拈起蒲團，對衆說得如是言語，竟是什麼意？今時學禪、修禪、說禪之諸方學人與大師等，還有知曉資福禪師意在何處者麼？且道：資福禪師意在何處？若有大師來說：「資福禪師之意，乃是在於忽然猛力擲下蒲團時，可以令人妄想心流忽然斷絕，登時住於無念離念狀態中，由此而證無分別心。」平實聞已，便問：「拈起蒲團時，又作麼生？隨後擘開胸前又作麼生？飯後三碗茶又作麼生？」還道得麼？

資福禪師有時自顧自地打坐良久，都不說話，然後周視隨侍之左右衆人曰：「會麼？」大衆一時茫然，不知資福禪師意在何處，只得答曰：「不會。」資福禪師便訓示曰：「你們如果不會，那就被我將你們遮謾了也。」

只如資福禪師自顧自打坐，又未曾開示個什麼道理，云何便問諸人會不會？這一問，竟是問個什麼？要衆人如何會？聖嚴師父還會麼？

平實當時若在，便端一盞茶送上，隨即退下執事去也！聖嚴師父還知此中道理麼？若道不會，便好歇卻法鼓山種種事務，吩咐與下人，自個兒閉關參禪去！　三年後若參不出，且召見平實，當面垂問已，平實便親取一盞茶，奉上師父；且請輕啜一口，看是什麼物事？　飲已若道是茶，且代克勤先師放爾三十棒！　若道非茶，亦放三十棒！　若道非茶亦非非茶，更放六十棒！　且道：是什麼？

資福禪師老婆心切，只為膝下人丁單薄；所以一日又將蒲團置於頭上，對衆人曰：「你們這些人！想和你們說些家裡話，卻恁麼難。」大衆只是隨著他語脈而轉，聞言悉皆無有應對之語。資福禪師見狀，卻將蒲團放下來墊坐，坐時卻曰：「這倒還好一些。」

只如資福禪師將蒲團高舉於頂，是什麼意？莫非閒著無事，裝模作樣麼？且莫顢頇！　衆人無語，資福禪師又將蒲團放下，逕自坐上蒲團，坐時卻道一句「這還好一些」，又是什麼意？　爾等法鼓山、中台山、佛光山四衆弟子，包括堂頭和尚在內，既道解禪證禪，還有人能說得資福禪師這些道理麼？試道看！　平實要知！　天下一切學人亦要知！　頌曰：

資福蒲團玄旨，語默動靜俱劇。

試觀講禪人，但見籠罩欺瞞。

會麼？會麼？每日飯後三盞！（調寄如夢令）

第四八〇則　汝州千仞

汝州寶應和尚　即南院第一世慧顒禪師也。一日上堂示眾曰：「赤肉團上，壁立千仞。」時有僧問：「赤肉團上，壁立千仞。豈不是和尚道？」師曰：「是。」其僧乃掀禪床，師曰：「遮瞎驢！」便棒。

師問僧：「近離什麼處？」僧曰：「長水。」師曰：「東流？西流？」僧曰：「總不恁麼。」師曰：「作麼生？」僧珍重，師打之，趁下法堂。

惟覺法師云：《佛教裡面也有中道思想。在釋迦牟尼佛成道的時候就講：「奇哉！奇哉！一切眾生皆有如來智慧德相，只因妄想執著而不證得。」如來智慧德相就是指中道實相。中道實相是什麼呢？**就是大眾聽法這念心**——覺悟了這念心；這念心就是王陽明先生所說的良知良能，指的就是這念心。所以一切眾生都有佛性，這是最早釋迦牟尼佛所談的，也就是「釋迦拈花，迦葉微笑」，就是傳這個道，**就是傳當下這念心**。佛法從釋迦牟尼佛一直傳到現在，一脈相傳也是傳這一念心。……中道除了空以外，還有不空。不空就是妙有，空就是真空。悟了以後，五祖大師傳授六祖大師《金剛經》，最後六祖大師才大徹大悟。悟什麼呢？就是悟到我們今天所說的中道實相。那不是思想，而是實相，**是真正悟到我們當下這念心，就是諸位聽法這念心**。這念心人人都有，由於我們每個人有妄想、有執著，

則這念清淨心、智慧心、菩提心、眞空妙有心、中道實相妙明眞心就不會現前，但這念心我們每個人也都不曾減少一絲一毫。》（《靈泉雜誌》45期第三、四頁）

平實云：惟覺法師如是宣揚禪宗知見，常有老修行人對平實說之為啞羊，謂惟覺法師於真正之佛法，其實不知所云故也！惟覺法師其人，於三乘佛法之知見，極度欠缺，故其出道以來，所説之法，從來不曾言及二乘菩提之解脱道，而自以為能度人得證解脱；從來不曾言及大乘菩提之般若中觀與種智，而自以為能度人證得中觀與大乘佛法。而其徒衆竟無人能知其謬，皆因篤信惟覺而不稍閱平實諸多辨正法義之書，復依其邪教奉行所致。

十八界法，乃是基本佛法，阿含諸經之二乘菩提法門中具說。十八界法中，能見之一念心，即是眼識；能聽之一念心乃是耳識，能嗅之一念心乃是鼻識，能嚐之一念心乃是舌識，能覺之一念心乃是身識，能知之一念心乃是意識；如是法語，四阿含中具說分明；《楞嚴經》中亦已宣說分明，亦是學佛人之基本常識。今者惟覺竟將能聽法、能知法之耳識與意識合併為一，將此生滅變易之無常心識，說之為中道實相之心，違 佛四阿含諸經所說，亦違 佛於第二、三轉法輪諸般若經與唯識經中所說，亦違密教部之《楞嚴經》中 佛語；全違聖教量，焉得謂之為佛法耶？

聽法而能知之心乃是耳識與意識心，佛於四阿含諸經中廣破常見外道時，說如是心即是常見外道所言之常不壞心；常見外道以如是虛妄生滅之心，作為常住不壞之心，故名常見外道。今者惟覺法師既非外教中人，焉可同執外道所言之意識能知、耳識能聞之心，作為常住不壞心？莫非真欲率領中台山四衆弟子同入常見外道法中乎！而中台山四衆弟子竟亦迷信惟覺所言，不能覺知其謬，而欲隨惟覺同入常見外道之列，何其無智！

如來所傳之中道智慧德相，且不是惟覺所言能聽法之一念心，而是從來本離見聞覺知之第八識如來藏，《維摩詰所說不可思議解脫經》中，維摩詰大士敘說甚詳；於第三轉法輪諸唯識經中，佛亦處處宣示此中道實相心為第八識如來藏，復說此如來藏識「恆而不審」，焉可如惟覺所說「當下能聽法、能知法之一念心」？完全相反也！是知惟覺法師之根本不懂佛法，猶如啞羊之效他羊欲鳴，而無能鳴也！今者欲效人之宣說妙法，而所說宛轉失憑，處處差謬，陷自己於進退兩難之境，非是有智之人也！

復次，惟覺云：「中道除了空以外，還有不空。不空就是妙有，空就是眞空」，語實有過。空與不空，實無二法，同是一法，皆是第八識如來藏之所生所顯爾，非是二法也！惟覺之說，則成二法：不空就是妙有，空就是眞空。是則眞空成一切斷滅頑空之法，妙有成三界諸有之十八界法，無怪乎惟覺法師會以當下會聽法的這念心作為真如佛性，去道遠矣！

當知所謂空者，謂蘊處界及其所生所顯諸法悉皆無常變異，念念不住，終歸壞滅，故名為空，名為緣起法。不空者，謂蘊處界及其所生所顯之一切法根源，即是第八識如來藏也！如來藏雖然空無形色，然而藉緣能生能顯一切世間及出世間法：蘊處界……等一切法悉由此第八識如來藏而生而顯。由有如是能生萬法之真實體性，及常住不斷不壞之性，說為妙有；亦因此故，說名不空如來藏。然而歸根結柢，蘊處界……等一切法空之法，實依蘊處界……等一切法而有；蘊處界……等法則由如來藏而有，是故如來藏真心出生一切空有諸法，一切空有諸法悉由此真心如來藏而生而顯，故說如來藏雙具真空與妙有二法，故於三乘諸經中，說為空如來藏，亦說為不空如來藏。如是，真空之與妙有，實是一法而現，非是二法，惟覺渾不知此，妄說「不空就是妙有，空就是眞空」，成為二法，則有大過也！

復次，妙有方是真空，三界中之一切有，乃由真空之如來藏而生、而住、而變異、而終歸壞滅，如來藏有此真實體性，可由證悟之人現前觀見，故說如來藏既是真空，亦是妙有，能於無中而藉緣生有故。惟覺於如是理懵然無知，由是故說：「彼等諸人說惟覺是啞羊者，非是無理之說。」

惟覺法師復作是言：「這念心人人都有，由於我們每個人有妄想、有執著，則這念清淨心、智慧心、菩提心、眞空妙有心、中道實相妙明眞心就不會現前，但這念心我們每個人也都不曾減少一絲一毫」，如是所言，名為妄說。聽法之心是意識與耳識和合而成者故，不脫十八界法故，乃是緣起法故，五根若壞，則隨之壞滅，入胎之後永斷不現，無復有此聽法之心也！要待來世具足五色根已，方能復有能聞之心現起也，中台山諸信徒應當知此！

實相之心，從來不墮於「清淨心、智慧心、菩提心、眞空妙有心」之境界中，從來遠離見聞覺知、從來恆而不審故。若墮如是境界中，則是意識心也。譬如上一則公案所舉《心經》之語，言「無智亦無得」，乃至離一切淨垢……等法，何有如是智慧、清淨、菩提、真空妙有之可言耶？真實心離一切法，不墮六塵萬法中，方是遠離二邊之實相心也。

此真實心，於一切時中恆常現前運作而不曾中斷，無一時一刻而不現前；惟覺卻云：「由於我們每個人有妄想、有執著，則這念清淨心、智慧心、菩提心、眞空妙有心、中道實相妙明眞心就不會現前」，然於一切真悟者觀之，不論衆生有無執著、有無妄想，實相心皆分明現前而無所遮障，於一切時中皆為真悟者之所現前觀見；乃至於初悟之人忽遭重大打擊而有極重妄想、極重執著時，此一本來清淨之如來藏心亦復如是分明現前，此初悟之人仍舊可以分明觀見，從來不被妄想執著之所遮障也！

佛子當知：世尊示現成佛時所言之「奇哉！奇哉！世間眾生悉有如來智慧德相，只因妄想執著故，不能證得。」如是一語，乃謂眾生有虛妄想、有我見我執。妄想者謂虛妄之想，非是指修定時所應斷之言說妄想也！執著者乃謂執著覺知心自己，恐畏斷滅空：畏懼不知不覺、常欲保持覺知心自我，恐畏自我消失。如是二法，方是世尊所言之妄想執著，非謂語言不斷之妄想也，非謂貪著五欲六塵也。

斷語言妄想者，乃是修定之法，若語言妄想斷時即是證悟，則世尊初從外道學禪而證得初禪時，應名已悟；設或不然，則其後次第證得二禪、三禪⋯乃至非想非非想定時，亦應名為證悟。然我世尊總說如是一心不亂境界名為定境，與證悟菩提無關。若如惟覺所言者，則應證得初禪時，即已是證悟成佛也，且問爾等中台山四眾弟子：究竟然耶？非耶？

是故，一切學人欲證如來之智慧德相者，當去除虛妄之想，莫墮如是妄想中；若能除卻如是妄想者，始名正見者。亦當去除我見與我執，莫墮覺知心我、能聞心我之中；若能確實斷除如是我見我執，如實確定覺知心我、作主心我、能聽心我是緣起法，是虛妄法，從此永遠死心塌地不認如是我為常住不壞法，則是已斷執著之人。如是斷除妄想執著者，遲早必證自心如來藏：第八識阿賴耶。證如來藏已，則知十方如來之本來面目，則知如來之智慧德相所由。方能真解如來證悟成佛時所言「斷除妄想執著」之意旨也！破除邪見已，當示證悟之道，便舉汝州千仞公案，共諸大師學人話禪去也：

汝州寶應和尚，即是南院第一世慧顒禪師也。一日上堂開示大衆曰：「赤肉團上，壁立千仞。」當時有僧出問：「赤肉團上，壁立千仞。豈不是和尚所說底？」汝州禪師答曰：「是。」其僧聞已，乃掀倒禪床，汝州禪師罵曰：「這個瞎眼驢子！」說完便棒打其僧。

只如這僧上前掀倒汝州禪床，似與聖嚴法師所言之禪宗言語就是答非所問同轍，理合受汝州禪師認可，云何卻遭汝州禪師責為瞎驢？又遭汝州棒打？竟是何意？

聖嚴法師…等人，每道禪宗之禪，就是答非所問，以此為禪宗言語正宗。殊不知禪宗證悟者之對答言語，皆有其中心思想，一一符合密轍，絕不是答非所問也；惟諸未悟錯悟之人，不能解知真悟者言語中之密意，由表相聞之，唯能感覺答非所問，是故便作錯解，乃至如聖嚴法師之於書中倡言「答非所問即是最高明之回答」，皆是誤會證悟祖師絃外之音者，何曾解禪？這僧亦復如是，根本不對汝州語脈，以為隨便答問之後，將禪床掀倒便可合轍，誤會不可謂小，由是故遭汝州痛棒，絲毫不冤也！

只如汝州禪師靜坐禪床上，言語開示曰：「赤肉團上，壁立千仞」，竟是個什麼物事？道伊壁立千仞？如今諸方大法師說禪浩浩，還有解得汝州禪師此一句語者麼？試道看！　若道不得，正是瞎眼驢，有什麼會處？　若來見問，甫見面時，未開得口，平實便要問爾：「是什麼？」　只如未開口問答，究竟意指何物而問？還有知者麼？試斷看！

一日，有僧來參，汝州禪師問彼僧：「最近離什麼處來？」彼僧曰：「從長水來。」汝州禪師問曰：「是東流？還是西流？」彼僧答曰：「都不是這樣。」汝州禪師又問曰：「那究竟是怎麼樣呢？」彼僧珍重問訊，汝州禪師卻打之，打後又趕下法堂去。

只如彼僧離開長水，得得來到汝州禪師處，汝州問伊是向東或是向西流而到汝州？彼僧答非如是。果然非如是，然而汝州禪師問彼究竟如何來到汝州？那僧珍重問訊，卻也合轍，云何卻遭汝州禪師一頓痛棒？又復邊打邊趕伊出法堂？　禪子當知：禪之一法，參須實參，悟須真悟，萬勿虛頭；學人言語進退，濟不得生死也！

只如彼僧受伊汝州禪師痛棒，趕出堂去，當時未曾省得，末後欲知，亦是難事。

平實當時若在，但接過汝州禪師手杖，往汝州禪師胸前一拄，放手便入茶堂喝茶去也！還要等伊汝州禪師第二句餿水作什麼？只如平實如是作略，今時諸方大師還有知曉者麼？頌曰：

汝州千仞赤肉團，說不盡真情意。
禪床掀翻徒勞役，佛法真旨早逸。
一切禪和，認取瞎驢，諸方隨爾去！
東流西流離長水，言離兩邊猶翳。
總不恁麼還珍重，分明三皇五帝。
痛棒莫懼，接手一遞，全賴君王力！（調寄孤雁兒）

第四八一則　汝州棒話

汝州　寶應和尚　僧到參，師舉拂子，僧曰：「今日敗闕。」師放下拂子，僧曰：「猶有遮個在。」師乃棒之。

師問僧：「近離什麼處？」曰：「近離襄州。」師曰：「來作什麼？」曰：「特來禮拜和尚。」師曰：「恰遇寶應老不在。」僧便喝，師曰：「向汝道不在，又喝作什麼？」僧又喝，師乃棒之，其僧禮拜，師曰：「遮棒本分，汝打我，我且打汝三五棒，要此話。」

惟覺法師解說《楞嚴經》畢陵尊者所悟之解脫道時，以「身根身識俱妄絕，純一本覺悟眞空」為題而開示云：《……「不覺路中毒刺傷足」……「舉身疼痛」……「我念有知」，當時全身都在痛，忽然畢陵尊者就想到這個痛也是苦。因爲正在思惟人生是苦，一下不注意，毒刺刺到腳，又是很苦，所以這個法門一下子就相應了。念就是思惟、想。……我爲什麼會痛呢？因爲有知，有能知這念心，所以才感覺會痛。「知此深痛」，因爲有這念知，所以才知道痛澈骨髓。……「雖覺覺痛」，知還不算，還有個覺，覺就是一種感覺。……所以「覺清淨心」，忽然就想到清淨心是絕對的。「無痛痛覺」，清淨心沒有痛的感覺，也不知道痛，也不知道能痛，沒有能痛這念心。……想著想著又不對了，怎麼說不對？「我又思惟：如是一身，寧有雙覺？」假使是剛剛所想的，這個身體不是就有兩個覺？一個是感覺的覺，一個是知覺的覺。因爲一踩到刺，馬上就知道有根刺刺到脚，這就是覺；第二個又能夠知道痛，這不是就有個覺嗎？如果身上有兩個覺，豈不是有兩個人存在、有兩個覺性存在、有兩個心存在？這就不對了，怎麼身上會有兩個知覺在呢？如此人的意識不就亂掉嗎？……「攝念未久」……現在由於知道痛，能痛能覺，就把平時這念心收回來，專注在能觀之心、所觀之境，究竟是一個覺？究竟是兩個覺？究竟是有？是無？就……專注一心，沒有多久，「身心忽空」，因爲在想這個事情，專注一境，忽然身心空了，也沒有痛的感覺，也沒有能感覺的身根存在；……所以畢陵尊者感覺身心忽空，沒有痛這念心，也沒有感覺脚痛的身根，身心忽空，心境空。**外面的境相對於能觀能覺之心，因爲專注的關係，專注這念心就能超越時空**，所以「三七日中，諸漏虛空，成阿羅漢，得親印記，發明無學」……「佛問圓通，如我所證，純覺遺身，斯爲第一」。**純覺，只有當下這念覺心，也就是悟到這念覺心了。**遺身，身就是身根，身體不存在，痛也不存在，能分別這念痛、這念心，這是分別心，是虛妄的，也不存在。**什麼存在？純覺！單單獨獨只有這個覺，本具的覺心存在。斯爲第一，把這念心性悟到，這是最重要的。**》（《靈泉雜誌》46期第十頁）

平實云：然此實非本覺也，乃是妄覺也！常有大師學人誤解楞嚴真旨，斷章取義以附和己說，皆是誤會佛旨者也。

楞嚴明明說：「知見立知，即無明本；知見無見，斯即涅槃無漏真淨。」明言涅槃離見聞覺知，然涅槃實依如來藏不再入胎受生而立名，故涅槃一法即是如來藏本體，云何惟覺斷章取義，將妄知妄覺之見聞知覺性立為真如佛性，以附和己說？

當知畢陵尊者所悟之法，乃是聲聞菩提之出生死法，不涉大乘第一義諦，是故文殊師利菩薩不稱許之。

復次，畢陵尊者之純覺遺身，乃是二乘菩提入門之法，由覺知心之自證分與證自證分，顯知身識相應之痛覺非屬意識自心之痛覺。如是觀行，身心忽空已，復作二十一日之觀行，了知覺知心亦是依緣所成之緣起法、虛妄法，方成無學。然而雖成無學，唯是二乘菩提之圓通法門，非關第一義諦之般若中道觀也。

惟覺渾不知此，將此聲聞緣起空法之蘊處界**空相**，與大乘第一義諦之如來藏**空性**視同一法，混淆不清，云何可以證悟者自居？悉墮常見外道見中也！何以故？謂於楞嚴卷一乃至卷五之前半卷經文中，七處徵心時 佛已明說能見能聽能知能覺……等性虛妄，悉非外道所說「外於如來藏識之因緣所生法」，亦非外道所說「外於如來藏之自然生成者」，處處宣說是如來藏藉諸因緣而自然生成者，乃是如來藏所生顯之法，故說非因緣生、非自然生。經中復說：佛子能知能見彼**無所見無所知者**，方名涅槃無漏之**真**

淨妙心。惟覺不能貫通前後經文意旨，斷章取義，非所宜也！

復次，惟覺法師云：「外面的境相對於能觀能覺之心，因爲專注的關係，專注這念心就能超越時空」，乃是妄想之說也！此謂專注之心乃是意識心，專注一法即是制心一處，即是「定」心所法，攝屬五別境之法，意識相應，不與真心相應，是故專注之心即是意識心。意識心不能貫通三世，不能來往三世，故無法超越時間相；能專注於一法之意識覺知心，亦不能遠離六塵萬法，故無法離開三界六塵境界而存在，必依三界六塵境界方能現起與存在，故亦不能超越空間；由如是正理，故說覺知心永不能超越時空。惟覺所云專注之心能超越時空者，乃是虛妄想，名為愚人妄想也！

乃至意識俱有依之意根（意識覺知必須依意根方能現起，必須依附意根之運作，方能運爲作用而有了了分明之了別性，故名意根爲意識之俱有依），尚須以如來藏所藏之自識種子，並依攝屬三界法之業力與煩惱為緣，方能從如來藏中現起運作，尚不能出三界而住，則知意根亦不能超越時空；意識所依之意根尚不能出三界而存，何況意識須依意根方能生起者，云何能超越時空？唯有能離三界萬法而獨自存在之法，方能超越時空，此法唯一：即是如來藏，阿含經中　佛說之為涅槃之本際，說之為如來藏、識、我、如、真如……等種種名；故世間出世間萬法中，唯有如來藏一法能超越時空。今者惟覺法師認定緣起法之意識生滅心能超越時空，如是邪見，不應取法！

由已墮於虛妄之意識覺知心性故，惟覺便於大乘般若生諸臆想，便於禪宗祖師證悟之公案，句句不通，死於真悟祖師句下；亦於大乘經典 佛說意旨，處處斷章取義，生諸邪解，不能正解，故有如是種種誤導衆生之言語，印於月刊中流通天下，廣誤衆生。學人知此已，當依眞悟祖師開示公案而參、而證，庶得佛法真旨，禪宗教外別傳之證悟法門，乃是最直接、最迅速之法故。由是故舉汝州棒話公案，共諸大師學人商量：

有僧來參汝州寶應禪師，汝州禪師乃舉起拂子；此乃探竿，欲勘彼僧。彼僧久經禪門行走，學得許多機鋒言語，乃曰：「汝州禪師您今日這一著，真是敗闕也。」汝州禪師一時辨不得伊，乃又放下拂子，看伊如何應對，彼僧見狀，不知汝州意在何處，自信滿滿曰：「您還有這個在啊！」汝州禪師甫聞此語，便知只是一隻野狐，乃舉棒打之。

只如彼僧答得一句「猶有這個在！」云何便遭汝州禪師痛棒？且道彼僧這一句語中，過在何處？平實即不然，當時只取拂子，掛上汝州床頭，向汝州伸手要杯茶水喝，須不為過。汝州要須隨命侍者上茶，關起門來語話，否則便遭平實痛棒也！ 且道：

彼僧之語，過在何處？

復有一僧來參，汝州禪師問僧：「近離什麼處？」彼僧答曰：「近離襄州。」汝州禪師又問曰：「來我這裡作什麼？」彼僧答曰：「特地來此禮拜和尚。」汝州禪師聞言，便答曰：「恰巧遇到寶應老禪師不在啊！」汝州寶應禪師分明現前，說得這一句語，確有大過，是故彼僧聞言便喝。汝州禪師此語，目的只在驗明彼僧有無見地，聞僧如是大喝，不能便信之，恐防伊是學來底樣子，乃又故意曰：「我已對你說：汝州寶應禪師不在，你又大喝作什麼？」彼僧聞言不肯汝州此語，乃又大喝；汝州出道以來，見過許多學人言語進退大喝之野狐，不肯就此認可之，乃又以棒打之，彼僧早知其意，便禮拜；至此緇素已然分明，已知同是家裡人，汝州禪師乃向彼僧說明道理：「其實，這一棒的本分，應是由汝來打我才是；我如今且打了你三、五棒，目的只是要你這一句話罷了。」

自古以來，真悟禪師門風一向如是：入門須辨主、當面分緇素。甫入門時，便須分清楚：誰是家裡人？誰是門外漢？誰是真正黑衣？誰是身穿僧服之白衣？向來不通人情，絕對不許和稀泥！是故便有此一汝州棒話公案傳誦至今。豈如今時諸方自道已悟之人，於祖師公案處處錯解，句句凝滯；死於句下已，偏又不能自知，更要獻醜，用邀已悟之令名。若遇到個真悟之人，便不免顯露敗闕，遭人拈提去也！ 遭人拈提已，兀自不肯服氣，私下裡，更向大衆誹謗真善知識，誣之為邪魔外道，個個成就誹謗大乘勝義僧之地獄罪。是故孔老夫子曰：「知之爲知之，不知爲不知，是知（智）也！」一切佛門大師與諸學人，皆應記取儒家斯言，以免求榮反辱，方是智者也。 頌曰：

入門須辨主，當面分緇素；

拂子初舉探竿矗，更放拂子，驗爾知解絀！

我棒爾亦主，汝喝我亦主；

為聞主家真言語，這三五棒，受罷無處訴！（調寄南歌子）

第四八二則　汝州剃刀

汝州　寶應和尚　大行思明和尚未住西院時，到參禮拜後，白曰：「別無好物人事，從許州買得一口江西剃刀來獻和尚。」師云：「汝從許州來，什麼處得江西剃刀？」明把師手掐一下，師云：「侍者收取！」明拂袖而去，師云：「阿剌剌！」（剌：音辣）

《靈泉雜誌》記錄惟覺法師主持某次禪三精進共修之情況云：《三天當中，老和尚的開示，皆離不了**當前這一念心，這一念心安住、返照，即是真富貴**。修行就是**心要存在**，師父在說法，**聽法的這一念心要存在**，做任何事情皆要存在，不打妄想、不落昏沈。契悟了這念心，心即是佛，時時刻刻有定力、有智慧。》（《靈泉雜誌》26期第八頁）

平實云：惟覺法師真是個常見外道也！可嘆中台山恁多法師，竟無一個有智慧底，悉皆跟隨惟覺法師同墮常見外道見中，隨學之居士則更無論矣！號稱臨濟法脈傳承之中台山法道，竟然與常見外道完全無異，完全悖離臨濟法道，而彼四衆弟子竟皆不覺不察、不比對經教，令人深覺末法衆生之無智也！

當前這一念心，**安住**於當前境界而能**返照**之此**一念心**，乃是意識心，阿含諸經中　佛已廣破，說為常見外道所執著之「常住不壞心」；第三轉法輪諸經中　佛又說明此心乃是意識，明說此識具有五種別境之心所有法，故與六塵相應；又明說此心乃是依他起性之法，開示此心之俱有依有四：意根、法塵、具足完好之五根、第八識如來藏。若有一法欠缺者，此一能返照自己、能住六塵境界之一念心，便不得現起。若依惟覺法師所說，謂此心即是實相心者，則此一念心所依之四法，更當是實相心；是，則實相心應有五；非，則惟覺法師所說顯然大謬；如今舉示其謬，說與中台山諸多四眾弟子，有請返思，以定法義正邪，以決爾等諸人依止之當與不當。

修行絕非如惟覺所言之「**心要存在**」，決非惟覺所言「**聽法的這一念心要存在**」，如是言，有二大過：一者違背二乘菩提之解脫道，二者違背大乘菩提之般若智慧。

云何違背二乘菩提之解脫法道？謂二乘菩提之修行者，其修行法門，乃是斷除我見與我執；我見謂執著覺知心常住不壞，墮於意識之自我執著中；我執謂執著處處作主之末那，執著夜晚眠熟時未曾斷滅之意根，執著此一眠熟時不觸五塵之意根為常住不壞心。如是執著之代表者，即是惟覺法師；彼多年來之開示證悟境界：清清楚楚、明明白白、處處作主；乃是集**依他起性心**與**遍計所執性心**於一身，正是具足我見與我執之代表者。如今更教人認此妄心為真實心，違背《心經》所言「無眼耳識、無意識、無意根」之開示。

二乘人修學解脫道者，必須現觀覺知心等前六識心虛妄而斷我見──現前觀察見色之一念心虛妄，現前觀察聽法之一念心虛妄，乃至現前觀察知法之一念心虛妄，能作如實現觀者，即斷我見—從此以後永不再認覺知心為真實不壞法。今者惟覺不於斷除我見上著眼，卻令徒衆返執能聞聲塵之耳識，及執聞聲時能覺知法塵之意識，以之為常住不壞之真如，則與二乘菩提之解脫道相違也，已為我見之所繫縛故。

二乘行人復須現觀眠熟無夢時，未曾斷滅之不觸五塵之末那識（意根）虛妄，現前觀察思惟已，了知其妄；了知其普遍計度而執著之體性已，斷此心之自我執著，及斷此心對覺知心等六識之執著，名為斷我執之四果聖人，方成二乘菩提之無學果。而此不迴心大乘之阿羅漢，於捨壽時，尚須棄捨覺知心自我、棄捨處處作主之意根自我；如是，前六識與第七識意根俱滅，則十八界法俱滅不現，唯餘第八識如來藏離見聞覺知而不復出生前七識，則永無後世五蘊身心，是名無餘涅槃，真實無我，絕對寂靜，如是方得完全符合三法印之所印。

今者惟覺不如是修，返教徒衆：「須時時保持聽法之覺知心。了知諸法之覺知心要存在。」則違二乘菩提之解脫道修行知見，則是加深我見與我執之凡夫妄想也！

云何言惟覺違背大乘菩提之般若智慧？謂大乘菩提之修行，即是親證無餘涅槃之本際，即是親證三界萬法之根源—自心第八識如來藏。第八識心之體性，經與論中悉有極多解說；最為學佛人所熟知者，乃是「恆而不審」一語，是故解說七八識之體性時，有一名偈如是說：「八個兄弟共一胎，一個伶俐一個呆，…」呆者謂不能審知六塵也，此乃學佛人耳熟能詳之語，惟覺竟未之知，竟違背如是正教。

《心經》中又說：「菩薩若住本來自性清淨涅槃之境界時，則照見一切皆空：無眼耳鼻舌身意，無色聲香味觸法，無眼識乃至無意識界，無……」一切萬法皆無所見、皆無所聞、…乃至皆無所知，今者惟覺所說之聽法一念心，則是一切皆不空，一切皆知：「有眼耳鼻舌身意，有色聲香味觸法，有眼識乃至有意識界，有無量無數法」，並且了了分明，正是萬法森羅，儼然分明，與《心經》所說完全相反也。如是焉得謂為符合 佛說大乘般若、大乘菩提？

必也轉依自心第八識如來藏之離見聞覺知，故無十八界法，故無妄想亦無昏沉，故無四聖諦，故無八正道，故無三十七道品，故無無明，亦無無明盡，方符《心經》聖教；必也轉依自心如來藏之「離見聞覺知」、之「恆而不審」、之「不了知六塵萬法」，故無妄想與昏沉，故不了別善惡，故不簡垢淨，故不墮斷常，故不住涅槃亦不住生死，故不來亦不去，故與五蘊不一亦不異，……，方能完全符合般若之中道性。覺知心能如是現前觀察已，則知聽法之一念心虛妄，則知聽法時了知法義之一念心虛妄，我見隨斷，成就聲聞初果之分證解脫德，然後轉依第八識如來藏如是不墮二邊之中道性而住，能如是現前觀行者，方名實證中道觀之聖者也，豈以惟覺墮在耳識心、意識心，而有六根六塵六識及萬法之同於常見外道見者，可以謂之為能知能解中道觀行者乎！不知不解中道觀行之人，廣言實相中道觀，更引儒家世俗法上之中庸言論，以附會之，去道遠矣！

於今拈提惟覺法師如是似是而非之言說、如是曲解 佛旨之言說，警覺中台山四眾弟子，亦警覺法鼓山、佛光山等四眾弟子：當如法思惟、如法觀行、如法親證，而後始能與禪宗真悟諸祖之公案合轍，而後始能完全證解般若中觀諸經 佛旨，始能合於般若智慧，始能不墮阿含諸經所破之常見外道邪見中，始能真實證解二乘菩提之解脫道，始能真實證解大乘菩提之佛菩提道。如是證解已，此後出世說法、弘宗演教，無人能訶責之也！唯除上地菩薩之親為指導。是故，若欲真實證解三乘菩提者，當依禪宗真悟祖師開悟之公案而參究之，以免誤入歧途—越精進修行則離佛法正道越遠。今為中台山、法鼓山、佛光山四眾弟子作見道因緣故，便舉汝州剃刀公案，共諸大眾商量：

大行思明和尚未住西院弘法時，曾到汝州參訪寶應和尚，當時禮拜汝州禪師後，便稟白曰：「我並沒有帶來什麼好東西，只是從許州買到一口有名的江西剃刀，來獻與和尚。」汝州禪師便問云：「你既然從許州來，不曾經過江西，是從什麼地方得到江西剃刀？」思明禪師聞此一問，便把汝州禪師之手搯了一下，汝州寶應禪師被思明禪師這一搯，不曾生氣，卻向侍者開口吩咐云：「侍者！收取這一口江西剃刀！」思明禪師聞汝州禪師這一句吩咐，卻將僧袖猛地一拂，便逕自離去，汝州禪師卻向思明禪師身後放一句話云：「就這麼大搖大擺的走了！」

只如思明禪師口道供養一口江西剃刀，卻只是搯了汝州禪師一下，分明未曾獻上刀子，云何汝州禪師卻教侍者收取刀子？究竟這一口刀在什麼處？爾等中台山四衆弟子！莫效法鼓山部份淺學之人，謂此二禪師是乩童起乩也，且於此公案上琢磨琢磨：究竟這一口江西剃刀在什麼處？為何汝州禪師看也不看、問也不問，便教侍者收取？

二如思明禪師聞汝州禪師教侍者收取剃刀，云何便起身拂袖而去，竟是何意？爾等中台山、法鼓山、佛光山諸比丘與比丘尼等四衆弟子，應須明得思明禪師此意，此世方得謂為真實出家之人也。　且道：思明禪師拂袖而去，竟是何意？

三如思明禪師拂袖而去時，汝州禪師云何卻放話云：「就這麼大搖大擺的走了！」此一句語竟是何意？爾等萬勿視作等閑，要須於此下個疑情，參究汝州禪師之意。如或有個禪和子，於此三問之中，孜孜矻矻，鎮日裡輕輕掛著疑情，不理會飯菜蔬果滋味，也不執著能聽法、能知法之一念耳識心、意識心是否存在，只管參去；三年五載，有朝一日忽然撞著、磕著，方知太近，方知吾不汝欺也！方知汝州與思明俱非神經病也！方知平實與彼二人之作略，俱非法鼓山信衆所言之乩童起乩也！ 頌曰：

江西剃刀無形色，輕解羅裳，獨上蘭舟。
許州誰寄剃刀來？一指掐時，野老齊謳！
侍者自收我自去，啊刺刺地，王民普週。
密旨無意為君剖，才離汝州，卻上蘭舟。（借辭李易安之一剪梅）

第四八三則　汝州啐啄

汝州寶應和尚　師上堂云：「諸方只具啐啄同時眼，不具啐啄同時用。」時有僧便問：「如何是啐啄同時用？」師云：「作家相見不啐啄，啐啄同時失。」僧云：「此猶未是某甲問處。」師云：「汝問處又作麼生？」僧云：「失！」師乃打之，其僧不肯。

其僧後於雲門會下聞二僧舉前因緣，一僧云：「當時南院棒折哪！」僧聞此語，忽然大悟，方見南院答話處。

其僧卻來汝州省覲，值師已遷化，乃訪風穴。風穴認得，便問：「上座是當時問南院啐啄同時話底麼？」僧云：「是。」風穴云：「會也未？」僧云：「會也。」穴云：「爾當時作麼生會？」僧云：「某甲當時如在燈影裡行相似。」穴云：「汝會也。」

中台山某法師云：《心在哪裡？**在當下聽法的那一念心上**！……那麼這念心在哪裡呢？楞嚴經中佛問阿難心在哪裡時，阿難舉出了此能思惟之心，在內、在外……等七處，可是這七處皆為佛所破斥，其主要原因是我們一般會如同阿難尊者一樣，往往將此能思惟之心認為其必然一定會有一個處所所在，然而能思惟之心仍是第六意識、妄想心，並非是我們本來之真心，更沒有一個處所可言！六祖大師云：『何期自性本自清淨，……何期自性能生萬法。』這念心即是禪宗祖師所言的：說似一物即不中！這念心即是惟覺師父常為大眾開示的：**當下**

聽法的這念心便是。這念心沒有過去、現在、未來，不思善、不思惡，沒有分別、了了分明、時時清楚明白，**處處作主**。「**當下聽法的這念心便是！**」聽到的當下訝然不已，從不知這念心一直本具，而卻在心外求於諸境，另外找一顆心，認假爲眞，頭上安頭，故於楞嚴經中佛言：「汝無始至於今生，認賊爲子，失汝元常，故受輪轉。」》（《靈泉雜誌》26期第十頁）

平實云：中台山法眷，上自惟覺，下至衆多出家法師，悉皆堅執耳識心與意識心為真實心，多年來不斷主張：「**當下聽法的這念心便是！**」一向認定：此覺知心若不起語言之妄念妄想，抑制此覺知心不作分別，處於了了分明而不昏沉狀態中，便認作是實相心；如是一向不疑，不論諸方善知識如何指斥，永不改易；猶如日本古時淨土眞宗堅持「持名念佛殺敵而死即可往生極樂」之知見，如是一向堅持、決不改易，故又名為一向宗；中台山亦復如是一向堅持，實可名之為台灣禪門之一向宗也。

當下聽法的這念心，正是耳識與意識，前後三轉法輪諸經中，佛皆斥之為常見外道我見；而中台山數萬四衆弟子竟皆一向堅執此意識心是實相心、是中道心，知見之嚴重欠缺，亦可知矣！

中台山上下諸人，悉如錯悟者之將《楞嚴經》斷章取義，自謂能解楞嚴，能知楞嚴，更引楞嚴經文片段，以證成自己之常見邪思。楞嚴七處徵心之旨，在於宣示：見聞嗅嚐覺知等心性，非真實有，不在內外中間等，乃是由如來藏藉諸因緣而假合出生者，不可純然謂之為妄，夜夜斷滅已，必於次晨再現故；世世永斷已，必於來世再由五根之圓滿具足而再依於種種緣之具足重又現起故；不可謂之為真，必定夜夜斷滅故，不能去至來世故，由自心如來藏假藉眾緣而生故。《楞嚴經》既言能聞之心由如來藏假藉眾緣而生：七處徵之皆不可得，乃知是由如來藏所生，所生之法焉得謂為真實心？

世尊為諸未悟之人，為諸未斷我見之人，欲令親證如來藏故，說之為妄；為諸已證如來藏之人，為諸欲證一切種智之人，說之為非妄，亦是如來藏所蘊含之法故，是如來藏所常生之法故，亦攝屬如來藏所藏萬法之局部體性故；如是正理，於楞嚴之卷一至卷五中已具說分明，自是惟覺與座下諸師不證如來藏真心，故不能了知 佛意，不能貫串經中前後佛語真意，便作種種斷章取義、自意思惟之邪解。今者《楞嚴經》現在，猶可稽也！

長沙招賢大師曾訶責當時禪宗大師之未悟謂悟者：「學道之人不識真，只為從來認識神，無始劫來生死本，癡人認作本來人。」如今卻正是中台山、法鼓山、佛光山、慈濟等四大法師之真實寫照也！何以故？謂此台灣四大山頭和尚，同皆認取識神作為本來人故，同皆認取無念離念之覺知心作為本來面目故，同墮意識境界中故，同皆未曾證取第八識如來藏心故。中台山、法鼓山、佛光山、慈濟諸多信衆，若欲真修佛法者，當先建立正知正見，覓取第三轉法輪諸經，覓取唯識三十頌、八識規矩頌，詳細研究，了知意識心之體性，了知第八識實相心之「恆而不審」體性，而後方能知所進趣，免被惟覺、聖嚴、星雲、證嚴四大名師之所誤導也！

如是研讀，真實解知經頌之文字表義已，方能遠離惟覺、聖嚴、星雲、證嚴四師之錯誤知見，而後始有悟緣。今者且舉汝州啐啄公案，不為惟覺、聖嚴、星雲、證嚴四師，亦不為彼四大名山已具正知見之有緣信衆，說此公案；且與我正覺同修會中諸親教師，及已證本來自性清淨涅槃之同修大衆共話無生；此個公案，非是爾等四大法師未悟之人所能參之也，唯有已悟之人方參之也：

汝州寶應和尚，又名南院和尚，一日上堂云：「諸方老宿只具啐啄同時底眼，不具啐啄同時底大用。」當時有一僧便出問：「如何是啐啄同時底大用？」汝州禪師答云：「內行人相見底時候，不啐也不啄；如果作了啐啄同時的大用，那便有過失了。」（平實云：既言「作家相見不啐啄」，則諸方不具啐啄同時用，云何卻道有過？且於此切！）那僧又云：「這個說法，仍然不是我所問的地方。」汝州禪師便問云：「那麼你所問的地方又是什麼意思？」那僧答云：「失！」汝州禪師聞言便打之，那僧挨打，不肯汝州打伊（且道：那僧挨打是何因？）。

那僧後來去到於雲門禪師法會下，傍聞二僧舉說自己前來與汝州禪師話道之前後因緣，其中一僧評云：「當時南院和尚的棒子折斷了哩！」那僧聞得此語，忽然大悟，方始懂得汝州南院禪師答伊問話之處。（且道：南院什麼處棒折？）

那僧悟後，卻返身回來，省覲汝州南院寶應禪師，只是汝州禪師卻已經遷化了。那僧無可如何，只得前往參訪汝州禪師之親傳弟子風穴禪師。風穴一見，認得那僧，便問：「上座是當時問南院啐啄同時話底僧人麼？」那僧答云：「是。」風穴禪師問云：「你如今會了沒有？」那僧答云：「已經體會到了。」風穴禪師便問云：「你在當時聽聞先師說啐啄同時失的時候，是怎麼樣體會的？」那僧答云：「我當時就好像是在燈影裡行走一樣」（會得此句，便知南院棒折在什麼處？便知「啐啄同時失」失在什麼處？）。風穴禪師聽了，便說道：「你已經體會到了。」

此公案中所云啐啄之意，克勤先師曾加拈提，真可謂精彩絕倫、世無其匹；非唯空前，亦將絕後；所應言及所宜言者悉已言故，能知其中全部密意之後人，無復能作贅言故；平實但抄將來、供養大衆，省卻多少力氣；只是不妨玄奧，未過牢關者，須是多年勞神始得：

《舉：僧問鏡清：「學人啐，請師啄。」清云：「還得活也無？」僧云：「若不活，遭人怪笑。」清云：「也是草裡漢！」

鏡清承嗣雪峰，與本仁、玄沙、疏山、太原孚輩同時。初見雪峰，得旨後，常以啐啄之機，開示後學，善能應機説法。（一日上堂）示眾云：「大凡行腳人，須具啐啄同時眼，有啐啄同時用，方稱衲僧（方可稱爲真正之出家人）。如母欲啄，而子不得不啐；子欲啐，而母不得不啄。」有僧便出問：「母啄、子啐，於和尚分上，成得個什麼邊事？」清云：「好個消息（從此真正可以消去種種煩惱而得歇息）。」僧云：「子啐母啄，於學人分上，成得個什麼邊事？」清云：「露個面目（顯露出本來面目）。」所以鏡清門下有啐啄同時之機。這僧亦是他門下客，會他家裡事，所以如此問。

「學人啐，請師啄」，此間洞（山門）下，謂之借事明機，哪裡如此（哪裡是這個道理）？子啐而母啄，自然恰好同時。鏡清也（真是說得）好，可謂拳（與）踢相應，心（與）眼相照，便答道：「還得活也無？（法身慧命活過來了沒有？）」其僧也（真是答得）好，亦知機變：一句下，有賓有主，有照有用，有殺有活。

僧云：「若不活，遭人怪笑。」清云：「也是草裡漢！」（平實云：師徒俱入草了也！克勤先師亦入草了也！平實如今亦入草了也！）一等是入泥入水，鏡清不妨惡腳手。這僧既會恁麼問，爲什麼卻道「也是草裡漢」？所以作家眼目須是恁麼，如擊石火，似閃電光，搆得搆不得，未免喪身失命。若恁麼，便見鏡清道「草裡漢」（之意旨）。

所以南院示眾云：「諸方只具啐啄同時眼，不具啐啄同時用。」（平實云：有一般瞎眼阿師，與聖嚴法師一般，讀此一句，儘在禪師機鋒上作文章，大失南院本意也。會得平實此一註腳，便會南院與那僧公案也！）有僧出問：「如何是啐啄同時用？」南院云：「作家（行家）不啐啄，啐啄同時失。」僧云：「猶是學人疑處。」南院云：「作麼生是爾疑處？」僧云：「失！」南院便打。其僧不肯，院便趕出。僧後到雲門會裡舉前話，有一僧云：「南院棒折哪！」其僧豁然有省；且道：意在什麼處？ 其僧卻回見南院，院適已遷化，卻見風穴；才禮拜，穴云：「莫是當時問先師**啐啄同時**底僧麼？」僧云：「是。」穴云：「爾當時作麼生會？」僧云：「某甲當初時，如燈影裡行相似。」穴云：「爾會也！」且道是個什麼道理？ 這僧都來只道：「某甲當初時，如燈影裡行相似。」因什麼風穴便向他道「爾會也」？ 後來翠巖拈云：「南院雖然運籌帷幄，爭奈土曠人稀，知音者少。」（平實至今，未曾遇著一個知音。苦！苦！）風穴（後來）拈云：「南院當時待他開口，劈脊便打，看他作麼生？」若見此公案，便見這僧與鏡清相見處；諸人作麼生？免得他道「草裡漢」。所以雪竇愛他道「草裡漢」，便頌出：

古佛有家風，對揚遭貶剝；子母不相知，是誰同啐啄？啄！覺猶在殼；重遭撲！天下衲僧徒名邈。

「古佛有家風」，雪竇這一句頌了也，凡是出頭來，直是近傍不得；若近傍者，則萬里崖州。才出頭來，便是落草；直饒七縱八橫，不消一捏。雪竇道「古佛有家風」，不是如今恁麼也！（不是到今天才有人這樣作也）（當年）釋迦老子初生下來，一手指天，一手指地，目顧四方云：「天上天下唯我獨尊。」雲門道：「我當時若見，一棒打殺，與狗子喫卻，貴要天下太平。」如此方酬得恰好。所以啐啄之機，皆是古佛家風，若達此道者，便可一拳拳倒黃鶴樓，一踢踢翻鸚鵡洲；如大火聚，近之則燎卻面門；如太阿劍，擬之則喪身失命。此個唯是透脱得大解脱者，方能如此。苟或迷源滯句，決定搆這般説話不得。

「對揚遭貶剝」，則是一賓一主，一問一答；於問答處，便有貶剝，謂之對揚遭貶剝。雪竇深知此事，所以只向兩句下頌了。末後只是落草，爲爾注破：「子母不相知，是誰同啐啄？」母雖啄，不能致子之啐；子雖啐，不能致母之啄，各不相知。當啐啄之時，是誰同啐啄？若恁麼會，也出雪竇末後句不得在。何故？不見香嚴道「子啐母啄，子覺無殼；子母俱忘，應緣不錯。」同道唱和，妙玄獨腳。

雪竇不妨落草，打葛滕道：「啄！」此一字，頌鏡清答道「還活也無？」「覺」字頌這僧道「若不活，遭人怪笑。」為什麼雪竇卻便道「猶在殼」？雪竇向石火光中別緇素，閃電機裡辨端倪。

鏡清道：「也是草裡漢！」雪竇道：「重遭撲！」這難處些子。是鏡清道「也是草裡漢！」喚作「鏡清換人眼睛」得麼？這句莫是猶在殼麼？且得沒交涉！哪裡如此？若會得，繞天下行腳，報恩有分。山僧恁麼說話，也是草裡漢（先師豈但入草？直得渾身泥水也！）。「天下衲僧徒名邈」，誰不是名邈者？到這裡，雪竇自名邈不出，卻更累他天下衲僧。　且道：鏡清作麼生是為這僧處？　天下衲僧跳不出！》

如今克勤先師已經盡情拈出了，真可謂鉅細靡遺，眉毛拖地！竟無一絲一毫遺漏者，今時還有什麼處可讓平實拈提補充者？　既無可拈處，無可補充處，何妨為諸已悟之人而作狗尾續貂？　便頌曰：

離念了了是靈知，覺猶在殼，內外不知！
啐啄同時無得失，啐啄同時，爾我不知！
棒折方知燈影處，會得此註，始見先師！
落草相見三界外，衲僧難邈，舉世獨尊！（調寄一剪梅）

第四八四則　西院鈞弩

汝州西院　思明禪師　有人問：「如何是伽藍？」師曰：「荊棘叢林。」曰：「如何是伽藍中人？」師曰：「獾兒、貉子。」

問：「如何是臨濟一喝？」師曰：「千鈞之弩，不為鼷鼠而發機。」曰：「和尚慈悲何在？」師打之。

惟覺法師云：《妄想好比空中的灰塵一樣，始終是來來往往、上上下下。而**能知道妄想的這念心性**像虛空一般，妄想來也好、去也好，始終寂然不動，到最後妄想的灰塵也就沒有了，因為它虛妄不實，而這個空卻始終存在。不去理會妄想，自然的，**妄想也就成了空性，能了達法性的這一念心就是空性**。妄想有生有滅，空性是不生不滅的寂然不動，因此你只要安住在空性就好了。》（《靈泉雜誌》26期第五頁）

又云：《妄想就像客塵般來來去去，而**能知道妄想的這個心**如如不動、了了常知，**這就是主人**。真正的契悟了這念心的話，死了不去理它，地震也不去理它，就是放原子彈下來也不理它；見到神不理它，見到鬼也不去理它，親、冤也一概不理，始終就是不理它，因為知道這些都是虛妄不實，所謂「行亦禪，坐亦禪，語默動靜體安然」，安然自在的就是真正的作主了。》（《靈泉雜誌》26期六頁）

平實云：惟覺法師自從宣示「開悟證道」以來，始終不曾觸證第八識真心如來藏，始終落在耳識與意識之中，以定為禪，錯將離念靈知心作為真心空性，更誤解《楞嚴經》之真實旨意，處處斷章而取其義，與聖嚴法師一般無二也。

上舉一段文字，更證實惟覺之將意識心無念時誤認為真實心，是故主張妄想消失時之覺知心即是空性心。又主張：進入離念狀態後之靈知心既是空性心，則曾經進入此境界後之覺知心，只要冷眼旁觀語言妄想之起滅，而保持覺知心之不動、不因妄念之出現而隨之生起語言妄想，則此時「**妄想也就成了空性**」，並認為如是證知就是了達法性，認為「**能了達**」如是「**法性**」「**的這一念心就是空性**」，真是個常見外道也！與常見外道所墮完全無異故。第三轉法輪諸唯識經所破之常見外道見，阿含諸經所破之常見外道見，與惟覺法師如是說法完全無異，如今諸經仍存，尚猶可稽，非是平實個人可以妄言也！

復次，前說能聽之一念心為真心，其實乃是耳識；今又說能知之一念心是真心，其實乃是意識心；皆是十八界法所攝之生滅法，皆五陰所攝之生滅法。若如惟覺所言：能聽之耳識心是實相心，能知之意識心是實相心。則實相心已然有二。若復加上耳識與意識之俱有依意根，則實相心應有三，耳識與意識既是實相心，則此二心所依之意根當然更應是實相心。復加 佛所說之第八識實相心，則應實相心有四。如是實相心既然有四，則非是絕待之法，則非「天上天下唯我獨尊」之實相也；實相絕待不二故，實相心不與餘法平等為侶，不與餘法平等相待故，居一切法之上故，是一切法之根源故，是一切法中獨尊者故。

復次，第二轉法輪諸般若經，亦處處說有爲法悉妄，而離念靈知心則常時與有為法相應，時時不離六塵有為法，唯除眠熟悶絕⋯等位中不現起時，方與六塵有為法不相應；然而彼時皆是離念靈知心斷滅之時，尚無能知般若智慧之人，如是位中焉得謂為證悟？焉得謂為證悟般若？必也離念靈知現行而於六塵萬法了了時，有一同時並行運作之心，此心不與有為法相應，不墮於有為法中；亦不了知一切無為法，不存心於一切有為法與無為法，方合《心經》所說無一切法之聖教量也，方是真實心也！離念靈知心既然從來皆與六塵等有為法相應，悟後復與無為法相應，能得智慧，具有無為法之智慧，違於《心經》所說「無智亦無得」之聖教，顯然非是實相心也！實相心必定遠離有為法與無為法故，必定常時不住三界有為之萬法中故，如是方名性淨涅槃，方名無一法可得也。

復次，惟覺所墮之離念靈知心亦是有為法，依四種俱有依，方得生起出現故，若離如來藏、意根、法塵、完好之五根，則不能生起出現，經中處處說此有念及無念之靈知心為緣起法，第三轉法輪經中更說之為依他起性之法。離念靈知心既是有生、有間、有滅之有為法，既是依他起性之有為法，云何惟覺法師可以稱之為實相心？不應正理！

惟覺法師復云：「**能知道妄想的這個心**如如不動、了了常知，**這就是主人**」，如是所言，卻同古時瑞巖師彥禪師未悟之前一般，總想將覺知心修成離念而能作主，所以鎮日裡坐在懸崖邊上修定，欲藉如是危險之境而不墮昏沉境界中常保清醒；如是常修覺醒而不昏昧之法，欲求死時可以作主而出生死，墮在覺知心與意根之境界上，只成個我見凡夫，何曾與佛法無我意旨相應？如是邪見，古來叢林戲稱之為「主人公禪」。後來在巖頭全豁禪師座下悟已，方知其謬。惟覺之所思、所行者，完全與瑞巖禪師悟前所修之主人公禪無異，非是臨濟宗門之正修行也！

惟覺如是之言，大異大乘諸經所言「法界實相心一向離見聞覺知」之開示，亦違二乘菩提所說「涅槃寂靜」之法印； 佛語、菩薩語既皆如是開示，法無異味，則惟覺法師身為佛門僧寶之一員，即應信之，即應如法而修、而參、而證，豈可異於 佛說菩薩說而修證之？此非佛門僧寶之所應為者也！**能知道妄想的這個心**，設使能永遠如如不動、永遠了了常知，仍舊是意識心也；修至佛地時，此能知妄想之覺知心，仍是意識心也；意識心永遠皆無可能轉變為第八識實相心故，佛法正理必定如是故，乃至究竟佛示現於人間時，亦仍如是八識心王並行運作故。

若意識離念無念時，即可稱之為實相心，然而 佛說實相心乃是於六塵中永遠皆離見聞覺知，乃是永遠恆而不審之第八識心，而意識轉變成實相心第八識時，是否應再生起另一意識心？方符 佛說欲界中人八識並行之聖教？則亦仍有大過：則此由意識變成之第八識乃是因修而由意識轉變生成，則成所生法，則未來亦將有滅，有生之法未來必定有滅故，則成虛妄法，焉得謂為實相心？ 復有大過：違 佛所說實相心本來自己已經存在，非由他法變成。非唯中台山四衆如是誤會佛法，法鼓山、佛光山、慈濟亦復如是，同皆錯會。

是故中台山、法鼓山、佛光山、慈濟諸多信衆，莫隨惟覺、聖嚴、星雲、證嚴等人盲修瞎鍊，否則終將同於惟覺等師之永遠墮於常見外道見中。精進修學「佛法」多年已，只成個使用佛法名相之常見外道，始終未曾與佛法相應，豈非虛耗錢財資糧及與生命光陰？如是而言「學佛」者，有何義乎！如是而護持之者，豈是佛教正法？是故於此特勸四大山頭諸多法師與信衆：多讀第三轉法輪諸唯識方廣系列經典，詳細而如實的了知意識之心性，而後參禪時始得免墮意識心境界中；復應詳細了知真心第八識之體性，方知參究覓心時之方向，方免繼續被誤導也！今為大衆之參禪求悟者，舉示西院鈎弩公案，共話本來無生：

有僧來問汝州西院思明禪師：「如何是寺院？」西院禪師答曰：「荆棘叢林。」那僧又問曰：「如何是寺院中人？」西院禪師答曰：「獾兒、貉子。」

只如僧問伽藍寺院，西院禪師云何卻答是荆棘叢林？或時有人前來下問平實：「如何是菩提場？」平實但答：「燈籠！」俗人大多錯會，便道平實只是當時正好見了個燈籠，所以作如是答。更有多人每每猜測燈籠是什麼意？或有猜不著者，平實便大喝道：「爾等恁麼昏昧！成日裡揹著個燈籠到處跑，卻來問我燈籠是什麼物事？」只如燈籠與寺院相去多少？伽藍與荆棘叢林又相去多少？

復有僧問：「如何是臨濟一喝？」西院禪師答曰：「千鈞大力之弓弩，絕不會只為了一隻小小的鼷鼠而觸發它的機關。」那僧以為西院禪師不肯為他施設機鋒引導，其實西院早已為伊明說了也！只是那僧機鈍，不能會，便責西院曰：「和尚您的慈悲心何在？」西院見伊不會，便舉杖打之；那僧必須如是特異之慈悲故。

只如西院答曰：「千鈞之弩，不為鼷鼠而發機」，究竟什麼處是西院為伊處？那僧只管在言語事相上聞，不免錯會，所以遭打。這個正是「啐啄同時機，子母不相知」，禪門作家謂之予奪同時也！亦謂之為啐啄同時用也！　且道：什麼處是西院為那僧處？若參得出，許汝具眼，可以出世度人。若參不得，自救不了，饒爾大有名聲，徒衆百萬，亦復枉然，管保臘月三十到來時，閻王面前難分說也！　頌曰：

西院鈞弩為鼷鼠，欲射曹操，誤至東吳。
伽藍大院誰得住？問取野獾，力逐貉狐。
臨濟大喝西院棒，大慈大悲，莫道粗魯。
若問平實何得似？但指樹梢：聒噪鸜鵒。（調寄一剪梅）

第四八五則　西院三錯

汝州西院　思明禪師　僧從漪，到法席旬日，乃曰：「莫道會佛法人，覓個舉話底人也無。」師聞而默之。

漪翌日上法堂次，師召：「從漪！」漪舉首，師曰：「錯！」漪進三兩步，師又曰：「錯！」從漪復進前，師曰：「適來兩錯，是上座錯？是思明老錯？」曰：「是從漪錯。」師曰：「錯！」師又曰：「上座且遮裏過夏，共汝商量遮兩錯。」漪不肯，便去。

漪後住相州天平山，每舉前話曰：「我行腳時被惡風吹到汝州，有西院長老勘我，連下三個錯，更待留我過夏商量。我不說恁麼時錯，我當時發足擬向南去，便知道錯了也。」（首山省念和尚云：「據天平作恁麼會解，未夢見西院在。何故？話在！」）

聖嚴法師云：《……佛的心是智慧，衆生的心是煩惱，可是它們的本質完全一樣；一個是穩定而不動，所以是智慧；一個是起伏而不定，所以是煩惱。穩定不動的智慧有照明的功能，起伏不定的煩惱在於產生種種人我、是非、得失、利害等等的心理現象。它們是一體的兩面：只要煩惱的心不動，**那就是智慧的心**；只要煩惱的心尚在波動，**智慧的心就顯現不出其功能**。以海水爲例，波平如鏡時，可以反映種種影像，風吹浪湧時，便無法反映任何景物了。**只要衆生能夠修行而使自己的心平靜安定，不再受大小環境的影響和困擾，那就**

是與諸佛完全相同的智慧心現前。因此，佛法的根源並非外來，每一位眾生心中，都有現成的佛法。》（東初出版社《公案一百》197頁）

平實云：聖嚴師父慣用意識思惟想像而公開說禪說法，去道實遠也！所以者何？佛心並非猶如聖嚴師父所言之：**以覺知心不動、不起煩惱而作爲佛心也**。此心永遠都是意識心故，意識心永遠不會因為消除了煩惱就變成實相心也；乃至佛地之覺知心完全無煩惱與習氣時，其覺知心仍然是意識心，並未轉變成實相心之佛心也。

佛心乃謂第八識真如，乃是修除一念無明煩惱障，及修除無始無明上煩惱後之第八識心，改名第十無垢識，仍是第八識心也。佛地之第八識—無垢識真如，乃是由凡夫地之親證第八識阿賴耶，而打破無始無明，而證得阿賴耶識之本來自性清淨涅槃，是故分證或滿證解脫果；然後進修而斷盡分段生死種子，進斷變易生死之煩惱障種子隨眠，及無始無明之超過恆河沙數上煩惱隨眠，而成為永遠不再變異種子之第八識，乃是凡夫地之第八識體，亦是佛地之第八識體，乃是同一第八識體。種子究竟清淨後，方便說名第十識真如，以示異於凡夫之第八識，及示異於菩薩地、阿羅漢地之第九異熟識。然佛地之第十識，實乃自無始劫以前即是第八識，非由第六意識修行清淨後轉變而成者。今者聖嚴師父每令座下四眾弟子：將意識修行為無念無煩惱而變成佛心真如；此說大異　佛說正法，豈唯不符大乘經中　佛說，亦乃違背小乘阿含諸經　佛說，云何而可謂為佛教之正法？

審如聖嚴師父所說者，則　世尊第三轉法輪所說諸多精彩絕倫之一切種智唯識經典，即成無義，即成戲論。何以故？謂聖嚴師父所說若真是佛法者，則大眾即不必參禪而求證第八識如來藏，但只將第六識覺知心修除世間煩惱，放下一切，不起妄想雜念，則已是佛心也。如是說法，卻與印順法師之否定第七識意根、之否定第八識如來藏，同一旨趣：皆不必親證第八識如來藏。如是，則第二轉法輪諸經中，佛所宣說之第八識「無心相心、非心心」之中道體性等法，應可刪除，不必保存流傳之；只須依聖嚴法師所說：以意識覺知心不墮兩邊，不起煩惱，即可名之為中觀般若也。

然此中觀般若，卻與常見外道之誤會佛法者完全無異，焉可名為佛法？則第二轉法輪諸經　佛說應證第八識非心心者，及　佛說第八識非心心之中道觀行，亦悉成為戲論，皆與佛法修證無關故，只須修證第六識，令其不起分別及煩惱即可故。

然而如是知見，終究只是常見外道之知見，與　佛說完全相違，只成世俗凡夫之臆想佛法也。是故，眾生心中皆有佛法，然此佛法要因親證第八識真如方得發起；若非親證第八識真如，則其所說一切大乘佛法，悉屬戲論，皆是凡夫知見。若是依經解經，不妄自作解、扭曲佛意者，則無過失；若復以之為人解說、書以成文、印行天下者，雖欲度人利人，其實無益自他，皆是誤導學佛者走向常見外道知見中故。

若以聖嚴師父如是知見而觀，可知根本未曾證得般若、根本未曾開悟明心，尚未證得第八識如來藏故；眼見佛性一事，更無論矣！法鼓山四衆弟子中，曾被聖嚴師父印證為悟者，若不信余言，何妨以諸真悟祖師公案而自驗看！是否得通？何妨以大乘方廣諸經驗看！是否得通？故說參禪一法，參須實參，悟須真悟；毫釐有差，天地懸隔；一絲一毫矇昧不得。今舉西院三錯公案，共諸大衆同結法緣，庶於異日可有入處：

汝州西院思明禪師悟後住山接人。時有一僧名為從漪，來到西院思明禪師法席已有十日，乃曰：「你們這裡，不要說是會佛法的人，我來到這裡恁麼久了，想要找個能夠和我說話底人，卻是一個也無。」西院思明禪師聞得此語，然而只是默不作聲，並不指斥之。

待得翌日從漪禪師走上法堂之時，西院禪師便大聲召喚云：「從漪！」從漪禪師方才舉首，西院禪師便斥曰：「錯！」從漪進前三兩步，西院禪師又斥曰：「錯！」從漪復又進前，西院禪師便問曰：「方才這兩個錯，究竟是上座你的錯呢？還是我思明長老的錯？」從漪這回不敢再說大話，老實答曰：「是我從漪的錯。」滿心以為這一答，不會再遭西院責為錯，不料西院禪師仍是斥責曰：「錯！」那從漪禪師這回可真沒輒了，不敢再答腔。西院禪師有心度他，便開口挽留曰：「上座且留在這裏過夏，我在這個夏天裡，與你共同來商量這兩錯是什麼意思吧！」從漪當時礙於顏面，不肯留下求悟，便自行離去了。

後來從漪禪師住持佛法於相州之天平山，世稱天平從漪禪師。住山弘法後，常常舉示以前與西院禪師對話之事曰：「我當年行腳時，被惡風所吹，到了汝州，有西院思明長老勘驗我的悟境時，對我連下三個錯，更待要留我過夏，商量那三個錯。如今我不說當時那般應對時有什麼錯，可是我當時舉足離開西院，擬向南方去時，便已知道錯了也。」

從漪禪師雖然如是說，承認當時是業風所吹，以未悟錯悟之身，而向西院思明長老托大；如是公開認錯已，說今時已經知道錯在何處，卻也不妨是個漢子；不似今時諸方大法師、大居士之錯悟者：明知自己錯了，卻仍死要臉，不肯認錯。從漪禪師縱然如是公開認錯，終究不免首山省念禪師之評論，謂其當時不肯留下受教故，至今仍是墮在知解上頭。是故首山省念禪師評論云：「若據天平從漪禪師所說這麼樣的體會理解，其實仍然未曾夢見西院禪師的真正悟處啊！何故呢？從漪仍舊墮在語話上啊！」

先師克勤圜悟，曾道從漪禪師只是參得個蘿蔔頭禪，其實不曾知曉禪門正旨。思明長老可謂老婆至極，一則公案，連下三錯，欲教從漪留下度夏，將來付法、令利人天，可惜從漪當時為顧全面子，不肯認錯，失卻證悟之機，豈但後來不免首山省念禪師之譏，今日更不免平實拈提也。

只如從漪禪師上法堂時，西院思明禪師喚伊名諱，竟是什麼意？從漪舉頭，未曾言語，西院禪師云何便道錯？從漪進前三兩步，仍未曾言語，西院云何亦復道錯？此中關節，爾等法鼓山四衆弟子，乃至堂頭主法和尚，還有知得者麼？

平實風聞爾等法鼓山出家二衆氣吞諸方，曾欲聚衆來殺平實威風。平實今此相邀：有請堂頭聖嚴和尚約期集衆，來我正覺講堂共話粗淺之禪宗！殺殺平實威風！且不談深妙絕倫之一切種智。然而來此之前，務必先聚大衆，與堂頭和尚共同研究平實公案拈提諸輯，並依經教加以比對會通，而後方可來此；若只一時氣憤填膺，聚衆來見，欲逞血氣之勇者，難免師徒一場氣悶、返寺吐血，且勿等閑視之！正法絕非爾等不學無術之人所能知之也！觀乎爾等堂頭和尚所言、所行、所著諸書，亦可知矣！

莫道爾等不能與平實言語，乃至爾等堂頭和尚邀集其餘三大山頭堂頭和尚，加上印順老人同來，欲與我會中諸親教師共同言語者，亦不可得也！皆無語話分也！何況能與平實話道？　爾等諸人若於平實此語有疑者，儘可私下請問堂頭和尚聖嚴法師，請伊說如實語，便可知也！　然余料定爾等堂頭和尚：終將如同從漪之不敢說如實語也！終將如同從漪之說諸飾辭、遁辭也！

復次，從漪禪師復又進前，西院禪師開示道：「方才我下這兩錯，究竟是上座之錯？或是我西院思明之錯？」從漪聞言，於前兩錯既然不解，於此亦必仍舊不知，便道是自己錯；不料這一錯字甫答已，西院又言從漪錯。從漪至此，方知自己完全不解證悟者心行所在，作聲不得；西院禪師有心度伊，乃相邀云：「上座且這裡過夏，共汝商量這兩錯。」可惜從漪禪師為慢所障，只顧面子，不要裡子，與今時聖嚴師父及惟覺、星雲、證嚴等人一般無二，當時只顧面子，不肯受邀過夏，當時發足便去南方。

後到南方天平山開山傳法時，更道：「我行腳時被惡風吹到汝州，有西院長老勘我，連下三個錯，更待留我過夏商量。我不說恁麼時錯，我當時發足擬向南去，便知道錯了也。」如是故作悟狀，其實猶未解得西院意旨，是故招來首山省念禪師拈提，正是自取其辱，與聖嚴師父所行無二。

西院老婆，平實如今亦復不免老婆，時至今日，根器益發劣於古時故；於是大異西院作略：從漪遠遠來上法堂時，平實甫見，便高聲喚云：「從漪上座！」待伊抬頭看余，平實便道：「是！」不與伊道錯。伊若上前三兩步欲入法堂，平實依舊大聲道：「是！」待伊繼續前來欲上法堂，到得平實跟前時，平實卻向伊道：「適來這兩是，是上座是？是平實是？」伊若道「是老師是。」平實卻向伊道：「錯！」　且道：思明長老這三錯，與平實之兩是一錯，究竟異不異？同不同？　若言異者，異在何處？　若言同者，同在何處？

聖嚴和尚若來，平實甫見，便喚：「和尚！」和尚若抬頭欲見阿誰喚伊，平實便道：「錯！」和尚若續進前三兩步，平實更道：「錯！」和尚若再進前，平實便問：「適來這兩錯，竟是弟子平實錯？抑或和尚錯？」料定和尚當衆必言：「是汝平實錯。」平實卻向和尚道：「錯！」　且道：「平實是答和尚此言而云錯？抑或非答和尚此言而云錯？究竟錯在什麼處？」這個公案拈來，七顛八倒，儘在平實指掌股肱間，真悟之人閱來，分明了然，無有淆訛；然聖嚴和尚共諸出家二衆中之伶俐弟子，窮盡思惟之能事，乃至滿頭華髮掉盡已，亦復難以知解也！何況座下弟子根器之淺者，云何能知？　爾等座下弟子若不信余言者，何妨背地裡瞞著堂頭和尚，百人私下約期連袂來質平實？平實只教會中親教師一人，或已悟之法師一人，與爾等百人共話無生大法即得！平實且無恁麼閒工夫可陪爾等語話也！　若必欲得親見平實，平實且不與爾等語話，但只作家相見，爾等不解禪門作略與機鋒，必將辱罵平實是乩童起乩也！

爾等心中不服，欲回農禪寺時，舉足返寺且行且罵平實：「真是乩童！神經病！平實卻向爾等身後大聲道：「是也！是也！罵得好！罵得好！」　且道：「平實意在何處？」莫道平實是神經病，此中密意非爾等能知也！　莫道爾等，乃至爾等堂頭和尚再參三十年去，亦復不知！唯除盡捨原有邪見之後，完全信受平實寄贈聖嚴師父之二十餘冊書中言語。　且道：從漪禪師是什麼處露餡兒？招致首山省念禪師言語？

是故，未真得悟之前，欲評諸方者，必須先將諸方所說言語、所示禪法、所造諸書，聞閱一番；或者當面聞其言語與諸作略，了知其道，然後方可舉評；否則，唯以凡夫知見，未曾知解善知識法道之正與邪，便敢大言妄評者，將來不免臘月三十之災，到時救之不及，亦且無人可代，無乃天下最苦之事乎！爾等法鼓山出家二衆亦復如是，於平實諸書讀之不解，乃至從來不肯讀之，完全不知平實法道，而竟目空一切，妄論平實之法，為護錯悟之師而干冒謗法大過，焉是有智之人？

若已多年勤讀拙著諸書，多方研求思惟者，平實卻願相助；只恐爾等個個為慢所障，心中以名師依止而自高慢，難有悟緣也！若不捨除諸慢，恐爾法鼓山三十年後仍將無人能曉禪宗般若意旨，爾後若有人上得法鼓山來，到處前後觀已，不免向爾等出家二衆大聲叫喚道：「莫道解禪，欲覓個舉說禪語底人也無！」頌曰：

遠來西院，步步無生，到來兀自朦朧；

任西院多舌，負己足腫。

西院三錯氣悶，此中訛淆意未窮；

院深深，不識南北，氣悶正濃。

錯錯！這回去也，千萬步足履，也則難逢。

法鼓山非遙，應當自雄；

但解平實三是，西天東土共一統；

歸山時，薦得便出三界牢籠。（調寄鳳凰台）

第四八六則　淄州一念

淄州水陸和尚　有僧問：「如何是學人用心處？」師曰：「用心即錯。」僧曰：「不起一念時如何？」師曰：「勿用處漢！」問：「此事如何保任？」師曰：「切忌！」

問：「如何是最初一句？」師便喝。

問：「狹路相逢時如何？」師便攔胸托一托。

聖嚴法師云：《真心無心：但當安定下來後，你會問：「我的心在哪裡？」其實根本沒有「心」這樣東西，**凡有念頭全是妄念，無一樣東西叫做「心」，真心無心**。有心可動，有心可用，全都是妄念，不是真的。能理解到這一點，便隨時都能安心了。知道有念頭，而能放下念頭，那是最好的。然而若是知道有念頭，卻是怎麼也放不下念頭時，就要用方法了。或數息、或念佛，或用其他方法，以統一的妄念代替散亂的妄念，用連貫的、連續的妄念來代替雜亂的妄念，便是正念。……心安定到最後，還要不要用方法呢？若能做到隨時沒有雜念，隨時不起攀緣心，隨時不為環境所動，那還用方法做什麼？不過不用方法時，並沒有不在方法上。**沒有方法，而身心很自在，身心世界清清楚楚、明明白白，這時究竟是有心還是無心？有！那是用心體驗著沒有妄念、沒有雜念，雖然不用方法，心不能干擾你，身體不能干擾你，環境也不能干擾你，此心，你仍是清清楚楚、明明白白、清清**

爽爽，便是正在用心，也就無心可用。》（東初出版社《動靜皆自在》頁103~104）

平實云：聖嚴師父欲示悟者身分，不料越說越顯敗闕，正是：**不解無生更裝佯，語多敗闕天下揚。**是故平實往年常於書中力勸師父莫作如是傻事，可惜忠言逆耳，終究未得師父採納，故有如今之《公案一百、動靜皆自在…》等書之公開向天下人自曝其短，實非有智之人也！

當知聖嚴師父上來所謂無心者，仍是意識心也！只是覺知心中不起語文妄想，對境了了分明罷了，未脫意識層次，尚未能曉意根神用，何況能證第八識如來藏之般若智耶！

羅漢桂琛禪師在世時，常如是開示：「若論佛法，一切現成。」換句話說：若論真正佛法，於一切時、一切境、一切地、一切識、一切界…中，悉皆現成可見，不待覺知心無念時方有佛法也。此謂覺知心正起雜念妄想時，佛法亦是現成可證，非如聖嚴師父所說之住入無念離念中方見佛法也。羅漢桂琛禪師所言如是正理，聖嚴師父於《聖嚴說禪》書中曾引述之，今何忘之？更言須待修成無念、離念境界時，方有佛法？

當知二乘菩提及與大乘菩提，皆是現成，非是修來、非不修來。非不修而得者，謂佛法要須善知識提攜指導方向與知見，然後現成可證，故不修則不得證。言非因修行而得者，謂證後現前觀察此一真實深妙之佛法，確實非因修行而得之，乃是本自有之，唯是行人不具正知正見，為我見我執煩惱之所遮障，故不能證，故說非因修得。是知佛法於一切時中皆是現成可得者，皆是於一切時中皆分明現成者，不須如聖嚴法師所說之住於離念境中方得也；如是修證，方是真修實證者。

若如聖嚴師父所說者，則成「有念時即非佛法，無念時復成佛法」，則非是一切時中現成可見、現成可得者；必須無念離念時方見、方得故。然我六祖大師於《六祖壇經》中早作是言：「慧能無伎倆，不斷百思想；對境心數起，菩提恁麼長。」已經明言：禪門宗旨非是修行無念離念之法也，乃是在意識覺知心正起念時，亦有一心同時並行運作而從來不曾起念者；意識心正作「百思想」時、意識覺知心對境而導致「心數起」時，真實之菩提心卻仍秉無始劫來之不起種種思想體性，對境時尚且不曾稍起一念，何況妄念紛紛？真菩提心，於覺知心無念及有念之一切時中，悉皆如是從來無念，故證悟之人不必入於無念離念之境中，亦可同時明了照見真菩提心之本來無念、之運行無礙，不必如聖嚴法師之必須入於覺知心無念境中方見，如是方符六祖禪偈之旨也，有智之人何妨細思平實此言？當觀平實是言合不合六祖之旨？當觀平實之言合不合三轉法輪諸經　佛旨？何必迷信聖嚴師父今時之大名聲、大道場、大資源？如是大名聲等，究竟與現成佛法有什麼相干？道場建築物再大，錢財資源再多，亦與真正佛法不相干也！普願今時各大禪宗道場，常誦六祖大師禪偈：「慧能無伎倆，不斷百思想；對境心數起，菩提恁麼長。」

若有行人欲求真實佛慧者，當以禪宗真悟祖師開示，作為修證準的，莫效俗人之唯觀世俗名聲、道場廣大、學徒眾多……等表相，便認彼諸凡夫為證悟之聖人也。苟能如是，方是真求佛法者，非是盲目迷信名聲等表相者。為如是信受平實言者，故舉淄州一念公案，同爾大眾共話無生：

有僧請問淄州水陸和尚：「如何是學人用心處？」緇州和尚答曰：「用心就錯了。」那僧又問曰：「當我心中不起一念時如何？」緇州和尚答曰：「證得這個境界，還是沒用處底漢子！」那僧又問云：「這件事情應當如何保任？」緇州和尚答曰：「切忌保任！」

只如那僧問如何用心？緇州和尚云何教伊不可用心？一般學人每同聖嚴、惟覺、星雲、證嚴大師一般，墮在覺知心上用功，以為覺知心不起一念時，便是變成常住真心，所以成日裡只管打坐，諸事不管；或者努力行善，以為覺知心不起貪瞋，便是佛法正修行；都不肯建立正知正見，亦不尋覓真心如來藏，以靜坐修習無念境界而欲置功，以行善修除貪瞋而欲置功。古時亦復如今，多諸瞎眼阿師，同以此理，作為禪門宗旨之正修行法門，悉皆教人在此無念離念及無貪離瞋上用心。

殊不知佛法從來不是這個道理，所以那僧問用心之處時，緇州和尚便教導伊：用心即錯。那僧聞已，仍然未解緇州和尚之意，猶問：「心中不起一念時如何？」以為覺知心中不起一念貪瞋時，便已是真正之菩提心，故向緇州和尚作此一問，便遭緇州和尚責為「沒用處底漢子」，所以者何？若人以無念之覺知心作為禪宗正修之標的者，正當命終時，覺知心不久即滅，無覺無知；尚不能起絲毫覺知，何況能得明白清楚？如是焉能抵得生死？必須是從無始劫來不曾刹那暫斷之心，方可敵他生死也！一切真學禪宗者，應當於此深切體認之！

既知如是，則知禪宗之修證者，絕非以覺知心之無念離念作為正修，故說不需用心，用心即錯，無知見之人，必以覺知心修行無念離念之法故。當知禪宗之禪，乃是以常起妄想雜念之意識覺知心，覓取另一與覺知心同在之從來不曾起念之第八識如來藏。既如是，則所欲修證之如來藏心即非是曾經起念者，第八識實相心既從無始劫來不曾起念，今亦如是絕不起念，則吾人保任第六識覺知心令不起念者，復有何義？而言欲保任之？是故緇州和尚教示彼僧：「切忌保任！」保任便錯，必墮覺知心意識境界故。緇州和尚如是開示，爾等法鼓山、中台山、佛光山、慈濟等四衆弟子，何不聽之、信之？

聞此開示已，方知用心及保任者，皆是牛頭逗馬嘴之言，皆是錯用心者，與禪宗之證悟明心實不相干也！

復有僧來問：「如何是最初一句？」緇州和尚聞已便喝。最初一句者，謂佛初悟時所言者，亦謂一切真悟祖師初悟時所言者也，即謂所悟之初心也；不知者，便謂覺知初起時不起妄念之介爾初心也。禪門之中，每有世智聰辯之人，自己不思下心參究，欲從他人口中套得實義，將為己證；或藉世利，賫緣善知識，求其明言。待得聞知密意已，毫無功德受用，方知平實之言真實，然已悔之莫及矣。

不特明心一關如是，第二關之眼見佛性更是如是，緣未熟時（定力、慧力、福德未具足時），強求善知識明說，導致當時不能眼見，此世即再無機會可以眼見也！如是錯失一念之間證得世界如幻觀之十住菩薩現觀功德，真乃愚人也！

平實於講經說法時，為護諸人，故如是一再提示，而彼等自作聰明之人一再犯之，愚不可及！是故一切學人當以此為鑑，莫重蹈前人覆轍，莫再求人明言，當以自參自悟為要，當以禪三精進共修時之藉和尚機鋒而悟為要，方有體驗之機會，方能迅速發起深妙之般若慧。莫求和尚明言，莫求他人明言。只如彼僧方問最初一句，緇州和尚云何便與一喝？或有學人來問，平實亦只是一喝，無汝下手處。

復有僧問：「若與真如法身狹路相逢時，究竟如何？」緇州和尚便向胸前以手托一托。只如今時諸方大師多有稱悟者，且斷看：緇州和尚向胸前托一托，和「與真如法身狹路相逢」，有什麼相干？還有道得者麼？若道不得，何妨向晚浴僧時節，在浴房中效法緇州和尚向胸前托一托？若還不會，大殿中、架房裡、菜園梗、觀堂時、知客處、……何妨常常向胸前托一托？托上三十年去，不信不悟！爾等法鼓山四衆弟子，何妨於此切？三十年後若猶未會，來見平實，平實但教爾：「爾且閃身，我要過去。」待爾閃身時，平實自去，更無多語。頌曰：

最難將息求悟時，用心即錯；

不起一念，坐斷雙腿何處撮？

更道保任離念心，切忌默默；

攔胸一托，最初一句狹路踱。（調寄采桑子）

第四八七則　澄心作家

廬州澄心院　旻德和尚　師在興化時，遇興化和尚示眾云：「若是作家戰將，便請單刀直入，更莫如何若何。」師出，禮三拜，起而喝，興化亦喝；師再喝，化亦喝，師乃作禮歸眾；化云：「旻德今夜較卻興化二十棒。然雖如是，是他旻德會。旻德且不是喝。」

惟覺法師云：《「中道實相觀」乃禪宗修行之最究竟法門，其餘「數息」與「參話頭」皆只是方便。「中道」者，不落是非、成敗、苦樂、欣厭、得失、取捨之二邊境界，**惟有當前如如不動，了了分明，實實在在之一念，稱為「實相」**。吾人若以了知「卽心卽佛，全妄卽眞」之理，**無論行住坐臥都保持無念、無住、無為之心性，等到定慧功深，因緣成熟時，便可豁破無明，親證真如法身**，最後無明漏盡，究竟圓滿成佛種智。》（中台文教基金會《見性成佛》頁4~5）

平實云：惟覺法師成日裡掛在嘴邊兒上的口頭禪，便是中道實相觀。然而實際探究其所言之中道實相觀，卻只是意識思惟所得之覺知心境爾，與中道實相正觀相去不止千萬億里也！何以故？皆墮常見外道之知見故，唯是冠以佛法中道名相之異於常見外道爾。

中道觀之實證，乃是以實相心之本來自性清淨涅槃為修證之鵠的，絕非惟覺所言之以意識心不落是非、成敗、苦樂、欣厭、得失、取捨之二邊境界，而可謂為中道實相觀也！何以故？謂意識覺知心從來不能離於是非、成敗、苦樂、欣厭、得失、取捨之二邊境界故。但凡意識覺知心生起時，必定有是有非；若如惟覺所言：「覺知心永遠住於無是無非、無成無敗、無苦無樂、無欣無厭、無得無失、無取無捨」者，卻成鄉愿或白癡無異，所以者何？謂覺知心現起時，必定能知是非、成敗、苦樂…等，無有不知者；惟除白癡昏醉之人，及彼諸五勝義根有嚴重殘缺者。是故惟覺法師完全錯解佛法，不解佛法。

且觀 世尊在世時，常踵隨外道足後，親歷各大城而一一破斥之，豈是惟覺所言之以覺知心不落是非、成敗、苦樂、欣厭、得失、取捨之二邊境界者？現見經中記載：世尊一生分別外道法之邪謬所在，處處破斥外道以救衆生，其意識心仍然了別苦樂及諸法義與人事……等無量是非，故有種種戒律之制定，及與破邪顯正諸行，非無如是二邊之了別也，然而 世尊卻是真正不落是非、成敗、苦樂、欣厭、得失、取捨之二邊境界者。

是故遠離二邊者，非以意識心之遠離二邊而言也；乃是以意識之現前觀見自心如來藏從本以來不墮二邊，現觀自心如來藏從本以來不念一切法、從本以來不貪不厭一切法、從本以來不分別六塵萬法、從本以來不起欣厭之心、從本以來無得無失、從本以來無取無捨。意識覺知心證得本來已自存在之第八識如來藏後，如是現前觀察如來藏之中道性實相已，意識心隨即轉依此自心如來藏不墮二邊之體性而住，了知如是實相，解脫於分段生死，解脫於無明，解脫於生死與涅槃二邊，方名實證中道實相觀者。

如是親證已，不妨自心如來藏仍如是繼續安住中道實相境界中，而以意識繼續分別諸法，以意識繼續隨　佛修學一切種智妙法，以意識繼續分別衆生心性，隨其所應而為説法、施設方便。如是有「是非、成敗、苦樂、欣厭、得失、取捨」而不離「二邊境界」之意識心，與從來「不落是非、成敗、苦樂、欣厭、得失、取捨之二邊境界」之自心如來藏，同時同處而運作不斷，出生中道正觀，了知法界實相，並以如是智慧以利有情永無窮盡；如是證知、如是現觀，方是發起真正之般若慧者，非如惟覺之意識思惟錯解者。如是親證者，方是真正之中道實相觀也。

惟覺法師若不捨離原有邪見我見，此世欲求證悟般若，欲求親證中道實相觀者，永無因緣。平實今日預記於此，唯除後日彼之醒覺，捨棄今時之常見邪見！

既然　世尊於前後三轉法輪諸經中，皆說自心第八識是本來已在、本來已是常住而不曾暫斷、本來已是無念、無住、無為之心，則惟覺所言「**無論行住坐臥都保持無念、無住、無為之心性，等到定慧功深，因緣成熟時，便可豁破無明，親證真如法身**」者，即成妄説，迥違 佛旨，即成無義。何以故？第六意識心永遠都不可能轉變成第八識真如法身故。既然真如法身即是與第六意識同時並存之第八識心，則當以此意識之覺知性而尋覓同時存在之第八識真如法身，不應以意識心而欲修行變成第八識心也。

第八識真如法身既與第六意識同時同處，則將意識覺知心修行離念之法而求變成真如法身，則成無義，「悟時」之**因地心**是第六意識故，而成就**果地覺**之真如法身卻是第八識如來藏，則**因地心**與**果地覺**顯然有異，云何成就佛法真實義理？顯違《楞嚴經》佛説正理也。有智之人，思之即知其謬，何須平實一再宣説？説已仍然不信，須勞平實再三再四、乃至無數次説之，而彼等中台山與法鼓山四眾弟子，至今猶未稍知，仍欲將本來虛妄之意識心作為眞實證悟之**因地心**，以此虛妄之第六意識心，欲與將來**果地覺**之佛地第八識相同，眞乃不可理喻之人也！

是故學佛之人，必須建立正知正見，不應迷信大師名聲與徒衆之廣大也；此等皆可依於廣告媒體之運作而獲得也，然而獲得廣大名聲與招徠廣大信衆已，是否即能真實證入賢聖境界？是否即能代表其人確已證入賢聖境界？是故學人莫受名聲、表相……等法之所迷惑，應當實事求是，應當依法而不依人。審能依法而不依人者，則能求諸經典聖教量，以檢驗諸方大師之所言、所授、所證：究竟是否符合 世尊聖教？如是方名依法不依人之有智學人，若不如是，唯能一味信受名師言論，不能依諸方善知識所言而加以比對 佛說諸經者，則是依人而不依法者，則是墮於名師崇拜情結之人，乃是修福而不能修慧者。若不改變如是錯誤心態，此世必將永與三乘菩提絕緣也。為諸有智之人，能謹遵**依法而不依人**之聖教者，且舉澄心作家公案，共話臨濟之本來無生：

廬州澄心院旻德和尚，悟後仍在興化常住時，一日隨衆而入法堂，正值興化和尚示衆云：「若是作家戰將，便請單刀直入，更莫問道如何若何。」澄心禪師聞言便出衆列，向興化禪師頂禮三拜，起身又大喝一聲；興化禪師待澄心禪師大喝已，隨之亦喝；澄心禪師見狀再喝，興化禪師亦喝，澄心旻德禪師乃禮拜興化禪師，然後歸衆。興化禪師便對大衆開示云：「旻德今夜且勝過我興化二十棒也。然雖如是，這是他旻德會得佛法大意。然而旻德且不是這幾喝。」

只如澄心旻德禪師在興化禪師座下時，興化禪師要座下弟子作家相見，澄心旻德禪師只是出衆頂禮三拜，起身便喝，且無言語；興化見伊起身便喝，為何卻又隨之而喝？澄心旻德見興化喝已，云何卻又作禮返歸大衆之中？云何興化見伊旻德如是作已，卻言澄心旻德較自己更勝二十棒？卻是何意？如是衆多淆訛，惟覺法師既道是悟，敢為人印證開悟，可還說得麼？何妨出書斷看？匪唯平實要知，今時佛門四衆亦要知也！

然而惟覺出道以來所說，既然一向皆以覺知心為真，墮於主人公禪之中，何能了此密意？早知爾不能會得興化與澄心旻德禪師之意也！料爾不能知得此中關節也。然而真悟之人，於此公案，現見密意分明，豈有不知者？特因汝等一向墮在意識心中，認妄作真，認取一向攀緣法塵、五塵之意識為真，認此劫取法財之賊人為真子，故不能知得此中密意也！

且道：澄心旻德禪師如是瘋瘋癲癲，究竟意在何處？便令興化禪師當衆褒獎、為之印證？只如澄心旻德作如是喝已，云何其師興化禪師便道澄心旻德已悟？　此中究竟有什麼密意？直得如此奧秘？更筆之於書，流傳至今？　惟覺法師何不且息衆緣、於此參之？有朝一日，覷得分明，方知太近，方知平實不汝欺也！　只如這一喝，是旻德？不是旻德？　若道是旻德，放三十棒，自領出去！　若道不是旻德，亦是三十棒，自領出去！　若道非旻德、亦非非旻德，已墮意識思惟之凡夫知見中，應放三十棒，平實且親自料理爾這三十棒！頌曰：

澄心作家，單刀直入，出衆禮師不忒；

戰將上沙場，一喝再喝。

較卻與化數棒，禪門多事誰獻策？

這二喝，因緣叵得，不如鼓瑟！（調寄鳳凰台半首）

第四八八則　臨濟钁頭

鎮州臨濟院　義玄禪師　師一日與黃檗赴普請，師在後行，黃檗回頭，見師空手，乃問：「钁頭在什麼處？」師云：「有人將去了也。」黃檗云：「近前來！共汝商量個事。」師便近前，黃檗將钁钁地云：「我這個，天下人拈掇不起。」師就手掣得，竪起云：「為什麼卻在某甲手裏？」黃檗云：「今日自有人普請，我更不去也。」便歸院。（後溈山聞之，舉問仰山云：「钁頭在黃檗手裏，為甚卻被臨濟奪卻？」仰山云：「賊是小人，智過君子。」）

中台文教基金會介紹惟覺法師云：《**惟覺老和尚乃一代高僧虛雲老和尚之再傳弟子。近世以來，禪宗式微，虛老以一身維繫五家法脈於不絕，虛老圓寂之後，神州禪門關閉，法脈不傳。惟覺老和尚興無緣之大慈，起同體之大悲，毅然步下高峰，弘宗演教，普度羣萌，此不惟中國禪宗復興之希望，抑且為寶島同胞之厚福。**》（中台文教基金會《見性成佛》頁 10）

平實云：中台山真乃大言不慚之山頭也，所以者何？謂中台山之法脈傳承者，唯是表相：虛有其表而無法義傳承實質，並無法脈，唯有人脈表相之傳承爾。惟覺之所「悟」者，唯是意識境界，與佛法不涉，同於常見外道見，無絲毫差異也。如是而言「禪宗之門關閉，**唯傳與惟覺法師一人**」者，乃是妄言也！

惟覺自出道以來，其所言所著，始終未離意識常見境界，鎮日狂言「清清楚楚、明明白白、處處作主」，以此為禪門正修，墮在意識心上，與常見外道完全相同。有時則倡云：「妄想雜念消除了，保持無念離念而了了分明，可以時時作主，便是實相心。」有時則言：「師父在這裡說法，諸位在那裡聽法，了了分明，這聽法的一念心，不昏沉，不掉舉，這就是中道實相心。」……如是等等言說，悉以意識覺知心為修證之中心，完全同於常見外道。

如是，中台山基金會，以惟覺法師之常見外道知見，而言自家之臨濟禪宗法脈傳承者，而言神州之他家禪門關閉者，真是虛妄之言也。當知禪宗之法脈，不隨人脈；人有宗派傳承，然宗派傳承不必一定有法脈傳承。譬如真悟之師門下，亦多有未悟弟子，彼諸未悟弟子容有表相宗派傳承，於正法實無傳承，唯是因師徒關係而有宗派之傳承爾，於法而言，實未得法脈傳承也。今者惟覺受襲於其師之法，並非真正佛法，只是常見外道之知見爾，何得以表相宗派傳承而自炫於他宗他派耶？更道神州禪門關閉，更道一身維繫五家法脈，自高自擂籠罩衆生，真是大言不慚之人也！

如是之人之法，於台灣佛門四衆弟子之學法，於台灣佛教之弘宗演教，有何益乎？非唯無益，更乃誤導台灣四衆弟子盡入常見外道見中，共成「以常見法代替佛教正法」之惡業，乃是害衆生成就惡業者，乃是將台灣佛教導向外道常見中，何益於台灣佛弟子耶？如是常見外道見之惟覺法師，竟可說為中國禪宗復興之希望，真乃無知者之妄言也！

然而如是實情，說之於佛門信衆前，並無多大意義，今時佛門禪宗學人多屬迷信之人，唯觀表相而不肯探究實情故，多屬**依人而不依法**者故。若有人真是**依法而不依人**者，應當於耳聞「有人評論惟覺之法，說為有誤」之消息時，速速檢取雙方之書，對於雙方所說，加以分析對照；復又比經對論，細加思惟分析研判，而後速作取捨：捨邪就正，遠離外道見。然今現見中台山諸多學人，與法鼓山諸多學人一般，寧可迷信名師，寧可一錯再錯，乃至錯到底：一心要跟定名師，一心要崇拜錯誤名師；真乃不可救藥之人也，真乃口說**依法不依人**，而實際**依人不依法**者。

由此廣大學人迷信名師而**依人不依法**故，便令佛門充斥外道邪說，不能速返　世尊本懷，不肯修學真正之佛法般若智慧，卻隨名師墮於粗淺之常見外道知見中，而心中仍沾沾自喜，以為真實已得佛法。如是但聞惟覺、聖嚴二師片面之言而迷信之，便不肯稍閱平實公案拈提之解說，亦不肯閱讀平實諸多法義辨正之書；乃至平實其餘諸多結緣書中之一冊、之一頁，亦不肯稍微閱之，寧依惟覺、聖嚴二師之邪說而迷信修學到底，如是打定主意：**盡形壽依人不依法**，永墮常見外道見中，而自言學佛，真乃愚癡至極之**可憐憫者**。為諸有智之人，今且舉說臨濟钁頭公案，普令發明般若智慧：

鎮州臨濟院義玄禪師，悟後尚常住黃檗山；一日與師黃檗共赴普請鋤田，臨濟禪師隨在黃檗身後而行，黃檗回頭，見臨濟義玄空手，乃問：「你的尖嘴鋤在什麼處？」臨濟義玄答云：「已經有人拿去田裡了也。」黃檗云：「近前來！我與你商量一件事。」臨濟義玄便近前，黃檗將尖嘴鋤提起掘地，同時又云：「我這個，天下人拈不起、拾不起。」臨濟義玄聞言，便從黃檗禪師手裡搶過尖嘴鋤來，卻又豎起來說：「為什麼如今卻在我義玄手裏？」黃檗便云：「今日自有衆人普請鋤田，我就不去了。」說完便歸院。後來溈山靈祐禪師聞此公案，便舉示這個公案，問弟子仰山云：「尖嘴鋤本在黃檗手裏，為什麼卻被臨濟義玄奪過去？」仰山慧寂禪師答云：「作賊的雖然是小人，他的智慧卻往往超過君子。」

只如黃檗禪師道：「我這個，天下人拈掇不起。」且道是阿哪個？若道這個是钁頭，放爾三十棒；若道這個非是钁頭，亦放三十棒；若道「所謂钁頭即非钁頭，是名钁頭」者，放六十棒，自領出去。且道：是阿哪個？

臨濟義玄將其師手中钁頭趁手掣過，當天豎起，真個驚天地而泣鬼神，只是天下老宿盡墮臨濟閑機境上，悉皆不曉黃檗師徒二人言外之意也！如今平實且借溈山禪師之語，請問諸方自言證悟之師：「钁頭在黃檗手裏，為甚卻被臨濟奪卻？」若有人於此正答，不向偏裡去，平實道汝有來由，久後可以成人天之師。且道為何被臨濟奪卻？

仰山見問，答道：「賊是小人，智過君子。」原來那黃檗禪師只是偷懶，不想上田，權藉這機鋒，便回方丈室，讓弟子大衆服其勞去也！只如黃檗將钁豎起道：「我這個，天下人拈掇不起。」究竟是阿哪個教天下人拈掇不起？明明道是天下人拈掇不起，云何卻被臨濟義玄奪在手裡？究竟臨濟有無觸忤黃檗意旨處？

於現象上觀之，明明已經觸忤黃檗之言，可怪黃檗竟亦無言無罰；若道無觸忤之處，明明與黃檗所言相悖，非無觸忤處。諸方名師且道：「究竟黃檗與臨濟意在何處？」莫學法鼓山部份學人道伊二人是乩童起乩，莫學法鼓山部份學人道伊二人是神經病；爾後再如是言者，小心平實當場打破汝頭！免得聖嚴師父為爾等揹個教徒乖方之名。且道：「究竟黃檗與臨濟意在何處？」頌曰：

臨濟钁頭漫天揚，今時名師，無人能思量！
平實今報佛門好：臨濟至今有餘糧。
隨意豎奪俱風颺，師钁弟掣，揚醜爾爺孃；
小人君子同爺娘，可憐千古人未詳！（調寄蝶戀花）

第四八九則　臨濟活埋

鎮州臨濟院 義玄禪師 黃檗一日普請鋤茶園，黃檗後至，師問訊，按钁而立。黃檗曰：「莫是困耶？」濟云：「才钁地，何言困？」黃檗舉杖便打。師接杖推倒黃檗，黃檗呼：「維那！維那！拽起我來！」維那扶起曰：「和尚爭容得這風漢無禮？」黃檗卻打維那，師自钁地云：「諸方即火葬，我這裏活埋。」（潙山問仰山：「只如黃檗與臨濟，此時意作麼生？」仰山云：「正賊走卻，羅贓人喫棒。」）

聖嚴法師云：《黃檗希運率僧眾在茶園鋤地，與弟子臨濟義玄之間發生了一則動作火爆、言語冷峻的公案，把一方茶園搞得鬧翻了天。臨濟義玄跟著師父黃檗希運，到山坡鋤地種茶，臨濟到茶園之後先向黃檗問訊，然後按著鋤頭把沒有動靜，等著黃檗起反應。黃檗問他：「你累了嗎？怎麼不工作？」臨濟說：「才剛來呢！怎麼會累？」黃檗知道臨濟搞怪，拿起拐杖就打，臨濟用手接住拐杖，並順手把老和尚推倒。黃檗喊：「維那！快來！拉我起來。」維那是寺院中領眾的幹部執事，也可說是寺院中上殿過堂勞務等各項活動的領班者，類似首席經理或隊長。維那見此，一邊扶他起來，一邊嘀咕：「義玄這傢伙瘋了，太不像話！」以常情常理衡量，把方丈和尚推倒在地是逆上，應該受罰並逐出山門。沒想到卻恰巧相反，義玄沒有事，倒是維那被黃檗打了一頓，維那大惑不解，挨打的怎麼會是他？而臨濟義玄還一邊鋤地、一邊說風涼話：「許多人死後用火葬，我在這裡幫忙活埋。」**他鋤地不是為了種茶，而是準備活埋方丈和尚黃檗希運。**　此則公案究竟透露出什麼訊息？臨濟心中已經自在、獨立、灑脫，希望得到黃檗的認定；如果黃檗不予認定，那是自己功夫不夠，尚需努力。所以他趁此機會向黃檗請教、領教，只不過他是用動作來表達他的心境。師父打他，他竟敢接下師父的拐杖並把他推倒，換了別人哪有這個膽子？**但是臨濟心中坦然：「打我不是辦法，也沒有用處，我不需要挨打。」因此直接反應就是把師父推倒，這不是講理由的場合，最好用動作直接透露自己的心境。**如果臨濟是假的，在明眼人前，必定會露出破綻，黃檗會更加狠狠地打他。結果黃檗卻打了維那。　維那不知道他們之間發生了什麼事，還很不識相地發表評論；黃檗認為這個人才該打，打了才會明白他們一來一往的精采。**臨濟更進一步表示他的心境不依不靠、無礙自在，**便說：「許多人死後火葬，老和尚沒死，我要把他活埋。」**臨濟不是真的要活埋黃檗，而是他已不是小孩，不需要老和尚的呵護提攜、幫他什麼忙了。**此時，對他而言，老師黃檗已可死了。不是眞的要黃檗死，而是表示他已頂天立地自由自在了。》（東初出版社《公案一百》頁255~257）

平實云：這個公案，聖嚴法師講來真是精彩，未悟學人讀來必定非常欣賞，但是「讀後馬上上當」。然而證悟者所觀，則截然有異：

鎮州臨濟院義玄禪師悟後弘法，歸省其師黃檗希運禪師。一日，黃檗山普請大衆鋤茶園，黃檗禪師最後到園，臨濟義玄禪師見黃檗到來，便問訊，問訊後只是按钁而立，且不作事。黃檗見狀，問臨濟義玄曰：「莫是身子困頓耶？」臨濟答云：「方才開始钁地，怎麼就說是困頓了呢？」言畢卻仍是按钁不動。黃檗聞言見狀，知臨濟欲要自己施機鋒以利兄弟，是故聞言舉杖便打。臨濟義玄禪師伸手接得拄杖，卻推倒黃檗在地；黃檗見時機成熟，便大聲呼喚：「維那！維那！拉起我來！」維那聞言走近黃檗身邊，卻不知太近，猶自扶起黃檗，隨後更曰：「和尚怎麼容得下這個瘋癲漢子這麼無禮？」黃檗見維那處處錯過，不打臨濟，卻打維那。臨濟早知師意，便自顧自的钁地，高聲云：「諸方總是火葬，我這裏卻是活埋。」

後來溈山靈祐禪師聞人傳來這件公案，便舉問座下弟子仰山禪師：「只如黃檗與臨濟，此時意作麼生？」仰山答云：「正賊既然走掉了，只好羅織贓物給別人：教別人代喫這棒。」

這個公案，多有淆訛，到得今日，無人能知，悉墮情解思惟之中，更寫出禪書，用來博取世名，以邀徒衆迷信追隨。不料所說所寫，悉皆顯露未悟之實，今日遭人拈提，正是求榮反辱之舉也！

臨濟義玄見黃檗後至，一則欲令未悟之師兄弟得悟，故作如是行，以邀黃檗之施機鋒，而利兄弟之證悟；二則「有事弟子服其勞」，本是弟子常有之心態，故欲藉此機鋒之緣，而使黃檗施機以後，得歸方丈室休息，可於別事而廣利衆生，此亦弟子感恩及護法之心也！彼時方丈若覺不累，復無他事者，則繼續在園勞動筋骨。此乃禪門常事，兩利之舉也。然唯師徒相悉而終生不舉示人。

只如臨濟當衆問訊、按钁而立，是什麼意？須知他不懷好意，早在算計殺人了也！他起這個頭，只是期望藉此機會，能使黃檗殺卻幾個師兄弟之五蘊我見我執。黃檗見狀，早知臨濟搞怪之意，故意問曰：「莫是困耶？」臨濟便順勢答曰：「才钁地，何言困？」既不困，卻仍舊不鋤地，擺明了要教黃檗施機鋒；黃檗知他意已，舉杖便打。臨濟義玄早知黃檗必有此棒，便伸手接住，卻又推倒黃檗在地。

只如黃檗舉杖打臨濟，意在何處？正是項莊舞劍意在沛公也，可惜當時沒個人知見。黃檗見無人會得，只好覓個人再施一劍，便高聲叫喚云：「維那！維那！拉起我來！」可憐那維那來至黃檗跟前，卻如暗夜裡行相似，一邊兒拉起黃檗，一邊嘀咕著：「和尚爭容得這瘋漢無禮？」黃檗聞言，早知白跌這一跤，竟沒度著半個伶俐底漢，心中難免一場氣悶，只得怪罪維那，被拉起後便打維那。期望藉這一打，警覺維那；不意維那不是那個料，只得打過便罷！

聖嚴法師不知此中蹊蹺，更道：「**黃檗認為這個人才該打，打了才會明白他們一來一往的精采**」，完全錯會公案中黃檗與臨濟之用意。若有因緣，卻該請來克勤先師往聖嚴師父身上打幾棒，因為「**平實認為聖嚴師父才該打，打了才會明白他們一來一往的精采**」所在，否則終生仍將茫然於禪與悟。

可那臨濟義玄卻不放過維那，更高高舉起钁頭，使力钁地，口中兀自大聲嚷嚷著：「諸方都是用火葬的方式燒了五蘊，我這裡卻是用活埋的方式。」但教爾死卻「覺知心是真實不壞法」之邪見，不教人起這邪見，將這邪見埋在各人身心中永不現起，而不令五蘊及覺知心死卻，如是**活埋**。

可憐黃檗座下，上自維那、下至園頭，無一個有知見底，悉皆不解臨濟當時作略。乃至今時之臨濟宗傳承者：惟覺、聖嚴與星雲法師，亦皆錯會臨濟宗旨，不曾絲毫傳承臨濟正法，皆墮意識思惟臆想所得境界之中，與諸常見外道絲毫無異，何曾是臨濟之子孫？由是之故，平實早知道彼三人於此公案玄旨必不能知也！只如臨濟自顧自的钁起地來，口中大聲嚷嚷著：「諸方即火葬，我這裏活埋。」竟是何意？爾等三大法師鎮日裡談禪，說迷道悟，可中還有個人知曉麼？試斷看！頌曰：

臨濟活埋多淆訛，至今千年，祖意無人得；
師徒大悲戲一閣，茶園密旨誰能擇。
钁地杖擊更推扯，我見若捨，甫見便出格；
瘋漢不瘋是大德，五蘊身中有遠哲。（調寄蝶戀花）

第四九〇則　臨濟坐禪

鎮州臨濟院義玄禪師　師一日在黃檗僧堂裏睡，黃檗入來，以拄杖於床邊敲三下，師舉首，見是和尚，卻睡。

黃檗打席三下去，卻往上間，見首座坐禪，乃云：「下間後生卻坐禪，汝這裏妄想作什麼？」首座云：「這老漢患風耶？」黃檗打板頭一下，便出去。（溈山舉問仰山：「只如黃檗意作麼生？」仰山云：「兩彩一賽。」）

惟覺法師云：《所謂大疑大悟，小疑小悟。因爲大疑，這個疑團才深；小疑則疑團不深。因爲不深，就不能夠把我們的煩惱伏下去。如此又深又切，才能把我們身心世界完全否定，禪宗所說**這個**，就是大死一番，將自己及整個世界通通否定掉，身心俱捐，外面所有一切事事物物通通一腳踢開，**只有當前這一念心，這個就是大死一番**。如果不經過這一番用功，妄想是很難轉過來的。人的妄想很多，**一有念就是衆生，無念就是佛**。**只要我們能夠做到無妄念、無雜念，你現在就是菩薩！**所謂「菩薩清涼月，常遊畢竟空，衆生心水淨，菩提影現中」，**指的就是這一念心**。**我們修行就是澄清當前這一念心，澄清了以後就是一個絕對的境界**。》（中台文教基金會《見性成佛》頁 13~14）

平實云：惟覺法師真似個牙牙學語底小兒，學祖師言語；可憐卻學得不似，只成個啞羊爾。

古來禪宗中人，固有未識字、未學教者；然而自七祖後，率多未悟之前精研經教，後來發覺原來只是數他珍寶，所以創入叢林參禪，未悟之前不敢復出；或者尋訪明師，歸依無名氣之真悟禪師座下參禪。直至證悟已，方始出世弘宗演教，光揚祖庭。如今所見惟覺、聖嚴、星雲…等人，何曾有一人通宗？莫道通宗，乃至達教者，一人亦無！所說皆是違教悖理之言，「所證」皆是常見外道境界，有何修證可言？此三大師，於三乘菩提之見道，尚無其一，竟敢廣受供養，受人信施。廣受信施供養倒也罷了，為護名聞與利養，竟敢誹謗正法為邪法，誹謗弘傳究竟了義正法之菩薩為邪魔外道，極力抵制正法與親證正法之菩薩，自造無間地獄以容未來世之自身，愚癡已極！

惟覺法師及聖嚴法師、星雲法師等人，自始至終，不曾稍離意識心境，一向執取意識覺知心為實相心，認為覺知心只要不起妄念、不執著六塵衆法，了然分明而獨立自主，便是 佛所證得之真如，去道遠矣！彼等三人，完全不知佛法理路，一向認定覺知心澄清無念時便是真如心，故以覺知心之無念離念作為佛法正修行法門。至於三乘菩提之分際，則完全不知不解，遑論修證？遑論為人解說、傳授？是故至今垂垂老矣，而於三乘菩提分際仍然茫無所了，仍然茫無所證，只成個墮落於常見外道見中之凡夫爾！今者更聯合一致，於私下共同誹謗正覺同修會所傳正法為邪魔外道法，彼等三人以一世之名聞與利養，而造未來無量世之尤重純苦重罪，絕非有智之人也！

有智之人甫聞他人不同於己原先所學之「實相法」已，當自思惟：二者所說有異，究竟何者為是？何者為非？當知佛法實相絕待，必定唯有一法是真，其餘衆法必假。然而欲作如是判斷，非己所能；應集二家之說，依經及論一一比對，而後真理自明。萬勿唯信一面之辭，便對他方所說拒讀拒閱。迷信名師之言而拒讀法義辨正之著作者，乃是依人而不依法之愚人，**其結果便是錯失證悟三乘菩提之一大因緣**，便將與三乘菩提之見道功德、乃至修道功德，擦身而過。來世是否仍有此緣，未可逆料。乃至隨於名師之言而誹謗正法，道業未成，地獄先辦，真可憐憫也！為諸有緣人故，今舉臨濟坐禪公案，共諸學人扯葛藤去也：

鎮州臨濟院義玄禪師，一日在黃檗僧堂裏睡，黃檗入得僧堂來，以拄杖於床邊敲三下，臨濟禪師抬頭，看見是黃檗和尚，卻又自顧自的睡下，且不理會黃檗禪師。

黃檗禪師以拄杖打席三下之後便離去，卻又行往上間，看見首座正在坐禪，乃訶責云：「下間的臨濟義玄後生，卻是好好地坐禪，你卻在這裏打妄想作什麼？」首座見狀，不解黃檗禪師真正意旨，便云：「這個老漢，莫非瘋癲了？」黃檗聞言，卻又以拄杖打了床板頭一下，便出去。後來溈山禪師聞人傳說這個公案，便舉出這公案來問弟子仰山：「只如黃檗恁麼作，他的意思究竟如何啊？」仰山答云：「這就像是：兩個彩頭拿來在同一場猜謎中作一場賽事一般。」

只如僧堂中之臨濟義玄，明明只是在睡午覺，黃檗禪師為何卻道臨濟義玄是在坐禪？上間首座正在坐禪，修習一心不亂功夫，黃檗禪師卻道他在打妄想，又是何意？

次如黃檗見臨濟義玄睡午覺，打睡席三下，臨濟見是堂頭和尚，倒頭又睡，且不理他；云何黃檗卻不打他，只管由著臨濟義玄繼續睡？黃檗打席三下，又意在何處？

三如黃檗訶責首座坐禪是打妄想，首座說黃檗患瘋癲症，黃檗云何不答伊？卻打床板頭一下，便出去？卻是何意？

若人有眼，覷得分明，卻道這三問只是一問，覓得平實，卻好向平實胸前印上一掌，伸手討茶一盞。　慈濟證嚴法師乃是不懂真正佛法底人，我則不問；只如爾等法鼓山、中台山、佛光山三大名師，作麼生分說？還道得麼？　頌曰：

臨濟睡眠心無念，非定非亂真坐禪，法界大定腿甭盤。

首座正襟制心坐，妄想紛紜何能謾？三彩一賽茶一盞。（調寄浣溪紗）

第四九一則　臨濟眞人

鎮州臨濟院義玄禪師　一日上堂曰：「汝等諸人！赤肉團上有一無位眞人，常向汝諸人面門出入，未証據者看看。」時有僧問：「如何是無位眞人？」師下禪床把住云：「道！道！」僧擬議，師托開云：「無位眞人是什麼乾屎橛？」便歸方丈。

聖嚴法師云：《大菩薩是無相的，有相的菩薩不是眞的大菩薩，眞的大菩薩是無相、無我的，眞的佛身也是無相、無我的。但是無相的「無」，是不是等於沒有？不是，**他也是「有」的，只是沒有自我的執著，能夠適應各類不同層次的眾生，而有不同的化現，這才是真正的大菩薩**。有一次，我到美國一位日本禪師的禪堂，那裡沒有一定的位子，也沒有師父的位子，因爲在美國非常講求平等，所以爲了適應美國人，老師沒有位子。可是有一個位子上寫著「無位眞人」幾個字，我一把逮住那位禪師說：「這是有位還是無位？這是眞人還是假人？如果是無位，爲什麼還有一個位子在這裡？坐在這裡的人是眞的？還是假的？坐在這裡是眞的？還是離開這裡是眞呢？沒有人坐是眞呢？還是有人坐是眞呢？」他被我一問，就笑說：「這是騙美國人的，你不要再說了，不要把底牌掀起來了！」這個禪師還眞有點道理，如果他堅持他是無位眞人，他就一文不值了。》（東初出版社《動靜皆自在》頁155）

平實云：聖嚴師父二十餘年來，說禪寫禪，出版數十本禪書，講得天花亂墜，讀者亦是讀得不亦樂乎，全部上當。然而師父這些禪書，從來言不及義，皆在意識思惟情解上面用心，根本不曾搔到癢處。禪門破初參之宗旨，既然唯是**明心**證悟，則當親證真實心，方是證悟；第二關則須眼見佛性，合此二關故名「**明心**、**見性**」，此乃禪宗四眾弟子公認之說，是禪宗真正參禪之四眾弟子共識。今者聖嚴師父不在親證**實相心**上用功，卻只是在名相上作諸情解，未曾稍斷我見與我執，根本不與解脫道相應；修習一念不生之功夫，卻又至今未能證得欲界定、未到地定，初禪更無論矣。於禪宗之般若禪而言，復又未曾證得法界實相之如來藏心，何曾與禪法般若相應？何曾與三乘菩提之一相應？既與三乘菩提之見道及禪定皆不能相應，皆不能證得，則所說諸法皆是戲論，皆成言不及義之俗法。

復次，菩薩所證既然是**無相法、無我法**，則聖嚴師父應將自己所發行之一切書籍盡付回祿，皆墮意識**有相法、有我法**故。譬如聖嚴師父此段文字所說：「眞的大菩薩是無相、無我的，……但是無相的『無』，是不是等於沒有？不是，**他也是『有』的，只是沒有自我的執着，能夠適應各類不同層次的眾生，而有不同的化現，這才是真正的大菩薩**」，如是所說，卻是仍然墮在「有」中，仍是「三界有」也！仍是「欲界有」也！

此謂聖嚴法師所說之無我、無相，只是意識心不存我想、不存念想、不存相想，只是意識心之無念離念而已，仍舊墮於意識心上，以無念之意識心為主體心；意識心則從來就是「三界有」之法，何曾離於有相？聖嚴法師所說如是意識心，尚與六塵相到、相應，只是不起語言文字之妄念爾，仍然未曾離欲界境界，正是「欲界有、衆生我」之相，未曾稍離「有、我」二相，云何可言之為無相、無我？正是常見外道之「常不壞我」，云何可言之為「無我」？不應正理！

又譬如聖嚴師父所說之無念離念之覺知心，說覺知心若能長時間無念離念時，即是大悟徹底者；然而此離念之覺知心，正是三界有之有相法，又是從來了了分明者；了了分明時，則是常與六塵相應之心；與六塵相應之心，則非是無相之心，常墮六塵法相中故，常因六塵相而令心行隨之動轉故，正是有相之心。於如是有相之法及有我之心而作種種修證者，悉屬有相有我之法；既是有相有我之法，則顯然非是菩薩所應證之無相無我法，則顯然聖嚴法師如是修證者非是菩薩之修證法門與境界。

菩薩所證者，乃是第二轉法輪經中所說「非心心、無心相心、無住心、不念心」之第八識心，此心從來不與六塵相應，故是真實無相之法；此第八識心從來離證自證分，故從來不了知自我，從來不與我見相應，從來不生我見，故從來不起「我」覺「我」知，故從來皆無「我」性，方是無我之法。此心即是第三轉法輪所說之第八識阿賴耶，此第八識所含分段生死之煩惱斷盡時，改為第九異熟識名，捨阿賴耶識名；悟後進修種智，所含煩惱障習氣種子隨眠斷盡，亦斷盡所含無始無明一切上煩惱隨眠時，改名第十無垢識，亦名真如；至此究竟佛地已，仍是第八識心體，唯是**所含種子**之淨與不淨層次差別，為作不同境界表示，故作第九、第十識名，**體**實唯一第八識也。此第八識心，方是菩薩因地所應證悟之心，此心從來無「我」相、無「有」相，即是成佛果地所覺證之第八識真如心體，方符《楞嚴經》中所開示之「**因地心**與**果地**覺名目相應」之理也，方是因地心與果地覺為同一心也，是同一第八識體故。此心從來不與六塵相到、相應，不論眠熟位或清醒位中，皆不與六塵相應，方是真正之**無相心**也！此心從來不曾了知「有自我存在」，方是真正之**無我心**，方是菩薩之所應證者也。

反觀聖嚴師父所說之離念覺知心，則是從來必與六塵相應之心，則是自始至終不能離於六塵相之心也；不離六塵相之心，正是有相心，云何可以名之為無相之心？復次，聖嚴法師所言之離念靈知心，從來皆是時時刻刻了知自我存在者，正是有我之心，非是無我之心，云何可以名之為無我之心？是故聖嚴師父自身所證，與己所言無相無我之理相違；云何**自語相違**，復又違背　世尊聖教之聖嚴師父書中所說之禪法，可以謂之為真實佛法？無是理也！

是故學禪之人，萬勿依人而不依法，務須依經循論，方始合轍；若依聖嚴師父所說者，必定永劫不能證悟，長處常見外道見之我見黑暗深坑中。必也依法不依人，全依聖教量而修而證，或依所證完全符合聖教量之真悟者，隨其所示而修而證，方是依法不依人之有智學佛人也。今者且舉臨濟眞人公案，共諸有智學人合計合計：

鎮州臨濟院義玄禪師住持臨濟院後，一日上堂開示曰：「汝等諸人！赤肉團上有一無位真人，常向汝諸人面門出入，未親証引據者，自己小心看看。」當時有一僧出衆請問：「如何是無位真人？」臨濟禪師聞言，不答他所問，卻下禪床把住那僧，逼問云：「道！道！」那僧準備開口論議，臨濟禪師卻忽然將那僧托開，又云：「無位真人是什麼乾掉了的大便？」說完便歸方丈室去。

臨濟義玄禪師初至臨濟院，請鎮州普化禪師師兄弟二人讓出臨濟院，欲弘黃檗宗旨，初時開示，依舊是真妄不分，令人歇卻念念馳求之心，教人返本還源：認取見聞覺知心為真，同於今時之聖嚴、惟覺與星雲三師。後來曾有多位真悟禪師不肯伊，拈提於世，臨濟方知錯悟，重新自我檢點參究；隨後開示便得合轍，乃至成為一派之師，世稱臨濟宗。

臨濟之師黃檗希運禪師曾開示云：「學道人勿疑：四大爲身，四大無我，我亦無主，故知此身無我亦無主；五陰無我亦無主，故知此心無我亦無主。六根六塵六識和合生滅亦復如是，**十八界既空**，一切皆空，**唯有本心蕩然清淨**《景德傳燈錄》卷九。」則是明說六識心與六根中之意根心等七識之外，別有清淨本心同時存在，符合諸經 佛說八識心王同時並行運作之理，亦與平實《邪見與佛法》書中所言涅槃之理完全相符。

是故臨濟初出道時，開示言見聞覺知之心爲眞實心者，真是誤會佛法一場，招來當時許多真悟之師閑言閑語。千餘年後，錯誤之法師們，便引臨濟禪師初出道時錯誤之開示為證據，振振有辭以證其錯悟為真悟；平實不得已，再將臨濟初出道時之錯誤開示加以拈出，讀者若欲知之，請閱拙著公案拈提第三輯《宗門道眼》即可知也，此處略表而不述之。

由如是正理，呼籲一切學人：當依正法而修、而行，莫依錯悟之師似是而非之言，莫依證悟祖師於證悟前所說言語而修；萬勿依人不依法而走向常見外道見中。今者，聖嚴師父書中常作是言：明心並非另有一個眞實心可以找到，而是將覺知心遠離煩惱妄想雜念，心無牽掛，無念而了了分明，便是證悟。如果能長時間保持無念、無煩惱生起，就是大悟徹底（詳見本輯前來諸則拈提舉證）。如是開示，卻與真正佛法相違，亦與黃檗禪師上來此段開示迥異，焉得謂之為證悟之聖者？其實只是未悟之凡夫爾，只是假藉禪學言語而籠罩四衆弟子爾，與彼明知未悟，卻故意籠罩美國人之日本禪師何異？然而法鼓山數十萬四衆弟子，竟然不分青紅皂白地崇拜迷信之，一何愚哉！有智之人當細思之！

只如赤肉團上有個無位真人，常在大衆面門上出入；未悟之人何妨於此看看：究竟阿哪個是赤肉團上之無位真人？　豈但常在諸人面門上出入，簡直是遍十八界都不曾隱藏，遍十八界中不斷出入，渾身皆是！　大衆且細心於此言下探究之。

臨濟禪師道得此一句後，便有一僧出衆而問，不料臨濟卻不答伊所問，反而下得禪床便將那僧一把捉住，逼問那僧速道。那僧擬議，臨濟禪師卻將那僧一把托開云：「無位真人是什麼乾屎橛？」便捨下那僧與大衆，逕歸方丈室去。

臨濟禪師這回，已非初出道時之吳下阿蒙，非比尋常；此回真如猛虎出柙，猛龍出水，真可謂驚天地而泣鬼神也；機鋒之凌厲迅捷，迥異初出道時之顢頇也，真可謂千古難有繼者。

只如臨濟出得一語，那僧出問，臨濟未曾有什麼開示，云何便把住那僧逼問？且道：那僧過在什麼處？　此一問題，待得聖嚴師父尋思將來，電光石火早已過去了也！師父若欲知者，何妨前來下問？平實待師父問語甫畢，亦只是下座一把把住，逼問云：

「速道！速道！」此外更無二話。　且道：平實如是問，與臨濟之問，是同？是異？聖嚴師父若能於此薦得，人天有眼；否則，便都不堪也！

那僧擬議，早是機遲，何曾知得臨濟迅雷心行？如是輩人，救得有什麼用處？所以臨濟當時一把托開云：「無位眞人是什麼乾屎橛？」便歸方丈。留下這個千古公案，今時大師猶自狐疑，悉皆透不過臨濟手裡，個個死於句下。　或有個禪和子，來覓平實，平實只教伊來會中共修，且不與伊說破，亦不與伊機鋒，與之亦無用也。待至禪淨雙修班期滿，知見已足時，至禪三精進共修時若再問余，平實只是一把將伊推倒，令伊便得會去。

只如臨濟一把托開那僧云：「無位眞人是什麼乾屎橛？」竟是何意？未審今時還有眼尖之人麼？　復如臨濟話畢便回方丈，將那僧放下，又是何意？　上座莫道臨濟是鈍置伊，臨濟且不是這個心行也！　頌曰：

赤肉團上本無位，真人非人，常住不知累；
爾內我外不相知，啐啄同時無比類。
面門出入多迷醉，無量劫來，君王曾未寐；
臣民在外仗王力，會得莫洩君王諱。（調寄蝶戀花）

第四九二則　臨濟擲拂

鎮州臨濟院義玄禪師　大覺到參，師舉拂子，大覺敷坐具，師擲下拂子，大覺收坐具入僧堂。眾僧曰：「這僧莫是和尚親故？不禮拜，又不喫棒。」師聞，令喚新到僧，大覺遂出眾，師曰：「大眾道汝未參長老。」大覺云：「不審！」便自歸眾。

聖嚴法師云：《臨濟義玄的宗風，是能活用禪機，棒喝並行。在『天聖廣燈錄』卷一〇裡，有如下的記載：一僧來見，師舉拂子，僧禮拜，師便打。一僧來見，師舉拂，僧不顧，師亦打。一僧來參，師舉拂，僧曰：「謝和尚見示！」師亦打。此皆以這些人的心中有物有礙，所以遇著義玄禪師，便是遭打。結語：今天，我在這裡放了一把「星星之火」，待它燎原後，再讓高明者來「救火」。謝謝貴校的邀請，謝謝 Zysk 教授的安排，謝謝諸位老師及同學們的出席指教，並爲大家祝福。》（東初出版社《動靜皆自在》頁 23~24）

平實云：聖嚴師父這把星星之火，自從一九九五年放來，不斷燒了七年之久，今日平實不來救火，卻是來滅火；何以故？謂此火不能燒除衆生煩惱薪，反而燃起衆生之無明火——令人難以證得般若實相故，令人增長無明火故，令人繼續沉墮我見意識境界中故。

臨濟義玄禪師初出道時，固然真妄不分，致遭當時真悟之師多方檢點之；然於後時饜清真妄二心差別後，機鋒勃發凌厲，玲瓏八面，時人難知臨濟絃外之音，不能稍攖其鋒。如是凌厲之機鋒，淺悟、初悟之人尚不能知，何況聖嚴師父未悟之人，云何能知？未悟未知之人而作如是解釋，唯曝自短，句句皆成野狐證據，智者遮除之所不遑，吾師反竟廣為印行，用來誤導衆生，益加自曝其短，非是有智者所能為之也。

所以者何？臨濟之舉拂與棒打者，非如聖嚴師父所謂之「在打除學人心中之物、之礙」也。當知真悟禪師一棒，有時作示現丈六金身用，有時作探竿用，有時作影草用，有時作賞棒用，有時作罰棒用，有時作向上全提之用；其中淆訛，非初悟之人所能知之，何況師父未悟之人，焉能知之？

今者聖嚴師父作此粗言，講於紐約大學，耽誤學人事小，令人誤以為佛教之禪只是如此粗淺之法，致斷彼等諸人慧命，致失彼等學佛之心，其過則大；今更梓行於世，欲求世名俗利，藉得長久流傳，貽誤今時後世更多學人，其過轉大。由是緣故，平實今日不免權充滅火者，以滅師父此把無明邪見之火也。滅卻此等外火已，衆生則能了知此火虛妄；然師父心中之無明邪見大火，仍未能滅，此則要待親證自心藏識已，方能滅之也。師父心中「我見、無明之火」若不肯滅除，平實終將無所能助。是故今舉臨濟擲拂公案，唯共佛門學人話道，非與吾師言之也：

大覺禪師新悟時，來參臨濟義玄禪師，臨濟禪師甫見大覺，便舉起拂子，大覺見狀卻在地上敷放坐具，臨濟禪師又擲下拂子，大覺便收起坐具走入僧堂。衆僧見大覺未曾挨棒，又走入僧堂，乃曰：「這個僧人莫非是和尚之親戚故舊？既不禮拜，又不喫棒。」臨濟禪師聞得衆僧作是言語，便令人來叫喚新到僧大覺禪師，大覺聞喚，遂出衆列，臨濟禪師見大覺出衆，便責曰：「大衆都說你：還未參見長老，怎可便入僧堂歇息？」大覺聞言，只向臨濟道一句「不曉得！」便又自行走回僧衆中。

這個公案可殺奇怪！凡有人來參，臨濟往往見面便棒，有時甫見便喝。這大覺禪師新悟來參，臨濟卻不曾棒喝，招得衆僧猜測是臨濟俗家親戚故舊。只如大覺來參時，臨濟舉起拂子來，究竟是什麼意？次如臨濟舉拂，大覺卻敷坐具；又是什麼意？三如臨濟見大覺敷坐具已，卻又將高舉之拂子擲向地上，又是什麼意？四如臨濟擲拂，大覺卻不理他，逕自收起坐具，便入僧堂，又是什麼意？如是諸問，有請法鼓山上已被聖嚴法師印證為悟之四衆弟子們參參看！有請聖嚴大法師參參看！

臨濟之於大覺，其作略，與平實向來作略無異，活脫脫似個神經病；爾等法鼓山弟子，曾於本會郭故理事長告別式法會中，將平實開示了義法時之使機鋒，嘲弄為乩童起乩，嘲弄為神經病，如今且要爾等未得神經病之諸人道一句，且要爾等非是乩童之正常人道一句：今者臨濟與大覺究竟是不是乩童起乩？若不是乩童起乩者，究竟是什麼意？

如是臨濟與大覺間，活似神經病之一場「笑鬧」，且不是笑鬧，真正是一場驚天動地底無生大法聚會，乃是真正之「法會」；深妙無上，嚴肅無比，非是尋常說法之會也，更非是拜懺誦經之會也。此中密意，非但爾等不知，乃至爾等堂頭和尚聖嚴大師亦不能知之；非但爾等身處凡夫位之堂頭和尚不能了知，乃至二乘無學聖人亦不能了知此中密意也！爾等法鼓山弟子若有笑彼臨濟、大覺如是示現為乩童起乩者，或於未來再見現代悟者示現此等機鋒時，嘲為乩童起乩者，即成嘲謗無上深妙大法之斷善根人。是人當速佛前懺悔，夜夜死心懺之，命終之前要見好相，否則捨壽時救之不及，永難受生於人間，爾等莫作等閑！

若不作如是懺悔者，唯有一法：戮力護持正法及求證悟，悟後繼續盡形壽護持正法；當如世親菩薩之證悟及盡形壽護持究竟正法，則可免去重罪，不必見好相。否則來日有殃在！

只如臨濟命人來喚大覺，大覺聞喚，出列卻不語，竟是什麼意？次如臨濟道：「大眾道汝未參長老」，大覺甫聞，云何不參禮？只道個不曉得，便又歸衆中，又是何意？

究竟大覺曾參、不曾參臨濟長老？　若道已參，且道什麼處是大覺參臨濟處？　若已參，云何臨濟卻又喚大覺？　個中淆訛，還有知得者麼？

復次，臨濟見狀，云何卻對大覺再無意見？竟是什麼道理？　爾等法鼓山四衆弟子！何妨就此公案中平實所作諸問，相邀問取爾等堂頭和尚聖嚴法師？看伊怎地分說？看伊怎地證解？　頌曰：

臨濟擲拂驚天地，遍處空生，道盡祖佛意；

愚者共笑是乩童，眼盲不見猶夢囈。

步步無生千手眼，作家懷藝，愚人心眼翳。

不審方了實相智，法王全露曾未冪！（調寄蝶戀花）

佛教正覺同修會〈修學佛道次第表〉

第一階段

* 以憶佛及拜佛方式修習動中定力。
* 學第一義佛法及禪法知見。
* 無相拜佛功夫成就。
* 具備一念相續功夫—動靜中皆能看話頭。
* 努力培植福德資糧，勤修三福淨業。

第二階段

* 參話頭，參公案。
* 開悟明心，一片悟境。
* 鍛鍊功夫求見佛性。
* 眼見佛性〈餘五根亦如是〉親見世界如幻，成就如幻觀。
* 學習禪門差別智。
* 深入第一義經典。
* 修除性障及隨分修學禪定。
* 修證十行位陽焰觀。

第三階段

* 學一切種智真實正理—楞伽經、解深密經、成唯識論…。
* 參究末後句。
* 解悟末後句。
* 透牢關—親自體驗所悟末後句境界，親見實相，無得無失。
* 救護一切眾生迴向正道。護持了義正法，修證十迴向位如夢觀。
* 發十無盡願，修習百法明門，親證猶如鏡像現觀。
* 修除五蓋，發起禪定。持一切善法戒。親證猶如光影現觀。
* 進修四禪八定、四無量心、五神通。進修大乘種智，求證猶如谷響現觀。

佛菩提二主要道次第概要表——二道並修，以外無別佛法

佛菩提道——大菩提道

十信位修集信心——一劫乃至一萬劫

資糧位

初住位修集布施功德（以財施爲主）。
二住位修集持戒功德。
三住位修集忍辱功德。
四住位修集精進功德。
五住位修集禪定功德。
六住位修集般若功德（熏習般若中觀及斷我見，加行位也）。

外門廣修六度萬行

見道位

七住位明心般若正觀現前，親證本來自性清淨涅槃。
八住位起於一切法現觀般若中道。漸除性障。
十住位眼見佛性，世界如幻觀成就。

一至十行位，於廣行六度萬行中，依般若中道慧，現觀陰處界猶如陽焰，至第十行滿心位，陽焰觀成就。

一至十迴向位熏習一切種智；修除性障，唯留最後一分思惑不斷。第十迴向滿心位成就菩薩道如夢觀。

內門廣修六度萬行

遠波羅蜜多

初地：第十迴向位滿心時，成就道種智一分（八識心王一一親證後，領受五法、三自性、七種第一義、七種性自性、二種無我法）復由勇發十無盡願，成通達位菩薩。復又永伏性障而不具斷，能證慧解脫而不取證，由大願故留惑潤生。此地主修法施波羅蜜多及百法明門。證「猶如鏡像」現觀，故滿初地心。

二地：初地功德滿足以後，再成就道種智一分而入二地；主修戒波羅蜜多及一切種智。滿心位成就「猶如光影」現觀，戒行自然清淨。

解脫道：二乘菩提

→ 斷三縛結，成初果解脫
→ 薄貪瞋癡，成二果解脫
→ 斷五下分結，成三果解脫

入地前的四加行令煩惱障現行悉斷，成四果解脫，留惑潤生。分段生死已斷，煩惱障習氣種子開始斷除，兼斷無始無明上煩惱。

近波羅蜜多 — 大波羅蜜多 — 圓滿波羅蜜多

修道位 — 究竟位

三地：二地滿心再證道種智一分，故入三地。此地主修忍波羅蜜多及四禪八定、四無量心、五神通。能成就俱解脫果而不取證，留惑潤生。滿心位成就「猶如谷響」現觀及無漏妙定意生身。

四地：由三地再證道種智一分故入四地。主修精進波羅蜜多，於此土及他方世界廣度有緣，無有疲倦。進修一切種智，滿心位成就「如水中月」現觀。

五地：由四地再證道種智一分故入五地。主修禪定波羅蜜多及一切種智，斷除下乘涅槃貪。滿心位成就「變化所成」現觀。

六地：由五地再證道種智一分故入六地。此地主修般若波羅蜜多——依道種智現觀十二因緣一一有支及意生身化身，皆自心眞如變化所現，「非有似有」，成就細相觀，不由加行而自然證得滅盡定，成俱解脫大乘無學。

七地：由六地「非有似有」現觀，再證道種智一分故入七地。此地主修一切種智及方便波羅蜜多，由重觀十二有支一一支中之流轉門及還滅門一切細相，成就方便善巧，念念隨入滅盡定。滿心位證得「如犍闥婆城」現觀。

八地：由七地極細相觀成就故再證道種智一分而入八地。此地主修一切種智及願波羅蜜多。至滿心位純無相觀任運恆起，故於相土自在，滿心位復證「如實覺知諸法相意生身」故。

九地：由八地再證道種智一分故入九地。主修力波羅蜜多及一切種智，成就四無礙，滿心位證得「種類俱生無行作意生身」。

十地：由九地再證道種智一分故入此地。此地主修一切種智——智波羅蜜多。滿心位起大法智雲，及現起大法智雲所含藏種種功德，成受職菩薩。

等覺：由十地道種智成就故入此地。此地應修一切種智，圓滿等覺地無生法忍；於百劫中修集極廣大福德，以之圓滿三十二大人相及無量隨形好。

妙覺：示現受生人間已斷盡煩惱障一切習氣種子，並斷盡所知障一切隨眠，永斷變易生死無明，成就大般涅槃，四智圓明。人間捨壽後，報身常住色究竟天利樂十方地上菩薩；以諸化身利樂有情，永無盡期，成就究竟佛道。

七地滿心斷除故意保留之最後一分思惑時，煩惱障所攝色、受、想三陰有漏習氣種子同時斷盡。 ←

煩惱障所攝行、識二陰無漏習氣種子任運漸斷，所知障所攝上煩惱任運漸斷。 ←

斷盡變易生死成就大般涅槃

圓滿成就究竟佛果

佛子蕭平實 謹製
（二〇〇九、〇二 修訂）
（二〇一二、〇二 增補）

佛教正覺同修會 共修現況 及 招生公告　2013/04/30

一、共修現況：（請在共修時間來電，以免無人接聽。）

台北正覺講堂 103 台北市承德路三段 277 號九樓 捷運淡水線圓山站旁 Tel..總機 02-25957295（晚上）（**分機：九樓**辦公室 10、11；知客櫃檯 12、13。 **十樓**知客櫃檯 15、16；書局櫃檯 14。 **五樓**辦公室 18；知客櫃檯 19。**二樓**辦公室 20；知客櫃檯 21。）Fax..25954493

第一講堂　台北市承德路三段 277 號九樓

禪淨班：週一晚上班、週三晚上班、週四晚上班、週五晚上班、週六下午班、週六上午班（皆須報名建立學籍後始可參加共修，欲報名者詳見本公告末頁）

增上班：**瑜伽師地論**詳解：每月第一、三、五週之週末 17.50～20.50 平實導師講解（僅限已明心之會員參加）

禪門差別智：每月第一週日全天　平實導師主講（事冗暫停）。

法華經講義：平實導師主講。詳解釋迦世尊與諸佛世尊示現於人間之正理：為人間有緣眾生「開、示、悟、入」諸佛所見、所證之法界眞實義，並細說唯一佛乘之理，闡釋佛法本來只有**成佛之道，不以聲聞、緣覺的緣起性空作為佛法**；闡釋二乘菩提之道只是從唯一佛乘中析出之方便道，本非眞實佛法；闡釋阿含之二乘道所說緣起性空之法理及修證，實不能令人成佛，只有佛菩提道的實相般若及種智才能使人成佛；若不能信受及實地理解此眞理者，終將只能成就解脫果，絕不可能成就佛菩提果。每逢週二 18.50~20.50 開示，由平實導師詳解。不限制聽講資格，本會學員憑上課證聽講，會外人士請以身分證件換證進入聽講（此為大樓管理處安全管理規定之要求，敬請諒解）。《法華經講義》講畢後，每週同一時段將續講《佛藏經》。

第二講堂　台北市承德路三段 267 號十樓。

禪淨班：週一晚上班、週四晚上班、週六下午班。

進階班：週三晚上班、週五晚上班（禪淨班結業後轉入共修）。

法華經講義：平實導師講解。每週二 18.50~20.50（影像音聲即時傳輸）。本會學員憑上課證進入聽講，會外學人請以身分證件換證進入聽講（此為大樓管理處安全管理規定之要求，敬請諒解）。講畢後每週同一時段續講《佛藏經》。

第三講堂　台北市承德路三段 277 號五樓。

進階班：週一晚上班、週三晚上班、週四晚上班、週五晚上班、週六下午班。

法華經講義：平實導師講解。每週二 18.50~20.50（影像音聲即時傳輸）。本會學員憑上課證進入聽講，會外學人請以身分證件換證進入聽講（此為大樓管理處安全管理規定之要求，敬請諒解）。講畢後每週同一時段續講《佛藏經》。

第四講堂　台北市承德路三段 267 號二樓。

進階班：週三晚上班、週四晚上班（禪淨班結業後轉入共修）。

法華經講義：平實導師講解。每週二 18.50~20.50（影像音聲即時傳輸）。本會學員憑上課證進入聽講，會外學人請以身分證件換證進入聽講（此爲大樓管理處安全管理規定之要求，敬請諒解）。講畢後每週同一時段續講《佛藏經》。

第五、第六講堂　台北市承德路三段 267 號地下一樓、地下二樓。規劃完成後將開始裝潢，尚未開放。裝潢完成後將於每週二晚上講經時段開放聽經，不需以身分證件換證即可進入聽講。

正覺祖師堂　大溪鎮美華里信義路 650 巷坑底 5 之 6 號（台 3 號省道 34 公里處 妙法寺對面斜坡道進入）電話 03-3886110　傳真 03-3881692 本堂供奉 克勤圓悟大師，專供會員每年四月、十月各二次精進禪三共修，兼作本會出家菩薩掛單常住之用。除禪三時間以外，每逢單月第一週之週日 9:00~17:00 開放會內、外人士參訪，當天並提供午齋結緣。教內共修團體或道場，得另申請其餘時間作團體參訪，務請事先與常住確定日期，以便安排常住菩薩接引導覽，亦免妨礙常住菩薩之日常作息及修行。

桃園正覺講堂（第一、第二講堂）：桃園市介壽路 286、288 號 10 樓（陽明運動公園對面）電話：03-3749363（請於共修時聯繫，或與台北聯繫）

禪淨班：週一晚上班、週三晚上班、週四晚上班、週五晚上班。

進階班：週六上午班。

法華經講義：平實導師講解 以台北正覺講堂所錄 DVD，2009 年 11 月 24 日開始，每逢週二晚上放映；歡迎會外學人共同聽講，不需出示身分證件。講畢後每週同一時段續講《佛藏經》。

新竹正覺講堂　新竹市東光路 55 號二樓之一　電話 03-5724297（晚上）

第一講堂：

禪淨班：週一晚上班、週三晚上班、週五晚上班、週六上午班。

進階班：週四晚上班（由禪淨班結業後轉入共修）。

法華經講義：平實導師講解，每週二晚上。以台北正覺講堂所錄 DVD 放映。歡迎會外學人共同聽講，不需出示身分證件。講畢後每週同一時段續講《佛藏經》。

第二講堂：

禪淨班：週四晚上班。

法華經講義：每週二晚上與第一講堂同時播放法華經講義。

台中正覺講堂　04-23816090（晚上）

第一講堂　台中市南屯區五權西路二段 666 號 13 樓之四（國泰世華銀行樓上。鄰近縣市經第一高速公路前來者，由五權西路交流道可以快速到達，大樓旁有停車場，對面有素食館）。

禪淨班：週三晚上班、週四晚上班、週五晚上班、週六早上班。

進階班：週一晚上班（由禪淨班結業後轉入共修）。

增上班：單週週末以台北增上班課程錄成 DVD 放映之，限已明心之會員參加。

法華經講義：平實導師講解。以台北正覺講堂所錄 DVD 放映。每週二晚上放映，歡迎會外學人共同聽講，不需出示身分證件。講畢後每週同一時段續講《佛藏經》。

第二講堂　台中市南屯區五權西路二段 666 號 4 樓

禪淨班：週一晚上班。

進階班：週五晚上班、週六早上班（由禪淨班結業後轉入共修）。

法華經講義：每週二晚上與第一講堂同時播放法華經講義。

第三講堂、第四講堂：

台中市南屯區五權西路二段 666 號 4 樓（裝潢中，尚未開放）。

台南正覺講堂

第一講堂　台南市西門路四段 15 號 4 樓。06-2820541（晚上）

法華經講義：平實導師講解。以台北正覺講堂所錄 DVD 放映。每週二晚上放映，歡迎會外學人共同聽講，不需出示身分證件。講畢後每週同一時段續講《佛藏經》。

禪淨班：週一晚上班、週三晚上班、週六下午班。

進階班：雙週週末下午班（由禪淨班結業後轉入共修）。

增上班：單週週末下午，以台北增上班課程錄成 DVD 放映之，限已明心之會員參加。

第二講堂　台南市西門路四段 15 號 3 樓。

法華經講義：每週二晚上與第一講堂同時播放法華經講義。

第三講堂　台南市西門路四段 15 號 3 樓。

法華經講義：每週二晚上與第一講堂同時播放法華經講義。

禪淨班：週四晚上班、週六晚上班。

進階班：週五晚上班、週六早上班（由禪淨班結業後轉入共修）。

高雄正覺講堂　高雄市新興區中正三路 45 號五樓 07-2234248（晚上）

第一講堂（五樓）：

法華經講義：平實導師講解。以台北正覺講堂所錄 DVD 放映。每週二晚上放映，歡迎會外學人共同聽講，不需出示身分證件。講畢後每週同一時段續講《佛藏經》。

禪淨班：週三晚上班、週四晚上班、週末上午班。

進階班：週一晚上班（由禪淨班結業後轉入共修）。

增上班：單週週末下午，以台北增上班課程錄成 DVD 放映之，限已明心之會員參加。

第二講堂（四樓）：

法華經講義：每週二晚上與第一講堂同時播放法華經講義。

禪淨班：週三晚上班、週四晚上班。

進階班：週四晚上班（由禪淨班結業後轉入共修）。

第三講堂（三樓）：（尚未開放使用）。

香港正覺講堂　香港新界葵涌大連排道 21-23 號，宏達工業中心 7 樓 10 室（葵興地鐵站 A 出口步行約 10 分鐘）。電話：(852)23262231。英文地址：Unit 10, 7/F, Vanta Industrial Centre, No.21-23, Tai Lin Pai Road, Kwai Chung, New Territories

禪淨班：週六班 14:30-17:30。新班將在五月開課，接受報名中。

法華經講義：平實導師講解 以台北正覺講堂所錄 DVD，每逢週六 19:00-21:00、週日 10:00-12:00 放映；歡迎會外學人共同聽講，不需出示身分證件。播畢後每週同一時段續播《佛藏經》。

美國洛杉磯正覺講堂　☆已遷移新址☆

825 S. Lemon Ave Diamond Bar, CA 91798 U.S.A.

TEL. (626) 965-2200　　Cell. (626) 454-0607

禪淨班：每逢週末 15：30~17：30 上課。

進階班：每逢週末上午 10：00 上課。

法華經講義：平實導師講解 以台北正覺講堂所錄 DVD，每週六下午放映(13：00~15：00)，歡迎各界人士共享第一義諦無上法益，不需報名。播畢後每週同一時段續播《佛藏經》。

二、招生公告　**本會台北講堂及全省各講堂，每逢四月、十月中旬開新班，每週共修一次**（每次二小時。開課日起三個月內仍可插班）；**但美國洛杉磯共修處得隨時插班共修。各班共修期間皆為二年半，欲參加者請向本會函索報名表**（各共修處皆於共修時間方有人執事，非共修時間請勿電詢或前來洽詢、請書），**或直接從成佛之道網站下載報名表**。共修期滿時，若經報名禪三審核通過者，可參加四天三夜之禪三精進共修，有機會明心、取證如來藏，發起般若實相智慧，成為實義菩薩，脫離凡夫菩薩位。

三、新春禮佛祈福　農曆年假期間停止共修：自農曆新年前七天起停止共修與弘法，正月 8 日起回復共修、弘法事務。新春期間正月初一～初七 9.00～17.00 開放台北講堂、大溪禪三道場（正覺祖師堂），方便會員供佛、祈福及會外人士請書。美國洛杉磯共修處之休假時間，請逕詢該共修處。

＊＊密宗四大教派修雙身法，是假藏傳佛教＊＊

佛教正覺同修會　弘法行事表　2009/08/05

1、**禪淨班**　以無相念佛及拜佛方式修習動中定力，實證一心不亂功夫。傳授解脫道正理及第一義諦佛法，以及參禪知見。共修期間：二年六個月。每逢四月、十月開新班，詳見招生公告表。

2、**法華經講義**　平實導師主講。詳解釋迦世尊與諸佛世尊示現於人間之正理：爲人間有緣眾生「開、示、悟、入」諸佛所見、所證之法界眞實義，並細說唯一佛乘之理，闡釋佛法本來只有**成佛之道，不以聲聞、緣覺的緣起性空作爲佛法**；闡釋二乘菩提之道只是從唯一佛乘中析出之方便道，本非眞實佛法；闡釋阿含之二乘道所說緣起性空之法理及修證，實不能令人成佛，只有佛菩提道的實相般若及種智才能使人成佛；若不能信受及實地理解此眞理者，終將只能成就解脫果，絕不可能成就佛菩提果。每逢週二 18.50~20.50 開示，由平實導師詳解。不限制聽講資格。會外人士需憑身分證件換證入內聽講（此是大樓管理處之安全規定，敬請見諒）。

3、**瑜伽師地論**詳解　詳解論中所言凡夫地至佛地等 17 師之修證境界與理論，從凡夫地、聲聞地……宣演到諸地所證一切種智之眞實正理。由平實導師開講，每逢一、三、五週之週末晚上開示，僅限已明心之會員參加。

4、**精進禪三**　主三和尚：平實導師。於四天三夜中，以克勤圓悟大師及大慧宗杲之禪風，施設機鋒與小參、公案密意之開示，幫助會員剋期取證，親證不生不滅之眞實心—人人本有之如來藏。每年四月、十月各舉辦二個梯次；平實導師主持。僅限本會會員參加禪淨班共修期滿，報名審核通過者，方可參加。並選擇會中定力、慧力、福德三條件皆已具足之已明心會員，給以指引，令得眼見自己無形無相之佛性遍佈山河大地，眞實而無障礙，得以肉眼現觀世界身心悉皆如幻，具足成就如幻觀，圓滿十住菩薩之證境。

5、**佛藏經**詳解　有某道場專弘淨土法門數十年，於教導信徒研讀《佛藏經》時，往往告誡信徒曰：「後半部不許閱讀。」由此緣故坐令信徒失去提升念佛層次之機緣，師徒只能低品位往生淨土，令人深覺愚癡無智。由有多人建議故，今將擇於《法華經》講畢時宣講此經，藉以轉易如是邪見，並欲因此提升念佛人之知見與往生品位。此經中，對於實相念佛多所著墨，亦指出念佛要點：以實相爲依，念佛者應依止淨戒、依止清淨僧寶，捨離違犯重戒之師僧，應受學清淨之法，遠離邪見。本經是現代佛門大法師所厭惡之經典：一者由於大法師們已全都落入意識境界而無法親證實相，故於此經中所說實相全無所知，都不樂有人聞此經名，以免讀後提出問疑時無法回答；二者現代大乘佛法地區，已經普被藏密喇嘛教滲透，許多有名之大法師們大多已曾或繼續在修練雙身法，都已失去聲聞戒體及菩薩戒體，成爲地獄種姓人，已非眞正出家之人，本質上只是身著僧衣而住在寺院中的世俗人。這些人對於此經都是讀不懂的，也是極爲厭惡的；他們尙不樂見此經之印行，何況流通與講解？今爲救護廣大學佛人，兼欲護持佛教血脈永續常傳，特選此經先流通之；俟《法華經》講畢時，立即在同一時段宣講之，主講者平實導師。

6、**阿含經**詳解　選擇重要之阿含部經典，依無餘涅槃之實際而加以詳解，令大眾得以現觀諸法緣起性空，亦復不墮斷滅見中，顯示經中所隱說之涅槃實際—如來藏—確實已於四阿含中隱說；令大眾得以聞後觀行，確實斷除我見乃至我執，證得**見到**眞現觀，乃至**身證**…等眞現觀；已得大乘或二乘見道者，亦可由此聞熏及聞後之觀行，除斷我所之貪著，成就慧解脫果。由平實導師詳解。不限制聽講資格。

7、**大法鼓經**詳解　詳解末法時代大乘佛法修行之道。佛教正法消毒妙藥塗於大鼓而以擊之，凡有眾生聞之者，一切邪見鉅毒悉皆消殞；此經即是大法鼓之正義，凡聞之者，所有邪見之毒悉皆滅除，見道不難；亦能發起菩薩無量功德，是故諸大菩薩遠從諸方佛土來此娑婆聞修此經。由平實導師詳解。不限制聽講資格。

8、**解深密經**詳解　重講本經之目的，在於令諸已悟之人明解大乘法道之成佛次第，以及悟後進修一切種智之內涵，確實證知三種自性性，並得據此證解七眞如、十眞如等正理。每逢週二 18.50~20.50 開示，由平實導師詳解。將於《大法鼓經》講畢後開講。不限制聽講資格。

9、**成唯識論**詳解　詳解一切種智眞實正理，詳細剖析一切種智之微細深妙廣大正理；並加以舉例說明，使已悟之會員深入體驗所證如來藏之微密行相；及証驗見分相分與所生一切法，皆由如來藏—阿賴耶識—直接或展轉而生，因此証知一切法無我，証知無餘涅槃之本際。將於《瑜伽師地論》講畢後重講，由平實導師宣講。僅限已明心之會員參加。

10、**精選如來藏系經典**詳解　精選如來藏系經典一部，詳細解說，以此完全印證會員所悟如來藏之眞實，得入不退轉住。另行擇期詳細解說之，由平實導師講解。僅限已明心之會員參加。

11、**禪門差別智**　藉禪宗公案之微細淆訛難知難解之處，加以宣說及剖析，以增進明心、見性之功德，啓發差別智，建立擇法眼。每月第一週日全天，由平實導師開示，謹限破參明心後，復又眼見佛性者參加（事冗暫停）。

12、**枯木禪**　先講智者大師的〈小止觀〉，後說〈釋禪波羅蜜〉，詳解四禪八定之修證理論與實修方法，細述一般學人修定之邪見與岔路，及對禪定證境之誤會，消除枉用功夫、浪費生命之現象。已悟般若者，可以藉此而實修初禪，進入大乘通教及聲聞教的三果心解脫境界，配合應有的大福德及後得無分別智、十無盡願，即可進入初地心中。親教師：平實導師。未來緣熟時將於大溪正覺寺開講。不限制聽講資格。

註：本會例行年假，自 2004 年起，改爲每年農曆新年前七天開始停息弘法事務及共修課程，農曆正月 8 日回復所有共修及弘法事務。新春期間（每日 9.00~17.00）開放台北講堂，方便會員禮佛祈福及會外人士請書。大溪鎭的正覺祖師堂，開放參訪時間，詳見〈正覺電子報〉或成佛之道網站。本表得因時節因緣需要而隨時修改之，不另作通知。

佛教正覺同修會　贈閱書籍 目錄

2012/10/31

1.**無相念佛**　平實導師著　回郵 10 元
2.**念佛三昧修學次第**　平實導師述著　回郵 25 元
3.**正法眼藏—護法集**　平實導師述著　回郵 35 元
4.**真假開悟簡易辨正法&佛子之省思**　平實導師著　回郵 3.5 元
5.**生命實相之辨正**　平實導師著　回郵 10 元
6.**如何契入念佛法門**（附：印順法師否定極樂世界）平實導師著　回郵 3.5 元
7.**平實書箋**—答元覽居士書　平實導師著　回郵 35 元
8.**三乘唯識**—如來藏系經律彙編　平實導師編　回郵 80 元
（精裝本　長 27 cm　寬 21 cm　高 7.5 cm　重 2.8 公斤）
9.**三時繫念全集**—修正本　回郵掛號 40 元（長 26.5 cm×寬 19 cm）
10.**明心與初地**　平實導師述　回郵 3.5 元
11.**邪見與佛法**　平實導師述著　回郵 20 元
12.**菩薩正道**—回應義雲高、釋性圓…等外道之邪見　正燦居士著　回郵 20 元
13.**甘露法雨**　平實導師述　回郵 20 元
14.**我與無我**　平實導師述　回郵 20 元
15.**學佛之心態**—修正錯誤之學佛心態始能與正法相應　孫正德老師著　回郵35元
附錄：平實導師著**《略說八、九識並存…等之過失》**
16.**大乘無我觀**—《悟前與悟後》別說　平實導師述著　回郵 20 元
17.**佛教之危機**—中國台灣地區現代佛教之真相（附錄：公案拈提六則）
平實導師著　回郵 25 元
18.**燈　影**—燈下黑（覆「求教後學」來函等）　平實導師著　回郵 35 元
19.**護法與毀法**—覆上平居士與徐恒志居士網站毀法二文
張正圜老師著　回郵 35 元
20.**淨土聖道**—兼評**選擇本願念佛**　正德老師著　**由正覺同修會購贈**　回郵 25 元
21.**辨唯識性相**—對「紫蓮心海《辯唯識性相》書中否定阿賴耶識」之回應
正覺同修會 台南共修處法義組 著　回郵 25 元
22.**假如來藏**—對法蓮法師《如來藏與阿賴耶識》書中否定阿賴耶識之回應
正覺同修會 台南共修處法義組 著　回郵 35 元
23.**入不二門**—公案拈提集錦 第一輯（於平實導師公案拈提諸書中選錄約二十則，
合輯爲一冊流通之）平實導師著　回郵 20 元
24.**真假邪說**—西藏密宗索達吉喇嘛《破除邪說論》真是邪說
釋正安法師著　回郵 35 元
25.**真假開悟**—真如、如來藏、阿賴耶識間之關係　平實導師述著　回郵 35 元
26.**真假禪和**—辨正釋傳聖之謗法謬說　孫正德老師著　回郵 30 元

27.**眼見佛性**—駁慧廣法師眼見佛性的含義文中謬說
游正光老師著　回郵25元

28.**普門自在**—公案拈提集錦 第二輯（於平實導師公案拈提諸書中選錄約二十則，合輯為一冊流通之）平實導師著　回郵25元

29.**印順法師的悲哀**—以現代禪的質疑為線索　恒毓博士著　回郵25元

30.**識蘊真義**—現觀識蘊內涵、取證初果、親斷三縛結之具體行門。
—依《成唯識論》及《惟識述記》正義，略顯安慧《大乘廣五蘊論》之邪謬
平實導師著　回郵35元

31.**正覺電子報** 各期紙版本　免附回郵　每次最多函索三期或三本。
(已無存書之較早各期，不另增印贈閱)

32.**現代人應有的宗教觀**　蔡正禮老師 著　回郵3.5元

33.**遠惑趣道**—正覺電子報般若信箱問答錄　第一輯　回郵20元

34.**遠惑趣道**—正覺電子報般若信箱問答錄　第二輯　回郵20元

35.**確保您的權益**—器官捐贈應注意自我保護　游正光老師 著　回郵10元

36.**正覺教團電視弘法三乘菩提 DVD 光碟（一）**
由正覺教團多位親教師共同講述錄製 DVD 8 片，MP3 一片，共 9 片。有二大講題：一為「三乘菩提之意涵」，二為「學佛的正知見」。內容精闢，深入淺出，精彩絕倫，幫助大眾快速建立三乘法道的正知見，免被外道邪見所誤導。有志修學三乘佛法之學人不可不看。（製作工本費 100 元，回郵 25 元）

37.**正覺教團電視弘法 DVD 專輯（二）**
總有二大講題：一為「三乘菩提之念佛法門」，一為「學佛正知見（第二篇）」，由正覺教團多位親教師輪番講述，內容詳細闡述如何修學念佛法門、實證念佛三昧，以及學佛應具有的正確知見，可以幫助發願往生西方極樂淨土之學人，得以把握往生，更可令學人快速建立三乘法道的正知見，免於被外道邪見所誤導。有志修學三乘佛法之學人不可不看。（一套 17 片，工本費 160 元。回郵 35 元）

38.**佛藏經** 燙金精裝本 每冊回郵 20 元。正修佛法之道場欲大量索取者，請正式發函並蓋用大印寄來索取（2008.04.30 起開始敬贈）

39.**喇嘛性世界**—揭開藏傳佛教譚崔瑜伽的面紗　張善思 等人著
由正覺同修會購贈　回郵20元

40.**藏傳佛教的神話**—性、謊言、喇嘛教　正玄教授編著　回郵20元
由正覺同修會購贈　回郵20元

41.**隨　緣**—理隨緣與事隨緣　平實導師述　回郵20元。

42.**學佛的覺醒**　正枝居士 著　回郵25元

43.**導師之真實義**　蔡正禮老師 著　回郵10元

44.**淺談達賴喇嘛之雙身法**—兼論解讀「密續」之達文西密碼
吳明芷居士 著　回郵10元

45.**魔界轉世**　張正玄居士 著　回郵10元

46.**一貫道與開悟**　蔡正禮老師 著　回郵10元

47.**博愛**—愛盡天下女人　正覺教育基金會 編印　回郵 10 元

48.**意識虛妄經教彙編**—實證解脫道的關鍵經文　正覺同修會編印　回郵25元

49.**繫念思惟念佛法門**　蔡正元老師著　回郵 10 元

50.**廣論三部曲**　郭正益老師著　回郵 20 元

51.**邪箭囈語**—從中觀的教證與理證，談多識仁波切《破魔金剛箭雨論—反擊蕭平實對佛教正法的惡毒進攻》邪書的種種謬理

陸正元老師著　俟正覺電子報連載後出版

52.**真假沙門**—依 佛聖教闡釋佛教僧寶之定義

蔡正禮老師著　俟正覺電子報連載後結集出版

53.**真假禪宗**—藉評論釋性廣《印順導師對變質禪法之批判及對禪宗之肯定》以顯示真假禪宗

附論一：凡夫知見 無助於佛法之信解行證

附論二：世間與出世間一切法皆從如來藏實際而生而顯

余正偉老師著　俟正覺電子報連載後結集出版　回郵未定

54.**雪域同胞的悲哀**—揭示顯密正理，兼破索達吉師徒《般若鋒兮金剛焰》。

釋正安 法師著　俟正覺電子報連載後結集出版

★ 上列贈書之郵資，係台灣本島地區郵資，大陸、港、澳地區及外國地區，請另計酌增（大陸、港、澳、國外地區之郵票不許通用）。尚未出版之書，請勿先寄來郵資，以免增加作業煩擾。

★ 本目錄若有變動，唯於後印之書籍及「成佛之道」網站上修正公佈之，不另行個別通知。

函索書籍請寄：佛教正覺同修會　103 台北市承德路 3 段 277 號 9 樓

台灣地區函索書籍者請附寄郵票，無時間購買郵票者可以等值現金抵用，但不接受郵政劃撥、支票、匯票。大陸地區得以人民幣計算，國外地區請以美元計算（請勿寄來當地郵票，在台灣地區不能使用）。欲以掛號寄遞者，請另附掛號郵資。

親自索閱：正覺同修會各共修處。　★請於共修時間前往取書，餘時無人在道場，請勿前往索取；共修時間與地點，詳見書末正覺同修會共修現況表（以近期之共修現況表爲準）。

註：正智出版社發售之局版書，請向各大書局購閱。若書局之書架上已經售出而無陳列者，請向書局櫃台指定洽購；若書局不便代購者，請於正覺同修會共修時間前往各共修處請購，正智出版社已派人於共修時間送書前往各共修處流通。 郵政劃撥購書及 大陸地區 購書，請詳別頁正智出版社發售書籍目錄最後頁之說明。

成佛之道 網站：http://www.a202.idv.tw　　正覺同修會已出版之結緣書籍，多已登載於 成佛之道 網站，若住外國、或住處遙遠，不便取得正覺同修會贈閱書籍者，可以從本網站閱讀及下載。　　書局版之《宗通與說通》亦已上網，台灣讀者可向書局洽購，成本價 200 元。《狂密與眞密》第一輯~第四輯，亦於 2003.5.1.全部於本網站登載完畢；台灣地區讀者請向書局洽購，每輯約 400 頁，賠本流通價 140 元（網站下載紙張費用較貴，容易散失，難以保存，亦較不精美）。

＊＊藏傳佛教修雙身法，非佛教＊＊

正智出版社 籌募弘法基金發售書籍目錄 2013/07/18

1.**宗門正眼**—公案拈提 第一輯 重拈 平實導師著 500 元
因重寫內容大幅度增加故，字體必須改小，並增爲 576 頁 主文 546 頁。比初版更精彩、更有內容。初版《禪門摩尼寶聚》之讀者，可寄回本公司免費調換新版書。免附回郵，亦無截止期限。（2007 年起，每冊附贈本公司精製公案拈提〈超意境〉CD 一片。市售價格 280 元，多購多贈。）
2.**禪淨圓融** 平實導師著 200 元（第一版舊書可換新版書。）
3.**真實如來藏** 平實導師著 400 元
4.**禪—悟前與悟後** 平實導師著 上、下冊，每冊 250 元
5.**宗門法眼**—公案拈提 第二輯 平實導師著 500 元
（2007 年起，每冊附贈本公司精製公案拈提〈超意境〉CD 一片）
6.**楞伽經詳解** 平實導師著 全套共 10 輯 每輯 250 元
7.**宗門道眼**—公案拈提 第三輯 平實導師著 500 元
（2007 年起，每冊附贈本公司精製公案拈提〈超意境〉CD 一片）
8.**宗門血脈**—公案拈提 第四輯 平實導師著 500 元
（2007 年起，每冊附贈本公司精製公案拈提〈超意境〉CD 一片）
9.**宗通與說通**—成佛之道 平實導師著 主文 381 頁 全書 400 頁 成本價 200 元
10.**宗門正道**—公案拈提 第五輯 平實導師著 500 元
（2007 年起，每冊附贈本公司精製公案拈提〈超意境〉CD 一片）
11.**狂密與真密 一～四輯** 平實導師著 西藏密宗是人間最邪淫的宗教，本質不是佛教，只是披著佛教外衣的印度教性力派流毒的喇嘛教。此書中將西藏密宗密傳之男女雙身合修樂空雙運所有祕密與修法，毫無保留完全公開，並將全部喇嘛們所不知道的部分也一併公開。內容比大辣出版社喧騰一時的《西藏慾經》更詳細。並且函蓋藏密的所有祕密及其錯誤的中觀見、如來藏見……等，藏密的所有法義都在書中詳述、分析、辨正。每輯主文三百餘頁 每輯全書約 400 頁 流通價每輯 140 元
12.**宗門正義**—公案拈提 第六輯 平實導師著 500 元
（2007 年起，每冊附贈本公司精製公案拈提〈超意境〉CD 一片）
13.**心經密意**—心經與解脫道、佛菩提道、祖師公案之關係與密意 平實導師述 300 元
14.**宗門密意**—公案拈提 第七輯 平實導師著 500 元
（2007 年起，每冊附贈本公司精製公案拈提〈超意境〉CD 一片）
15.**淨土聖道**—兼評「選擇本願念佛」 正德老師著 200 元
16.**起信論講記** 平實導師述著 共六輯 每輯三百餘頁 成本價各 200 元
17.**優婆塞戒經講記** 平實導師述著 共八輯 每輯三百餘頁 成本價各 200 元
18.**真假活佛**—略論附佛外道盧勝彥之邪說（對前岳靈犀網站主張「盧勝彥是證悟者」之修正） 正犀居士（岳靈犀）著 流通價 140 元
19.**阿含正義**—唯識學探源 平實導師著 共七輯 每輯 250 元

20.**超意境** CD 以平實導師公案拈提書中超越意境之頌詞，加上曲風優美的旋律，錄成令人嚮往的超意境歌曲，其中包括正覺發願文及平實導師親自譜成的黃梅調歌曲一首。詞曲雋永，殊堪翫味，可供學禪者吟詠，有助於見道。內附設計精美的彩色小冊，解說每一首詞的背景本事。每片 280 元。【每購買公案拈提書籍一冊，即贈送一片。】

21.**菩薩底憂鬱** CD 將菩薩情懷及禪宗公案寫成新詞，並製作成超越意境的優美歌曲。 1.主題曲〈菩薩底憂鬱〉，描述地後菩薩能離三界生死而迴向繼續生在人間，但因尚未斷盡習氣種子而有極深沈之憂鬱，非三賢位菩薩及二乘聖者所知，此憂鬱在七地滿心位方才斷盡；本曲之詞中所說義理極深，昔來所未曾見；此曲係以優美的情歌風格寫詞及作曲，聞者得以激發嚮往諸地菩薩境界之大心，詞、曲都非常優美，難得一見；其中勝妙義理之解說，已印在附贈之彩色小冊中。 2.以各輯公案拈提中直示禪門入處之頌文，作成各種不同曲風之超意境歌曲，值得玩味、參究；聆聽公案拈提之優美歌曲時，請同時閱讀內附之印刷精美說明小冊，可以領會超越三界的證悟境界；未悟者可以因此引發求悟之意向及疑情，眞發菩提心而邁向求悟之途，乃至因此眞實悟入般若，成眞菩薩。 3.正覺總持咒新曲，總持佛法大意；總持咒之義理，已加以解說並印在隨附之小冊中。本 CD 共有十首歌曲，長達 63 分鐘，請直接向各市縣鄉鎮之 CD 販售店購買，本公司及各講堂都不販售。每盒各附贈二張購書優惠券。

22.**禪意無限** CD 平實導師以公案拈提書中偈頌寫成不同風格曲子，與他人所寫不同風格曲子共同錄製出版，幫助參禪人進入禪門超越意識之境界。盒中附贈彩色印製的精美解說小冊，以供聆聽時閱讀，令參禪人得以發起參禪之疑情，即有機會證悟本來面目而發起實相智慧，實證大乘菩提般若，能如實證知般若經中的眞實意。本 CD 共有十首歌曲，長達 69 分鐘，於 2012 年五月下旬公開發行，請直接向各市縣鄉鎮之 CD 販售店購買，本公司及各講堂都不販售。每盒各附贈二張購書優惠券。〈禪意無限〉出版後將不再錄製 CD，特此公告。

23.**我的菩提路**第一輯　釋悟圓、釋善藏等人合著　售價 200 元

24.**我的菩提路**第二輯　郭正益、張志成等人合著　售價 250 元

25.**鈍鳥與靈龜**—考證後代凡夫對大慧宗杲禪師的無根誹謗。

平實導師著 共 458 頁 售價 250 元

26.**維摩詰經講記** 平實導師述 共六輯 每輯三百餘頁 優惠價各 200 元

27.**真假外道**—破劉東亮、杜大威、釋證嚴常見外道見　正光老師著　200 元

28.**勝鬘經講記**—兼論印順《勝鬘經講記》對於《勝鬘經》之誤解。

平實導師述　共六輯　每輯三百餘頁　優惠價 200 元

29.**楞嚴經講記** 平實導師述 共 **15** 輯，每輯三百餘頁 優惠價 200 元

30.**明心與眼見佛性**—駁慧廣〈蕭氏「眼見佛性」與「明心」之非〉文中謬說

正光老師著　共 448 頁　成本價 250 元

31.**達賴真面目**—玩盡天下女人 白正偉老師 等著 中英對照彩色精裝大本 800 元
32.**喇嘛性世界**—揭開藏傳佛教譚崔瑜伽的面紗　張善思 等人著　200 元
33.**藏傳佛教的神話**—性、謊言、喇嘛教　正玄教授編著　200 元
34.**金剛經宗通**　平實導師述　共 9 輯　每輯三百餘頁　優惠價 200 元
2012 年 6 月 1 日出版第一輯後，每二個月出版一輯
35.**空行母**—性別、身分定位，以及藏傳佛教。
珍妮・坎貝爾著 呂艾倫 中譯 售價 250 元
36.**末代達賴**—性交教主的悲歌　張善思、呂艾倫、辛燕編著 售價 250 元
37.**霧峰無霧**—**給哥哥的信**　辨正釋印順對佛法的無量誤解
游宗明 老師著　成本價 200 元
38.**第七意識與第八意識？**　平實導師述　每冊 250 元
39.**黯淡的達賴**—失去光彩的諾貝爾和平獎
正覺教育基金會編著　每冊 250 元
40.**童女迦葉考**—論呂凱文〈佛教輪迴思想的論述分析〉之謬。
平實導師 著 定價 180 元
41.**人間佛教**　平實導師 述，定價 300 元
將於《金剛經宗通》出版完畢後二個月出版
42.**實相經宗通**　平實導師述　共八輯　每輯成本價 200 元
俟《人間佛教》出版後二個月出版，每二個月出版一輯
43.**佛法入門**—迅速進入三乘佛法大門，消除久學佛法漫無方向之窘境。
○○居士著　將於正覺電子報連載後出版。售價 200 元
44.**藏傳佛教要義**—《狂密與真密》之簡體字版　平實導師 著 上、下冊
僅在大陸流通　每冊 300 元
45.**廣論之平議**—宗喀巴《菩提道次第廣論》之平議　正雄居士著
約二或三輯　俟正覺電子報連載後結集出版　書價未定
46.**中觀金鑑**—詳述應成派中觀的起源與其破法、凡夫見本質 正德老師著
於正覺電子報連載後結集出版之。 出版日期、書價未定
47.**末法導護**—對印順法師中心思想之綜合判攝　正慶老師著　書價未定
48.**菩薩學處**—菩薩四攝六度之要義　正元老師著　出版日期未定。
49.**法華經講義**　平實導師述　每輯 200 元　出版日期未定
50.**八識規矩頌**詳解　○○居士 註解　出版日期另訂　書價未定。
51.**印度佛教史**—法義與考證。依法義史實評論印順《印度佛教思想史、佛教史地考論》之謬說　正偉老師著　出版日期未定　書價未定
52.**中國佛教史**—依中國佛教正法史實而論。 ○○老師 著　書價未定。
53.**中論正義**—釋龍樹菩薩《中論》頌正理。
正德老師著　出版日期未定　書價未定
54.**中觀正義**—註解平實導師《中論正義頌》。
○○法師（居士）著　出版日期未定　書價未定
55.**佛藏經講記**　平實導師述　出版日期未定　書價未定

56.**阿含講記**—將選錄四阿含中數部重要經典全經講解之，講後整理出版。
平實導師述　約二輯　每輯200元　出版日期未定
57.**寶積經講記**　平實導師述　每輯三百餘頁 優惠價200元 出版日期未定
58.**解深密經講記**　平實導師述 約四輯　將於重講後整理出版
59.**成唯識論略解**　平實導師著　五～六輯　每輯200元　出版日期未定
60.**修習止觀坐禪法要講記**　平實導師述　每輯三百餘頁 優惠價200元
將於正覺寺建成後重講、以講記逐輯出版　日期未定
61.**無門關**—《無門關》公案拈提　平實導師著　出版日期未定
62.**中觀再論**—兼述印順《中觀今論》謬誤之平議。正光老師著 出版日期未定
63.**輪迴與超度**—佛教超度法會之真義。
〇〇法師（居士）著　出版日期未定　書價未定
64.**《釋摩訶衍論》平議**—對偽稱龍樹所造《釋摩訶衍論》之平議
〇〇法師（居士）著　出版日期未定　書價未定
65.**正覺發願文**註解—以真實大願為因 得證菩提
正德老師著　出版日期未定　書價未定
66.**正覺總持咒**—佛法之總持　正圜老師著　出版日期未定　書價未定
67.**涅槃**—論四種涅槃　平實導師著　出版日期未定　書價未定
68.**三自性**—依四食、五蘊、十二因緣、十八界法，說三性三無性。
作者未定　出版日期未定
69.**道品**—從三自性說大小乘三十七道品　作者未定　出版日期未定
70.**大乘緣起觀**—依四聖諦七真如現觀十二緣起 作者未定　出版日期未定
71.**三德**—論解脫德、法身德、般若德。　作者未定　出版日期未定
72.**真假如來藏**—對印順《如來藏之研究》謬說之平議　作者未定 出版日期未定
73.**大乘道次第**　作者未定　出版日期未定　書價未定
74.**四緣**—依如來藏故有四緣。　作者未定　出版日期未定
75.**空之探究**—印順《空之探究》謬誤之平議　作者未定 出版日期未定
76.**十法義**—論阿含經中十法之正義　作者未定　出版日期未定
77.**外道見**—論述外道六十二見　作者未定　出版日期未定

總經銷： 飛鴻 國際行銷股份有限公司

231 新北市新店市中正路 501 之 9 號 2 樓

Tel.02－82186688（五線代表號） Fax.02-82186458、82186459

零售：1.**全台連鎖經銷書局：**

三民書局、誠品書局、何嘉仁書店

敦煌書店、紀伊國屋、金石堂書局、建宏書局

2.**台北市：**佛化人生 羅斯福路 3 段 325 號 5 樓 台電大樓對面

士林圖書 士林區大東路 86 號 書田文化 石牌路二段 86 號

書田文化 大安路一段 245 號 書田文化 南京東路四段 137 號 B1

人人書局 大直北安路 524 號

3.**新北市：** 阿福的書店 **蘆洲**中正路 233 號（02-28472609）

金玉堂書局 **三重**三和路四段 16 號 來電書局 **新莊**中正路 261 號

春大地書店 **蘆洲**中正路 117 號 明達書局 **三重**五華街 129 號

一全書店 **中和**興南路一段 10 號

4.**桃園市縣：**桃園文化城 **桃園**復興路 421 號 金玉堂 **中壢**中美路 2 段 82 號

巧巧屋書局 **蘆竹**南崁路 263 號 內壢文化圖書城 **中壢**忠孝路 86 號

來電書局 **大溪**慈湖路 30 號 御書堂 **龍潭**中正路 123 號

5.**新竹市縣：**大學書局 **新竹**建功路 10 號 聯成書局 **新竹**中正路 360 號

誠品書局 **新竹**東區信義街 68 號 誠品書局 **新竹**東區力行二路 3 號

誠品書局 新竹東區民族路 2 號 墊腳石文化書店 **新竹**中正路 38 號

金典文化 **竹北**中正西路 47 號 展書堂 **竹東**長春路 3 段 36 號

6.**苗栗市縣：**建國書局**苗栗市**中山路 566 號 萬花筒書局**苗栗市**府東路 73 號

展書堂 **竹南**民權街 49-2 號

7.**台中市：** **瑞成**書局、各大連鎖書店。

興大書齋 **台中市**國光路 250 號 詠春書局 **台中市**永春東路 884 號

參次方國際圖書**大里**大明路 242 號 儀軒文化事業公司 **太平**中興路 178 號

文春書局 **霧峰區**中正路 1087 號

8.**彰化市縣：**心泉佛教流通處 **彰化市**南瑤路 286 號

員林鎮：墊腳石圖書文化廣場 中山路 2 段 49 號（04-8338485）

大大書局 民權街 33 號（04-8381033）

溪湖鎮：聯宏圖書 西環路 515 號（04-8856640）

9.**台南市：**宏昌書局 **台南**北門路一段 136 號

博大書局 **新營**三民路 128 號 豐榮文化商場 **新市**仁愛街 286-1 號

藝美書局 **善化**中山路 436 號 志文書局 **麻豆**博愛路 22 號

宏欣書局 **佳里**光復路 214 號

10.**高雄市：**各大連鎖書店、**瑞成**書局

政大書城 **三民區**明仁路 161 號 政大書城 **苓雅區**光華路 148-83 號

明儀書局 **三民區**明福街 2 號 明儀書局 三多四路 63 號

青年書局 青年一路 141 號

11.**宜蘭縣市**：金隆書局　宜蘭市中山路 3 段 43 號
宋太太梅鋪　羅東鎮中正北路 101 號（039-534909）

12.**台東市**：東普佛教文物流通處 台東市博愛路 282 號

13.**其餘鄉鎮市經銷書局**：請電詢總經銷**飛鴻**公司。

14.**大陸地區請洽**：

香港：樂文書店（旺角 西洋菜街 62 號 3 樓、銅鑼灣 駱克道 506 號 3 樓）

廈門：廈門外圖臺灣書店有限公司
商品部：范清潔
廈門市湖裡區悅華路 8 號外圖物流大廈 4 樓（郵編：361006）
電話：0592-2230177　0592-5680816　傳眞：0592-5365089
（臺灣地區請撥打 86-592-2230177　86-592-5680816）
網址：JKB118@188.COM

15.**美國：世界日報圖書部**：紐約圖書部　電話 7187468889#6262
洛杉磯圖書部　電話 3232616972#202

16.**國內外地區網路購書**：

正智出版社 書香園地　http://books.enlighten.org.tw/
（書籍簡介、直接聯結下列網路書局購書）

三民 網路書局　http://www.Sanmin.com.tw
誠品 網路書局　http://www.eslitebooks.com
博客來 網路書局　http://www.books.com.tw
金石堂 網路書局　http://www.kingstone.com.tw
飛鴻 網路書局　http://fh6688.com.tw

附註：1.請儘量向各經銷書局購買：郵政劃撥需要十天才能寄到（本公司在您劃撥後第四天才能接到劃撥單，次日寄出後第四天您才能收到書籍，此八天中一定會遇到週休二日，是故共需十天才能收到書籍）若想要早日收到書籍者，請劃撥完畢後，將劃撥收據貼在紙上，旁邊寫上您的姓名、住址、郵區、電話、買書詳細內容，直接傳眞到本公司 02-28344822，並來電 02-28316727、28327495 確認是否已收到您的傳眞，即可提前收到書籍。 2.因台灣每月皆有五十餘種宗教類書籍上架，書局書架空間有限，故唯有新書方有機會上架，通常每次只能有一本新書上架；本公司出版新書，大多上架不久便已售出，若書局未再叫貨補充者，書架上即無新書陳列，則請直接向書局櫃台訂購。 3.若書局不便代購時，可於晚上共修時間向正覺同修會各共修處請購（共修時間及地點，詳閱共修現況表。每年例行年假期間請勿前往請書，年假期間請見共修現況表）。 4.郵購：郵政劃撥帳號 19068241。 5.正覺同修會會員購書都以八折計價（戶籍台北市者爲一般會員，外縣市爲護持會員）都可獲得優待，欲一次購買全部書籍者，可以考慮入會，節省書費。入會費一千元（第一年初加入時才需要繳），年費二千元。

6.**尚未出版之書籍，請勿預先郵寄書款與本公司，謝謝您！** 7.若欲一次購齊本公司書籍，或同時取得正覺同修會贈閱之全部書籍者，請於正覺同修會共修時間，親到各共修處請購及索取；**台北市讀者**請洽：103 台北市承德路三段 267 號 10 樓（捷運淡水線 圓山站旁）請書時間：週一至週五為 18.00~21.00，第一、三、五週週六為 10.00~21.00，雙週之週六為 10.00~18.00 請購處專線電話：25957295-分機 14（於請書時間方有人接聽）。

關於平實導師的書訊，請上網查閱：

成佛之道 http://www.a202.idv.tw

正智出版社 書香園地 http://books.enlighten.org.tw/

★正智出版社有限公司售書之稅後盈餘，全部捐助財團法人正覺寺籌備處、佛教正覺同修會、正覺教育基金會，供作弘法及購建道場之用；懇請諸方大德支持，功德無量★

正智出版社有限公司 書籍介紹

禪淨圓融：言淨土諸祖所未曾言，示諸宗祖師所未曾示；禪淨圓融，另闢成佛捷徑，兼顧自力他力，闡釋淨土門之速行易行道，亦同時揭櫫聖教門之速行易行道；令廣大淨土行者得免緩行難證之苦，亦令聖道門行者得以藉著淨土速行道而加快成佛之時劫。乃前無古人之超勝見地，非一般弘揚禪淨法門典籍也，先讀為快。平實導師著 200元。

宗門正眼—公案拈提第一輯：繼承克勤圜悟大師碧巖錄宗旨之禪門鉅作。先則舉示當代大法師之邪說，消弭當代禪門大師鄉愿之心態，摧破當今禪門「世俗禪」之妄談；次則旁通教法，表顯宗門正理；繼以道之次第，消弭古今狂禪；後藉言語及文字機鋒，直示宗門入處。悲智雙運，禪味十足，數百年來難得一睹之禪門鉅著也。平實導師著500元（原初版書《禪門摩尼寶聚》，改版後補充為五百餘頁新書，總計多達二十四萬字，內容更精彩，並改名為《宗門正眼》，讀者原購初版《禪門摩尼寶聚》皆可寄回本公司免費換新，免附回郵，亦無截止期限）（2007年起，凡購買公案拈提第一輯至第七輯，每購一輯皆贈送本公司精製公案拈提〈超意境〉CD一片，市售價格280元，多購多贈）。

禪—悟前與悟後：本書能建立學人悟道之信心與正確知見，圓滿具足而有次第地詳述禪悟之功夫與禪悟之內容，指陳參禪中細微淆訛之處，能使學人明自眞心、見自本性。若未能悟入，亦能以正確知見辨別古今中外一切大師究係眞悟？或屬錯悟？便有能力揀擇，捨名師而選明師，後時必有悟道之緣。一旦悟道，遲者七次人天往返，便出三界，速者一生取辦。學人欲求開悟者，不可不讀。平實導師著。上、下冊共500元，單冊250元。

真實如來藏：如來藏眞實存在，乃宇宙萬有之本體，並非印順法師、達賴喇嘛等人所說之「唯有名相、無此心體」。如來藏是涅槃之本際，是一切有智之人竭盡心智、不斷探索而不能得之生命實相；是古今中外許多大師自以爲悟而當面錯過之生命實相。如來藏即是阿賴耶識，乃是一切有情本自具足、不生不滅之眞實心。當代中外大師於此書出版之前所未能言者，作者於本書中盡情流露、詳細闡釋。眞悟者讀之，必能增益悟境、智慧增上；錯悟者讀之，必能檢討自己之錯誤，免犯大妄語業；未悟者讀之，能知參禪之理路，亦能以之檢查一切名師是否眞悟。此書是一切哲學家、宗教家、學佛者及欲昇華心智之人必讀之鉅著。　平實導師著　售價400元。

宗門法眼—公案拈提第二輯：列舉實例，闡釋土城廣欽老和尚之悟處；並直示這位不識字的老和尚妙智橫生之根由，繼而剖析禪宗歷代大德之開悟公案，解析當代密宗高僧卡盧仁波切之錯悟證據，並例舉當代顯宗高僧、大居士之錯悟證據（凡健在者，爲免影響其名聞利養，皆隱其名）。藉辨正當代名師之邪見，向廣大佛子指陳禪悟之正道，彰顯宗門法眼。悲勇兼出，強捋虎鬚；慈智雙運，巧探驪龍；摩尼寶珠在手，直示宗門入處，禪味十足；若非大悟徹底，不能爲之。禪門精奇人物，允宜人手一冊，供作參究及悟後印證之圭臬。本書於2008年4月改版，增寫爲大約500頁篇幅，以利學人研讀參究時更易悟入宗門正法，以前所購初版首刷及初版二刷舊書，皆可免費換取新書。平實導師著　500元（2007年起，凡購買公案拈提第一輯至第七輯，每購一輯皆贈送本公司精製公案拈提〈超意境〉CD一片，市售價格280元，多購多贈）。

宗門道眼—公案拈提第三輯：繼宗門法眼之後，再以金剛之作略、慈悲之胸懷、犀利之筆觸，舉示寒山、拾得、布袋三大士之悟處，消弭當代錯悟者對於寒山大士……等之誤會及誹謗。亦舉出民初以來與虛雲和尚齊名之蜀郡鹽亭袁煥仙夫子——南懷瑾老師之師，其「悟處」何在？並蒐羅許多眞悟祖師之證悟公案，顯示禪宗歷代祖師之睿智，指陳部分祖師、奧修及當代顯密大師之謬悟，作爲殷鑑，幫助禪子建立及修正參禪之方向及知見。假使讀者閱此書已，一時尚未能悟，亦可一面加功用行，一面以此宗門道眼辨別眞假善知識，避開錯誤之印證及歧路，可免大妄語業之長劫慘痛果報。欲修禪宗之禪者，務請細讀。平實導師著　售價500元（2007年起，凡購買公案拈提第一輯至第七輯，每購一輯皆贈送本公司精製公案拈提〈超意境〉CD一片，市售價格280元，多購多贈）。

楞伽經詳解：本經是禪宗見道者印證所悟眞僞之根本經典，亦是禪宗見道者悟後起修之依據經典；故達摩祖師於印證二祖慧可大師之後，將此經典連同佛鉢祖衣一併交付二祖，令其依此經典佛示金言、進入修道位，修學一切種智。由此可知此經對於眞悟之人修學佛道，是非常重要之一部經典。此經能破外道邪說，亦破佛門中錯悟名師之謬說，亦破禪宗部分祖師之狂禪：不讀經典、一向主張「一悟即成究竟佛」之謬執。並開示愚夫所行禪、觀察義禪、攀緣如禪、如來禪等差別，令行者對於三乘禪法差異有所分辨；亦糾正禪宗祖師古來對於如來禪之誤解，嗣後可免以訛傳訛之弊。此經亦是法相唯識宗之根本經典，禪者悟後欲修一切種智而入初地者，必須詳讀。平實導師著，全套共十輯，已全部出版完畢，每輯主文約320頁，每冊約352頁，定價250元。

宗門血脈—公案拈提第四輯：末法怪象—許多修行人自以爲悟，每將無念靈知認作眞實；崇尚二乘法諸師及其徒衆，則將外於如來藏之緣起性空—無因論之無常空、斷滅空、一切法空—錯認爲 佛所說之般若空性。這兩種現象已於當今海峽兩岸及美加地區顯密大師之中普遍存在；人人自以爲悟，心高氣壯，便敢寫書解釋祖師證悟之公案，大多出於意識思惟所得，言不及義，錯誤百出，因此誤導廣大佛子同陷大妄語之地獄業中而不能自知。彼等書中所說之悟處，其實處處違背第一義經典之聖言量。彼等諸人不論是否身披袈裟，都非佛法宗門血脈，或雖有禪宗法脈之傳承，亦只徒具形式；猶如螟蛉，非眞血脈，未悟得根本眞實故。禪子欲知 佛、祖之眞血脈者，請讀此書，便知分曉。平實導師著，主文452頁，全書464頁，定價500元（2007年起，凡購買公案拈提第一輯至第七輯，每購一輯皆贈送本公司精製公案拈提〈超意境〉CD一片，市售價格280元，多購多贈）。

宗通與說通：古今中外，錯誤之人如麻似粟，每以常見外道所說之靈知心，認作眞心；或妄想虛空之勝性能量爲眞如，或錯認物質四大元素藉冥性（靈知心本體）能成就吾人色身及知覺，或認初禪至四禪中之了知心爲不生不滅之涅槃心。此等皆非通宗者之見地。復有錯悟之人一向主張「宗門與教門不相干」，此即尚未通達宗門之人也。其實宗門與教門互通不二，宗門所證者乃是眞如與佛性，教門所說者乃說宗門證悟之眞如佛性，故教門與宗門不二。本書作者以宗教二門互通之見地，細說「宗通與說通」，從初見道至悟後起修之道、細說分明；並將諸宗諸派在整體佛教中之地位與次第，加以明確之教判，學人讀之即可了知佛法之梗概也。欲擇明師學法之前，允宜先讀。平實導師著，主文共381頁，全書392頁，只售成本價200元。

宗門正道—公案拈提第五輯：修學大乘佛法有二果須證—解脫果及大菩提果。二乘人不證大菩提果，唯證解脫果；此果之智慧，名爲聲聞菩提、緣覺菩提。大乘佛子所證二果之菩提果爲佛菩提，故名大菩提果，其慧名爲一切種智—函蓋二乘解脫果。然此大乘二果修證，須經由禪宗之宗門證悟方能相應。而宗門證悟極難，自古已然；其所以難者，咎在古今佛教界普遍存在三種邪見：1.以修定認作佛法， 2.以無因論之緣起性空—否定涅槃本際如來藏以後之一切法空作爲佛法，3.以常見外道邪見（離語言妄念之靈知性）作爲佛法。 如是邪見，或因自身正見未立所致，或因邪師之邪教導所致，或因無始劫來虛妄熏習所致。若不破除此三種邪見，永劫不悟宗門眞義、不入大乘正道，唯能外門廣修菩薩行。 平實導師於此書中，有極爲詳細之說明，有志佛子欲摧邪見、入於內門修菩薩行者，當閱此書。主文共496頁，全書512頁。售價500元（2007年起，凡購買公案拈提第一輯至第七輯，每購一輯皆贈送本公司精製公案拈提〈超意境〉CD一片，市售價格280元，多購多贈）。

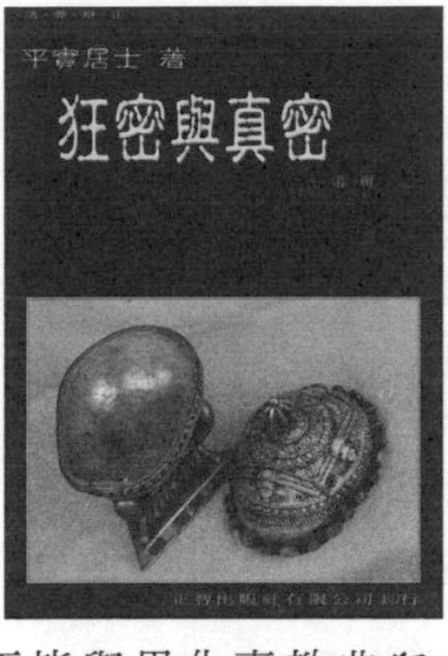

狂密與真密：密教之修學，皆由有相之觀行法門而入，其最終目標仍不離顯教經典所說第一義諦之修證；若離顯教第一義經典、或違背顯教第一義經典，即非佛教。西藏密教之觀行法，如灌頂、觀想、遷識法、寶瓶氣、大聖歡喜雙身修法、喜金剛、無上瑜伽、大樂光明、樂空雙運等，皆是印度教兩性生生不息思想之轉化，自始至終皆以如何能運用交合淫樂之法達到全身受樂爲其中心思想，純屬欲界五欲的貪愛，不能令人超出欲界輪迴，更不能令人斷除我見；何況大乘之明心與見性，更無論矣！故密宗之法絕非佛法也。而其明光大手印、大圓滿法教，又皆同以常見外道所說離語言妄念之無念靈知心錯認爲佛地之眞如，不能直指不生不滅之眞如。西藏密宗所有法王與徒眾，都尚未開頂門眼，不能辨別眞僞，以依人不依法、依密續不依經典故，不肯將其上師喇嘛所說對照第一義經典，純依密續之藏密祖師所說爲準，因此而誇大其證德與證量，動輒謂彼祖師上師爲究竟佛、爲地上菩薩；如今台海兩岸亦有自謂其師證量高於 釋迦文佛者，然觀其師所述，猶未見道，仍在觀行即佛階段，尚未到禪宗相似即佛、分證即佛階位，竟敢標榜爲究竟佛及地上法王，誑惑初機學人。凡此怪象皆是狂密，不同於眞密之修行者。近年狂密盛行，密宗行者被誤導者極眾，動輒自謂已證佛地眞如，自視爲究竟佛，陷於大妄語業中而不知自省，反謗顯宗眞修實證者之證量粗淺；或如義雲高與釋性圓…等人，於報紙上公然誹謗眞實證道者爲「騙子、無道人、人妖、癩蛤蟆…」等，造下誹謗大乘勝義僧之大惡業；或以外道法中有爲有作之甘露、魔術……等法，誑騙初機學人，狂言彼外道法爲眞佛法。如是怪象，在西藏密宗及附藏密之外道中，不一而足，舉之不盡，學人宜應愼思明辨，以免上當後又犯毀破菩薩戒之重罪。密宗學人若欲遠離邪知邪見者，請閱此書，即能了知密宗之邪謬，從此遠離邪見與邪修，轉入眞正之佛道。 平實導師著 共四輯 每輯約400頁（主文約340頁） 賠本流通價每輯140元。

宗門正義—公案拈提第六輯：佛教有六大危機，乃是藏密化、世俗化、膚淺化、學術化、宗門密意失傳、悟後進修諸地之次第混淆；其中尤以宗門密意之失傳，爲當代佛教最大之危機。由宗門密意失傳故，易令 世尊本懷普被錯解，易令世尊正法被轉易爲外道法，以及加以淺化、世俗化，是故宗門密意之廣泛弘傳與具緣佛弟子，極爲重要。然而欲令宗門密意之廣泛弘傳予具緣之佛弟子者，必須同時配合錯誤知見之解析、普令佛弟子知之，然後輔以公案解析之直示入處，方能令具緣之佛弟子悟入。而此二者，皆須以公案拈提之方式爲之，方易成其功、竟其業，是故平實導師續作宗門正義一書，以利學人。 全書500餘頁，售價500元（2007年起，凡購買公案拈提第一輯至第七輯，每購一輯皆贈送本公司精製公案拈提〈超意境〉CD一片，市售價格280元，多購多贈）。

心經密意—心經與解脫道、佛菩提道、祖師公案之關係與密意。二乘菩提所證之解脫道，實依第八識心之斷除煩惱障現行而立解脫之名；大乘菩提所證之佛菩提道，實依親證第八識如來藏之涅槃性、清淨自性、及其中道性而立般若之名；禪宗祖師公案所證之眞心，即是此第八識如來藏；是故三乘佛法所修所證之三乘菩提，皆依此如來藏心而立名也。此第八識心，即是《心經》所說之心也。證得此如來藏已，即能漸入大乘佛菩提道，亦可因證知此心而了知二乘無學所不能知之無餘涅槃本際，是故《心經》之密意，與三乘佛菩提之關係極爲密切、不可分割，三乘佛法皆依此心而立名故。今者平實導師以其所證解脫道之無生智及佛菩提之般若種智，將《心經》與解脫道、佛菩提道、祖師公案之關係與密意，以演講之方式，用淺顯之語句和盤托出，發前人所未言，呈三乘菩提之眞義，令人藉此《心經密意》一舉而窺三乘菩提之堂奧，迴異諸方言不及義之說；欲求眞實佛智者、不可不讀！主文317頁，連同跋文及序文…等共384頁，售價300元。

宗門密意—公案拈提第七輯：佛教之世俗化，將導致學人以信仰作爲學佛，則將以感應及世間法之庇祐，作爲學佛之主要目標，不能了知學佛之主要目標爲親證三乘菩提。大乘菩提則以般若實相智慧爲主要修習目標，以二乘菩提解脫道爲附帶修習之標的；是故學習大乘法者，應以禪宗之證悟爲要務，能親入大乘菩提之實相般若智慧中故，般若實相智慧非二乘聖人所能知故。此書則以台灣世俗化佛教之三大法師，說法似是而非之實例，配合眞悟祖師之公案解析，提示證悟般若之關節，令學人易得悟入。平實導師著，全書五百餘頁，售價500元（2007年起，凡購買公案拈提第一輯至第七輯，每購一輯皆贈送本公司精製公案拈提〈超意境〉CD一片，市售價格280元，多購多贈）。

淨土聖道—兼評日本本願念佛：佛法甚深極廣，般若玄微，非諸二乘聖僧所能知之，一切凡夫更無論矣！所謂一切證量皆歸淨土是也！是故大乘法中「聖道之淨土、淨土之聖道」，其義甚深，難可了知；乃至眞悟之人，初心亦難知也。今有正德老師眞實證悟後，復能深探淨土與聖道之緊密關係，憐憫眾生之誤會淨土實義，亦欲利益廣大淨土行人同入聖道，同獲淨土中之聖道門要義，乃振奮心神、書以成文，今得刊行天下。主文279頁，連同序文等共301頁，總有十一萬六千餘字，正德老師著，成本價200元。

起信論講記：詳解大乘起信論心生滅門與心眞如門之眞實意旨，消除以往大師與學人對起信論所說心生滅門之誤解，由是而得了知眞心如來藏之非常非斷中道正理；亦因此一講解，令此論以往隱晦而被誤解之眞實義，得以如實顯示，令大乘佛菩提道之正理得以顯揚光大；初機學者亦可藉此正論所顯示之法義，對大乘法理生起正信，從此得以眞發菩提心，眞入大乘法中修學，世世常修菩薩正行。平實導師演述，共六輯，都已出版，每輯三百餘頁，優惠價各200元。

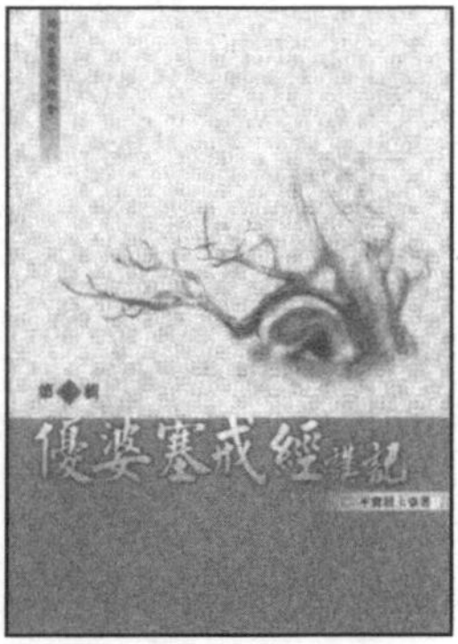

優婆塞戒經講記：本經詳述在家菩薩修學大乘佛法，應如何受持菩薩戒？對人間善行應如何看待？對三寶應如何護持？應如何正確地修集此世後世證法之福德？應如何修集後世「行菩薩道之資糧」？並詳述第一義諦之正義：五蘊非我非異我、自作自受、異作異受、不作不受……等深妙法義，乃是修學大乘佛法、行菩薩行之在家菩薩所應當了知者。出家菩薩今世或未來世登地已，捨報之後多數將如華嚴經中諸大菩薩，以在家菩薩身而修行菩薩行，故亦應以此經所述正理而修之，配合《楞伽經、解深密經、楞嚴經、華嚴經》等道次第正理，方得漸次成就佛道；故此經是一切大乘行者皆應證知之正法。平實導師講述，每輯三百餘頁，優惠價各200元；共八輯，已全部出版。

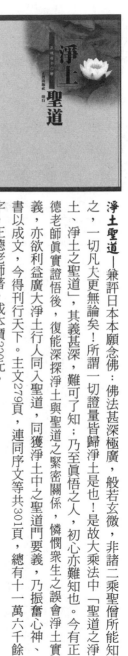

真假活佛—略論附佛外道盧勝彥之邪說：人人身中都有眞活佛，永生不滅而有大神用，但衆生都不了知，所以常被身外的西藏密宗假活佛籠罩欺瞞。本來就眞實存在的眞活佛，才是眞正的密宗無上密！諾那活佛因此而說禪宗是大密宗，但藏密的所有活佛都不知道、也不曾實證自身中的眞活佛。本書詳實宣示眞活佛的道理，舉證盧勝彥的「佛法」不是眞佛法，也顯示盧勝彥是假活佛，直接的闡釋第一義佛法見道的眞實正理。眞佛宗的所有上師與學人們，都應該詳細閱讀，包括盧勝彥個人在內。正犀居士著，優惠價140元。

阿含正義—唯識學探源：廣說四大部《阿含經》諸經中隱說之眞正義理，一一舉示佛陀本懷，令阿含時期初轉法輪根本經典之眞義，如實顯現於佛子眼前。並提示末法大師對於阿含眞義誤解之實例，一一比對之，證實唯識增上慧學確於原始佛法之阿含諸經中已隱覆密意而略說之，證實 世尊確於原始佛法中已曾密意而說第八識如來藏之總相；亦證實 世尊在四阿含中已說此藏識是名色十八界之因、之本—證明如來藏是能生萬法之根本心。佛子可據此修正以往受諸大師（譬如西藏密宗應成派中觀師：印順、昭慧、性廣、大願、達賴、宗喀巴、寂天、月稱、……等人）誤導之邪見，建立正見，轉入正道乃至親證初果而無困難；書中並詳說三果所證的心解脫，以及四果慧解脫的親證，都是如實可行的具體知見與行門。全書共七輯，已出版完畢。平實導師著，每輯三百餘頁，定價250元。

超意境CD：以平實導師公案拈提書中超越意境之頌詞，加上曲風優美的旋律，錄成令人嚮往的超意境歌曲，其中包括正覺發願文及平實導師親自譜成的黃梅調歌曲一首。詞曲雋永，殊堪翫味，可供學禪者吟詠，有助於見道。內附設計精美的彩色小冊，解說每一首詞的背景本事。每片280元。【每購買公案拈提書籍一冊，即贈送一片。】

我的菩提路第一輯：凡夫及二乘聖人不能實證的佛菩提證悟，末法時代的今天仍然有人能得實證，由正覺同修會釋悟圓、釋善藏法師等二十餘位實證如來藏者所寫的見道報告，已爲當代學人見證宗門正法之絲縷不絕，證明大乘義學的法脈仍然存在，爲末法時代求悟般若之學人照耀出光明的坦途。由二十餘位大乘見道者所繕，敘述各種不同的學法、見道因緣與過程，參禪求悟者必讀。全書三百餘頁，售價200元。

我的菩提路第二輯：由郭正益老師等人合著，書中詳述彼等諸人歷經各處道場學法，一一修學而加以檢擇之不同過程以後，因閱讀正覺同修會、正智出版社書籍而發起抉擇分，轉入正覺同修會中修學；乃至學法及見道之過程，都一一詳述之。其中張志成等人係由前現代禪轉進正覺同修會，張志成原爲現代禪副宗長，以前未閱本會書籍時，曾被人藉其名義著文評論 平實導師（詳見《宗通與說通》辨正及《眼見佛性》書末附錄…等）；後因偶然接觸正覺同修會書籍，深覺以前聽人評論 平實導師之語不實，於是投入極多時間閱讀本會書籍、深入思辨，詳細探索中觀與唯識之關聯與異同，認爲正覺之法義方是正法，深覺相應；亦解開多年來對佛法的迷雲，確定應依八識論正理修學方是正法。乃不顧面子，毅然前往正覺同修會面見 平實導師懺悔，並正式學法求悟。今已與其同修王美伶（亦爲前現代禪傳法老師），同樣證悟如來藏而證得法界實相，生起實相般若眞智。此書中尚有七年來本會第一位眼見佛性者之見性報告一篇，一同供養大乘佛弟子。

鈍鳥與靈龜：鈍鳥及靈龜二物，被宗門證悟者說爲二種人：前者是精修禪定而無智慧者，也是以定爲禪的愚癡禪人；後者是或有禪定、或無禪定的宗門證悟者，凡已證悟者皆是靈龜。但後來被人虛造事實，用以嘲笑大慧宗杲禪師，說他雖是靈龜，卻不免被天童禪師預記「患背」痛苦而亡：「鈍鳥離巢易，靈龜脫殼難。」藉以貶低大慧宗杲的證量。同時將天童禪師實證如來藏的證量，曲解爲意識境界的離念靈知。自從大慧禪師入滅以後，錯悟凡夫對他的不實毀謗就一直存在著，不曾止息，並且捏造的假事實也隨著年月的增加而越來越多，終至編成「鈍鳥與靈龜」的假公案、假故事。本書是考證大慧與天童之間的不朽情誼，顯現這件假公案的虛妄不實；更見大慧宗杲面對惡勢力時的正直不阿，亦顯示大慧對天童禪師的至情深義，將使後人對大慧宗杲的誣謗至此而止，不再有人誤犯毀謗賢聖的惡業。書中亦舉證宗門的所悟確以第八識如來藏爲標的，詳讀之後必可改正以前被錯悟大師誤導的參禪知見，日後必定有助於實證禪宗的開悟境界，得階大乘眞見道位中，即是實證般若之賢聖。全書459頁，僅售250元。

維摩詰經講記：本經係　世尊在世時，由等覺菩薩維摩詰居士藉疾病而演說之大乘菩提無上妙義，所說函蓋甚廣，然極簡略，是故今時諸方大師與學人讀之悉皆錯解，何況能知其中隱含之深妙正義，是故普遍無法爲人解說；若強爲人說，則成依文解義而有諸多過失。今由平實導師公開宣講之後，詳實解釋其中密意，令維摩詰菩薩所說大乘不可思議解脫之深妙正法得以正確宣流於人間，利益當代學人及與諸方大師。書中詳實演述大乘佛法深妙不共二乘之智慧境界，顯示諸法之中絕待之實相境界，建立大乘菩薩妙道於永遠不敗不壞之地，以此成就護法偉功，欲冀永利娑婆人天。已經宣講圓滿整理成書流通，以利諸方大師及諸學人。全書共六輯，每輯三百餘頁，優惠價各200元。

真假外道：本書具體舉證佛門中的常見外道知見實例，並加以教證及理證上的辨正，幫助讀者輕鬆而快速的了知常見外道的錯誤知見，進而遠離佛門內外的常見外道知見，因此即能改正修學方向而快速實證佛法。游正光老師著　。成本價200元。

勝鬘經講記：如來藏爲三乘菩提之所依，若離如來藏心體及其含藏之一切種子，即無三界有情及一切世間法，亦無二乘菩提緣起性空之出世間法；本經詳說無始無明、一念無明皆依如來藏而有之正理，藉著詳解煩惱障與所知障間之關係，令學人深入了知二乘菩提與佛菩提相異之妙理；聞後即可了知佛菩提之特勝處及三乘修道之方向與原理，邁向攝受正法而速成佛道的境界中。平實導師講述，共六輯，每輯三百餘頁，優惠價各200元。

說明心與見性之內涵極爲詳細，將一切法都會歸如來藏及佛性—妙眞如性；亦闡釋佛菩提道修學過程中之種種魔境，以及外道誤會涅槃之狀況，旁及三界世間之起源。然因言句深澀難解，法義亦復深妙寬廣，學人讀之普難通達，是故讀者大多誤會，不能如實理解佛所說之明心與見性內涵，亦因是故多有悟錯之人引爲開悟之證言，成就大妄語罪。今由平實導師詳細講解之後，整理成文，以易讀易懂之語體文刊行天下，以利學人。全書十五輯，2009/12/1開始發行，每二個月出版一輯，2012年4月全部出版完畢。每輯三百餘頁，優惠價每輯200元。

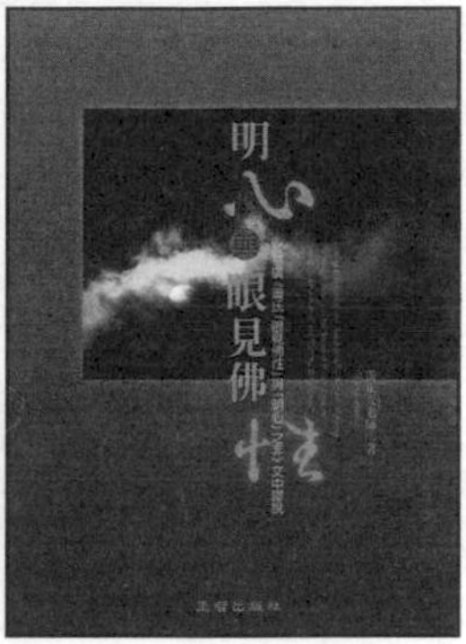

明心與眼見佛性：本書細述明心與眼見佛性之異同，同時顯示了中國禪宗破初參明心與重關眼見佛性二關之間的關聯；書中又藉法義辨正而旁述其他許多勝妙法義，讀後必能遠離佛門長久以來積非成是的錯誤知見，令讀者在佛法的實證上有極大助益。也藉慧廣法師的謬論來教導佛門學人回歸正知正見，遠離古今禪門錯悟者所墮的意識境界，非唯有助於斷我見，也對未來的開悟明心實證第八識如來藏有所助益，是故學禪者都應細讀之。　游正光老師著　共448頁　成本價250元

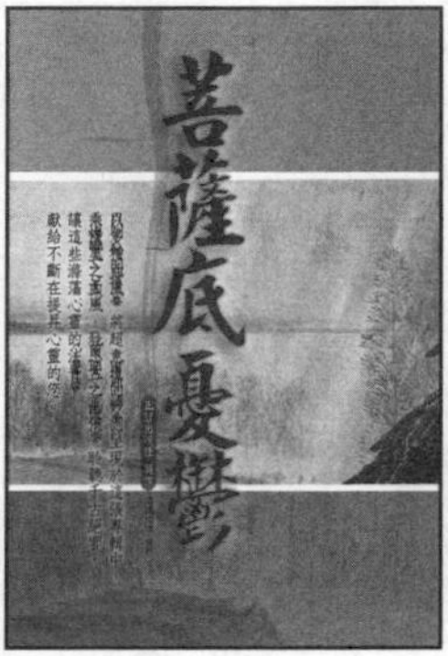

菩薩底憂鬱CD：將菩薩情懷及禪宗公案寫成新詞，並製作成超越意境的優美歌曲。　1.主題曲〈菩薩底憂鬱〉，描述地後菩薩能離三界生死而迴向繼續生在人間，但因尚未斷盡習氣種子而有極深沈之憂鬱，非三賢位菩薩及二乘聖者所知，此憂鬱在七地滿心位方才斷盡；本曲之詞中所說義理極深，昔來所未曾見；此曲係以優美的情歌風格寫詞及作曲，聞者得以激發嚮往諸地菩薩境界之大心，詞、曲都非常優美，難得一見；其中勝妙義理之解說，已印在附贈之彩色小冊中。　2.以各輯公案拈提中直示禪門入處之頌文，作成各種不同曲風之超意境歌曲，值得玩味、參究；聆聽公案拈提之優美歌曲時，請同時閱讀內附之印刷精美說明小冊，可以領會超越三界的證悟境界；未悟者可以因此引發求悟之意向及疑情，眞發菩提心而邁向求悟之途，乃至因此眞實悟入般若，成眞菩薩。　3.正覺總持咒新曲，總持佛法大意；總持咒之義理，已加以解說並印在隨附之小冊中。本CD共有十首歌曲，長達63分鐘，附贈二張購書優惠券。請直接向各市縣鄉鎮之CD販售店購買，本公司及各講堂都不販售。

禪意無限CD：平實導師以公案拈提書中偈頌寫成不同風格曲子，與他人所寫不同風格曲子共同錄製出版，幫助參禪人進入禪門超越意識之境界。盒中附贈彩色印製的精美解說小冊，以供聆聽時閱讀，令參禪人得以發起參禪之疑情，即有機會證悟本來面目，實證大乘菩提般若。本CD共有十首歌曲，長達69分鐘，於2012年五月下旬公開發行，請直接向各市縣鄉鎮之CD販售店購買，本公司及各講堂都不販售。每盒各附贈二張購書優惠券。〈禪意無限〉出版後將不再錄製CD，特此公告。

金剛經宗通：三界唯心，萬法唯識，是成佛之修證內容，是諸地菩薩之所修；般若則是成佛之道（實證三界唯心、萬法唯識）的入門，若未證悟實相般若，即無成佛之可能，必將永在外門廣行菩薩六度，永在凡夫位中。然而實相般若的發起，全賴實證萬法的實相；若欲證知萬法的眞相，則必須探究萬法之所從來，則須實證自心如來—金剛心如來藏，然後現觀這個金剛心的金剛性、眞實性、如如性、清淨性、涅槃性、能生萬法的自性性、本住性，名爲證眞如；進而現觀三界六道唯是此金剛心所成，人間萬法須藉八識心王和合運作方能現起。如是實證《華嚴經》的「三界唯心、萬法唯識」以後，由此等現觀而發起實相般若智慧，繼續進修第十住位的如幻觀、第十行位的陽焰觀、第十迴向位的如夢觀，再生起增上意樂而勇發十無盡願，方能滿足三賢位的實證，轉入初地；自知成佛之道而無偏倚，從此按部就班、次第進修乃至成佛。第八識自心如來是般若智慧之所依，般若智慧的修證則要從實證金剛心自心如來開始；《金剛經》則是解說自心如來之經典，是一切三賢位菩薩所應進修之實相般若經典。這一套書，是將平實導師宣講的《金剛經宗通》內容，整理成文字而流通之；書中所說義理，迴異古今諸家依文解義之說，指出大乘見道方向與理路，有益於禪宗學人求開悟見道，及轉入內門廣修六度萬行。講述完畢後將擇期陸續結集出版。總共9輯，每輯約三百餘頁，優惠價各200元，2012/6/1起已開始出版，每二個月出版一輯。

空行母—性別、身分定位，以及藏傳佛教：本書作者爲蘇格蘭哲學家，因爲嚮往佛教深妙的哲學內涵，於是進入當年盛行於歐美的藏傳佛教密宗，擔任卡盧仁波切的翻譯工作多年以後，被邀請成爲卡盧的空行母（又名佛母、明妃），開始了她在密宗裡的實修過程；後來發覺在密宗雙身法中的修行，其實無法使自己成佛，也發覺密宗對女性岐視而處處貶抑，並剝奪女性在雙身法中擔任一半角色時應有的身分定位。當她發覺自己只是雙身法中被喇嘛利用的工具，沒有獲得絲毫應有的尊重與基本定位時，發現了密宗的父權社會控制女性的本質；於是作者傷心地離開了卡盧仁波切與密宗，但是卻被恐嚇不許講出她在密宗裡的經歷，也不許她說出自己對密宗的教義與教制下對女性剝削的本質，否則將被咒殺死亡。後來她去加拿大定居，十餘年後方才擺脫這個恐嚇陰影，下定決心將親身經歷的實情及觀察到的事實寫下來並且出版，公諸於世。出版之後，她被流亡的達賴集團人士大力攻訐，誣指她爲精神狀態失常、說謊……等。但有智之士並未被達賴集團的政治操作及各國政府政治運作吹捧達賴的表相所欺，使她的書銷售無阻而又再版。正智出版社鑑於作者此書是親身經歷的事實，所說具有針對藏傳佛教而作學術研究的價值，也有使人認清藏傳佛教剝削佛母、明妃的男性本位實質，因此洽請作者同意中譯而出版於華人地區。珍妮．坎貝爾女士著，呂艾倫 中譯，每冊250元。

霧峰無霧—給哥哥的信　本書作者藉兄弟之間信件往來論義，略述佛法大義；並以多篇短文辨義，舉出釋印順對佛法的無量誤解證據，並一一給予簡單而清晰的辨正，令人一讀即知。久讀、多讀之後即能認清楚釋印順的六識論見解，與眞實佛法之牴觸是多麼嚴重；於是在久讀、多讀之後，於不知不覺之間提升了對佛法的極深入理解，正知正見就在不知不覺間建立起來了。當三乘佛法的正知見建立起來之後，對於三乘菩提的見道條件便將隨之具足，於是聲聞解脫道的見道也就水到渠成；接著大乘見道的因緣也將次第成熟，未來自然也會有親見大乘菩提之道的因緣，悟入大乘實相般若也將自然成功，自能通達般若系列諸經而成實義菩薩。作者居住於南投縣霧峰鄉，自喻見道之後不復再見霧峰之霧，故鄉原野美景一一明見，於是立此書名爲《霧峰無霧》；讀者若欲撥霧見月，可以此書爲緣。游宗明 居士著　成本價200元。

藏傳佛教的神話—性、謊言、喇嘛教：本書編著者是由一首名叫「阿姊鼓」的歌曲爲緣起，展開了序幕，揭開藏傳佛教—喇嘛教—的神秘面紗。其重點是蒐集、摘錄網路上質疑「喇嘛教」的帖子，以揭穿「藏傳佛教的神話」爲主題，串聯成書，並附加彩色插圖以及說明，讓讀者們瞭解西藏密宗及相關人事如何被操作爲「神話」的過程，以及神話背後的眞相。作者：張正玄教授。售價200元。

達賴真面目—玩盡天下女人：假使您不想戴綠帽子，請記得詳細閱讀此書；假使您不想讓好朋友戴綠帽子，請您將此書介紹給您的好朋友。假使您想保護家中的女性，也想要保護好朋友的女眷，請記得將此書送給家中的女性和好友的女眷都來閱讀。本書爲印刷精美的大本彩色中英對照精裝本，爲您揭開達賴喇嘛的眞面目，內容精彩不容錯過，爲利益社會大眾，特別以優惠價格嘉惠所有讀者。編著者：白志偉等。大開版雪銅紙彩色精裝本。售價800元。

喇嘛性世界—揭開藏傳佛教譚崔瑜伽的面紗：這個世界中的喇嘛，號稱來自世外桃源的香格里拉，穿著或紅或黃的喇嘛長袍，散布於我們的身邊傳教灌頂，吸引了無數的人嚮往學習；這些喇嘛虔誠地爲大眾祈福，手中拿著寶杵（金剛）與寶鈴（蓮花），口中唸著咒語：「唵．嘛呢．叭咪．吽……」，咒語的意思是說：「我至誠歸命金剛杵上的寶珠伸向蓮花寶穴之中」！「喇嘛性世界」是什麼樣的「世界」呢？本書將爲您呈現喇嘛世界的面貌。當您發現眞相以後，您將會唸：「噢！喇嘛．性．世界，譚崔性交嘛！」作者：張善思、呂艾倫。售價200元。

末代達賴—性交教主的悲歌：簡介從藏傳僞佛教（喇嘛教）的修行核心—性力派男女雙修，探討達賴喇嘛及藏傳僞佛教的修行內涵。書中引用外國知名學者著作、世界各地新聞報導，包含：歷代達賴喇嘛的祕史、達賴六世修雙身法的事蹟，以及《時輪續》中的性交灌頂儀式……等；達賴喇嘛書中開示的雙修法、達賴喇嘛的黑暗政治手段；達賴喇嘛所領導的寺院爆發喇嘛性侵兒童；新聞報導《西藏生死書》作者索甲仁波切性侵女信徒、澳洲喇嘛秋達公開道歉、美國最大藏傳佛教組織領導人邱陽創巴仁波切的性氾濫，等等事件背後眞相的揭露。作者：張善思、呂艾倫、辛燕。售價250元。

黯淡的達賴—失去光彩的和平獎：本書舉出很多證據與論述，詳述達賴喇嘛不爲世人所知的一面，顯示達賴喇嘛並不是眞正的和平使者，而是假借諾貝爾和平獎的光環來欺騙世人；透過本書的說明與舉證，讀者可以更清楚的瞭解，達賴喇嘛是結合暴力、黑暗、淫欲於喇嘛教裡的集團首領，其政治行爲與宗教主張，早已讓諾貝爾和平獎的光環染污了。　本書由財團法人正覺教育基金會寫作、編輯，由正覺出版社印行，每冊250元。

第七意識與第八意識？「三界唯心，萬法唯識」是佛教中應該實證的聖教，也是《華嚴經》中明載而可以實證的法界實相。唯心者，三界一切境界、一切諸法唯是一心所成就，即是每一個有情的第八識如來藏，不是意識心。唯識者，即是人類各各都具足的八識心王——眼識、耳鼻舌身意識、意根、阿賴耶識，第八阿賴耶識又名如來藏，人類五陰相應的萬法，莫不由八識心王共同運作而成就，故說萬法唯識。依聖教量及現量、比量，都可以證明意識是二法因緣生，是由第八識藉意根與法塵二法爲因緣而出生，又是夜夜斷滅不存之生滅心，即無可能反過來出生第七識意根、第八識如來藏，當知不可能從生滅性的意識心中，細分出恆審思量的第七識意根，更無可能細分出恆而不審的第八識如來藏。本書是將演講內容整理成文字，細說如是內容，並已在《正覺電子報》連載完畢，今彙集成書以廣流通，欲幫助佛門有緣人斷除意識我見，跳脫於識陰之外而取證聲聞初果；嗣後修學禪宗時即得不墮外道神我之中，得以求證第八識金剛心而發起般若實智。平實導師 述，每冊250元。

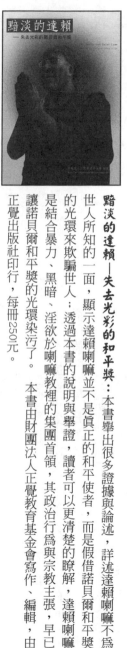

國家圖書館出版品預行編目資料

宗門正義／平實導師著. 初版. 臺北市
台北市：正智，2002－ 〔民 91－ 〕
面； 公分
含參考書目
ISBN 957-30019-6-9（平裝）

1. 禪宗

226.65 91015974

宗門正義

——公案拈提 第六輯

作 者：平實導師
校 對：蔡禮政 曾邱賢 翁明麗
出版者：正智出版社有限公司
電話：〇二 28327495 28316727（白天）
傳真：〇二 28344822
111 台北郵政 73-151 號信箱
郵政劃撥帳號：一九〇六八二四一
正覺講堂：總機〇二 25957295（夜間）
總經銷：飛鴻國際行銷股份有限公司
231 新北市新店區中正路 501-9 號 2 樓
電話：〇二 82186688 五線代表號
傳真：〇二 82186458 82186459
初 版：公元二〇〇二年八月 二千冊
初版三刷：公元二〇一三年八月 二千冊
售 價：五〇〇元（附贈超意境ＣＤ一片）